MARVEL STUDIOS

EL UNIVERSO CINEMATOGRÁFICO DE MARVEL

CRONOLOGÍA OFICIAL

PRÓLOGO DE
KEVIN FEIGE

MARVEL STUDIOS

EL UNIVERSO CINEMATOGRÁFICO DE MARVEL

CRONOLOGÍA OFICIAL

ANTHONY BREZNICAN

AMY RATCLIFFE Y REBECCA THEODORE-VACHON

PRÓLOGO DE
KEVIN FEIGE

CONTENIDO

PRÓLOGO

Es alucinante pensar que el universo cinematográfico que hemos construido en Marvel Studios justifique todo un libro cronológico; pero, después de 30 películas, ocho series, cuatro fases y una saga del Infinito, parecía llegado el momento de abordar un proyecto como este. Y lo que es más importante: ¡nuestros fans nos lo estaban pidiendo! Este libro no es solo una ordenación cronológica de sucesos virtuales; pone de manifiesto la atención y el cuidado puestos por todo el personal de Marvel Studios y por los creadores con los que trabajamos —directores, guionistas, actores— para imaginar el Universo Cinematográfico Marvel como es hoy.

Cuando trabajábamos en *Iron Man*, no teníamos un mapa que se extendiera hasta los confines del Multiverso. Buscábamos contar una gran historia sobre un personaje, con la esperanza de que, si funcionaba, podríamos crear algunas más y, si todas las estrellas se alineaban cósmicamente, podríamos reunir a los Vengadores en una película. Esa era la apuesta que jugábamos cuando Samuel L. Jackson apareció como Nick Furia en la escena poscréditos de *Iron Man*. Podía estar hablándonos directamente a nosotros cuando dijo: «Sr. Stark, ahora forma parte de un universo mayor. Es solo que aún no lo sabe». Los universos crecen a su manera.

Como los cómics de Marvel, el UCM es una creación colaborativa, el hogar de cientos de artistas y narradores. Nuestros héroes en pantalla son muy humanos: dudan, sufren, luchan, caen y vuelven a levantarse, forjan nuevos lazos, se divierten. Tienen personas por las que se preocupan y familias que hemos visto crecer, ya se trate de un mapache chistoso y un árbol andante, del hermano con el que nunca dejas de discutir, o del tipo al que doblas tres veces en el Monumento a Lincoln. A lo largo de películas y series hemos visto reunirse a estos personajes para crear algo mayor que la suma de sus partes.

Y cada una de esas películas y series ha sido creada para compartir esas conexiones contigo, haciendo ese todo cada vez mayor y más dimensional. Cada detalle —giro de guion, pieza de armadura, localización— ha sido pensado y construido por nuestros cineastas de Marvel Studios, que viven dentro de estas historias, a veces durante años. El resultado, esperamos, es un mundo inmersivo al que los aficionados pueden volver una y otra vez para visitar a personajes que conocen y aman, experimentar historias tan excitantes como conmovedoras y explorar lugares fantásticos, pero familiares.

Mientras el equipo preparaba este libro, analizamos múltiples posibilidades sobre cómo presentar esta cronología de la mejor manera posible. Enseguida comprendimos que la autoridad real en estos asuntos es la Agencia de Variación Temporal, o AVT, que presentamos en *Loki*. Como guardianes de la Sagrada Línea Temporal, ellos advertirían cuándo las cosas no acababan de alinearse. Y, como en el universo real, el UCM también puede tener partes un poco desordenadas. Por fortuna, tenemos a la Srta. Minutos, que aparecerá a lo largo del libro cada vez que tengamos uno de esos fallos multiversales para proporcionar más contexto.

En cuanto al Multiverso, reconocemos que hay historias —películas y series— canónicas en Marvel, pero que fueron creadas por distintos narradores en diferentes periodos de la historia de Marvel. La cronología presentada en este libro es específica de la Sagrada Línea Temporal del UCM en la Fase 4. Pero, a medida que avanzamos y profundizamos en la saga del Multiverso, nunca se sabe cuándo las líneas temporales pueden chocar o converger (ojo: alerta de espóiler).

El Universo Cinematográfico Marvel sigue creciendo —crece mientras escribo esto— pero, por ahora, esta es la historia del UCM desenredada de extremo a extremo. Es una historia de la que he tenido la suerte de formar parte durante 20 años. ¡Y doy las gracias a todos los que leéis esto y nos acompañáis en este viaje!

Kevin Feige
Productor y presidente de Marvel Studios

INTRODUCCIÓN

¡Hola a todos! Soy la Srta. Minutos y os doy la bienvenida a la guía sobre los seres y sucesos que conforman el universo 616, también conocido como Sagrada Línea Temporal. Nuestro trabajo aquí, en la Agencia de Variación Temporal, es controlar y proteger las incontables líneas temporales que entretejen el Multiverso. Algunas tienen pequeñas diferencias, como ciclos lunares alterados o sucesos que surgen en momentos ligeramente distintos; o grandes, ¡como que todo el mundo esté hecho de pintura! Puede que 616 sea solo una hebra en este vasto Multiverso, pero creedme, ¡es brutal!

Para ayudaros en el trayecto, cuando ha sido posible he marcado los sucesos clave según las estaciones en el hemisferio norte de la Tierra. Y me preguntaréis, ¿por qué allí? ¡Pues porque es donde viven los Vengadores! Mientras avanzamos por la SLT veréis a gente de esta realidad saltando a otras de visita. Durante mucho tiempo se permitieron esos *crossovers*, y nosotros no interferimos.

Pero, de vez en cuando, algo va mal. En los viejos tiempos, la AVT intervenía para podar esa rama y restaurar el flujo temporal correcto. ¡Ya no hacemos eso! A este respecto, quiero ser honrada, así que de vez en cuando apareceré para señalar alguna perturbación temporal en las cronologías. ¡Ah! Y recuerda que esto no es todo lo que sucede en 616, y mucho menos en el Multiverso: siempre estamos rastreando esta historia en evolución. Dada la fluidez de tiempo y espacio, y la infinita expansión del Multiverso —y de nuestro papeleo—, siempre nos estamos poniendo al día, así que os agradeceremos un poco de paciencia y comprensión. Quizás algún día lleguemos al resto. Hasta entonces, ¡sentaos y disfrutad!

CÓMO USAR ESTE LIBRO

Este libro te ofrece acceso a todo el tiempo del mundo. Siéntete libre de saltar de acá para allá, adelante y atrás… ¡como más te guste! La AVT ha aportado algunos letreros informativos a lo largo del camino para identificar algunas de las figuras más influyentes del universo 616 y señalar sucesos especialmente importantes.

Iconos de personajes

Eternos	Thor	Loki
Capitán América (Steve Rogers)	Soldado de Invierno	Hombre Hormiga
SHIELD / Nick Furia	Capitana Marvel	

Iron Man	Black Panther	Hulk
Viuda Negra	Máquina de Guerra	Ojo de Halcón
Vengadores	Falcon	

Spiderman	Wanda Maximoff / Bruja Escarlata	Pietro Maximoff
Guardianes de la Galaxia	Visión	Avispa
Doctor Extraño	Capitán América (Sam Wilson)	

Shang-Chi	SWORD / Mónica Rambeau	Hulka
América Chávez	Caballero Luna	Ms. Marvel

Sucesos

Sucesos en el Multiverso

Momento de origen de personaje

Derrota de villano importante

Muerte de personaje importante

Batalla importante

EL PASADO REMOTO

Se requieren saltos inmensos para atravesar el periodo de tiempo que va del Big Bang a lo que conocemos en la Tierra como siglo XX. Los saltos a través de la cronología forman parte de ese viaje, pero también es necesario cierto grado de conjetura sobre ciertos sucesos del pasado remoto, pues cuanto más lejanos son esos incidentes, más difícil resulta verlos con claridad.

Lo que sigue es una estimación: una mezcla de ciencia, historia, política y leyenda. Una crónica de los hechos de seres poderosos nunca puede documentarse a la perfección, dado que el verdadero poder suele estar protegido por el secretismo. Además, los seres divinos no son muy dados a explicar o dejar registros de sus acciones para conocimiento de los mortales. Aun así, los momentos de importancia cósmica raramente pasan inadvertidos, y hasta los relatos más antiguos y arcanos se han transmitido de una generación a otra, aunque solo fuera en susurros.

Cuanto más nos acercamos a la edad contemporánea, más certeza hay sobre cuándo y dónde ocurrieron los hitos cruciales en la línea temporal, y sobre quién participó en ellos. Al principio, los Celestiales eran una fuerza dominante y crearon soles que alumbraron los mundos que los dioses lucharían luego por gobernar. Con el tiempo, mortales, en particular humanos, explorarán formas de utilizar sus propios poderes y habilidades, tomando el control de su propio destino.

El pasado remoto

Hace 13800 millones de años nació un universo. Estallidos de luz y energía lanzaron materia a velocidades inconmensurables. Las galaxias se expandieron, las estrellas ardieron y nubes de desechos se fundieron en planetas. Gradualmente, evolucionó la vida y, junto a ella, la muerte. La lucha por la supervivencia estará marcada por un sentido innato de la moralidad que poseen muchos seres sintientes: protegerse a sí mismos, pero también a los otros. De la vida surgirán héroes. Este anhelo de hacer el bien tiene muchos nombres: decencia, honor, deber, amor. Todos se convertirán en fuerzas cruciales que guiarán el destino de este nuevo plano de existencia.

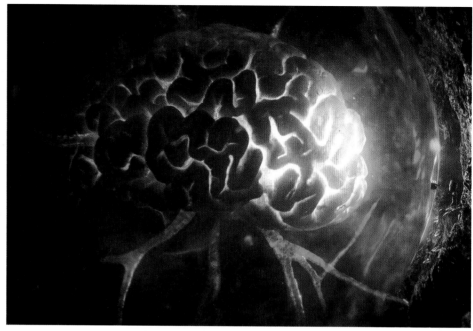

La verdadera forma de Ego: el cerebro que yace en el núcleo del planeta que acumuló a su alrededor.

Albores del universo | Ego toma forma

No todos los Celestiales nacieron de núcleos de planetas. Al parecer, algunos evolucionaron por casualidad, como Ego. Al principio una simple chispa de conciencia aislada en el espacio, manipuló materia para construir redes neurales físicas en un gran receptáculo similar a un cerebro, y luego formó todo un planeta, capa por capa, a su alrededor. Mientras que otros Celestiales existían en forma de gigantes colosales, Ego prefirió imitar formas de vida más sencillas, creando avatares que parecían criaturas sintientes «menores» de mundos distantes.

Albores del universo | Las seis Gemas del Infinito

El Big Bang produjo seis objetos de potencia indescriptible. Cada uno representa un aspecto de la existencia: poder, realidad, mente, alma, espacio y tiempo. En un futuro distante, un ser llamado el Coleccionista las describirá así: «Antes de la propia creación, había seis singularidades. Entonces el universo explotó e inició su existencia, y los restos de estos sistemas se moldearon como lingotes concentrados: Gemas del Infinito. Estas gemas, al parecer, solo las pueden blandir seres de una fuerza extraordinaria».

Un Celestial inicia la creación de un sol.

Albores del universo | La obra de los Celestiales

Entre las entidades que dieron forma al universo primigenio están los Celestiales, una de las formas de vida más antiguas y poderosas. Estos seres semidivinos precedieron al nacimiento del cosmos y a las Gemas del Infinito, y usan su capacidad de manipulación de materia y energía para contribuir a construir soles que hacen posible la vida en otros mundos.

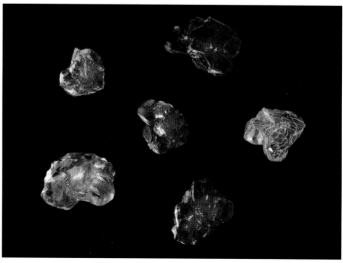

Las seis Gemas del Infinito.

El pasado remoto | Tierra, Midgard, Terra

Conocida por muchos nombres, esta mota diminuta en el vacío infinito del espacio, un mundo azul y verde colgado de Yggdrasil, será lugar de gran cantidad de eventos de alcance universal. Como todos los planetas, empezó siendo yermo y hostil, pero, al pasar los eones, se formaron océanos, una atmósfera rica en oxígeno y una variedad vibrante de vida vegetal y animal. Arishem eligió la Tierra como matriz para un nuevo Celestial, Tiamut, cuya semilla implantó como vida inteligente en el planeta que empezaba a prosperar. Un día, los seres humanos producirán gran cantidad de individuos poderosos cuyos actos resonarán más allá de su propio sistema solar, y enviarán ondas expansivas a través del cosmos e incluso, en algunos casos, del Multiverso.

Arishem concibe la creación de nuevos Celestiales, que a su vez ayudarán a crear nuevos sistemas solares y mundos habitables.

Vista de un planeta conocido por muchos nombres, y llamado Tierra por sus habitantes.

El pasado remoto | Arishem

Arishem, el Primer Celestial, supervisa un plan para crear más de su especie. Se implantan semillas celestiales en determinados planetas y, cuando esos mundos acumulan grandes poblaciones de seres sensibles, su fuerza vital colectiva irradia la energía necesaria para incubar a los nuevos Celestiales, que, tras millones de años, eclosionan del centro de los planetas, acabando con la vida en ellos. Pero ellos, a su vez, crean más soles que iluminan planetas lujuriantes donde surgirán otras especies de vida inteligente. Así empieza un vasto ciclo de creación y destrucción.

El pasado remoto | El auge de Asgard

Seres semidivinos del reino místico de Asgard establecerán un imperio en los Nueve Reinos de Yggdrasil, y diseñarán un medio para viajar entre ellos utilizando una escala de energía a la que llaman Bifrost. La Tierra está situada en el centro del arbóreo Yggdrasil, por lo que los asgardianos le dan el nombre de Midgard cuando se aventuran entre los reinos superiores e inferiores. Pero el Bifrost no es el único medio para viajar por Yggdrasil. Cada 5000 años, los Nueve Reinos se alinean, creando agujeros de gusano a través del espacio-tiempo que permiten el paso de un reino al siguiente: un suceso conocido como Convergencia.

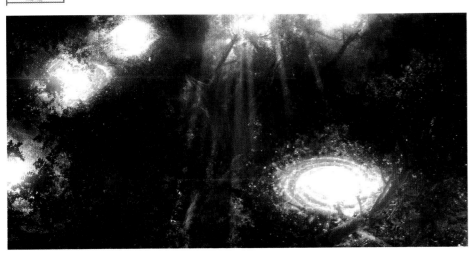

Los Nueve Reinos de Yggdrasil como se representan en el palacio asgardiano.

El pasado remoto | El Árbol Mundo

Yggdrasil es el nombre dado a una enorme colección cósmica de nueve mundos. Será hogar de dioses, mortales, gigantes, elfos y otros seres únicos y poderosos. Antes de que este horno de estrellas comenzara a brillar, arrojando la luz y el calor que hacen posible una vida tan diversa, este lugar fue la morada de habitantes de las sombras conocidos como «Elfos Oscuros». Estos seres antiguos fueron diezmados por la emergencia de la luz, y después solo sobrevivieron en el Mundo Oscuro.

Los portales solapados de la Convergencia representados en un antiguo libro asgardiano.

¡ALERTA DE AVT!

¡Hola! ¿Que cuánto vive un asgardiano? ¡Una gran pregunta! Como un día explicará Odín, el Padre de Todos, viven mucho tiempo, pero no son inmortales. Según dice, nacen y mueren como la gente normal, pero su hijo Loki añade: «Cinco mil años arriba o abajo». ¡Eso da mucho margen!

Prehistoria

El pasado remoto | El error Desviante

Dado que los Celestiales se alimentaban tradicionalmente de la fuerza vital colectiva de los seres sensibles, se necesitaban cantidades ingentes de esos seres para completar cada incubación planetaria. Arishem y otros Celestiales intentaron aumentar el volumen de vida inteligente en esos mundos creando feroces Desviantes para eliminar depredadores salvajes que limitaran esas poblaciones. Los Desviantes recibieron la capacidad de evolucionar, y las cosas se torcieron cuando estos se volvieron contra las propias especies que los Celestiales deseaban propagar. Se requería una solución...

Un feroz Desviante caza humanos en torno a 5000 a.C.

Creación de un Eterno en la Forja de Mundos.

El pasado remoto | La solución Eterna

Los Celestiales usan la Forja de Mundos para crear a unos protectores aún más sofisticados, los Eternos, que dan caza a los Desviantes y defienden la vida en los planetas que acogen a nuevos Celestiales. A diferencia de los Desviantes, los Eternos no evolucionan, y la inteligencia emocional que los hace defensores formidables los hace también compasivos hacia las poblaciones que protegen. Cuando llega el momento del nacimiento de un nuevo Celestial, algunos Eternos pueden quedar horrorizados por la destrucción del planeta y de los inocentes que lo habitan. Para evitarlo, Arishem toma la precaución de borrarles repetidamente la memoria.

El pasado remoto | Esculpiendo el monte Wundagore

En la Tierra surgieron fuerzas mágicas oscuras como las del demonio Chthon, que labró su colección de encantamientos prohibidos en un templo en la cima del monte Wundagore. Este se construyó en forma de trono para la profetizada «Bruja Escarlata», un ser que algún día poseerá el poder de alterar la realidad a su antojo... o de destruirla por completo.

El monte Wundagore no puede ser alcanzado fácilmente ni por los maestros de las artes místicas.

14

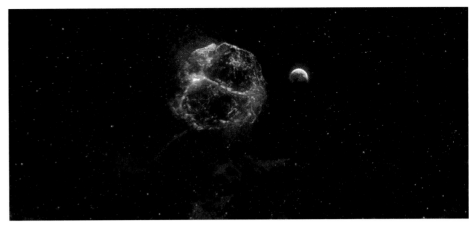

Vibránium del espacio profundo en rumbo de colisión con la Tierra.

El pasado remoto | El meteorito de vibránium

Hace millones de años, un asteroide de vibránium, uno de los metales más raros y versátiles del universo, impactó en la Tierra, incrustándose en el continente africano. Las propiedades de absorción de energía del vibránium hicieron el impacto menos destructivo que el de un meteorito ordinario. El algún momento, el metal se abrió paso hasta el océano Atlántico. La vida vegetal que crecía alrededor del vibránium absorbió gradualmente el elemento en su estructura genética. Estas partes enriquecidas del planeta esperan el día en que los humanos descubran formas de utilizar el extraordinario potencial del vibránium.

El impacto cambiará el destino de personas a miles de kilómetros de distancia, y también las vinculará.

El pasado remoto | Ego siembra sus semillas

Tras pasar millones y millones de años en soledad, el Celestial conocido como Ego decidió encontrar compañía. Las venas y los huesos que creó para sí mismo en forma de diversos seres mortales atravesaron la galaxia en busca de conexión. Decepcionado por lo que encontró, Ego acometió «la Expansión». Como él mismo explicará: «A lo largo de miles de años he implantado miles de extensiones de mí mismo en miles de mundos. Necesito culminar el único propósito de la vida: crecer y propagarme, cubriendo todo lo que exista hasta que todo sea... yo».

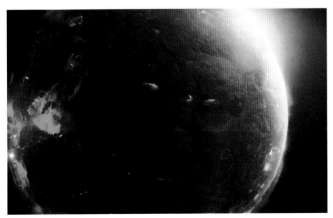

El avatar de Ego deja los confines de su cuerpo planetario para viajar por la galaxia.

Los Eternos conocidos como Sersi e Íkaris contemplan la Tierra antes de llegar para proteger de los Desviantes a la vida sensible del planeta.

5000 a.C. | La llegada de los Eternos

Un equipo de Eternos con la mente recién borrada es enviado a la Tierra para proteger a los humanos de los ataques de los Desviantes y proporcionar una guía que pueda incrementar la población. Pero tienen prohibido interferir en las guerras y catástrofes de la humanidad, ya que esas crisis a menudo conducen a vigorosos saltos adelante en tecnología.

Prehistoria

Las tribus de Wakanda formaron una alianza para permanecer unidas como nación, pero los jabari siguieron su propio camino.

El pasado remoto | La fundación de Wakanda

Cinco tribus humanas que habitaban en la zona del impacto de vibránium en África se unieron como una nación: Wakanda. El país fue fundado y gobernado al principio por el chamán guerrero Bashenga, tras tener una visión de la diosa pantera Bast que lo dirigió hasta una luminosa flor púrpura conocida como hierba en forma de corazón. Esta planta había absorbido las propiedades del vibránium y, al consumirla, Bashenga aumentó su fuerza, velocidad e instinto, lo que le permitió liderar y proteger Wakanda como el rey Black Panther. Solo una tribu, los jabari, se opusieron a su gobierno, y optaron por la independencia aislándose en las montañas.

El pasado remoto | Retirados del mundo

Los wakandianos dieron nuevos usos asombrosos al vibránium que había bajo el suelo de su nación, lo cual les puso décadas (y pronto siglos) por delante del resto del mundo desarrollado. Reconociendo que el raro metal los hacía propensos al ataque, la colonización y la explotación, los gobernantes de Wakanda crearon un elaborado camuflaje y ocultaron las maravillas que descubrían bajo el disfraz de una humilde sociedad agraria. Al aislarse del mundo hostil, de forma similar a como lo haría más tarde el pueblo de Talokán, los wakandianos concentraron su innovación y sus avances hacia el interior.

La inmensa escultura de una pantera se alza a la entrada de las minas de vibránium en la Wakanda actual.

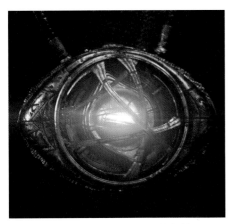

El Ojo de Agamotto, usado por el fundador de los Maestros de las Artes Místicas para alojar la Gema del Tiempo.

Tres santuarios alrededor del mundo sirven como escudo sobrenatural para la Tierra.

El pasado remoto | Las artes místicas

Los antiguos pueblos de la Tierra empezaron a interesarse por la magia y el misticismo. Agamotto fue uno de los primeros humanos en investigar y perfeccionar esas habilidades, y compartió su conocimiento con otros al fundar los Maestros de las Artes Místicas. Esta secta estableció tres santuarios en ubicaciones de extraordinario poder alrededor del globo que servirían como atalayas contra amenazas sobrenaturales. Más tarde, Agamotto obtuvo la Gema del Tiempo y creó un amuleto que permitía a su poseedor manipular el tejido del tiempo.

2988 a.C. | Sublevación de los Elfos Oscuros

La Convergencia de los Nueve Reinos inspiró una revolución liderada por Malekith, de los Elfos Oscuros. Tras asegurar la gema de la Realidad bajo la forma del vaporoso Éter, pretendía usarla para devolver Yggdrasil (y más allá) a un estado de oscuridad eterna. Bor, rey de Asgard, lanzó a sus ejércitos, le arrebató el Éter y lo ocultó antes de que lo usara para rehacer la realidad. En un egoísta intento de huida, el encolerizado Malekith envió sus naves de guerra, cargadas con su propio pueblo, contra el ejército asgardiano. Él y sus lugartenientes entraron en hibernación, a la espera de otra ocasión para atacar cuando los mundos se alinearan de nuevo.

Máscara tradicional de los Elfos Oscuros.

El pasado remoto |
Una panoplia de dioses

Deidades de todo tipo siguieron haciendo sentir su presencia en la Tierra, asombrando a los seres humanos, que inventaban mitologías para explicar lo que veían. Algunos dioses preferían mantenerse lejos de los mortales. Las deidades reinantes egipcias desterraron al dios lunar Khonshu por entrometerse en los asuntos humanos y casi exponer a los dioses al mundo. La interacción de los asgardianos con las regiones nórdicas inspiró la mitología local, mientras que otros dioses como Zeus y su panteón se convirtieron en el cimiento de los mitos griegos.

La deidad lunar egipcia Khonshu se manifiesta en forma de esqueleto de ave. Su nombre se traduce como «Viajero».

Prehistoria

La dragona conocida como Gran Protectora.

El pasado remoto | Creación de la Puerta Oscura

El Morador en la Oscuridad, una bestia inmensa que se alimenta del espíritu de seres vivos, arrasó Ta Lo, una dimensión adyacente a la Tierra. Lideraba un ejército de devoradores de almas que lo consumían todo a su paso. Una alianza de guerreros humanos unió fuerzas con la noble dragona llamada Gran Protectora para combatir a los monstruos, y los aprisionó en el interior de una montaña bajo una barrera de escamas de dragón. Y se construyó un poblado para que los descendientes de esos guerreros siguieran custodiando la Puerta Oscura, protegiendo la Tierra y otros mundos del mal retenido allí dentro.

El pasado remoto | El martillo con dos significados

El martillo místico conocido como Mjolnir fue creado por los herreros enanos gigantes que manejan la forja en torno a la estrella moribunda Nidavellir. Odín lo veía como «arma para destruir o herramienta para construir». Es un objeto que legará a sus hijos, primero a la feroz Hela, que lo usará para la conquista, y luego a su hijo Thor, que se verá obligado a demostrar que es digno de portarlo.

Mjolnir, el poderoso martillo portado por el dios del Trueno.

«A Odín, orgulloso de su reino, le avergonzaba cómo lo había conseguido», dice Hela acerca del reinado de su padre sobre los Nueve Reinos.

El pasado remoto | La conquista de Odín

Odín reclamó el trono de Asgard a su padre, Bor, con la ambición de establecer un gobierno más estricto sobre los Nueve Reinos de Yggdrasil. Tenía una hija, Hela, a quien entregó el poderoso martillo Mjolnir. Ella portaba el arma como comandante de las legiones de Asgard. Juntos, se lanzaron con violencia a dominar los mundos interconectados, y usaron la mano de obra esclava de los derrotados para construir el inmenso palacio real de Asgard.

El pasado remoto | El *Darkhold*

Los hechizos destructivos del monte Wundagore
están transcritos en el *Darkhold*, llamado «libro
de los condenados» y conocido por corromper las
almas de quienes participan de su conocimiento.

El *Darkhold*, un libro de magia negra que contiene los antiguos escritos demoníacos
tallados en la cima del monte Wundagore.

575 a.C. | Expectativas para la humanidad

El innovador Fastos se planteó introducir el motor de vapor
en Mesopotamia, pero sus compañeros Eternos vetaron esta
idea, considerando que los humanos no estaban preparados
para tal tecnología. Así que Fastos les presentó el sencillo
arado. Solo su líder, Ajak, era consciente de que el auténtico
propósito de los Eternos era alimentar al Celestial que crecía
en el núcleo terrestre… y que su obra conduciría un día a la
destrucción del planeta. Basándose en lo que había visto,
Ajak pidió a Arishem que valorase si los humanos merecían
ser perdonados, pero él desestimó su preocupación.

Ajak, líder de los Eternos,
consulta al señor Celestial
Arishem en la cima de los
Jardines Colgantes.

Los Eternos resisten en Babilonia, en una de las batallas
cruciales en su misión de defender a la humanidad.

575 a.C. | La batalla por Babilonia

Los Eternos derrotaron a una horda de Desviantes a los
pies de los muros de Babilonia, que en ese momento era
la mayor ciudad de la Tierra. Mesopotamia había sido base
de operaciones de los Eternos durante miles de años, y su
nave *Domo* está incrustada en el suelo bajo los legendarios
Jardines Colgantes. Esta parte del mundo, conocida más
tarde como Oriente Medio, es la cuna de muchos avances
necesarios para el crecimiento de la población humana.

El pasado remoto | Inspiración y afecto

La obra de los Eternos conllevó el auge de varias sociedades
avanzadas de la Tierra. Su heroísmo se entrelazó con la mitología
de esas culturas, haciendo a veces a los Eternos indistinguibles de
los dioses. Duende, la narradora del grupo, proporcionó inspiración
a los mortales ideando cuentos sobre Íkaris, que voló demasiado
cerca del sol, o sobre las épicas batallas de Gilgamesh. Los Eternos
desarrollaron además lazos mutuos más profundos con el paso de
los siglos: Íkaris y Sersi se enamoraron, y Druig se sintió atraído
por Makkari.

Duende incluye el imaginario
de las constelaciones en sus
relatos, ilustrando las muchas
victorias de los Eternos para
su audiencia humana.

575 a.C. | Babilonia

Los Desviantes intentan traspasar las puertas de Babilonia, pero los Eternos los detienen. Después de la batalla, Ajak se comunica con Arishem, quien la advierte que no se encariñe con este planeta.

575 a.C. | Cuentos

La Eterna conocida como Duende usa sus poderes de ilusión para introducir a los Eternos en algunas de las primeras leyendas de la Tierra. Cuando los Eternos dejaron Babilonia, Ajak reveló la verdad de su misión a Íkaris, sabedora de su fuerte lealtad a Arishem.

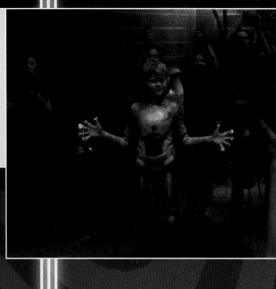

5000 a.C. | El alba de la civilización

Arishem ordena a los Eternos viajar a la Tierra para que proteja a la humanidad de los Desviantes. Pero tienen prohibido interferir en los conflictos humanos. Solo su líder, Ajak, conoce la auténtica naturaleza de su misión.

400 d.C. | Sersi e Íkaris

A medida que Sersi e Íkaris pasaban más tiempo juntos, aumentaba su mutua atracción, y acabaron enamorándose. Ambos decidieron intercambiar votos matrimoniales en una fastuosa ceremonia a la que asistieron todos los Eternos.

El pasado remoto | Creación de los Eternos

Los Celestiales crean a los Eternos, quienes no saben que su verdadero propósito es defender la semilla que se convertirá en un nuevo Celestial, Tiamut. Su nacimiento (el Surgimiento) supondrá la destrucción de la Tierra y el fin de la humanidad.

1521 | Tenochtitlán

Justo cuando los españoles invaden la capital azteca de Tenochtitlán, los Desviantes atacan también. Mientras los rechazan, Tena, que sufre Mahd Wy'ry, una afección mental incurable, se vuelve contra sus camaradas y es sometida por Gilgamesh. Con la derrota del último Desviante, los Eternos se separan.

LOS ETERNOS

Los Vengadores ostentan el título de Héroes Más Poderosos de la Tierra, pero los Eternos llevan milenios entre la humanidad, protegiendo discretamente la Tierra. Creados por los Celestiales, una antigua y poderosa raza alienígena, poseen gran variedad de poderes superhumanos, como fuerza y velocidad increíbles, capacidades regenerativas, vuelo y la casi inmortalidad. Ajak, Íkaris, Fastos, Druig, Kingo, Makkari, Duende, Sersi, Tena y Gilgamesh recibieron la orden de proteger a los humanos de las criaturas conocidas como Desviantes. Sin embargo, la verdadera razón de los Celestiales para enviarlos a la Tierra es mucho más siniestra de lo que los Eternos podrían imaginar.

2024 | El auge de los Desviantes

Ajak empieza a tener dudas sobre el inminente Surgimiento, y se las expresa a Íkaris. Poco después, Íkaris lleva a Ajak a Alaska y le muestra a un grupo de Desviantes que han escapado de un glaciar derretido. Luego la empuja a la trampa de los Desviantes, planeando usar su muerte para distraer a los otros Eternos hasta que se produzca el Surgimiento.

2024 | La traición de Íkaris

Los demás Eternos descubrieron que Íkaris había asesinado a Ajak. Él defendió sus actos argumentando que su deber era proteger a los Celestiales para que el universo siguiera existiendo. Duende se fue con Íkaris; Tena convenció a Sersi de secundar los deseos de Ajak y salvar la Tierra.

2024 | Derrota de los Desviantes

Los restantes Eternos colaboraron para evitar el Surgimiento, pero volvieron a ser atacados por Desviantes. Su líder, Kro, distrajo a Tena simulando ser Gilgamesh, pero ella resistió su manipulación y acabó con él.

2024 | En la selva

Los Eternos viajaron a una aldea amazónica en busca de Druig para emplear su telepatía para mantener durmiente a Tiamut, pero se vieron emboscados, junto a los seguidores de Druig, por Desviantes. Las criaturas fueron rechazadas, pero Gilgamesh resultó mortalmente herido.

2024 | La Uni-Mente

Mientras Íkaris luchaba para asegurarse de que el Surgimiento siguiera según lo planeado, cada Eterno vinculó su energía cósmica a Tiamut para convocar a la Uni-Mente y concentrar su poder colectivo en una sola entidad. Íkaris reconoció al fin el error de sus ideas y pidió perdón a Sersi antes de volar hacia el Sol.

2024 | Encontrar a Tena

Sersi y Duende están devastadas por la muerte de Ajak, mientras que Íkaris finge la conmoción por su pérdida. Los tres acuerdan buscar al resto de los Eternos. Hallan a Kingo, que decide unirse a su misión y ofrece su jet privado para buscar en Australia a Tena y Gilgamesh.

2024 | Celestial caído

Con los Eternos y el Celestial vinculados en la Uni-Mente, Sersi consigue transformar el cuerpo de Tiamut en piedra. Con el resto de la energía de la Uni-Mente, y a petición de Duende, Sersi convierte a esta en humana.

2024 | El juicio de Arishem

Mientras Sersi disfruta de una cita con Dane Whitman, Arishem aparece fuera de la órbita de la Tierra. El Celestial abduce a Sersi, Fastos y Kingo, e investiga sus recuerdos para emitir un juicio definitivo sobre si la humanidad merece vivir.

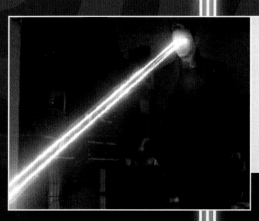

2024 | Camden

Sersi, Duende y el humano Dane Whitman son atacados por un Desviante al salir de una fiesta en Londres. Íkaris llega para ayudar a combatir a la bestia. Alarmados porque el ser puede curarse a sí mismo, los tres Eternos se dirigen a Dakota del Sur en busca del consejo de Ajak, pero la hallan muerta.

La Era Común

La época que se conocerá como Era Común en la Tierra continuó siendo moldeada por seres poderosos de otros mundos. Empezó unos 2000 años antes del surgimiento de superhumanos en el planeta, y Eternos, asgardianos y artefactos de extraordinario poder procedentes de esferas lejanas alteraron con frecuencia el curso de los acontecimientos humanos. En el espacio profundo, otros mundos hicieron frente a convulsiones similares, y las ondas de choque de los conflictos en esos lugares se abrieron paso gradualmente hasta la Tierra a lo largo de los siglos.

El Imperio gupta, considerado una edad de oro en la historia de India.

El resto de los Eternos asistieron a la feliz ceremonia nupcial de Sersi e Íkaris.

400 d.C. | La boda de Sersi e Íkaris

Tras siglos de romance, los Eternos Sersi e Íkaris decidieron prometerse amor mutuo en una ceremonia pública. Mientras vivían en el Imperio gupta que se extendió por el subcontinente indio, cumplieron con una tradición tomada de los humanos: el matrimonio. Aunque los Eternos han influido profundamente en los terrestres a los que protegen, esta es una muestra de cómo la humanidad los ha afectado a su vez. El matrimonio durará cientos de años pero, finalmente, la misma misión que los unió separará a Íkaris y Sersi a medida que se acerque el Surgimiento.

Hela arroja sus espadas contra las valkirias enviadas para detenerla.

Una sola valkiria sobrevive al combate para devolver a Hela a su prisión.

La Era Común | El encierro de Hela

Una vez establecido el dominio de Asgard, Odín se reinventó a sí mismo como pacificador benévolo, lo que llevó a un cisma con su hija Hela, aún hambrienta de poder, que se volvió contra él, disgustada por lo que consideraba debilidad en su padre. Su sed de sangre le valió el título de «diosa de la Muerte», e intentó hacerse con el trono mediante una masacre en palacio. Dado que obtenía su poder del propio Asgard, su padre la desterró a una esfera remota y desolada, y borró su nombre y su imagen del arte y la historia del reino.

La Era Común | La destrucción de las valkirias

Hela se liberó. Las valkirias, consideradas las mayores guerreras de Asgard, fueron prácticamente exterminadas mientras la obligaban a retroceder a su prisión, donde seguirá encerrada hasta la muerte de Odín. Después de la batalla solo quedó una valkiria, que pasó los siglos siguientes en exilio autoimpuesto, enfrentada al sentimiento de culpa por haber sobrevivido cuando el resto de sus amadas hermanas murieron.

La Era Común | La Anciana

Su origen exacto se pierde en el tiempo, pero ese no es el detalle más importante acerca de la mujer celta que ascenderá hasta convertirse en la más longeva Hechicera Suprema de los Maestros de las Artes Místicas. Más importante es el hecho de que la llamada «Anciana» no haya muerto aún varios siglos después de su nacimiento mortal, extendiendo su vida mediante la práctica de rituales prohibidos que extraen energía de la Dimensión Oscura. Ella cree que su prolongada defensa de la Tierra justifica una existencia antinatural, pero la hipocresía de sus actos enfurecerá un día a aprendices que ansían tal longevidad para ellos y sus seres queridos.

«¿Qué edad tiene?», preguntará un día Stephen Strange a propósito de la Anciana. Y Karl Mordo responde: «Nadie sabe la edad de la Hechicera Suprema».

La Era Común | La Edad Oscura

Aunque esta época de la historia permanece nebulosa, se sabe que los legendarios reyes y caballeros del periodo interactuaron a menudo con los Eternos. Cuando Makkari empezó a reunir una colección de objetos históricos a bordo de la nave *Domo*, incluyó a Excalibur, la espada de Arturo, de quien se dice que albergó sentimientos románticos hacia la espadachina Eterna Tena.

La colección de artefactos de Makkari a bordo de la *Domo* a principios del siglo XXI.

La Era Común

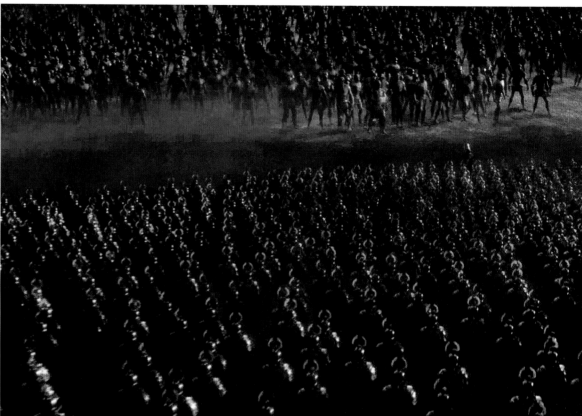

Tønsberg es un momento crítico en el prolongado conflicto entre Asgard y los gigantes del hielo de Jotunheim.

965 d.C. | Batalla de Tønsberg

Cuando los gigantes del hielo de Jotunheim atacaron la Tierra, los asgardianos acudieron a defenderla y libraron una batalla crucial en este asentamiento vikingo escandinavo. El rey Laufey de los gigantes atacó con un arma, el Cofre de los Inviernos Antiguos, que tenía el potencial de provocar una nueva glaciación en el planeta. Ayudado por el Eterno Gilgamesh, el ejército asgardiano repelió a los gigantes del hielo.

c.965 d.C. | Loki

Los ejércitos de Asgard siguieron a los gigantes del hielo hasta Jotunheim, donde Laufey fue sometido y el Cofre de los Inviernos Antiguos capturado. Odín también se llevó a Asgard al hijo abandonado de Laufey, Loki, para criarlo como propio; con ello esperaba crear un vínculo entre los dos reinos en el futuro.

La Era Común | Herederos de Asgard

Odín y Frigga criaron a Loki junto a su propio hijo, Thor, sin revelar el origen de Loki, y los hermanos establecieron una relación estrecha pero conflictiva. Loki se desquitó de Thor, el «primogénito» favorecido, desarrollando una tendencia embaucadora. Frigga le enseñó el poder de la magia y la ilusión, y él usó esas habilidades para atormentar a Thor: en una ocasión, convirtiéndolo en rana; en otra ocasión, transformándose él en serpiente para sorprender (y morder) a su crédulo hermano. Odín intentó inculcar en sus hijos sabiduría para evitar la guerra y fomentar la paz y la tranquilidad, pero Thor se sentía atraído por las exhibiciones de poder, como las del jactancioso Eterno Kingo.

c.1000 | Estalla la guerra galáctica

En la lejanía del cosmos, las tensiones entre los krees y el Imperio nova condujeron a una lucha abierta que se convirtió en una extensa guerra multiplanetaria que se alargaría mil años. En su etapa final será explotada por un extremista kree llamado Ronan, que intentará usar la Gema del Poder para acabar la guerra a favor de los krees después de que krees y novas hayan firmado un tratado de paz.

Una flota de naves Starblaster del planeta Xandar, del Imperio nova, siglos después del comienzo de la guerra.

El poderoso guerrero Wenwu.

La Era Común | Wenwu usa los Diez Anillos

Según una leyenda contada durante miles de años, un hombre corriente llamado Wenwu descubrió diez anillos indestructibles que le otorgaron vida eterna y fuerza divina. Algunos relatos afirman que halló los anillos en un cráter misterioso; otras versiones dicen que los robó de una tumba. Lo cierto es que aprovechó la habilidad en el combate que le dieron para adquirir poder. Reunió un ejército que se extendió por el mundo, derribó reinos y cambió la historia. Dio a su ejército el nombre de las armas que le habían concedido su poder: los Diez Anillos.

Wenwu desata el poder de sus misteriosos anillos en una batalla contra un ejército aparentemente insuperable.

El símbolo de la organización de los Diez Anillos de Wenwu, a veces usurpado por otros que buscan inculpar al grupo clandestino.

Una réplica del Teseracto se colocó en esta tumba para confundir a posibles saqueadores.

La Era Común | El Teseracto oculto en la Tierra

En una época indeterminada y por razones desconocidas, el cubo Teseracto que contiene la Gema del Espacio se ocultó en el interior de una iglesia en Tønsberg (Noruega), lugar de una de las más grandes batallas de Odín contra el rey Laufey, de los gigantes del hielo. El Teseracto, uno de los objetos más preciados del tesoro de Odín, fue insertado en una gaveta oculta dentro de una talla de madera que representaba a Yggdrasil, el «Árbol Mundo». No se vio durante siglos. Un Teseracto falso se introdujo en un sarcófago cercano para confundir a los saqueadores.

El sarcófago de un guerrero vikingo en la iglesia donde alguien ocultó el Teseracto en la Tierra.

La Era Común

Los últimos Desviantes errantes sobre la Tierra caen mientras los invasores europeos atacan al Imperio azteca.

1521 | Erradicación de los Desviantes

Los Eternos exterminaron a los que creían que eran los últimos Desviantes, aunque quedaron criaturas incrustadas en el hielo de regiones árticas. El fin aparente de los Desviantes en la Tierra se produjo al mismo tiempo que la caída de Tenochtitlán, capital del Imperio azteca, bajo los conquistadores europeos. Ante la prohibición de interferir en la matanza, los Eternos se cuestionaron su propósito. Como Druig le dijo a Fastos: «Sus armas se han vuelto demasiado mortales. Puede que no fuera tan buena idea ayudarlos a avanzar». Tena empezó a sufrir Mahd Wy'ry, un trastorno mental causado por las muchas veces que se habían borrado sus recuerdos de anteriores mundos condenados. Con su misión aparentemente cumplida, Ajak liberó a los Eternos para que vivieran una existencia más pasiva, alertas solo en caso de que regresaran los Desviantes.

El Eterno Druig desafía a Íkaris e interviene para impedir que los humanos se maten entre sí.

Nacimiento subacuático de Kukulkán, que liderará a su pueblo durante siglos.

1571 | Vibránium en el agua

En las antípodas de Wakanda, un depósito submarino de vibránium cambió el destino de una sociedad distinta. El pueblo talokán, de la península del Yucatán, descubrió que podía respirar bajo el agua tras consumir una planta acuática que absorbía la esencia del metal; pero sus pulmones perdieron la capacidad de funcionar al aire libre. El hijo de una embarazada que había consumido la planta nació con alas en los tobillos, la capacidad de vivir tanto en la superficie como bajo el agua y un envejecimiento retardado. Su pueblo lo llamó Kukulkán (Serpiente Emplumada) y lo convirtió en su líder durante generaciones.

La Era Común | Un levantamiento desde el mar

Al llevar su civilización bajo las olas, el pueblo de Talokán escapó a las enfermedades y la brutalidad de los exploradores europeos que asolaron su patria original. Kukulkán regresó a la superficie tras la muerte de su madre para honrar su deseo de ser enterrada donde creció, y le asqueó ver a la gente esclavizada por los invasores. El joven Kukulkán lideró a sus guerreros potenciados con vibránium en una violenta matanza y recibió la maldición de un sacerdote español, que lo llamó «El niño sin amor». A partir de ese día, Kukulkán asumió el alias de «Namor» como advertencia a sus enemigos.

Kukulkán se ganó el sobrenombre de «Namor» después de tomarse venganza contra los conquistadores de su patria ancestral.

1693 | La masacre del juicio de la bruja

Un aquelarre de brujas en el asentamiento puritano de Salem (Massachusetts) se volvió contra una de las suyas. Agatha Harkness fue acusada por su propia madre de robar conocimientos y practicar «la más oscura de las magias». Harkness lo admitió, pero, cuando intentaron ejecutarla canalizando rayos de energía hacia su cuerpo, ella los absorbió, succionando de paso la energía vital de sus acusadoras hasta que solo fueron cadáveres secos. Agatha escapó y vivió durante muchos siglos, siempre en busca de más poder que consumir.

Agatha Harkness se enfrenta a las acusaciones por su aquelarre atada a una estaca.

«Robaste conocimientos por encima de tu edad y posición. Practicas la más oscura de las magias», declara su madre.

«Yo no rompí vuestras reglas. Solo se doblegaron a mi poder», responde Agatha.

Las atormentadoras de Agatha son destruidas al intentar aniquilarla.

El trono que se alza en el centro de Sokovia ha visto pasar a muchos reyes: Ultrón no es más que el último aspirante a conquistador.

La Era Común | Revolución, guerra y conquista

El final del segundo milenio viene marcado por el ascenso de las democracias y el inicio de un movimiento global por la paz y la igualdad; pero el camino es largo. Aguardan guerras mundiales, y muchos pueblos y naciones se verán envueltos en el fuego cruzado. Sokovia, en Europa oriental, es un ejemplo claro. Como un día explicará la agente especial María Hill: «Sokovia ha tenido una historia muy dura. No tiene nada de especial, pero comunica con todos los sitios especiales». Ni siquiera aquellos que se esfuerzan por mantenerse al margen de los conflictos podrán evitarlos.

DÉCADAS DE 1940 A 1960

El siglo xx está marcado por impresionantes saltos adelante para la humanidad, que prosperó gracias a nuevos avances en la física, la química, la ingeniería y, en algunos casos, la magia. En esta época los terrestres se hicieron más poderosos, aunque aún no a escala galáctica. Sus capacidades tendían a ligarse a su planeta natal, y sus conocimientos se pulían mediante el conflicto mutuo (tal como los Celestiales predijeron respecto a la vida sintiente). Algunos buscaban protegerse, mientras que otros deseaban dominar. Estas dos fuerzas opuestas son responsables de la mayor parte de los cambios producidos en esta época.

El destino no siempre cede ante el poderío físico. Steve Rogers, que fue considerado sin salud suficiente para servir en el ejército de su país, será uno de los primeros humanos mejorados genéticamente en la era moderna; pero sus puntos más fuertes se encuentran en su interior: voluntad e integridad. Eso será lo que lo llevará a hacer historia con los extraordinarios poderes físicos concedidos por la ciencia.

La humanidad también encontrará fuerza uniéndose en grupos dedicados a descubrir los misterios del universo. Algunos, como SHIELD, serán concebidos con fines altruistas; otros, como Hydra, estarán movidos por la avaricia, el egoísmo y la desconfianza.

Durante esta época la intervención cósmica fue, al parecer, mínima, pero eso empezó a cambiar cuando la tecnología humana ofreció a los mortales el potencial de ir más allá de su propio mundo.

1900–1945

En la primera mitad del siglo XX, los avances de la humanidad en investigación, industria y tecnología aumentaron la presencia de seres con capacidades notables. La ciencia pudo, de repente, generar poderes que antes eran propios de lo místico o lo cósmico. Así aumentó el número de héroes que usaron esos poderes para proteger a los vulnerables y amenazados, pero junto a esos ejemplos de altruismo proliferaron también los villanos que utilizaron dicho poder para obtener control, dominación y subyugación. El siglo incipiente será una época tan innovadora como peligrosa.

Años 20 | La línea de salida

Dos chavales crecieron en el mismo vecindario de Brooklyn: James Buchanan «Bucky» Barnes era el mayor y más fuerte de los dos; Steve Rogers, cuyo padre murió en la Gran Guerra mientras su madre estaba embarazada, era pequeño y débil, aquejado de problemas de salud, y aprendió sobre la fuerza de su «hermano mayor». Durante las décadas siguientes, la amistad, la lealtad y el cariño entre ambos los salvará repetidas veces en momentos de peligro. Y ellos salvarán al mundo.

Bucky Barnes y un presupersoldado Steve Rogers: dos amigos «hasta el final».

Años 30 | Estrella en ascenso

A principios del siglo XX, el Eterno conocido como Kingo, aburrido de pasar desapercibido después de la aparente erradicación de los Desviantes, se entusiasmó con las artes cinematográficas. Para la década de 1930, la maquinaria de producción de Hollywood se enfrentaba a un rival creciente en el otro lado del globo cuando floreció Bollywood en India. Kingo se puso bajo los focos como estrella de Bollywood e inventó una dinastía actoral ficticia para ocultar el hecho de que no envejecía. En este momento se promociona como Raj Kingo Deva, hijo del Gran Kingo.

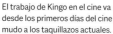

El trabajo de Kingo en el cine va desde los primeros días del cine mudo a los taquillazos actuales.

Johann Schmidt examina el Teseracto falso antes de localizar el auténtico.

El Teseracto es la llave a una nueva generación de armas de Hydra, capaces de apoderarse del mundo.

Marzo de 1942 | No es para los ojos del hombre corriente

Mientras la guerra asola Europa, Johann Schmidt ostenta el mando de Hydra, la división de ciencia «profunda» nazi. Schmidt empezará a ser conocido como Cráneo Rojo al quedar desfigurado mientras probaba consigo mismo un suero del supersoldado incompleto. En marzo de 1942, él dirige la invasión de Tønsberg (Noruega) por fuerzas de Hydra; allí halla el «objeto más preciado del tesoro de Odín»: el cubo azul llamado Teseracto. Este no solo contiene la Gema del Espacio; además será la fuente de poder del arsenal de alta tecnología que está diseñando el Dr. Arnim Zola.

El exclusivo brazalete de Aisha capta la energía luminosa de la dimensión Noor.

1942 | El brazalete al descubierto

En la India ocupada por los británicos, exiliados de la dimensión Noor conocidos como Clandestinos exploraban un templo destruido marcado con el símbolo de los Diez Anillos. Bajo los escombros hallaron un brazalete que controlaba la energía luminosa de su interior y podía abrir la barrera de vuelta a su mundo. Antes de poder utilizarlo, soldados británicos dispersaron el grupo. Con el brazalete en su poder, la líder clandestina Aisha encontró refugio junto a un cultivador de rosas llamado Hasan. Se enamoraron, se casaron y tuvieron una hija, Sana. Con los lazos que ahora la unían a este mundo, Aisha abandonó la intención de dejarlo.

14 de junio de 1943 | Podría hacer esto todo el día

Steve Rogers intentó alistarse en el ejército, pero un médico estampó 4F (no apto para el servicio) en la cartilla de reclutamiento del joven asmático de 40 kg. Ante la objeción del desalentado Rogers, el médico insistió: «Te estoy salvando la vida». Más tarde fue rescatado de una paliza en un callejón por Bucky, que al día siguiente se embarcaba para Europa con el 107 Regimiento de Infantería y que le pidió que se diera por vencido y que empleara su energía dentro de EE.UU. Steve le respondió: «No ganéis la guerra hasta que yo llegue».

«Hay hombres que están dando su vida. No tengo ningún derecho a hacer menos que ellos», le dice a Bucky Barnes un Steve Rogers nuevamente rechazado.

«No aguanto a los matones, sean de donde sean», le dirá más tarde Steve Rogers al Dr. Erskine.

1900-1945

Steve y Bucky asisten a una
de las primeras exhibiciones
tecnológicas de Howard Stark.

14 de junio de 1943 | El choque del futuro

Mientras Steve y Bucky disfrutan de una noche
en la Exposición Mundial del Mañana, Howard
Stark exhibe allí su prototipo de coche volador,
que predice que será realidad en pocos años.
Stark era mundialmente famoso como piloto,
ingeniero, especulador y rompecorazones.
Ahora su tecnología de reversión gravítica
hace que un brillante Cadillac rojo flote en el
aire, tan solo un momento antes de caer sobre
el escenario. «He dicho dentro de unos años,
¿no?», bromea Stark.

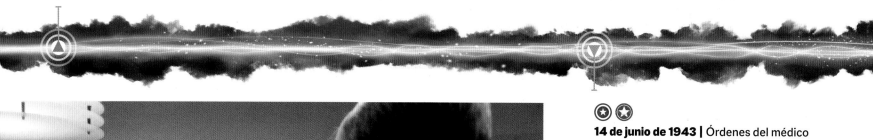

14 de junio de 1943 | Órdenes del médico

El Dr. Abraham Erskine oye por casualidad a Steve discutir
con Bucky y decir que, a pesar de sus afecciones, no tiene
derecho a hacer menos que todos esos soldados que
están dando su vida frente a los nazis. Impresionado por
la resolución de Steve, Erskine lo recluta para participar
en su Programa Supersoldado para el gobierno de EE.UU.,
dirigido a crear un ejército de luchadores imbatibles. Al
explicarle que busca cualidades más allá de la fuerza física,
Erskine le dice: «Ya hay mucho grandullón luchando en
esta guerra. Tal vez lo que hace falta es alguien chiquitín».

«Le ofrezco una oportunidad. Solo una oportunidad», dice el Dr. Abraham Erskine.

«No ganéis la guerra hasta que yo llegue», le dice Steve Rogers a Bucky Barnes.

«Caballeros, soy la agente Carter.
Yo superviso todas las operaciones
de esta división.»

Junio de 1943 | La agente Carter

Durante su entrenamiento en el Programa
Supersoldado de la Reserva Científica Estratégica
en Camp Lehigh, Rogers conoce a la agente Peggy
Carter, que supervisa a los reclutas en nombre
del director del programa, el coronel Phillips. Ella
será testigo del respeto, el ingenio y la valentía
de Rogers, en especial cuando se arroje sobre
lo que cree que es una granada activa para
proteger a sus compañeros: una prueba de
Phillips que solo Steve supera. Peggy siente
afinidad con él, pues ella también debió luchar
más duro que nadie para demostrar su valía.

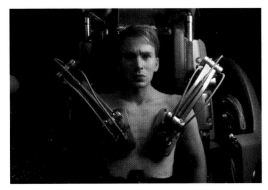

Un pequeño y físicamente frágil Steve Rogers se prepara para someterse
al Proyecto Renacer, sabedor de que el experimento puede matarlo.

Mientras un saboteador de Hydra le dispara, el recién mejorado» Steve
Rogers improvisa un escudo.

22 de junio de 1943 | El procedimiento

Rogers experimenta la transformación en
supersoldado. Durante el experimento, Erskine es
asesinado por un agente de Hydra infiltrado en el
laboratorio. Al morir, el científico se lleva consigo
los secretos del suero, lo que implica que, pese
al éxito de la prueba, no habrá (de momento)
un ejército de supersoldados. Rogers persigue al
asesino con el cuerpo recién mejorado: atraviesa
el escaparate de una tienda y se golpea contra
coches en marcha mientras se acostumbra a sus
nuevas capacidades. Aunque lo captura, el asesino
se traga una cápsula de cianuro antes de poder ser
interrogado. Al día siguiente, los periódicos alardean
del «hombre misterioso» cazanazis: ha nacido una
leyenda.

Peggy Carter: «¿Cómo se siente?».
Steve Rogers, jadeante: «... Más alto».

1900-1945

«Usted vale para algo más», le dice la agente Carter
a Steve Rogers después de una actuación de la USO.

3 de noviembre de 1943 | El Hombre Estrellado

Para decepción de Steve, el gobierno de EE.UU. lo usa
como instrumento de propaganda, y no como luchador. En
noviembre de 1943, el ahora llamado «Capitán América»
actúa en Italia en una gira de la USO a 8 km del frente.
Después de entretener y mejorar la venta de bonos de
guerra durante meses, ahora se acerca un poco a la lucha.
Tras una de sus actuaciones, se entera de que un gran
grupo de soldados ha sido capturado por Hydra cerca
de Azzano: eran del 107, y Bucky era uno de ellos.

Steve Rogers como «Capitán América»: «Durante años mi gran sueño fue cruzar el océano y
estar en primera línea, sirviendo a mi país. He conseguido todo cuanto quería... y llevo mallas».

Steve Rogers abandona el espectáculo
y usa sus capacidades mejoradas para
rescatar a soldados capturados, incluido
su amigo Bucky Barnes.

3-10 de noviembre de 1943 | Un ejército de un hombre

Carter y Howard Stark llevan a Rogers a territorio
enemigo, desafiando los deseos del coronel Phillips.
El Capitán América tiene un choque con Cráneo Rojo
al infiltrarse en el campo de prisioneros para liberar a
Bucky y sus camaradas, algunos de los cuales formarán
parte de los Comandos Aulladores. Cráneo Rojo huye y
Rogers vuelve al campamento de EE.UU. con los soldados
rescatados mientras el coronel escribe un informe en
que lo da por «desaparecido en combate». El Capitán
América será desde ahora un guerrero, no una corista.

Steve encuentra a Bucky en mal estado,
tras sufrir torturas a manos de Hydra.

Rogers se enfrenta a Cráneo
Rojo por primera vez.

Los Comandos Aulladores atacan un tren de Hydra que transporta armas... y al científico Arnim Zola.

Steve Rogers comparte las que pueden ser sus últimas palabras con Peggy Carter a través de la radio del *Valkiria*.

Mediados de los años 40 | Desaparición de Bucky

El Capitán América se enfrentará a las fuerzas de Cráneo Rojo a lo largo del resto de la guerra: destruirá sus instalaciones y ahuyentará a sus soldados, a menudo con Bucky a su lado. Durante una incursión en un tren de Hydra para capturar al Dr. Zola, Bucky cae al vacío insondable de un cañón helado y es dado por muerto. Rogers, afligido, jura que no parará hasta detener a Cráneo Rojo y a todas las fuerzas de Hydra.

Después de la incursión en el tren cohete de Hydra, Bucky Barnes es declarado desaparecido en combate.

Marzo de 1945 | Un largo adiós

Antes de desaparecer, Rogers intercambió un mensaje de radio con Peggy Carter, y juró volver a verla para que lo enseñara a bailar. Algún día podría cumplir esa promesa.

Rogers se enfrenta a Cráneo Rojo a bordo de la nave condenada de Hydra.

Marzo de 1945 | Combate en el *Valkiria*

Justo antes de acabar la guerra en Europa, el Capitán América tuvo su enfrentamiento final con Cráneo Rojo a bordo del bombardero de Hydra *Valkiria*, cargado con detonadores de energía alimentados por el Teseracto y diseñados para devastar el suelo estadounidense. Cráneo Rojo desapareció en medio de una columna de energía sosteniendo el cubo en su mano, y el Capitán condujo la nave, seriamente dañada, hacia el casquete polar para evitar que sus bombas hirieran a civiles inocentes. Esta vez se estaba arrojando sobre una granada real. Su sacrificio salvó millones de vidas.

¡ALERTA!
¡Hola, amigos! ¿Cuándo cayó Bucky de ese tren? ¡Todos queremos saberlo! La exposición del Capitán América en el Smithsonian dice que fue en 1944, pero Arnim Zola afirma que él fue capturado en 1945. ¡Esos Analistas ya deben de estar temblando! ¡Averiguaré quién rellenó ese papeleo!

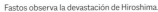

Fastos observa la devastación de Hiroshima.

Agosto de 1945 | La aflicción de un Eterno

El Eterno Fastos llora al contemplar la primera bomba atómica lanzada sobre seres humanos. Durante eones, su ingenio ayudó a la gente a desarrollar nuevas tecnologías y prosperar. Ahora, entre las ruinas de Hiroshima, se siente abrumado por la tristeza ante la senda tomada por la humanidad.

EL PRIMER VENGADOR

Steve Rogers era solo un chaval de Brooklyn que se convirtió en «el hombre estrellado con un plan» y, décadas después, en líder de los Vengadores. Todo lo que él quería era combatir a los matones. Al ofrecerse voluntario para recibir el suero del supersoldado, Steve se convirtió en el Capitán América, un símbolo para el ejército de EE.UU. en la II Guerra Mundial. Se demostró a sí mismo que era un héroe incontables veces, más de una sacrificándose para salvar a otros. Siempre ha hecho lo correcto, sin importar lo duro que pudiera ser o si provocaba desacuerdo; y, aunque es leal a sus amigos, nunca ha dudado en llamarles la atención si hacían algo mal. Es un líder nato y dirigió a los Vengadores hasta ceder el testigo.

2014 | El regreso del pasado

Steve sigue trabajando para SHIELD, y de pronto una parte clave de su pasado irrumpe en el presente: averigua que su mejor amigo, Bucky Barnes, dado por muerto en la II Guerra Mundial, es ahora el agente de Hydra Soldado de Invierno; y que Hydra se ha infiltrado en SHIELD. El Capitán América se aferra a su creencia de hacer lo correcto mientras huye y encuentra nuevos aliados para volver a derrotar a Hydra.

2011-2012 | De vuelta al combate

La última misión de Steve en la II Guerra Mundial va seguida por casi 70 años de congelación en el Ártico. Localizado y descongelado, resurge con su deseo de combatir a los matones intacto. El director de SHIELD, Nick Furia, le plantea una nueva misión, y el Capi recupera su liderazgo natural cuando dirige a los Vengadores contra el ejército de Loki en la batalla de Nueva York.

1943 | El chiquitín

Steve Rogers ansía luchar por su país en la II Guerra Mundial. Aunque su corazón no miente, el ejército lo rechaza por sus problemas de salud. Así que acepta la oferta del Dr. Erskine de unirse al Proyecto Renacer como una oportunidad de servir a su país. Recibe el suero del supersoldado y su vida cambia para siempre. Como Capitán América, combatirá a las legiones de Hydra, derrotará al villano Cráneo Rojo y conocerá a Peggy Carter, el amor de su vida.

2015 | Encuentro con Ultrón

Con los Vengadores, Steve captura por fin al barón Strucker, último líder conocido de Hydra, cuya derrota concede al Capitán América un momento de victoria antes de que el robot Ultrón, creado por Tony Stark, decida exterminar a la humanidad. La existencia de Ultrón causa conflicto en el grupo. Steve, siempre pacificador, traza el plan a seguir y toma las riendas de la ofensiva contra Ultrón en Sokovia.

2016 | Vengador contra Vengador

El resultado de la batalla de Sokovia causa una escisión en los Vengadores, con Tony a favor de los Acuerdos de Sokovia, que permiten a Naciones Unidas controlar a los Vengadores, y con Steve en contra. Para él es doloroso ver al grupo dividido, pero defiende el derecho del grupo a decidir sus actos. El conflicto se agrava y ambas facciones se enfrentan en Alemania. Cuando las aguas vuelvan a su cauce, Steve y Tony ya no se dirigirán la palabra.

2018 | Proteger las gemas

Nuevamente fugitivo, Steve mantiene las distancias; pero vuelve al conocer los planes de Thanos. Steve deja todo a un lado para impedir que Thanos se haga con las Gemas del Infinito. El Capi prepara a los Vengadores para actuar junto al ejército wakandiano contra los invasores de Thanos. Cuando este llega, Rogers resiste con todas sus fuerzas, sin flaquear siquiera cuando es uno de los últimos Vengadores en pie.

2023 | Salvar el universo

El Chasquido y la pérdida de sus amigos tiene un profundo efecto en Steve. Sigue con los Vengadores e intenta seguir adelante. Pero, cuando ve un destello de esperanza, no puede resistirse. Aboga por el Robo en el Tiempo y reúne a los Vengadores en la batalla de la Tierra. Tras devolver las gemas, Steve se pone por fin en primer lugar y regresa al pasado para pasar su vida junto a la mujer que ama.

Décadas de 1940 a 1960

La época posterior a la II Guerra Mundial se define por el recelo a que el poder caiga en las manos equivocadas. Peggy Carter se consagrará a crear una organización para hacer frente a tales amenazas, mientras que los restos de Hydra se camuflarán para continuar con sus viles actividades. En ocasiones, incluso aquellos comprometidos con la seguridad se encontrarán virando hacia territorios moralmente indefendibles.

Howard Stark en su taller en los años 40.

1945-1946 | Búsqueda y recuperación

Howard Stark continúa trabajando con el gobierno de EE.UU., manteniendo fuertes vínculos con el principal cliente de su negocio de armamento. Él personalmente rastrea las últimas coordenadas conocidas del Capitán América, pero no encuentra al supersoldado perdido. Sin embargo, detecta la firma energética del Teseracto y lo recupera de las profundidades para ser estudiado por una nueva organización gubernamental que ha ayudado a crear.

1946 | Empezar de nuevo

El mundo se reconstruye en una breve época de relativa paz. La agente Carter sigue en la Reserva Científica Estratégica (RCE), ahora como descodificadora y analista de datos en su oficina de Nueva York, bajo la supervisión del agente Flynn, displicente ante su ambición de recuperar su labor de agente de campo. Cuando ella se queja después de tres meses de trabajo de oficina, él le dice: «Tranquila, se acabó la guerra. Déjanos el trabajo sucio».

1946 | La misión Zodiaco

El agente Flynn y «los chicos» de la RCE se marchan a tomar una copa después del trabajo, dejando a Peggy Carter sola para terminar informes. Una llamada entrante informa de las coordenadas de un arma química letal que la oficina estaba rastreando. Incapaz de contactar con el equipo, Carter decide aventurarse sola en la ubicación: reduce a varios hostiles armados y asegura el vial con el material robado. Es un triunfo para la agente Carter, pero a Flynn no le gusta verse superado por «la antigua novia del Capitán América».

La agente Carter demuestra ser formidable sobre el terreno, así como una gran táctica.

Carter emprende la misión Zodiaco a solas, a pesar del informe que señala la necesidad de cinco agentes.

La agente Carter se convierte
en la directora Carter, al frente
de SHIELD.

1946 | Promoción a SHIELD

Peggy Carter es reclutada por el coronel Chester
Phillips y Howard Stark para unirse a ellos en
Washington y convertirse en la primera directora
de una nueva agencia de seguridad conocida
como Entidad de Servicio de Cumplimiento de
Orden y Seguridad. Stark llama personalmente
al agente Flynn para presentar la oferta: «Dígale
que es para usted un honor darle la noticia».
Apretando los dientes, Flynn se ofrece incluso a
bajar sus pertenencias. Todo lo que ella se lleva
del despacho es una foto del escuálido Steve
Rogers antes de ser el supersoldado, y responde:
«Gracias, agente Flynn. Pero, como suele ser el
caso, no necesito su ayuda».

Oportunista consumado, Zola era feliz sirviendo al
Cráneo Rojo si ello significaba avanzar en su investigación.

Finales de los años 40 | Zola el topo

El Dr. Arnim Zola seguía prisionero de los
aliados al acabar la guerra. Como parte
de la Operación Paperclip, el gobierno de
EE.UU. decidió aprovechar la experiencia
de antiguos enemigos en lugar de hacerles
pagar por sus crímenes. Zola fue incorporado
al equipo de investigación y desarrollo de
SHIELD, pero su antigua lealtad nunca
flaqueó: reconstruyó Hydra desde dentro,
un grupo terrorista parasitario operando
desde el interior de la organización de
seguridad global.

Como cautivo del ejército
de EE.UU., el valor de Zola
como investigador lo
protegió del castigo.

Décadas de 1940 a 1960

 Finales de los años 40 | Una mente helada

Entre los proyectos secretos de Hydra había un programa de asesino en la sombra que utilizó el cuerpo, e incluso la mente, de uno de sus enemigos más fieros: Bucky Barnes. Tras despeñarse desde el tren helado, científicos de Hydra recuperaron su cuerpo, gravemente dañado. Zola reconectó con esa división y supervisó la reconstrucción del cuerpo de Barnes, sustituyendo su brazo izquierdo amputado por uno mecánico. Hydra usó la criogenia para conservar el cuerpo de su Soldado de Invierno, mentalmente controlado, hasta que necesitara sus letales servicios.

Después del lavado de cerebro, Bucky Barnes estuvo bajo el control de Hydra durante décadas, sirviendo como el letal agente conocido como Soldado de Invierno.

Los bisabuelos de Kamala Khan con su hija Sana.

1947 | Pasarela de estrellas

Durante la partición de India y la creación de Pakistán en el verano de 1947, la Clandestina Najma localizó por fin a Aisha en su hogar familiar. Reacios a entregar el brazalete a Najma, Aisha y Hasan corrieron hacia la estación de tren para escapar tanto de Najma como de la tensión y el caos causados por la partición. Pero Najma atrapó a Aisha en la estación y la apuñaló. Mientras agonizaba, Aisha conectó con el brazalete, que cayó al suelo y convocó al pasado a su bisnieta Kamala Kahn. Sana, la abuela de Kamala, se ha separado de su padre entre la multitud, y Kamala la encuentra y usa sus propios poderes para mostrar a Sana cómo volver con su padre.

1951 | Combate en Goyang

Hydra liberó al Soldado de Invierno durante la guerra de Corea. Bradley fue enviado a dar caza a ese misterioso enemigo, y ambos chocaron en una ciudad cercana a Seúl. Como Bradley recordará décadas después: «Aunque enviaron a muchos tras él, ninguno regresó. Así que el ejército estadounidense me envió para que me ocupara de él. Le arranqué la mitad de su brazo metálico en aquella pelea». Finalmente, ambos hombres sobrevivieron; y un día, un Bucky arrepentido será de los pocos que recuerden el servicio prestado por Bradley.

Incluso en el futuro, Bucky Barnes sigue atormentado por el pasado y el recuerdo de los errores que cometió como Soldado de Invierno.

Finales de los años 40 / principios de los años 50 | Un experimento ignominioso

El gobierno de EE.UU. reactivó su Programa Supersoldado, esperando de nuevo crear un ejército de guerreros imparables. A diferencia del experimento del difunto Dr. Erskine en la II Guerra Mundial, que contó con el pleno conocimiento del voluntario Steve Rogers, este proyecto se realizó con engaños y desprecio por la vida humana. Ante la incapacidad de replicar el suero original, los investigadores crearon múltiples variaciones que fueron administradas en secreto a un grupo de soldados afroamericanos sin su conocimiento. Solo uno, Isaiah Bradley, se transformó con éxito y de forma estable. Muchos otros sujetos de prueba sufrieron dolores atroces y efectos imprevistos.

Principios de los años 50 | Los prescindibles

Pese a la inestabilidad de los supersoldados afroamericanos supervivientes, el ejército siguió enviándolos en misiones encubiertas a la guerra de Corea. Varios de ellos fueron capturados, y Bradley pudo oír cómo los mandos planeaban volar el campo de prisioneros donde estaban y matarlos para ocultar las pruebas del Programa Supersoldado. «Pero aquellos eran mis hombres, mis hermanos, no pruebas», recordará años después un Bradley aún indignado. Así que el supersoldado llevó a cabo una misión de rescate, no muy distinta de la realizada por Steve Rogers en 1943; solo que él no fue condecorado por sus actos, sino encarcelado.

Isaiah Bradley, al final de su vida, expone los atropellos cometidos contra él.

Décadas de 1940 a 1960

Después de toda una vida, Isaiah Bradley comparte sus recuerdos con Sam Wilson, el nuevo Capitán América.

Años 50 | Un castigo injusto

Debido a los efectos secundarios del experimento y a la peligrosidad de las misiones a las que eran enviados, al cabo de poco tiempo Isaiah era el único sujeto superviviente del Programa Supersoldado. Ciertos miembros del gobierno lo consideraron una carga y él fue injustamente encarcelado, en parte para encubrir el experimento, pero también para seguir sometiéndolo a pruebas no voluntarias. Como declaró años después de su liberación: «Los siguientes treinta años experimentaron conmigo para saber por qué había funcionado el suero».

Años 50 | La tapadera

La esposa de Isaiah intentó comunicarse con él sin descanso, enviando incontables cartas... que eran interceptadas por el gobierno antes de llegar a Bradley. Al cabo de los años, los funcionarios decidieron acabar con su campaña para demostrar la inocencia de su marido urdiendo la mentira de que este había muerto en prisión. «Les preocupaba que mi historia saliera a la luz, así que decidieron borrarme; mi historial. Pero llevan haciéndolo 500 años», revelará años después Bradley. Su esposa murió con el corazón roto, sin saber nunca la verdad.

Isaiah Bradley y su nieto Eli escuchan a Sam Wilson decirle al mundo: «El único poder que tengo es que yo creo que podemos hacerlo mejor».

El Soldado de Invierno, una de las
armas más letales y eficaces de Hydra
para manipular los sucesos mundiales.

✪ Años 50-60 | El alcance creciente de Hydra

A lo largo de los tumultuosos sucesos de los años 50
y 60, Hydra usó al Soldado de Invierno y a su creciente
red de partidarios para expandir su influencia y moldear
los sucesos mundiales. Hydra no creía que se pudiera
confiar en una humanidad libre, pero también encontró
gente que se resistía cada vez que esa libertad era
restringida. Durante años, el grupo diseñó una serie de
crisis políticas, golpes de Estado, guerras, disturbios
sociales y asesinatos, moviendo a muchos ciudadanos
corrientes a ansiar temerosamente la seguridad por
encima de la libertad.

1963 | Explota la carrera energética

Después de desertar a EE.UU. en 1963,
el físico soviético Anton Vanko forjó una
alianza con el industrial Howard Stark.
Ambos combinaron su experiencia para
desarrollar prototipos de lo que luego
sería el reactor ARK. El proyecto pretendía
«hacer que el reactor nuclear pareciera una
pila alcalina», según lo describiría más tarde
Nick Furia. Pero el reactor ARK seguía siendo
tecnología sin refinar cuando Vanko resultó ser
sospechoso de intentar vender información
sobre él en el mercado negro. Howard Stark
no solo cortó lazos con él, sino que orquestó
su deportación de vuelta a la URSS.

Versión primitiva a gran escala del reactor
ARK utilizada para alimentar la planta de
producción de Industrias Stark.

Décadas de 1970 a 1990

Los seres humanos se internan en la galaxia. La parte final del siglo xx verá el nacimiento de varios individuos que cambiarán el universo de formas asombrosas. Pero, en este momento de la historia, viajar más allá de Terra (también conocida como Midgard) es relativamente raro.

La piloto de pruebas militares Carol Danvers será de los primeros en viajar a otros mundos después de absorber accidentalmente en su cuerpo los poderes del Teseracto. Peter Quill, un niño mitad humano, mitad Celestial, también será arrancado de la Tierra hacia las estrellas, y luchará por la supervivencia mientras su sorprendente potencial permanece oculto incluso para él mismo.

Tony Stark, genio e inventor excepcional, progresará y utilizará sus considerables recursos y su brillantez innata para construir tecnología aún más avanzada, contribuyendo a crear el mundo del mañana.

Los sucesos mundiales aún suelen ser determinados por grupos formidables como SHIELD, del gobierno de EE.UU., la Sala Roja de la URSS y los restos parasitarios de Hydra. Sin embargo, individuos con capacidades extraordinarias empezarán a alterar ese equilibrio de poder.

Décadas de 1970 a 1980

«¡Eh, tío, haz el amor, no la guerra!» Los años 70 son una época despreocupada en Tierra-616. La Guerra Fría está en su punto álgido, pero las amenazas exteriores de destrucción global son mínimas. Es una era de experimentación e innovación en la que el mundo, para bien o para mal, tiene la guardia baja.

1970 | El concurrido Camp Lehigh

La base militar de Nueva Jersey, donde Steve Rogers recibió entrenamiento antes de someterse al Proyecto Renacer y convertirse en el Capitán América, vuelve a estar al frente de la innovación en seguridad mundial. La directora de SHIELD, Peggy Carter, se ha centrado en el trabajo de campo. Howard Stark se deja ver a menudo, mientras se prepara para el nacimiento de su primer hijo. El joven científico Hank Pym experimenta con partículas que pueden manipular el tamaño y la densidad; y el Teseracto se encuentra allí para su estudio y custodia. Incluso Arnim Zola, investigador de Hydra cautivo, trabaja libremente en la base: el gobierno ha pasado por alto sus crímenes debido a su valor como desarrollador de tecnologías. Pocos saben que en realidad está reconstruyendo los tentáculos de Hydra desde el interior de SHIELD.

Howard Stark trabaja para un SHIELD que aún está en su apogeo, antes de empezar a pudrirse desde dentro.

24 de noviembre de 1971 | El reto de Loki

Loki, dios del engaño, lanza un reto sobre la Tierra después de perder una apuesta con su hermano Thor. Bajo el disfraz de «D. B. Cooper» secuestra un Boeing 727 en vuelo afirmando que tiene una bomba. Tras obtener 200000 dólares como rescate, se lanza en paracaídas evadiendo a las autoridades, pero pierde la mayor parte del dinero cuando Heimdall envía el Bifrost para devolverlo a Asgard. El secuestro sin resolver y la estrafalaria desaparición del secuestrador serán un misterio para los humanos de Midgard.

Loki con su disfraz del secuestrador aéreo «D. B. Cooper».

15 de septiembre de 1973 | El elemento oculto de Howard Stark

Howard Stark prepara la que será su última Exposición Mundial. Descubre la estructura atómica de un nuevo elemento productor de energía, pero es incapaz de replicarlo en la vida real. Utiliza el diseño para crear un modelo de los terrenos de la Exposición y, en una filmación grabada para su hijo (que entonces tiene tres años), insinúa su significado oculto: «Esta es la clave del futuro», le dice. Y continúa: «Algún día tú lo resolverás y, cuando lo hagas, cambiarás el mundo».

Actualización de hardware: Arnim Zola carga su conciencia en un servidor antes de la muerte biológica de su cerebro.

1972 | La (no del todo) muerte de Arnim Zola

Después de vivir durante décadas bajo la protección del gobierno de EE.UU., Arnim Zola recibió un diagnóstico médico terminal, pero el científico de Hydra se libró una vez más del juicio final. Antes de morir, su mente fue transferida a un enorme banco de datos, conservando su cerebro como una forma de IA. Así pues, no solo continuó proporcionando conocimientos a SHIELD, sino que siguió supervisando su proyecto oculto de revivir Hydra identificando agentes que pudieran simpatizar con su amoral perspectiva.

Años después de morir Howard Stark, Tony descubrirá el mensaje y el legado dejados por su padre.

Mediados de los años 70 | La estrella eterna

Karun Patel se convirtió en asistente y compañero de por vida del Eterno conocido como Kingo. Su relación empezó cuando Patel observó que el actor de Bollywood no envejecía. Después de convertirse en estrella cinematográfica durante la época del cine mudo, Kingo se mantenía bajo los focos cambiándose el nombre generación tras generación como el último descendiente de una dinastía actoral. Patel creía saber la verdad: ¡Kingo era un vampiro! Después de enfrentarse al actor en la década de 1970, Patel conoció a los Eternos y pasó a ser el hombre de confianza de Kingo en la época del Surgimiento.

El Eterno Kingo y su asistente Karun Patel al cabo de cinco décadas juntos.

Décadas de
1970 y 1980

Isaiah Bradley y su nieto Eli, unos
40 años después de que Isaiah
obtuviera la libertad.

Finales de los años 70 | Héroes en ciernes

Dos niños demostraron habilidades extraordinarias
que los harían famosos en los años siguientes. Tony
Stark construyó una placa base a los cuatro años, y
un motor V8 dos años después, lo que lo llevó a la
portada de una revista junto a su padre, el gran
industrial. Mientras él avanzaba gracias a un gran
estímulo, Carol Danvers sorteaba obstáculos: entró
en la adolescencia a toda velocidad, conduciendo
karts y bicicletas y dejándose el alma en partidos
de béisbol, impávida al desaliento, los golpes o
la derrota. No eran aún Iron Man o la Capitana
Marvel, pero ambos estaban en camino.

Principios de los años 80 | Una tardía libertad

Isaiah Bradley obtuvo la libertad tras pasar décadas encarcelado
injustamente. Fue recluido por ser una prueba ignominiosa del
ilícito Programa Supersoldado estadounidense, ensayado en
hombres sin su consentimiento. Una compasiva enfermera
ayudó a Bradley a fingir su muerte y él escapó. Desde entonces
vivió fuera del sistema en Baltimore para evitar la atención que
podría devolverlo a prisión.

1980 | Ego se expande a la Tierra

Tras miles de años plantando las semillas de su
Expansión universal, el Celestial conocido como
Ego envió su avatar a la Tierra (concretamente
a Misuri, EE.UU.) y se enamoró de la humana
Meredith Quill. Ella dio a luz un niño, Peter, y
lo crio como madre soltera. Ego se encuentra
inextricablemente atraído hacia Meredith,
pero le implanta un tumor en la cabeza que
finalmente la matará: un impulso asesino
derivado del deseo de evitar compromisos
que pudieran distraerlo de su gran plan.

El avatar humano de Ego, amante «de
las estrellas» de Meredith Quill, canta
con ella en tiempos más felices.

1985-1986 | El casi éxito de Trevor Slattery

Mucho antes de encarnar al infame Mandarín, Trevor Slattery
tuvo un fugaz momento de verdadera fama. Durante la Guerra
Fría, una serie policíaca lo presentó como un policía ruso con
problemas de ira, suelto por Los Ángeles en busca de venganza.
Su compañero era un mono alcohólico. Pero la compañía
rechazó el episodio piloto y la serie nunca se emitió. Aceptar
ese trabajo en Hollywood le costó a Slattery más de lo que le
dio, sobre todo porque estuvo ausente cuando su querida
madre falleció en Reino Unido.

El coche (con matrícula personalizada) conducido
por el personaje de Trevor Slattery.

Trevor Slattery se queja sobre el episodio
piloto no emitido: «Ojalá tuviera una copia».

1987 | Perdida en el mundo cuántico

Las partículas reductoras de Hank Pym hacían
de él un activo inapreciable para EE.UU. como
espía y saboteador, trabajo que solía llevar a
cabo junto a su esposa, Janet van Dyne. Ella se
hizo subatómica para desarmar un misil soviético
lanzado hacia EE.UU. Pero, una vez comenzada la
miniaturización, no pudo detenerla o revertirla, y
Janet se perdió en algún lugar de una dimensión
conocida como «mundo cuántico». Dejó atrás
una hija, Hope, que nunca abandonó la búsqueda
de su madre desaparecida.

El adiós de Janet van Dyne a su hija:
«Garbancito... A papá y a mí nos
ha surgido un viaje de negocios».
Esta es la última vez que se verán
en más de 30 años.

Décadas de 1970 y 1980

Finales de los años 80 | Mar-Vell se oculta

En plena guerra Kree-Skrull, una científica kree llamada Mar-Vell se avergonzó al saber que su propio pueblo había subyugado a los skrulls. Ayudó a un grupo de refugiados a escapar a la Tierra, donde vivieron en el laboratorio orbital de Mar-Vell mientras ella adoptaba la identidad de la científica humana Wendy Lawson y se unía al Proyecto Pegaso del gobierno de EE.UU. para acceder al Teseracto, que usó para desarrollar un motor ultralumínico que, esperaba, ayudaría a los skrulls a encontrar un nuevo hogar a salvo de los krees.

Mar-Vell viene a la Tierra para continuar la investigación que espera que llevará la paz a los skrulls.

Un casete recopilatorio de rock clásico dejado por Meredith Quill a su hijo Peter.

1988 | El adiós de Meredith Quill

Meredith Quill sucumbió al tumor cerebral que le implantó el Celestial Ego. Antes de morir, entregó a su hijo una grabación casera con su música favorita. Este es uno de los pocos recuerdos que se llevó con él cuando fue secuestrado por los Saqueadores, enviados por Ego porque necesitaba un descendiente que compartiera sus capacidades de Celestial para ayudarlo a activar su Expansión. Agobiado por la culpa, Yondu, el jefe de los Saqueadores, no completó la misión, y decidió conservar al niño humano como uno más de su banda criminal.

Finales de los años 80 | Ciencia peligrosa

Los científicos Elihas Starr, Hank Pym y Bill Foster trabajaban en SHIELD en el campo de la investigación cuántica. Foster además exploraba un proceso de agrandamiento como parte del Proyecto Goliat, con el que alcanzó una altura de 6,4 m. Un choque entre Starr y Pym condujo a la expulsión de Starr, que, desesperado, siguió investigando por su cuenta en Argentina. Él y su esposa morirán luego en una explosión de energía cuántica, que también perturbará la estabilidad molecular de su hija Ava, permitiéndole atravesar objetos sólidos. Solo Foster prestó atención y apoyo a la niña, que, más tarde, sería reclutada por SHIELD para usar sus capacidades en labores de alto espionaje bajo el nombre clave de «Fantasma».

Bill Foster ayudará en el cuidado de Ava Starr durante años después de su accidente.

El traje de Fantasma desarrollado por SHIELD ayuda a Ava a controlar la entrada en fase de su cuerpo.

Howard Stark insta al creador de la partícula Pym a ayudarlos «a darle buen uso».

«Mientras yo siga vivo, nadie tendrá jamás esa fórmula.»

1989 | La renuncia de Hank Pym

Tras descubrir que SHIELD había intentado duplicar
en secreto sus partículas, con lo que habrían evitado
que él supervisara su uso, Hank Pym irrumpió en una
de las salas de conferencias del inacabado Triskelion,
en Washington, y, como protesta, dimitió ante Peggy
Carter y Howard Stark; además, le rompió la nariz a
Mitchell Carson, jefe de Defensa de SHIELD, por decir
que debería haber protegido a su esposa perdida con
el mismo afán con que protegía su investigación.

La directora de SHIELD, Peggy Carter, aconseja no ir a la guerra contra el Dr. Pym.

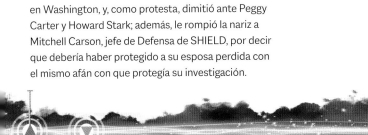

1989 | Vers se une a la Fuerza Estelar

Carol Danvers se ha ido... incluso para ella misma. Sus recuerdos
existen, pero desconectados de su conciencia y enterrados bajo la
corriente de energía de la Gema del Espacio que ahora circula por
su cuerpo. La piloto amnésica, cuidada por Yon-Rogg en el planeta
kree de Hala hasta su recuperación y reclutada para la Fuerza
Estelar bajo el nombre de Vers (las letras visibles en su dañada
chapa de identificación), ignora que los krees son los agresores en
el conflicto, y se une a Yon-Rogg y la Fuerza Estelar para combatir
a los skrulls a los que Mar-Vell defendió hasta la muerte.

Una Mar-Vell agonizante
pide a Carol Danvers que
impida que su atacante
kree se haga con el
control del núcleo del
motor ultralumínico.

1989 | Carol Danvers alza el vuelo

La piloto de pruebas Carol Danvers (distintivo: Vengador) es seleccionada para
el primer vuelo del *Asis*, un *jet* que utiliza el nuevo motor creado por Wendy
Lawson (Mar-Vell), alimentado por el Teseracto. Yon-Rogg, de la Fuerza Estelar
kree, derriba la nave experimental de la científica renegada en pleno vuelo. Tras
estrellarse, Danvers destruye el núcleo del motor para impedir que el agresor se
haga con él, pero, en la explosión, su cuerpo absorbe una columna de energía que
le dará capacidades superhumanas más allá de todo lo conocido. Yon-Rogg mata
a Lawson/Mar-Vell y luego se lleva a la piloto humana herida para estudiarla.

Después de perder la memoria pero adquirir los poderes del Teseracto,
Carol Danvers se entrena con Yon-Rogg.

Década de 1990

Hubo quien consideró estos años «el fin de la historia», con la derrota de los enemigos de EE.UU., el fin de la Guerra Fría y el triunfo de la democracia en el mundo. En realidad, la década de 1990 marcó el inicio de una nueva historia en la que la Tierra no es más que una pequeña parte de un universo mayor, sujeta a fuerzas nuevas y poderosas. Sucesos y tragedias ocurridos en los años previos al inicio del nuevo milenio tendrán enormes repercusiones en las décadas futuras.

16 de diciembre de 1991 | El asesinato de los Stark

Justo antes de Navidad, Howard y María Stark son asesinados por el Soldado de Invierno, que disfraza el asunto como un accidente de coche y además se lleva del vehículo cinco muestras del suero del supersoldado. Hydra las usará para crear más asesinos imparables que, como el Soldado de Invierno, entre misión y misión son mantenidos en estado criogénico. Décadas después, tras el fracaso de la operación parasitaria de Hydra en el interior de SHIELD, el laboratorio en Siberia donde se guardaban estos supersoldados será abandonado y prácticamente olvidado, con vidas potencialmente letales en su interior.

Howard y María Stark son asesinados por el Soldado de Invierno después de que Howard haya dedicado toda su vida a luchar contra Hydra.

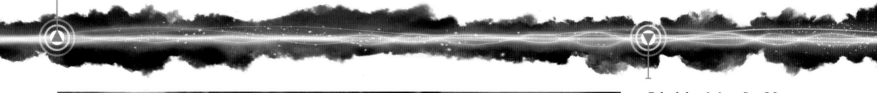

María Rambeau y Carol Danvers, en sus días felices como pilotos de pruebas del ejército de EE.UU.

Principios de los años 90
| Carol Danvers desaparece

En la Tierra, Carol Danvers es dada por muerta tras estrellarse el *Asis*, aunque su cuerpo no se halla entre los restos del prototipo. Su amiga y compañera María Rambeau y la hija de esta, Mónica —las dos personas a las que Danvers consideraba su auténtica familia—, lloran su pérdida. Sobre sus cabezas, en el cielo donde las tres miraban las estrellas, los refugiados skrulls quedan atrapados a bordo del laboratorio de Mar-Vell, orbitando alrededor de la Tierra a la espera de un rescate que tardará años en llegar.

Tony Stark toma el mando de Industrias Stark, pero Obadiah Stane mantiene una estrecha vigilancia.

1992 | Tony Stark toma el control

Pese a graduarse con *Summa cum laude* en el MIT a los 17 años, Tony fue a la deriva durante años, y su estilo de vida de fiesta constante a menudo fue motivo de conflicto con sus padres. Estando en casa por vacaciones, su última conversación con ellos antes de su muerte fue una tensa discusión: un motivo de remordimiento para el joven, que perdió su última oportunidad para compartir con ellos sus verdaderos sentimientos. Obadiah Stane, largo tiempo socio de negocios de Howard Stark, fue nombrado director interino después de su muerte; pero, a los pocos meses, Tony decidió levantar el ánimo y asumir el control de su herencia.

1992 | La tragedia de N'Jobu

T'Chaka se enfrenta a su hermano N'Jobu en Oakland (California) tras averiguar que este ha ayudado a Ulysses Klaue en una matanza para robar un cuarto de tonelada de vibránium en Wakanda. El radicalizado N'Jobu afirma que su único deseo era proporcionar armas de vibránium a los pueblos oprimidos del mundo para derrocar a sus explotadores, pero T'Chaka insiste en que regrese a casa para responder por sus «crímenes». Al averiguar que su amigo «James» es en realidad el espía wakandiano Zuri, N'Jobu lo apunta con su arma, pero muere a manos de su propio hermano. El rey se marcha, dejando atrás a Erik, el hijo de N'Jobu, que crecerá para continuar la labor de su padre... y convertirse en uno de los enemigos más fieros de Wakanda.

Tras morir N'Jobu, los objetos que dejó atrás para su hijo Erik instruyeron a este sobre Wakanda y su derecho de nacimiento, poniéndolo en el camino de la venganza.

Década de 1990

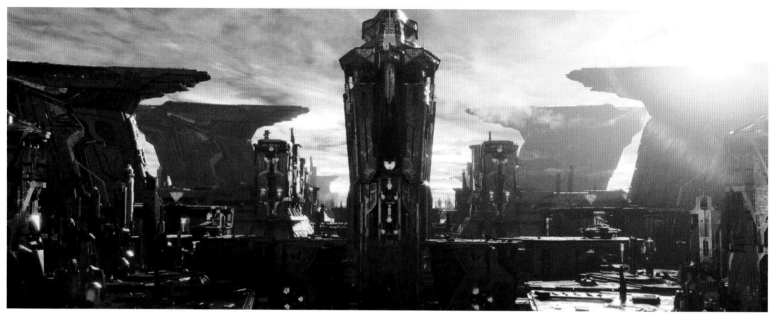

Carol Danvers vive en el planeta capital
kree de Hala como la guerrera de la
Fuerza Estelar llamada «Vers».

Principios de 1995 | La guerra Kree-Skrull

Las autoridades krees afirman que los skrulls
atacaron el mundo natal kree de Hala. La verdad
sobre el incidente puede ser más compleja que
la forma en que la Inteligencia Suprema kree lo
ha planteado ante el pueblo de su imperio.

Una joven Natasha Romanov en Cuba, tras el final de la misión de su «familia» en EE.UU.

El general Dreykov, líder de la Sala
Roja, a mediados de los años 90.

Verano de 1995 | La familia que no fue

En un pequeño pueblo de Ohio, la joven Natasha
Romanov vive con su hermana adoptiva Yelena, al
cuidado del supersoldado ruso Alexéi (alias Guardián
Rojo) y la investigadora de la Sala Roja Melina. Durante
los tres años en que se hacen pasar por una familia,
Alexéi se infiltra en el Instituto North de SHIELD. Un día,
roba datos de control mental de lo que en realidad era el
Programa Soldado de Invierno de Hydra, que la Sala Roja
planeaba usar para crear sus propios asesinos. Una vez
obtenidos los datos, la familia huye de EE.UU. y regresa a
Rusia, donde ambas «hermanas» son obligadas a entrar
en el Programa Viudas de formación de asesinas.

«Vers» lucha por encontrar su propósito entre los krees.

De izda. a dcha.: Korath, Att-Las, «Vers»,
Bron-Char y Minn-Erva embarcando
durante una misión de la Fuerza Estelar.

Verano de 1995 | Sueños inexplicables

Seis años después de su desaparición, la piloto de la Fuerza Aérea
Carol Danvers vive y combate con el nombre de Vers en el planeta de
Hala, del Imperio kree. Ahora es una agente de élite en la Fuerza Estelar
kree, supervisada por su comandante, Yon-Rogg. Ella no recuerda su
identidad anterior, ni que Yon-Rogg es responsable del incidente que
causó su pérdida de memoria, pero se ve atormentada por sueños
caóticos con Mar-Vell, la científica renegada kree que él asesinó. Vers no
tiene ni idea de quién es esa mujer ni de cómo estuvieron conectadas.

Verano de 1995 | La emboscada de Torfa

Vers y su escuadrón Fuerza Estelar son enviados al planeta
fronterizo Torfa para rescatar a un espía kree, pero su
misión se tuerce. Vers es capturada por el general skrull
Talos, que accede por la fuerza a sus recuerdos en busca
de información sobre la investigación de Mar-Vell con
motores ultralumínicos. Esto los lleva al planeta C-53 (alias
la Tierra), donde Vers escapa de la nave, cae en picado a
través de la atmósfera y se estrella contra un videoclub.

Varada en la Tierra, Vers canaliza rayos
fotónicos contra sus adversarios skrulls.

Verano de 1995 | Sospechosa
con disfraz galáctico

Los agentes de SHIELD Nick Furia y Phil
Coulson llegan para interrogar a Vers, que
los alerta sobre los metamorfos alienígenas
que amenazan su planeta. Ellos no están
familiarizados con los skrulls y dudan sobre
su declaración, pero el rayo fotónico que lanza
desde sus puños los motiva a escucharla.

Los agentes de SHIELD Nick Furia y Phil Coulson investigan
la aparición de una guerrera kree en el sur de California.

NICK FURIA

Caminando siempre entre la luz y la oscuridad, Furia es un hombre complejo, incluso para aquellos que lo conocen bien. Como director de SHIELD, creó la Iniciativa Vengadores, un programa que reunió un grupo de individuos con habilidades únicas para defender la Tierra de amenazas globales. Reclutó a Iron Man, Viuda Negra, Capitán América, Ojo de Halcón, Thor y Hulk, que evitaron una invasión alienígena liderada por Loki. Cuando Furia descubrió que Hydra se había infiltrado en SHIELD, tomó la difícil decisión de desmantelar la organización.

2011 | Héroe descongelado

Tras años buscando al perdido Capitán América, SHIELD finalmente lo localizó en el Ártico. Una vez salió de la hibernación inducida por el hielo, Steve Rogers escapó de los cuarteles de SHIELD donde lo tenían y salió a Times Square. Furia fue tras él y le informó de que había estado perdido casi 70 años. Será Furia quien ayude al supersoldado a adaptarse al mundo moderno ofreciéndole una nueva misión y un puesto en SHIELD.

2010 | La gran semana de Furia

Furia introdujo a Natasha Romanov encubierta en Industrias Stark para observar a Tony Stark y ver si era apto como Vengador. Tras vencer este a Iván Vanko, Furia se reunió con él y le entregó un archivo con el informe de Natasha, el cual concluía que era un narcisista con tendencias autodestructivas y que, por el momento, era más adecuado como asesor. Mientras tanto, el martillo de Thor había aterrizado en Nuevo México y Hulk se enfrentaba a Abominación en Harlem. En el espacio de una semana se habían puesto los cimientos de los Vengadores.

2008 | Reunión con Iron Man

Cuando Tony Stark revela al mundo que él es Iron Man, Furia, ahora director de SHIELD, le hace una visita y le cuenta que no es el único Súper Héroe en el mundo. Se presenta y le habla a Tony de la Iniciativa Vengadores.

1995 | Amenazas desde el cielo

El agente de SHIELD Nick Furia es enviado a investigar la caída de una mujer misteriosa sobre un videoclub en LA. La mujer es la expiloto de la Fuerza Aérea Carol Danvers —ahora en la Fuerza Estelar, la élite kree—, que ha vuelto a la Tierra por delante de lo que parece ser una invasión skrull. Mientras Danvers y Furia se ven inmersos en una guerra entre skrulls y krees, Furia se da cuenta de que la humanidad no está preparada para enfrentar esa clase de amenaza, lo que le inspira para crear la Iniciativa Vengadores.

2012 | Los Vengadores

Furia activa la Iniciativa Vengadores cuando Loki roba el Teseracto. En su primera batalla como equipo, el Capi, Viuda Negra, Thor, Hulk, Iron Man y Ojo de Halcón vecen a Loki y a los chitauri en la batalla de Nueva York. La lucha confirma los temores de Furia sobre las amenazas extraterrestres, pero también el valor de la Iniciativa Vengadores.

2014 | Muerte fingida

Cuando Furia empieza a profundizar en el Proyecto Insight es atacado por agentes de Hydra y halla refugio en el apartamento de Steve Rogers. Furia comparte sus sospechas sobre SHIELD antes de que el Soldado de Invierno dispare contra él. Entonces finge su muerte para desenmascarar a Alexander Pierce y derribar desde dentro al SHIELD corrompido por Hydra.

2015 | Charla de motivación

Furia se reúne con los Vengadores en la granja de Clint Barton para animarlos después de su derrota frente a Ultrón y los hermanos Maximoff. Luego se unirá a ellos en la batalla de Sokovia a bordo de un helitransporte incautado, llevará civiles a lugar seguro y enviará a Máquina de Guerra a unirse al combate.

2018 | Polvo al polvo

Furia va en coche con María Hill cuando ve desaparecer a la gente debido al Chasquido. Observa horrorizado la desaparición de la propia Hill, y envía una alerta a la Capitana Marvel con el viejo busca, segundos antes de desaparecer él también.

2023 | Tristes momentos

Furia regresa cuando los Vengadores consiguen invertir el Chasquido. Asiste al funeral de Tony Stark, quedándose en segundo plano, y se reúne brevemente con la

2024 | Lejos de la Tierra

Furia pide al skrull Talos que lo suplante en la Tierra mientras él está

Década de 1990

«Vers» y Nick Furia forman una alianza.

Verano de 1995 | Peligro desde lo alto

Furia comprende que Vers le está diciendo la verdad cuando un metamorfo skrull muere mientras suplanta a Coulson. «Llevo seis años en un despacho especulando de dónde vendrán nuestros futuros enemigos. Nunca se me ocurrió que podrían venir de arriba», le dice a Vers. Ambos acuerdan unir fuerzas para investigar el misterioso Programa Pegaso usando los fragmentos de recuerdos de Danvers desbloqueados por el interrogatorio skrull.

Verano de 1995 | Proyecto Pegaso

Un archivo de la NASA/USAF muestra que Pegaso fue supervisado por la Dra. Wendy Lawson, que estaba usando la energía del Teseracto para alimentar un motor ultralumínico. Vers la reconoce como la mujer de sus sueños y descubre que sus papeles están llenos de glifos krees. También averigua que Lawson murió en 1989 al estrellarse en un *Asis* experimental, y encuentra entre los documentos una foto de ella como la piloto de la prueba, junto con informes de una testigo: María Rambeau.

«Vers» descubre evidencias de su pasado en los archivos del Proyecto Pegaso.

El metamorfo Talos adopta forma humana suplantando a un oficial de SHIELD.

Nick Furia y Carol Danvers escapan del Proyecto Pegaso en una nave experimental.

Verano de 1995 | Alzando el vuelo

El agente Keller, supervisor de Furia en SHIELD, es suplantado por el general skrull Talos, que perseguirá a Furia y Vers a través de las instalaciones del Proyecto Pegaso. Escaparán de él en un prototipo de una nueva nave del gobierno: el quadjet.

María Rambeau se reúne con su amiga perdida, Carol
Danvers, que aún pugna por recordar su historia.

Carol Danvers durante sus días como piloto de pruebas.

Verano de 1995 | Recuerdos de otra vida

En casa de Rambeau, en Luisiana, Vers se reúne con su excompañera
María y con su hija Mónica, que le revelan su vida anterior como Carol
Danvers. La «Vers» de su identidad en Fuerza Estelar procede de un
fragmento de su placa de identificación. Parte de sus recuerdos se
precipitan de vuelta. Tras el accidente, obtuvo su sangre azul kree
por una transfusión de Yon-Rogg. El cuerpo de Danvers se había
convertido en un recipiente para la energía liberada al explotar el
motor experimental de la Dra. Lawson, que la imbuyó de poderes
cósmicos limitados solo por su capacidad de controlarlos.

Pilotar naves nunca ha sido un problema para Carol Danvers.

«Solo quiero hablar...»

Verano de 1995 | La verdad

Talos y sus skrulls aparecen y revelan que, pese a su anterior
conducta amenazadora, en realidad no son hostiles: son
refugiados que intentaban recabar información sobre una aliada
perdida tiempo atrás. Lawson estaba creando la tecnología
ultralumínica para ayudar a los skrulls a hallar un nuevo planeta,
restaurar su civilización y desafiar la brutal subyugación kree.
Lawson, que en realidad era la científica kree Mar-Vell, sintió
que debía reparar el daño tras pasar toda una vida en el lado
«vergonzoso» del conflicto. Ahora Vers siente lo mismo.

Verano de 1995 | La traición de Yon-Rogg

Al recuperar la memoria, Danvers sabe que en realidad
Yon-Rogg asesinó a Mar-Vell, y que a ella solo le salvó la vida
porque él y la Inteligencia Suprema kree buscaban controlar
la energía cósmica que ahora corría por su cuerpo. También
descubre que el Imperio kree había sido el verdadero agresor
en el conflicto con los skrulls.

Yon-Rogg finge ser un amigo, pero sus intenciones distan mucho de ser honestas.

Década de 1990

La Capitana Marvel con un nuevo uniforme
diseñado con la ayuda de Mónica Rambeau.

El laboratorio de Mar-Vell orbita
alrededor de la Tierra a bordo de
un viejo crucero imperial kree.

El quadjet se aventura fuera
de la atmósfera terrestre.

Verano de 1995 | Surge la Capitana Marvel

Sin ser ya Vers, pero siendo mucho más que la
piloto que fue una vez, Carol Danvers acepta un
nuevo papel heroico. La joven Mónica Rambeau
la ayuda a remodelar su uniforme de Fuerza
Estelar con los colores azul, rojo y dorado.

La Capitana Marvel sostiene el Teseracto que contiene
la Gema del Espacio, origen de su inmenso poder.

Verano de 1995 | El laboratorio oculto de Mar-Vell

Danvers, Furia y Rambeau forjan una débil
alianza con Talos. Usan el quadjet para ayudarlo
a localizar el laboratorio de Lawson, que se
mantiene invisible en órbita justo fuera de la
atmósfera terrestre. Allí hallan el Teseracto, la
fuente de poder de la tecnología ultralumínica.
También, oculta en la estación espacial, está la
familia de Talos con otros skrulls supervivientes
que recibieron refugio de Mar-Vell y que habían
quedado abandonados tras su muerte.

El extremista kree Ronan el Acusador.

La Capitana Marvel atraviesa una flota de naves estelares
krees que intentan bombardear la Tierra.

Verano de 1995 | La huida del Acusador

El grupo de Yon-Rogg sigue a Danvers y sus
aliados hasta el laboratorio, donde la capturan
y vinculan su mente a la Inteligencia Suprema
kree. Esto se vuelve contra ellos cuando la
Capitana Marvel comprende que los krees solo
habían inhibido sus verdaderas capacidades. Se
libera de la IA destruyendo el chip inhibidor que
le habían implantado en el cuello y activa todos
sus poderes. Así barre con facilidad al grupo
de Fuerza Estelar mientras Furia, Rambeau y
los skrulls escapan de vuelta a la Tierra con
el Teseracto. Mientras Yon-Rogg los persigue
a la superficie, el comandante kree Ronan el
Acusador llega al planeta con la intención de
erradicar la «infestación» skrull. Danvers, ahora
sobrecargada de energía cósmica, destroza la
flota de Ronan y provoca su retirada. Ronan
jura volver y convertirla en su propia arma.

La Capitana Marvel arruina por
sí sola la embestida kree mientras
vuela a través del vacío espacial.

Verano de 1995 | Una vida perdonada,
una promesa hecha

Yon-Rogg es devuelto a Hala con un mensaje: «Di a la
Inteligencia Suprema que iré para poner fin a la guerra,
a las mentiras, a todo», le dice la Capitana Marvel.

La batalla entre Yon-Rogg y la Capitana Marvel termina en
cuestión de segundos: ella le lanza un rayo al pecho y lo derriba.

Carol Danvers liberando vastos poderes
cósmicos hasta ahora inhibidos.

Verano de 1995 | En otra parte

La Capitana Marvel se despide de María y su hija Mónica
y las deja con los refugiados skrulls para buscarles un
nuevo planeta como hogar. La joven Mónica la ve marchar
de forma similar a como la propia Carol miró las estrellas
en el pasado, deseando ser valerosa, audaz y heroica.

Goose como un adorable gato doméstico.

Verano de 1995 |
¡Madre de... Flerken!

La gata de la Dra. Lawson, Goose —en
realidad un temperamental alienígena
flerken—, se había tragado el Teseracto
para transportarlo con seguridad de
vuelta a la Tierra. A bordo del quadjet,
Nick Furia pierde un ojo al tratar con
exceso de familiaridad a la criatura.

Nick Furia sostiene a Goose, una flerken potencialmente
letal que se confunde fácilmente con un gato terrestre.

5000 a.C. | Eternos

La llegada de los Eternos supone el primer encuentro de la humanidad con vida extraterrestre. Su invasión pacífica tenía dos objetivos: proteger al mundo de los Desviantes y educar a la humanidad, fomentando la difusión de la civilización y el crecimiento de la población mundial. Sin saberlo la mayoría de los Eternos, esta expansión de la vida alimentaba al Celestial que crecía en el núcleo del planeta.

Los Eternos activaron el desarrollo de la humanidad, dotándola de tecnología que permitió el surgimiento de las primeras civilizaciones.

965 | Gigantes del hielo

Los gigantes del hielo de Jotunheim invadieron Tønsberg (Noruega) y usaron el arma llamada Cofre de los Inviernos Antiguos para tratar de desencadenar una nueva glaciación. Fueron rechazados por Odín y las huestes de Asgard.

Laufey, rey de los gigantes del hielo, no olvidó su derrota a manos de Odín, y esperó durante siglos la ocasión de vengarse.

En la batalla de Greenwich, Thor y sus aliados derrotaron a los Elfos Oscuros y a su líder, Malekith.

2013 | Elfos Oscuros

Los Elfos Oscuros son una especie antigua, anterior a la formación del universo. Procedentes del Mundo Oscuro durante la formación de los Nueve Reinos, conspiraron para devolver el universo a su anterior estado de oscuridad primordial. Para ello, Malekith, su líder, poseía el Éter, también conocido como Gema de la Realidad. Sus fuerzas invadieron Londres durante la Convergencia de los Nueve Reinos, pero fueron vencidas por completo.

Bajo el control de Loki, el Dr. Erik Selvig usa el poder del Teseracto para abrir un portal sobre la Torre Stark, permitiendo que los chitauri invadan Nueva York.

2012 | Chitauri

Los chitauri son seres mejorados cibernéticamente que actúan bajo una mente colmena y el control de Thanos. Cuando Loki planeó robar el Teseracto en la Tierra, Thanos le proporcionó a los chitauri para usarlos como un ejército personal, además de un cetro que contenía la Gema de la Mente. La invasión chitauri es la primera ocasión en que los humanos modernos reconocen la amenaza planteada por extraterrestres.

INVASIONES DE LA TIERRA

La Tierra no ha sido ajena a las invasiones alienígenas, visitada por seres de otros mundos desde tiempo inmemorial. Nick Furia fue el primero en advertir su presencia en 1995, cuando se encontró con Carol Danvers y la ayudó a evitar un asalto kree liderado por Yon-Rogg. En 2012, Thanos envió a Loki y los chitauri a invadir la Tierra, pero fueron detenidos por los Vengadores. Thanos intentó dos invasiones más: en 2018, cuando se hizo con todas las Gemas del Infinito y borró la mitad del universo con el Chasquido; y de nuevo en 2014, cuando viajó en el tiempo hasta 2023 a través del mundo cuántico para combatir a los Vengadores y reclamar las Gemas del Infinito.

2018 | Thanos

Tras un choque brutal con Thor, Loki y Hulk, Thanos los doblegó y mató a Loki después de obtener la Gema del Espacio. Heimdall usó el resto de su poder para invocar el Bifrost y enviar a Bruce Banner a la Tierra para avisar de la llegada inminente de Thanos. Este envió a sus «Hijos» a Nueva York para hacerse con la Gema del Tiempo, y luego lanzó una invasión de Wakanda en busca de la Gema de la Mente.

Dr. Extraño, Iron Man, Bruce Banner y Wong se enfrentan a Fauces Negras y Matanza Obsidiana en Greenwich Village para impedir que se hagan con la Gema del Tiempo.

Los Vengadores viajan a Wakanda en busca de la ayuda de Black Panther para mantener a Visión y la Gema de la Mente lejos de Thanos, pero este no tarda en localizarlos y envía un ejército a invadir Wakanda.

1995 | Skrulls y krees

Skrulls y krees han estado en conflicto durante siglos. Los krees proceden del planeta Hala y son de aspecto humano (aunque algunos tienen la piel azul). Militaristas por naturaleza, son además una de las razas tecnológicamente más avanzadas de la galaxia. El Imperio kree lleva tiempo intentando dominar a los metamorfos skrulls. La guerra entre ambos se desbordó sobre la Tierra mediada la década de 1990, pero este evento se ha ocultado al público.

Empoderada por el Teseracto, la expiloto Carol Danvers alza el vuelo, destruye una nave de guerra kree en órbita y regresa a la Tierra para combatir a su antiguo mentor, Yon-Rogg.

2010 | Asgardianos

Los habitantes del reino de Asgard son guerreros longevos y poderosos, considerados dioses por los antiguos humanos. Asgard es además la sede del Bifrost, un puente de energía dimensional que conecta los ocho reinos restantes, incluido Midgard (la Tierra). Los asgardianos usan el Bifrost para viajar y mantener la paz entre los Nueve Reinos, pero también se utilizó para desterrar a Thor a la Tierra, donde fue objeto de un intento de asesinato por parte de su hermano, Loki.

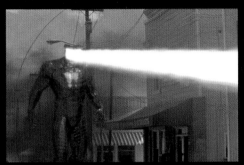

Loki envía a Nuevo México al Destructor, un autómata asgardiano, para acabar con Thor. Este se sacrificará y, gracias a ese acto, recuperará sus poderes y su martillo místico, Mjolnir.

2023 | Thanos del pasado

Cuando James «Rhodey» Rhodes y Nébula viajaron en el tiempo a Morag en 2014, interceptaron a Peter Quill / Starlord para conseguir la Gema del Poder. Por desgracia, la presencia de Nébula alertó a su yo pasado, que la secuestró y se la llevó al Thanos de 2014. La Nébula del pasado usó el Túnel Cuántico para transportar a este Thanos y su ejército hasta 2023, desatando un choque con los Vengadores.

Los vastos ejércitos de Thanos pululan entre las ruinas del Complejo Vengadores, pero todo quedará reducido a polvo con un chasquido de dedos de Tony Stark.

El Hombre Hormiga se vuelve gigante durante la batalla contra el ejército de Thanos y golpea a un Leviatán.

Década de 1990

Carol Danvers le entrega
a Nick Furia un busca
que, un día, ayudará a
salvar el universo.

Verano de 1995 | Necesitamos más

La experiencia de Furia con la Capitana Marvel lo inspira
para empezar a reunir un grupo de seres poderosos que
puedan servir como protectores de la Tierra. Nombra esta
iniciativa inspirándose en el distintivo de la piloto: Vengador.

Nick Furia se gana la confianza de Carol Danvers para siempre.

Verano de 1995 | El busca cósmico

La Capitana Marvel deja a Nick Furia un buscapersonas
modificado con un rango de «un par de galaxias». Aunque
sus responsabilidades la llevan lejos de la Tierra, le dice que la
llame si el planeta tiene algún problema que no puede resolver.
Pasará casi un cuarto de siglo antes de que él encuentre una
amenaza lo bastante ominosa como para usar el dispositivo.

Tras ser testigo de un ataque alienígena, Nick Furia inicia un plan a largo plazo para proteger la Tierra.

Wenwu en busca de la aldea mística de Ta Lo.

1996 | Ta Lo, la aldea perdida (y encontrada)

Wenwu, el caudillo y líder inmortal de
los Diez Anillos, busca la mítica aldea
de Ta Lo, y finalmente la localiza en
1996. Primero combate, y luego traba
amistad con una de sus protectoras,
Li. Ambos se enamoran y tendrán dos
hijos: Shang-Chi y Xialing. Sin embargo,
el pasado guerrero de Wenwu lleva a
los ancianos de Ta Lo a rechazar la
petición de la pareja de ser acogidos
en el reino místico.

1996 | El hermano perdido

Marc Spector, de 9 años, y su hermano
menor Randall están obsesionados con
la película de aventuras *Tomb Buster*
(Asaltatumbas). No paran de buscar
parcelas de bosque para explorar, y su
obsesión particular es una cueva subterránea.
Mientras juegan en ella en un día lluvioso,
quedan atrapados por una inundación
repentina y solo Marc logra escapar. La
muerte de Randall destroza a la familia, y
Marc se convierte en el chivo expiatorio de
su madre, que lo castiga por el accidente.

Los oponentes desarrollan un
respeto y una amistad mutuos
de los que florecerá el amor.

Finales de los años 90 | Gamora habla claro

En el espacio profundo, Thanos ha forjado un plan para establecer un equilibrio en el universo mediante un brutal control de la población. Lo considera una gestión necesaria de los recursos; otros lo llamarían genocidio. Una de sus primeras atrocidades afecta al pueblo zehoberei: Thanos deja ese mundo devastado y reclama a una valerosa niña, Gamora, como hija adoptiva. Más tarde, esa chica empezará a discutir con su padre tanto por sus planes como por su «silla» (trono). Ese será su primer signo de rebelión y un presagio de su futura oposición.

Gamora de niña, llevada al servicio de Thanos.

Alldrich Killian espera sobre una azotea helada un encuentro con Tony Stark que nunca tendrá lugar.

31 de diciembre de 1999 | Feliz Año Nuevo

En el tránsito de un milenio a otro, un arrogante e irresponsable Tony Stark viaja a Berna (Suiza) para una fiesta de Año Nuevo. Allí conoce a la genetista botánica Maya Hansen, creadora del virus Extremis, que acelera la reparación tisular, y al Dr. Ho Yinsen, un científico al que volverá a encontrarse un día encerrado en una cueva en Afganistán. El investigador Aldrich Killian, que tiene ciertas discapacidades, pide a Stark financiación para su instituto, pero su esperanza se convierte en desprecio cuando Stark lo deja plantado.

Primavera de 1999 | La quiebra de Marc Spector

Marc Spector, ahora con 12 años, sigue traumatizado por el ahogamiento accidental, tres años antes, de su hermano menor Randall. Su madre continúa culpándolo, maltratándolo física y mentalmente, y la mente de Marc acaba por desvincularse para soportarlo. Imagina una identidad distinta para sí mismo, la del Dr. Steven Grant, un personaje de *Tomb Buster*, la película favorita de él y su hermano. La personalidad de Marc continúa absorbiendo el tormento, protegiendo al *alter ego* Steven, que crece felizmente inconsciente y un poco ingenuo. Los dos yoes compartirán el mismo cuerpo durante años.

Los abusos de su madre son más de lo que el joven Marc Spector puede soportar, así que crea un *alter ego* para escapar al tormento.

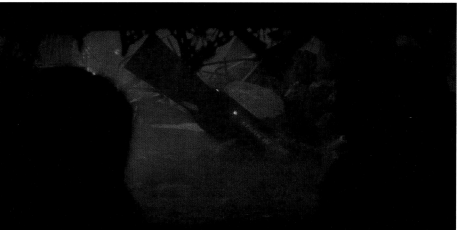

Pietro y Wanda Maximoff, ocultos durante el bombardeo del edificio de su apartamento.

Marzo de 1999 | No tiene gracia

La guerra desgarra Sokovia, un país de Europa oriental. La familia Maximoff se atrinchera en su apartamento, buscando alivio de los disturbios en un atracón de viejas series cómicas. Una noche, un misil impacta en el edificio y mata a los padres, pero no a los niños, Wanda y Pietro. Los gemelos quedan atrapados entre las ruinas mientras una bomba sin explotar —con el logo de Industrias Stark— sigue activada. La televisión también sigue encendida, mezclando para siempre el trauma de Wanda con unas risas enlatadas.

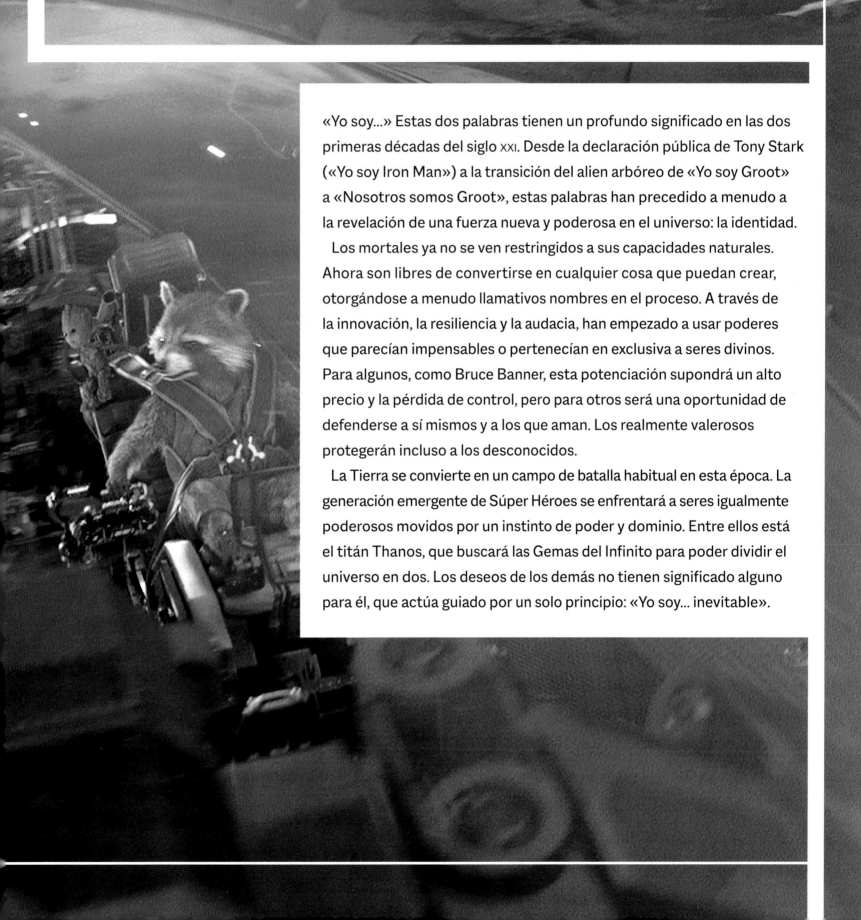

DÉCADAS DE 2000 Y 2010

«Yo soy...» Estas dos palabras tienen un profundo significado en las dos primeras décadas del siglo XXI. Desde la declaración pública de Tony Stark («Yo soy Iron Man») a la transición del alien arbóreo de «Yo soy Groot» a «Nosotros somos Groot», estas palabras han precedido a menudo a la revelación de una fuerza nueva y poderosa en el universo: la identidad.

Los mortales ya no se ven restringidos a sus capacidades naturales. Ahora son libres de convertirse en cualquier cosa que puedan crear, otorgándose a menudo llamativos nombres en el proceso. A través de la innovación, la resiliencia y la audacia, han empezado a usar poderes que parecían impensables o pertenecían en exclusiva a seres divinos. Para algunos, como Bruce Banner, esta potenciación supondrá un alto precio y la pérdida de control, pero para otros será una oportunidad de defenderse a sí mismos y a los que aman. Los realmente valerosos protegerán incluso a los desconocidos.

La Tierra se convierte en un campo de batalla habitual en esta época. La generación emergente de Súper Héroes se enfrentará a seres igualmente poderosos movidos por un instinto de poder y dominio. Entre ellos está el titán Thanos, que buscará las Gemas del Infinito para poder dividir el universo en dos. Los deseos de los demás no tienen significado alguno para él, que actúa guiado por un solo principio: «Yo soy... inevitable».

Década de 2000

Un nuevo milenio, un tiempo de reflexión y nuevos comienzos. Por desgracia, los errores del pasado aún mandan. Continúa la presión para encontrar el modo de convertir a humanos normales en supersoldados, mientras asesinos renuentes son motivados por la venganza o la redención. Esta nueva era comienza con esfuerzos por reparar antiguos problemas que a menudo solo crean otros nuevos.

Mediados de los años 2000 | La creación de Hulk

El general Thaddeus Ross reactiva el Programa Supersoldado de EE.UU. Dos de los científicos que incorpora en una fase temprana son su hija, Betty Ross, y su novio Bruce Banner, ambos ignorantes del verdadero objetivo de la investigación. Creyendo que está trabajando en la resistencia a la radiación, Banner se ofrece como sujeto de prueba y absorbe un devastador estallido gamma que lo transforma en un gigante de piel verde impenetrable cuando se ve sometido a situaciones de angustia. Después de herir al general y a Betty, huye del laboratorio y será fugitivo del gobierno durante cinco años, mientras lucha por reprimir al monstruo que siempre amenaza con salir de su interior.

El funesto laboratorio donde Bruce Banner se sometió a sus propios experimentos con la radiación gamma.

2007 | El sacrificio de una madre

En un intento de reformarse, Wenwu se quita sus poderosos anillos y los oculta, pero la Banda de Hierro busca venganza por sus actos pasados. En su ausencia, atacan y matan a su esposa Li mientras sus hijos, Shang-Chi y Xialing, huyen de casa. Wenwu se desquita brutalmente de la mayor parte de la Banda de Hierro, y recluta a su hijo para entrenarlo en artes marciales y convertirlo en asesino para los Diez Anillos. Un día, Shang-Chi será enviado a matar al último miembro de la Banda de Hierro responsable de la muerte de su madre; pero la venganza no hará sino apartarlo más de su padre.

Li pide a sus hijos que huyan mientras ella frena a la Banda de Hierro.

Década de 2000 | Atrapada en una red de espías

SHIELD envía al agente Clint Barton a Budapest con un objetivo: Natasha Romanov, Viuda Negra producto de las instalaciones de entrenamiento de la Sala Roja del general Dreykov. En vez de eliminar a Romanov, Barton decide reclutarla. Ante la oportunidad de redimirse de su pasado, el paso final de Natasha en su deserción a SHIELD será el asesinato de su exjefe, el general Dreykov.

El Danubio a su paso por Budapest.

Década de 2000 | Operación Budapest

Natasha Romanov y su reclutador, el agente de SHIELD Clint Barton, instalan explosivos en la oficina del general Dreykov. Sin otras opciones para confirmar su objetivo, Natasha se basa en que ve en el lugar a la joven hija de Dreykov, Antonia, para suponer la presencia del padre. El atentado parece haber eliminado a Dreykov, pero Natasha cree que también ha matado a Antonia... otro factor en el «debe» de su contabilidad moral. Tras derribar un edificio de cinco plantas y de un tiroteo con las fuerzas especiales húngaras, Natasha y Clint pasarán diez días ocultos antes de poder escapar de Budapest.

Después del atentado contra Dreykov, Natasha y Clint se ven obligados a ocultarse en un conducto de ventilación del metro de Budapest, donde juegan al tres en raya y el ahorcado para matar el tiempo.

Años después, Natasha y su hermana Yelena tendrán que ocultarse en el mismo conducto.

2008

Hasta ahora, los seres con poderes extraordinarios han tendido a permanecer ocultos, moldeando sutilmente los acontecimientos desde un segundo plano y, a veces, salvando a una población que no tenía idea de su existencia. El Capitán América fue una excepción que inspiró esperanza y admiración antes de desaparecer décadas atrás. Ahora surge una nueva generación de héroes. Tony Stark es el primero en sorprender al mundo al dar un paso adelante para declarar: «Yo soy Iron Man». Su franca revelación facilita que otros héroes sigan su ejemplo y salgan a la luz.

Durante su demostración de armamento en Afganistán, Tony Stark pregunta al general Gabriel: «¿Es mejor ser temido o respetado? Y yo digo, ¿por qué no ambas cosas?».

Principios de 2008 | Experiencia cercana a la muerte

La caravana de Tony Stark es atacada en una emboscada durante una visita a Afganistán para hacer una demostración de su nuevo misil Jericó de bombardeo de saturación. Él sufre una lesión cardíaca al ser alcanzado por un fragmento de artillería adornada con su propio logo: Industrias Stark. Tony es capturado por el grupo terrorista conocido como los Diez Anillos, y otro científico prisionero le salva la vida: el Dr. Ho Yinsen, a quien él había tratado despectivamente unos años atrás. Stark ni siquiera lo recuerda.

Stark dice: «Lo más seguro es que me muera dentro de una semana». Y Yinsen responde: «Pues entonces, es una semana muy importante para usted».

«Tu corazón funcionaría durante 50 vidas», observa Yinsen. Y Stark: «Sí. O algo grande cinco minutos».

Los Diez Anillos amenazan con torturar a Yinsen con un lingote fundido, y dan a Stark un solo día más para terminar su proyecto.

Yinsen y Stark ocultan a los Diez Anillos su plan para fabricar un traje blindado disfrazándolo como piezas para un misil.

Principios de 2008 |
Cambio de corazón

El Dr. Ho Yinsen fija un electroimán rudimentario al pecho de Stark para atraer los fragmentos metálicos que no ha podido extraer de algunos órganos vitales. Ya ha tratado muchas heridas similares causadas por armas de Industrias Stark en su pueblo de Gulmira, golpeado por la guerra. La innovación de Yinsen inspira a Stark: los Diez Anillos le han dado materiales de armamento y le han ordenado recrear un misil Jericó, pero Stark construye un reactor Arc para su pecho, una versión en miniatura del que alimenta su fábrica. Yinsen y él ponen manos a la obra para construir algo mayor, pero no lo que piensan sus captores: es una armadura con la que cubrirse y, con suerte, liberarse de su cavernosa prisión.

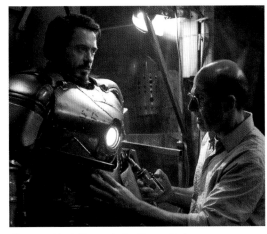

«Te conseguiré más tiempo», le dice Yinsen a Stark
mientras este termina su armadura.

Primavera de 2008 | Armadura Mark I de Iron Man

Stark y el Dr. Ho Yinsen terminan y ensamblan a toda
prisa la armadura en torno al cuerpo de Stark. Demasiado
tosca para permitirle ver con claridad, Stark tiene que
memorizar los pasos y giros para lograr salir de la cueva.
Mientras los miembros de los Diez Anillos bajan hacia ellos,
el traje «Iron Man» de Stark se abre paso atravesando
puertas y los dispersa. Yinsen es mortalmente herido en
la refriega y, con sus últimas palabras, exhorta a Stark a
reformarse cuando haya escapado: «No lo desperdicies
—dice—. No desperdicies tu vida».

La Mark I surge de la cueva. El héroe que será
conocido como Iron Man da sus primeros pasos.

Primavera de 2008 | Nuevo y mejorado

Después de tres meses de cautiverio, Tony
Stark regresa a EE.UU. como un hombre
distinto. La fabricación de armas le ha hecho
inconmensurablemente rico, pero por dentro
se siente arruinado. Convoca una conferencia
de prensa para anunciar que Industrias Stark
se retira del negocio armamentista. «Me he
dado cuenta de que tengo mucho más que
ofrecer que un don para crear cosas que
explotan», dice. Entre los sorprendidos está
Obadiah Stane, antiguo amigo de la familia
y director de operaciones de la empresa.

«Tony, nosotros somos fabricantes de
armas. Ese es nuestro oficio. Somos
ferreteros», advierte Obadiah Stane.

2008

Primavera de 2008 | Refinando a Iron Man

Con la ayuda de JARVIS, su IA asistente, Tony Stark empieza a refinar su diseño Iron Man para crear una armadura personal que lo ayude a salvar a gente necesitada. Sigue necesitando el reactor Arc de su pecho para proteger su corazón, pero este ya ha demostrado que además puede alimentar un traje avanzado, casi indestructible. Ahora es solo cuestión de llevar esa idea al límite con la ingeniería más precisa posible. Es un largo proceso de ensayo y error, y tanto su cuerpo como su ego se llevan alguna magulladura. Pero al poco el diseño no solo funciona, sino que vuela.

Tony pone a punto la armadura Iron Man Mark II.

El aspecto de Iron Man capta la atención de su viejo amigo el coronel James «Rhodey» Rhodes, del departamento de Desarrollo de Armamento de la Fuerza Aérea.

Primavera de 2008 | Batalla en Gulmira

Tony Stark ve un reportaje preocupante sobre Gulmira, el pueblo natal de Yinsen, donde los señores de la guerra locales han estado reclutando aldeanos como soldados mientras expulsaban de sus casas a granjeros y pastores. De algún modo, se han hecho con armas de Industrias Stark para dominar la región. Tony decide que ha llegado la hora de probar su armadura Mark III y se lanza en un vuelo supersónico hacia aquella región. Una vez allí, libera rápidamente a un grupo de refugiados eliminando a los soldados atacantes e incluso sobrevive al disparo directo de un tanque (este no tiene tanta suerte). El misterioso héroe Iron Man se convierte en un fenómeno internacional.

Stark se cuelga de la panza de un F-22 enviado para interceptarlo, y luego rescata al piloto de otro caza cuya ala ha dañado al caer sobre ella.

El agente Coulson de la Entidad de Servicio de Cumplimiento de Orden y Seguridad (SHIELD) sigue de cerca los acontecimientos que envuelven a Stark.

Los Diez Anillos recuperan del desierto los restos de la armadura Mark I para negociar con Obadiah Stane. Pero este los mata a todos y se lleva la armadura.

Primavera de 2008 | La conspiración de Obadiah Stane

«Si lo hubiera matado cuando debía, aún tendría cara». Así saluda Stane al quemado Raza, comandante de la división de los Diez Anillos, después de su última batalla con Iron Man. Stane no solo ha estado traficando ilegalmente con armas con el grupo terrorista, sino que orquestó el secuestro de Stark por parte de los mercenarios para eliminar el único obstáculo que le impedía alcanzar el control total de Industrias Stark. Los Diez Anillos han reunido los restos de la armadura Mark I de Stark, y Stane los adquiere para empezar a ensamblar su propio traje de Iron Man.

«Recluta a nuestros mejores ingenieros. Quiero un prototipo ya», ordena Stane.

Primavera de 2008 | «Yo soy Iron Man»

Después de la locura destructiva de Stane, Tony Stark debe responder ante el público. Escudo (SHIELD) le proporciona una tapadera a la que culpar de los daños: un prototipo defectuoso peleando con su guardaespaldas embutido en una armadura; pero Stark decide exponerse ante las cámaras. «La verdad... Soy Iron Man», declara. Más tarde, recibe la visita de Nick Furia, director de SHIELD, que quiere reclutarlo para una nueva iniciativa. Furia le dice: «Sr. Stark, ahora forma parte de un universo mayor. Es solo que aún no lo sabe».

«Llevo treinta años sosteniéndote —le dice Stane a Stark— y no voy a dejar que nada se interponga en mi camino.»

Primavera de 2008 | La caída del Quincallero

De vuelta en California, Pepper Potts, colaboradora de Stark, descubre la operación de tráfico de armas de Stane y saca a la luz su traición. Pero los ingenieros de Stane han trabajado rápido: ya tienen una tosca recreación de la armadura de Iron Man, y Stane incapacita a Tony sacándole del pecho el reactor Arc compacto, que necesita para activarla. Aferrándose a la vida, Stark lo sustituye por un modelo antiguo y vuela a enfrentarse a Stane, a quien halla atacando a Pepper. La armadura «Quincallero» de Stane iguala en potencia a la suya, pero tiene viejos errores que Stark ha superado: se congela cuando lleva la pelea a la capa superior de la atmósfera, y Stane se desploma hacia la Tierra. Pero esto no es suficiente para detenerlo. Stark ordena a Pepper que sobrecargue el reactor Arc de la factoría, y Stane muere en la explosión resultante.

2008 | Convertirse en Iron Man

Atrapado en una cueva, con un arma en la cabeza y una caja de chatarra en las manos, Tony Stark descubre su héroe interior. Ser capturado por los Diez Anillos le hace reflexionar sobre su vida de *playboy* arrogante y el daño que Industrias Stark inflige al mundo. Y comprende que puede usar sus recursos para hacerlo mejor. El reactor Arc en miniatura y la armadura propulsada que construye le dan un nuevo corazón y un nuevo propósito.

2010 | Un nuevo aliado

Aunque Tony parece invencible mientras detiene amenazas alrededor del mundo, dos problemas lo acosan: el ejército de EE.UU. quiere apropiarse de su tecnología y su reactor Arc está envenenándolo lentamente. Para abordar ambos problemas, colabora con Nick Furia y se hace asesor de SHIELD.

2012 | La formación del equipo

Tony es el primer Súper Héroe en conocer la Iniciativa Vengadores. Con su armadura Mark VI, se lanza a la misión de localizar el Teseracto robado y detener a Loki. La reunión de héroes pone a prueba la capacidad de Stark para jugar en equipo, pero da la talla y, juntos, los Vengadores salvan la Tierra de la invasión chitauri.

2016 | Mentor

Después de llevar a Spiderman a la batalla de los Vengadores en el aeropuerto de Leipzig-Halle, Tony se interesa activamente por la vida del joven héroe y se convierte en su mentor. Su aspereza exterior no logra ocultar que se preocupa por Peter. Guía al adolescente mientras este combate al maligno Buitre y, al final, le ofrece un puesto en los Vengadores; oferta que Peter declina.

2016 | De amigos a enemigos

La culpa acecha en un rincón de la mente de Tony desde sus inicios como Iron Man y, cuando ve que los Vengadores se vuelven tan peligrosos como en el pasado lo fueron las armas de Industrias Stark, toma posición. Su apoyo a los Acuerdos de Sokovia provoca una dramática ruptura con Steve Rogers y el colapso de los Vengadores.

IRON MAN

La senda heroica de Tony Stark gira en torno a dos momentos cruciales: su secuestro por los Diez Anillos, y su visión de la llegada de los chitauri a través del portal de Loki para invadir la Tierra. El primer incidente le abrió los ojos al daño causado por Industrias Stark y lo llevó a crear su primera armadura y embarcarse en una misión para hacer del mundo un lugar mejor. El segundo amplió drásticamente sus horizontes sobre los enemigos potenciales y atormentó sus pensamientos durante años, asustándolo y motivándolo alternativamente. Tony Stark lucha por la humanidad por encima de todo.

2018 | Combatiendo a Thanos

Hasta que llegó Thanos, los Vengadores habían vencido a todos los enemigos a los que se enfrentaron. Tony no tenía razón para pensar que este enemigo sería distinto. Usando su combinación de determinación, brillantez y tecnología, hizo todo lo posible por detener a Thanos, venciendo a su aliado Fauces Negras en el espacio y luego enfrentándose al propio Thanos en Titán. El fracaso a la hora de impedir el Chasquido y la pérdida de sus amigos hirió a Tony en lo más profundo.

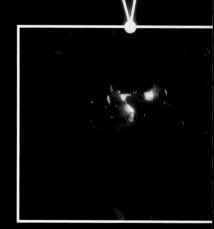

2023 | Sacrificio definitivo

Tras el Chasquido, Tony intentó empezar de nuevo estableciéndose con Pepper Potts, con la que tuvo una hija, Morgan. Inicialmente rechaza verse implicado en el Robo en el Tiempo, deseando proteger a su familia de más experiencias terribles; pero no puede dejar de lado la posibilidad del éxito. En el choque final con Thanos, Tony se sacrificará para salvar el universo.

2013-2015 | Ansiedad creciente

La batalla de Nueva York afectó psicológicamente a Tony en los años siguientes. Acosado por pesadillas, trabajó frenéticamente en la Legión de Hierro, creando una armadura para cada posible amenaza que pudo imaginar. La espiral mental de Tony empeoró cuando se enfrentó al «Mandarín», un enemigo creado por su propia arrogancia pasada. Finalmente, la Legión de Hierro original sería reemplazada por centinelas blindados desplegados en combate junto a los Vengadores.

2015 | Crear vida artificial

Tony continúa atormentado por el miedo a las amenazas extraterrestres. Anhela la paz global y piensa, al más típico estilo Tony Stark, que Bruce y él tienen los medios para asegurarla creando la inteligencia artificial Ultrón. El plan les estalla en la cara cuando Ultrón intenta destruir el mundo y construir uno más pacífico en su lugar.

2024 | El legado de Tony

Tony Stark deja atrás un profundo legado que se extiende por todo el mundo. Una de las personas más afectadas por la pérdida de Tony es Peter Parker, su protegido. Tony creyó en él y lo designó como receptor de EDITH, que dará al adolescente control sobre la tecnología de Industrias Stark. Peter luchará por estar a la altura de la reputación de Tony y hará lo posible por honrar a su mentor.

2008-2010

Primavera de 2008 | La furia de Vanko

Anton Vanko, el investigador deportado de vuelta a la URSS en 1967
después de ayudar a Howard Stark a diseñar los primeros planos del
reactor Arc, mira en el apartamento que comparte en Moscú con su
hijo, Iván, la grabación de la conferencia de prensa en la que Tony Stark
declara: «Soy Iron Man». Agonizante, dice: «Ese deberías ser tú». Anton
muere en la oscuridad, entre pilas de viejos esquemas. Iván también fue
un físico prometedor en el pasado, pero hoy va a la deriva tras pasar 15
años en una prisión siberiana por vender plutonio soviético a Pakistán.
Tras la muerte de Anton, resentido e impulsado por su odio a los Stark,
Iván empieza a construir el prototipo de reactor Arc de su padre.

En las manos equivocadas, la tecnología del reactor
Arc tiene un potencial destructivo terrible.

Iván Vanko trabaja
sin descanso en los
diseños del reactor
Arc de su difunto padre.

2008-2010 | Ingeniería de la venganza

Iván Vanko reúne los materiales, herramientas y datos necesarios
para completar los diseños del reactor Arc de su padre. Aunque
los resultados no son tan refinados como los de Tony Stark, son
brutalmente eficaces. Concentrando los rayos repulsores a través
de canales de plasma ionizado, crea un arma en forma de dos látigos
lacerantes. Una vez completados la investigación y el diseño, Vanko
idea un plan para usar su mortífera arma contra Stark.

Junio de 2009 | Las muertes de Extremis

Aldrich Killian y Maya Hansen hacen un gran avance en su
investigación Extremis al usar la tecnología que activa el
potencial bioeléctrico del cuerpo para sanar a soldados
heridos, incluido el crecimiento de miembros perdidos.
Pero Extremis sigue siendo sumamente volátil, y las
pruebas de la Fase I hacen que algunos de sus sujetos
exploten en violentas detonaciones. Para ocultar este
mortal efecto secundario, Killian diseñará un elaborado
falso relato que disfrace las explosiones como ataques
terroristas, creando el personaje del «Mandarín» como
cobertura para los accidentes.

Los poderes curativos y fortalecedores
de Extremis vienen con unos efectos
secundarios letales y destructivos.

2010

Vivir ante la mirada pública implica para los héroes enfrentarse al escrutinio de sus actos. La identidad como Iron Man de Tony Stark llevó al gobierno a plantear si se podía confiar en él o en cualquier otro individuo con tal poder. Otros con capacidades mejoradas, como Bruce Banner, se esfuerzan por controlar sus poderes, mientras que Thor es exiliado a la Tierra para demostrarse a sí mismo que es digno. Todos aprenden que son responsables ante aquellos a los que defienden.

El coronel James Rhodes y el contratista militar Justin Hammer testifican ante el Senado de EE.UU.

Primavera de 2010 | Bruce Banner se esconde

Han pasado 158 días desde la última vez que Bruce Banner se transformó en Hulk. En esos cinco meses, ha vivido discretamente en la favela Rocinha de Río de Janeiro, trabajando en una empresa de refrescos donde suele ayudar a arreglar las máquinas. Practica la meditación para mantener la calma y se comunica de forma anónima con un biólogo conocido como «Sr. Azul» para contrastar ideas sobre posibles curas para su trastorno. Banner contamina accidentalmente una botella de refresco al cortarse en un dedo mientras trabaja, y la enfermedad por radiación gamma en el consumidor conduce al gobierno de EE.UU. hasta su escondite.

Primavera de 2010 | Privatizar la paz mundial

En la audiencia de un comité de servicios armados, el senador Stern presiona a Tony Stark para que entregue su armadura Iron Man al gobierno. «Váyase olvidando —responde Stark—. Yo soy Iron Man. La armadura y yo somos uno». La audiencia lo enfrenta a un viejo rival, el contratista militar Justin Hammer, quien testifica que países hostiles se aprestan a desarrollar tecnología similar. El coronel James Rhodes propone reclutar al propio Stark para el Departamento de Defensa. Tony desdeña la idea: «Soy su arma nuclear disuasoria —dice ante el comité—. Les he hecho un gran favor. He privatizado con éxito la paz mundial».

Primavera de 2010 | El ascenso de Pepper Potts

JARVIS informa a Tony Stark de que el uso del traje Iron Man acelera su envenenamiento por paladio. Su toxicidad en sangre alcanza el 24% justo cuando Pepper Potts lo urge a concentrarse en Industrias Stark, pues últimamente se ha visto absorbido por su exposición, su trabajo como Iron Man y su enfermedad. Entonces Tony sorprende a Pepper dando un paso atrás como presidente y encargándole a ella que dirija la empresa. Le dice que lleva un tiempo pensando en un sucesor: «Y he comprendido que eres tú. Siempre has sido tú».

Tony Stark se ha asegurado de que su armadura Iron Man encaje cómodamente sobre un esmoquin.

Primavera de 2010 | El Gran Show de Stark

Después de unos dos años como Iron Man, Tony vuela sobre el escenario para inaugurar la Expo Stark. Los fans le piden: «¡Cárgate algo!», pero Stark prefiere resaltar su trabajo pacificador como Súper Héroe. La Expo, celebrada por primera vez desde 1974, reúne a investigadores e innovadores de todo el mundo. Entre bastidores, Stark se enfrenta a los efectos secundarios del reactor Arc incrustado en su pecho que alimenta su armadura y protege su corazón de la metralla, pero que también está envenenándolo lentamente con paladio.

La presidenta Potts en su despacho de Industrias Stark.

2010

Primavera de 2010 | Viuda Negra, encubierta

Tras ser herida por el Soldado de Invierno durante una misión en Odesa (Ucrania) en 2009 para extraer a una ingeniero nuclear de alto valor, Natasha Romanov es enviada por SHIELD a una misión encubierta: controlar a Tony Stark bajo el disfraz de la asistente de administración «Natalie Rushman».

«Natalie Rushman» se infiltra en Industrias Stark como una eficaz ayudante de Pepper Potts.

Cuando se acerca a Bruce Banner, Emil Blonsky comprende que está dando caza a algo más grande de lo que esperaba.

Primavera de 2010 | Blonsky apunta a Banner

Para capturar a Bruce Banner, el general Thaddeus Ross reúne una batida internacional liderada por el comando de los marines británicos Emil Blonsky, a quien le dice: «Su objetivo es un fugitivo del gobierno de los EE.UU. que ha robado secretos militares». Eso omite algunos datos importantes. La misión fracasa cuando un aterrorizado Banner libera a Hulk. Los dardos tranquilizantes rebotan en su piel verde impenetrable, y él atraviesa muros y lanza una carretilla elevadora «como si fuera un balón», según informa Blonsky. El rabioso Hulk escapa y, cuando Banner despierta, está a más de 6000 km, en Guatemala.

5 de mayo de 2010 |
Asalto en el Gran Premio

Con la toxicidad en sangre al 53%, Tony Stark vive como si no hubiera un mañana. Decide ponerse al volante de su propio coche de Fórmula 1 en el Gran Premio de Mónaco, pero durante la carrera es atacado por Iván Vanko, armado con sus látigos gemelos activados con Arc, que cortan los coches por la mitad. Happy Hogan (guardaespaldas de Stark) y Pepper Potts acuden en ayuda de Stark con el traje portátil Iron Man Mark V, del tamaño de un maletín, pero este sigue siendo superado por Vanko. Finalmente, Stark vence al ruso arrancándole su fuente de energía casera.

Tony Stark conduce su propio coche
en el Gran Premio de Mónaco.

Iván Vanko examina las armaduras
diseñadas por Industrias Hammer.

Primavera de 2010 | Hammer contrata a Vanko

Iván Vanko, encarcelado, declara su victoria sobre Tony
Stark a pesar de no haber conseguido matarlo. Como le
dirá al autoproclamado héroe: «Si puedes hacer sangrar a
Dios, la gente dejará de creer en él». La existencia de una
tecnología Arc ajena a Stark alarma al gobierno de EE.UU.
e intriga a Justin Hammer, que simula la muerte de Vanko
y lo recluta para mejorar los mediocres trajes blindados
que espera vender al Pentágono.

¡ALERTA!
¡Hola, gente! Cuando JARVIS le cuenta a
Tony la historia de Anton Vanko, dice que
el físico soviético desertó a EE. UU. en 1963;
pero un periódico amarillento que lee Stark
fecha eso el 16 de octubre de 1966. Durante
la Guerra Fría hubo deserciones de alto
nivel que permanecieron clasificadas
durante años. ¡O puede ser solo una errata!

Primavera de 2010 | Stark descontrolado

Con la concentración de paladio en sangre al 89%, Tony
Stark celebra en su hacienda de Malibú el que podría ser
su último cumpleaños. Borracho, dispara a botellas y frutas
en el aire con sus rayos repulsores mientras los invitados lo
jalean. Temiendo por la seguridad de la gente, James Rhodes
se pone la armadura Iron Man Mark II y obliga a su viejo amigo
a parar. Su pelea destroza la mansión, y un indignado Rhodes
abandona el lugar con la armadura puesta.

James Rhodes a un temerario Tony Stark:
«Tú no mereces llevar la armadura. ¡Quítatela!».

Primavera de 2010 | Coronación cancelada

En el distante reino cósmico de Asgard, Thor alza
su martillo místico Mjolnir ante el rugido de sus
seguidores en la sala del trono de su padre, Odín.
Jactancioso y arrogante, el dios del Trueno va a
ser coronado como nuevo rey. Pero los gigantes
del hielo de Jotunheim, un reino frío y oscuro largo
tiempo hostil a Asgard, se han infiltrado en la sala
del tesoro de Odín en busca del arma perdida de
su sociedad, el Cofre de los Inviernos Antiguos.
Aunque son eliminados por el autómata Destructor
durante su incursión, el ataque interrumpe y
pospone la coronación.

Rhodes pone en duda la
implicación de Justin Hammer
en el proyecto, pero obedece
al recibir una orden directa.

Primavera de 2010 | Máquina de Guerra

Rhodes vuela con su nueva armadura a la Base Edwards de las Fuerzas
Aéreas, donde los militares comienzan a trabajar en la tecnología de
Stark. Justin Hammer es citado para ayudar a armar el traje y aumentar
su devastadora potencia de fuego. En el Pentágono no saben que
Hammer ha conectado también la armadura Máquina de Guerra a su
propia red, lo que permitirá a Vanko hackearla y controlarla a voluntad,
a la vez que dirige su escuadrón de drones Hammer.

Thor se siente confiado ante su inminente coronación,
sin saber que el plan de Loki ya está en marcha.

2010

«¡Voy a tener que pedirle que se baje del dónut!»

Primavera de 2010 | Cerrar el círculo

Un Tony Stark con resaca se encuentra con Nick Furia
en una tienda de dónuts de Los Ángeles, donde se
entera de que su ayudante administrativa, Natalie
Rushman, es en realidad Natasha Romanov, una agente
de SHIELD apodada Viuda Negra. «Estás... despedida»,
le dice. Le proporcionan dióxido de litio, que aliviará
temporalmente su intoxicación por paladio. Pero
deberá diseñar una fuente de energía menos tóxica si
espera seguir vivo y continuar su obra como Iron Man.

Primavera de 2010 | El exilio de Thor

Odín se indigna por los actos de Thor: «Eres vanidoso,
codicioso, cruel y pueril», le acusa. Thor le responde: «¡Y tú
ahora eres un viejo irresponsable!». Odín promulga un edicto
por el que Thor no es indigno solo del trono, sino también de
su martillo. Lo despoja de sus poderes y lo destierra al reino de
Midgard (la Tierra). Una vez expulsado Thor, Odín inscribe un
nuevo mandato en Mjolnir: «Aquel que empuñe este martillo,
si es digno de él poseerá el poder de Thor». A continuación,
arroja también el martillo.

Una discusión entre
Odín y Thor termina
con el dios del Trueno
despojado de sus poderes.

Primavera de 2010 | El descubrimiento de Jane Foster

Thor cae a la Tierra en el desierto que rodea Puente Antiguo, en Nuevo
México, donde la astrofísica Jane Foster, su mentor, el Dr. Erik Selvig, y
la becaria Darcy Lewis estudian auroras poco comunes en esos cielos.
Golpean accidentalmente a Thor con su furgoneta y luego Lewis usa un
táser para incapacitar a aquel hombre que parece muy desorientado. Más
tarde, cuando vean su silueta en las imágenes de la aurora, comprenderán
que en realidad puede que sea el ser sobrenatural que afirma ser.

Laufey y Odín se
enfrentan después del
atolondrado asalto de
Thor sobre Jotunheim.

Primavera de 2010 | Un contraataque mal planeado

Espoleado por su hermano Loki, Thor desafía los deseos de su
padre y lleva a Lady Sif y los Tres Guerreros —Fandral, Hogun y
Volstagg— a un ataque contra Jotunheim. Heimdall, el guardián
omnisciente del puente Bifrost entre los Nueve Reinos, les permite
pasar con la esperanza de entender cómo entraron en Asgard los
gigantes del hielo sin su conocimiento. Los asgardianos acabarán
provocando una nueva guerra con Laufey, rey de los gigantes,
antes de ser rescatados por un enfurecido Odín.

La Dra. Jane Foster, el Dr. Erik Selvig y Darcy Lewis encuentran
a un desorientado Thor recién expulsado de Asgard.

Primavera de 2010 | El mensaje oculto de Howard

Mientras revisa viejos documentos relativos a su padre y a Vanko, Tony Stark encuentra una filmación de su padre en la que este le habla directamente a él, lamentándose por estar «limitado por la tecnología de mi época». Más tarde, descubre que un modelo a escala creado para la Expo Stark de 1974 es en realidad el diagrama oculto de un elemento que podría alimentar un reactor de energía limpia. Tony acondiciona su hacienda de Malibú con un acelerador prismático, equilibrando una parte del mismo con una versión en proyecto del escudo del Capitán América de la colección de su padre. Una vez activado, genera con éxito el nuevo elemento seguro que puede sustituir al núcleo que lo está envenenando.

Stark y Rhodes se guardan las espaldas mutuamente mientras se enfrentan a los drones Hammer de Vanko.

Tony examina el modelo de la Expo Stark 1974 después de ver un críptico mensaje de vídeo de su padre.

Primavera de 2010 | La caída de Vanko

Happy Hogan y Natasha Romanov intentan detener a Vanko en las oficinas de Hammer, pero el investigador ruso escapa en su propia armadura voladora, equipada con poderosas versiones nuevas de sus látigos electrificados. Romanov reinicia el traje de Rhodes, permitiéndole que vuelva a tomar el control, y Iron Man y Máquina de Guerra unen fuerzas para derribar a los drones de Vanko. Cuando este los enreda con sus látigos, lo derrotan enfocando sus rayos repulsores uno contra otro, lo que produce una onda de choque. Vanko, herido, muere al autodestruir su traje.

Viuda Negra persigue a Iván Vanko mientras este ataca la Expo a distancia.

Los drones de Hammer, mejorados por los reactores Arc de Iván Vanko.

Primavera de 2010 | La dura caída de Stark y Potts

Stark salva a Pepper Potts del resto de los drones justo antes de que se autodestruyan. Potts sigue frustrada por las payasadas de Stark, pero agradecida por el rescate. Ella y Stark se besan, reconociendo por primera vez la profundidad de sus sentimientos: una relación que crecerá con el tiempo. Hammer es arrestado por sus diversos crímenes perpetrados con Vanko, y el senador Sterns se ve obligado a conceder medallas a Stark y Rhodes por evitar la tragedia causada por el contratista de armas previamente favorecido por el político.

Primavera de 2010 | La catástrofe de la Expo

Justin Hammer prepara una presentación de sus nuevos drones en la Expo Stark, con la Máquina de Guerra de James Rhodes en el centro. Aunque Hammer intenta mostrar cómo pueden trabajar en equipo humanos y máquinas, las armaduras son hackeadas y controladas a distancia por Iván Vanko. Un Tony Stark recuperado y recién energizado llega para detener el ataque y salvar a la multitud de civiles, combatiendo de nuevo contra Rhodey, esta vez atrapado sin control dentro de su armadura.

2010

Betty Ross comprende que Bruce Banner ha regresado después de años a la fuga.

Primavera de 2010 | 17 días sin incidentes

Bruce Banner cruza ilegalmente la frontera de EE.UU. para volver a la Universidad de Culver, en Virginia, donde llevó a cabo junto a su colega y exnovia Betty Ross la investigación que lo transformó involuntariamente en Hulk. Los datos han sido eliminados del sistema, pero al día siguiente se topa con Betty en persona. Bruce huye, pero Betty lo sigue, y resurgen en ambos sentimientos largo tiempo enterrados. Ella le insiste en que acuda a su padre, pero Bruce se niega y le explica que el general quiere diseccionarlo para entender mejor a Hulk, controlarlo y convertir esa información en un arma.

Thor logra acceder al campamento de SHIELD que rodea a Mjolnir, pero su falta de dignidad le impide alzar el martillo.

Primavera de 2010 | El martillo desechado

Mjolnir aterriza no muy lejos de donde cayó Thor, y los curiosos lugareños se reúnen para beber cerveza y tirar del objeto inamovible con sus camionetas hasta que SHIELD llega para asegurar la zona. Los agentes Phil Coulson y Clint Barton (Ojo de Halcón) están entre los enviados para vigilar el extraño objeto mientras se estudian sus firmas de energía. Thor se infiltra en el perímetro para reclamar su arma, pero se encuentra con que no puede levantar el martillo. Sigue sin ser digno.

Primavera de 2010 | El juego de poder de Loki

Loki ha sembrado la discordia para reclamar el trono de Asgard. Primero permitió que los gigantes del hielo entraran en la sala del tesoro de Odín para sabotear la coronación de Thor; luego incitó a este a atacar Jotunheim en venganza, causando la ruptura entre padre y primogénito. Con su hermano fuera de juego, Loki se enfrentó a su padre preguntándole sobre su origen, y Odín confesó que era el hijo abandonado de Laufey, rey de los gigantes del hielo, que él se llevó para criarlo con la esperanza de unir a los dos reinos. La ira de Loki hundió al debilitado Odín en el Sueño de Odín, similar a un coma, y despejó el camino al trono de Asgard para el dios del Engaño.

Loki examina el Cofre de los Inviernos Antiguos, que activa una reversión a su forma de gigante del hielo.

Primavera de 2010 | Las mentiras de Loki

Loki viaja a la Tierra para visitar a un abatido Thor, que sigue bajo custodia de SHIELD después de su fallido intento de recuperar a Mjolnir. Loki hace creer a su hermano que su padre ha muerto... y que Thor es el culpable: «Tu destierro, la amenaza de una nueva guerra... al final no pudo soportarlo», explica. Luego viaja a Jotunheim para cerrar un trato: él devolverá el Cofre de los Inviernos Antiguos si Laufey mata a su aletargado padre. Laufey acepta, pero en el último momento Loki lo traiciona y mata al rey de los gigantes del hielo justo cuando estaba a punto de matar a Odín. Así, para el pueblo de Asgard, el embaucador se ha transformado en salvador.

Loki y su madre Frigga velan por Odín mientras duerme.

Emil Blonsky toma un camino desacertado, convencido de ser uno de los buenos.

Primavera de 2010 | Emil Blonsky: supersoldado

El general Ross informa a Emil Blonsky sobre el experimento que transformó a Banner, revelándole que era parte de la revitalización de un proyecto de la II Guerra Mundial para crear soldados humanos mejorados. La idea intriga a Blonsky: «Me gusta luchar —dice—. Con mi cuerpo de hace diez años y todo lo que sé ahora, sería un rival temible». Ross le responde: «Quizá pueda conseguirle algo parecido». Con un sujeto voluntario, el general toma parte del suero experimental del Supersoldado desarrollado por su equipo y se lo inyecta al marine británico.

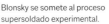

Blonsky se somete al proceso supersoldado experimental.

El Destructor lleva el fuego y la destrucción a Puente Antiguo con los rayos candentes de sus fauces.

Primavera de 2010 | Solo un hombre

En la Tierra, el Destructor destruye a las fuerzas de SHIELD y luego sigue con el pueblo de Puente Antiguo en una persecución implacable de Thor. Los Tres Guerreros y Lady Sif intentan detenerlo, pero son derrotados por el rayo calorífico del autómata. Thor ayuda a evacuar el pueblo, pero finalmente se enfrenta a su atacante: «Esta gente es inocente. Quitarles la vida no te aportará nada. Quítame la mía y no continúes», dice. El Destructor no usa su fuego, pero golpea con tremenda fuerza a Thor, dejándolo gravemente herido.

Thor se planta frente al Destructor como un hombre mortal, listo para sacrificarse él mismo con el fin de proteger a los inocentes.

Primavera de 2010 | La llegada del Destructor

Lady Sif y los Tres Guerreros llegan a la Tierra para advertir a Thor de que Loki ha ocupado el trono de Asgard. Thor queda impactado al saber que Loki mintió y que su padre sigue vivo. Loki usa el Cofre de los Inviernos Antiguos para congelar a Heimdall y tomar el control del Puente de Arco Iris, y envía al Destructor a la Tierra para eliminar a su hermano y sus aliados.

ASGARD

Asgard, uno de los Nueve Reinos, es el hogar de Thor y Loki. Gobernado por Odín, antes del suceso conocido como Ragnarok, el resplandeciente reino se alzaba como un faro de paz. Como Odín le dice a Thor, Asgard es su gente. Esto se demuestra cierto cuando los asgardianos resisten una y otra vez. Poco importa si el efímero reinado de Hela lleva a la destrucción de su hogar, si Thanos ataca la nave en que escapan, o si luego deben soportar el Lapso; a pesar de estas trágicas adversidades, los asgardianos persisten: se adaptan y se rehacen, se asientan en la costa de Noruega, con un nuevo reino más pequeño pero no menos poderoso.

2013 | Sacrificio
Los Elfos Oscuros invaden Asgard anticipándose a la Convergencia, un raro suceso cósmico, para recuperar su superarma, una sustancia conocida como Éter: en realidad, la Gema de la Realidad, una de las poderosas Gemas del Infinito. Odín, enfurecido, usa su poderosa lanza para eliminar a incontables enemigos, pero no puede evitar que Malekith mate a Frigga, madre de Thor y Loki.

El pasado remoto | Una historia violenta
Odín heredó el trono de Asgard de su padre, Bor. Luego, junto a su hija Hela, conquistó un reino tras otro. Pero, al final, Odín vio otro camino: desterró a Hela, borró la historia violenta de Asgard y lo convirtió en un reino de paz.

2010 | Separación
Cuando Odín decide traspasar el trono a Thor, Loki da un golpe de Estado. Para evitar que Loki arrase el reino de Jotunheim, Thor destruye el Bifrost, aislando de hecho Asgard del resto de los reinos. Con los pacificadores asgardianos restringidos a su mundo natal, los demás reinos se sumen en el caos.

2017 | La destrucción de Asgard
Thor, Loki, Valkiria y Hulk intentan detener a Hela, pero es demasiado poderosa. Sin otra opción, Loki alza al demonio de fuego Surtur para combatir a Hela, aun cuando sabe que liberarlo causará el Ragnarok y la destrucción de Asgard.

2017 | Una nueva gobernante
Al morir Odín, Hela sale de su prisión. Regresa a Asgard y lo conquista con rapidez. Thor y Loki están varados al otro lado del universo y son incapaces de ayudar, así que aquellos asgardianos que se niegan a vivir bajo su mando se ven obligados a huir a una fortaleza oculta en las montañas.

2018 | Supervivientes
Muchos asgardianos escapan a bordo del *Statesman*. Mientras huyen hacia la Tierra, Thanos captura la nave para arrebatar el Teseracto a Loki. El titán destruye la nave, pero algunos asgardianos sobreviven.

2018 | Más pérdidas
Con su población ya mermada tras la invasión de Hela y el ataque de Thanos al *Statesman*, los asgardianos supervivientes se enfrentan a más pérdidas aún cuando Thanos hace el Chasquido.

2018-2023 | Nuevo Asgard
A raíz del Chasquido, los asgardianos supervivientes y sus aliados se trasladaron a Tønsberg (Noruega), donde Odín luchó una vez contra los gigantes del hielo de Jotunheim y donde Cráneo Rojo, líder de Hydra, encontró el Teseracto. Allí levantaron Nuevo Asgard mientras Thor lidiaba con la culpa y la tristeza.

2023-2025 | Turismo y diplomacia
Tras la derrota de Thanos, Thor traspasó el liderazgo de Nuevo Asgard a Valquiria, que, como reina, ayudó a la ciudad a prosperar, obtuvo para ella reconocimiento diplomático, la transformó en un centro turístico y la lideró ante los ataques de Gorr, el Carnicero de Dioses, que secuestró a los niños del lugar.

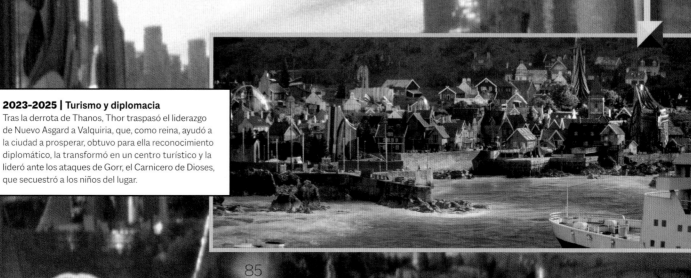

2010

Thor da a Jane Foster un beso de despedida (por el momento).

Primavera de 2010 | Digno

El sacrificio de Thor activa el conjuro de Odín grabado en Mjolnir. A través de la humildad, la generosidad y el valor, Thor ha vuelto a ser digno. Mjolnir vuela desde su lugar de reposo hasta la mano de Thor, energizándolo y sanándolo. Thor usa Mjolnir para canalizar un huracán sobre el pueblo y arrastrar al Destructor a su vórtice. A través de los rayos del Destructor, introduce el martillo en los conductos faciales del autómata hasta que su energía se invierte: el Destructor acaba por destruirse a sí mismo. Antes de regresar a Asgard para enfrentarse a Loki, Thor le hace una promesa a Jane Foster: «Te doy mi palabra de que volveré a por ti».

Primavera de 2010 | Destrucción del Bifrost

Para salvar Jotunheim, Thor usa Mjolnir para pulverizar el puente que canaliza la energía de Asgard hacia el Bifrost. Pero el puente es el único camino de vuelta a la Tierra... y a Jane Foster. «Si destruyes el puente, nunca volverás a verla», le advierte Loki; pero Thor sigue golpeando hasta que ambos caen al vacío del espacio. Odín despierta a tiempo para agarrar a sus hijos, pero Loki se deja caer, hundiéndose en un campo de energía en colapso que se desvanece.

Odín alcanza a sus hijos mientras estos cuelgan del borde del destrozado Bifrost.

El embaucador, multiplicado.

Primavera de 2010 | La desesperación de Loki

Heimdall se libera de su gélida prisión y abre el Bifrost para que los Tres Guerreros, Lady Sif y Thor puedan regresar a Asgard. En un acto de destrucción irreflexivo, Loki reorienta el Puente de Arco Iris para canalizar su energía hacia Jotunheim, lo que acumulará intensidad hasta destruir todo el mundo. Loki dice hacerlo «para demostrarle a nuestro padre que yo soy un hijo digno. Cuando despierte, yo [...] seré el auténtico heredero del trono». En su lucha con Thor, Loki parece colgar del borde del puente, pero es un espejismo. Se clona múltiples veces y se ríe ante el tormento de Thor.

Primavera de 2010 | Choque en la universidad

Cuando el general Ross se entera del regreso de Bruce Banner, lo acorrala con sus tropas en la Universidad de Culver. Al transformarse Banner en Hulk, el fuego de ametralladora rebota en él, que destroza Humvees y desgarra cañones en los terrenos del campus. Betty Ross ruega a su padre que detenga el ataque. Emil Blonsky, recién potenciado con sus inyecciones de supersoldado, arremete a través del campus convertido en campo de batalla... y acaba con los huesos destrozados cuando Hulk lo patea contra un árbol. Tras provocar el choque de un helicóptero mientras protege a Betty del fuego de sus armas, Hulk carga con ella y escapa.

Hulk se enfrenta a Blonsky, cuyas capacidades de supersoldado aún no igualan a las del coloso esmeralda.

Primavera de 2010 | Recuperación y cita

Un agotado Bruce Banner y Betty Ross tratan de pasar desapercibidos en el Parque Nacional Smoky Mountains; encuentran un motel y luego viajan a Nueva York para encontrarse con el Sr. Azul y entregarle los datos de su investigación previa. Su nombre real es Samuel Sterns, y espera poder crear un antídoto que libre a Banner de Hulk. SHIELD, que escanea el tráfico de internet en busca de palabras clave, intercepta el correo, lo que permite al general Ross rastrearlos hasta su encuentro.

Bruce Banner, exhausto, es confortado por Betty Ross en un paraje inhóspito.

Primavera de 2010 | Hulk dominado

Cuando Bruce Banner y Betty Ross se encuentran por fin con el Dr. Sterns en Nueva York, Banner se inquieta al descubrir que la muestra de sangre que envió al investigador ha sido replicada cientos de veces. Sterns espera usar este ADN con gamma para desarrollar curas para enfermedades, pero Banner está preocupado. Tras estudiar los datos que le enviaron, Sterns crea un tratamiento de diálisis para Banner, pero no queda claro si Hulk ha sido eliminado por completo o solo entorpecido en esta ocasión. Banner se ve incapaz de transformarse cuando un francotirador del ejército le dispara un tranquilizante poco después del proceso, y luego lo captura a él y a Betty.

La combinación del suero del supersoldado de Blonsky y la sangre de Banner crea a... Abominación.

Primavera de 2010 | Nace un monstruo

Aunque tras la batalla de la Universidad de Culver los médicos describieron los huesos del cuerpo de Blonsky como «hechos puré», este tuvo una rápida recuperación gracias al tratamiento supersoldado del general Ross. Ansioso de más poder, Blonsky le ordena a Sterns que le inyecte el ADN de Banner. El doctor se resiste, advirtiéndole de terribles efectos secundarios. «La mezcla podría ser... una abominación», dice Sterns, que al final obedece. Sus temores se confirman cuando Blonsky se metamorfosea en un gigante espinoso que destroza el laboratorio y arroja al científico contra las muestras de sangre clonada de Banner, parte de la cual gotea sobre un corte en la cabeza de Sterns, haciendo crecer su cráneo.

2010-2011

Primavera de 2010 | La pelea en Harlem

Bruce Banner y Betty Ross son evacuados en un helicóptero militar con el general Ross cuando ven abajo a Abominación arrasando las calles de Harlem. Banner salta del helicóptero, sin saber si puede volver a convertirse en Hulk. El coloso verde solo surge después de impactar contra el suelo. Los dos goliats siembran el caos, con Hulk partiendo por la mitad un coche patrulla y golpeando a Abominación con él. Cuando la lucha hace caer al helicóptero que lleva al general y a Betty, con una palmada Hulk provoca una onda de choque que apaga las llamas. Luego golpea a Abominación casi hasta matarlo, y solo le perdona la vida cuando Betty le grita que se detenga. Hulk ruge al cielo y patea al derrotado Blonsky hasta los pies del abochornado general Ross.

Las calles de Harlem quedan destrozadas durante la lucha de los dos titanes.

Con el Bifrost destruido, Asgard
queda aislada de los Nueve Reinos.

Verano de 2010 | Hulk se oculta

Después del incidente de Harlem, Hulk huye de EE.UU. y Banner vive durante un tiempo en el valle de Bella Coola, en la Columbia Británica, antes de marcharse a India, a medio mundo de distancia. Betty Ross regresa a su vida en la universidad, con tan solo una foto de Bruce para recordar el tiempo que compartieron.

Primavera de 2010 | Thor en la distancia

El portal a los Nueve Reinos se ha cerrado, al menos temporalmente, tras la destrucción del Bifrost. A pesar de las traiciones de Loki, Thor llora a su hermano perdido, y le dice a su madre, Frigga, que ansía reunirse con Jane Foster. Mientras tanto, él y su padre hacen las paces. Odín le dice: «Serás un rey sabio»; y Thor responde: «Tengo mucho que aprender». Después Thor visita a Heimdall, el guardián ahora sin puerta que, aun así, sigue viendo los mundos lejanos. Thor le pregunta si puede ver a Foster, y Heimdall le dice: «Te está buscando».

Sitwell y Coulson, agentes de SHIELD.

Verano de 2010 | El Consultor

El general Ross encierra a Blonsky, pero el Consejo Mundial de Seguridad quiere que sea liberado y le pide a Nick Furia que reclute al ser monstruoso para la Iniciativa Vengadores; pretenden que Bruce Banner sea el único chivo expiatorio de la destrucción de Harlem. Incapaces de desobedecer una orden directa, Furia y los agentes Jasper Sitwell y Phil Coulson de SHIELD diseñan una solución indirecta: envían al recién nombrado «consultor» de SHIELD Tony Stark a hacerle la petición a Ross... con la esperanza de que Stark irritará tanto al general que este se negará a soltar a Blonsky. Stark cumple sus expectativas, iniciando la reunión con el comentario a Ross de que huele a «cerveza rancia y derrota». La conversación degenera hasta que Ross intenta echar a Stark del bar. Petición denegada.

¡ALERTA DE AVT!
¡Guau! ¿Habéis pensado en el impacto de un solo instante en el tiempo? El Consejo Mundial de Seguridad quería convertir a Emil Blonsky en héroe y Vengador, cargando el desastre de Harlem a Hulk. En vez de ser un querido Súper Héroe en la batalla de Nueva York, Emil estuvo en prisión 15 años. Pero pensad, ¿qué habría pasado si...?

2011 | El infarto del general Ross

El general Ross sufre un ataque cardíaco durante un partido de golf. Tras 13 horas de cirugía, despierta con un triple *bypass* y con una nueva sensación de «perspectiva». Su carrera militar puede estar en su final, pero él seguirá teniendo un papel clave en los círculos de poder, sirviendo finalmente como secretario de Estado. En ese puesto, Ross actuará obstinadamente según su creencia de que los individuos con poderes mejorados son más un riesgo que un premio.

Su persecución obsesiva de Hulk y el consiguiente desastre con Abominación se cobraron un alto precio con el general Ross.

2011 | El Capitán América recuperado

Casi 70 años después de desaparecer durante la II Guerra Mundial, se descubrieron en el Ártico los restos del *Valkiria* de Hydra. Steve Rogers estaba milagrosamente vivo, conservado en estasis por el frío y sus mejoras de supersoldado. Lo llevaron a Nueva York, donde fue revivido gradualmente en una habitación de hospital creada por SHIELD que replicaba las de la década de 1940 para suavizar el choque. Rogers detectó de inmediato la treta: el partido de béisbol retransmitido «en directo» por la radio era uno al que él asistió en 1941. Se liberó y se encontró en Times Square, capaz de pensar solo en la cantidad de tiempo que había pasado y en la promesa sin cumplir que le hizo a Peggy Carter. Como le dirá a Nick Furia: «Tenía una cita».

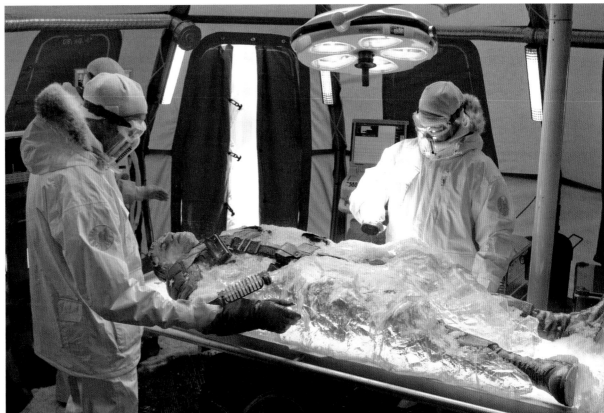

Steve Rogers, recuperado del hielo ártico después de casi siete décadas en animación suspendida.

HULK

Ser Hulk es aceptar el cambio. Bruce Banner se embarca en un viaje de autodesprecio, transformación y aceptación desde que su cuerpo absorbió grandes cantidades de radiación gamma, dándole la capacidad (o la maldición) de transformarse en Hulk. A lo largo de los años, Bruce ha utilizado su excepcional conocimiento científico para unir la fuerza bruta de Hulk con su inteligencia y su paciencia, y al cabo ha logrado conciliar los mejores aspectos de sus dos personalidades para vivir una existencia compartida. Al aceptar su lado de gigante esmeralda, Bruce ha encontrado la paz interior que durante tanto tiempo lo ha esquivado.

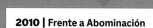

Década de 2000 | El nacimiento de Hulk

El Dr. Bruce Banner, un científico de la Universidad de Culver, realiza experimentos para el general Thaddeus Ross como parte del Proyecto Pulso Gamma. Pensando que ha hecho un gran avance en resistencia a la radiación, prueba su descubrimiento consigo mismo y se transforma en una criatura gigantesca y casi invencible de inmensa fuerza (y problemas de control).

2010 | Frente a Abominación

Tras años de huida intentando controlar su *alter ego*, Bruce empieza a creer que puede usar el poder del goliat verde para marcar una diferencia. Concentra la fuerza de Hulk en detener a Emil Blonsky, un agente del gobierno que ha sido transformado en una criatura monstruosa llamada Abominación. Hulk acabará derrotando al otro gigante en una batalla en Harlem, pero al precio de arrasar calles enteras y de exponer en público sus cualidades más monstruosas.

2012 | Convertirse en Vengador

Convencido de que Hulk solo era una amenaza, Bruce se oculta en India y usa su talento científico para ayudar a otros, hasta que Natasha Romanov aparece con una carta de Nick Furia. Bruce, que nunca ha dejado de intentar compensar su violento otro yo, acepta ayudar a SHIELD a localizar el Teseracto robado. Esto lo llevará a superar sus miedos, a transformarse voluntariamente en Hulk y a convertirse en uno de los Vengadores. Él desempeñará un papel vital en la batalla de Nueva York al neutralizar a Loki.

2015 | Hulk desencadenado

La dificultad para controlar la transformación en Hulk hace que Bruce tema sus capacidades, y cuando Wanda Maximoff usa sus poderes de control mental para obligarlo a convertirse en Hulk en Johannesburgo, sus temores se hacen realidad. Iron Man usa una armadura y una tecnología especiales que diseñó con Bruce para detener a Hulk, pero la batalla deja otra ciudad destruida. La culpa y la humillación por este suceso dejan huella en la mente de Bruce, que, transformado en Hulk, abandonará los Vengadores y acabará en el planeta Sakaaar a bordo de un quinjet robado.

2024-2025 | Ayudar a Hulka

Cuando, tras un accidente de coche, la sangre de Bruce se mezcló con la de su prima Jennifer Walters, ella obtuvo la capacidad de convertirse en Hulk. Además, su sangre alterada tiene propiedades únicas que sanan el brazo de Bruce. Este toma a la nueva Hulka bajo su protección, pero pronto comprueba que no necesita de su experiencia. Tendrá que tragarse su orgullo y dejarla aprender por ella misma. A Bruce aún le esperan más sorpresas cuando descubra que tiene un hijo, Skaar.

2024 | Preguntas

Las heridas producidas por las Gemas del Infinito siguen molestando a Bruce, pero consigue crear un dispositivo que evita que se convierta en Hulk. Mientras tanto, los Diez Anillos de Shang-Chi resultan un artefacto demasiado misterioso para Wong, por lo que el Hechicero Supremo pide ayuda a Bruce y a la Capitana Marvel. Bruce usa termoluminiscencia para determinar que los anillos son más antiguos de lo que parecen, pero no tiene respuesta acerca de la señal que emiten.

2018-2023 | El Lapso

Acosado aún por la culpa de su fracaso en detener el Chasquido, Bruce busca un nuevo propósito y un modo de combinar su intelecto con el cuerpo de Hulk. Ansioso por revertir el Chasquido, recupera a Thor de Nuevo Asgard para liderar juntos el Robo en el Tiempo. Luego se ofrece voluntario para sostener las Gemas del Infinito en el nanoguantelete, aun sabiendo que podría no sobrevivir al intento.

2018 | ¿Miedo escénico?

Hulk está convencido de que puede vencer a Thanos e impedirle que le robe el Teseracto a Loki. Perder (estrepitosamente) tiene un efecto inesperado en él. Cuando Bruce vuelva a la Tierra para advertir de la amenaza inminente, se encuentra a sí mismo incapaz de liberar al reacio Hulk: algo irónico, dados los años que Banner lleva intentando suprimir a su furioso *alter ego*.

2015-2017 | En Sakaar

Los humanos que se encuentran con Hulk suelen correr en dirección contraria aterrorizados, pero no así el Gran Maestro de Sakaar. Este ve en él un campeón, y Hulk es feliz con su vida en Sakaar como célebre (si bien explotado) gladiador en la Contienda de Campeones. Ser querido en lugar de temido en el planeta basurero hace que Hulk sea reacio a irse, pero Thor lo transforma de nuevo en Bruce, que luego ayudará a Thor y Loki en su lucha contra su hermana Hela.

91

2012

El poder atrae al poder. Los seres con
capacidades aumentadas que hoy pueblan
el mundo se atraen de manera natural, y
en ocasiones son empujados a unirse por
entidades externas como SHIELD. Igual que
las fuerzas destructivas se aúnan, así deben
hacer los defensores de la Tierra. Las batallas
resultantes sacuden el mundo, abriendo los
ojos de la humanidad a un universo mucho
mayor de lo que una vez creyó posible.

2010-2012 | La venganza de Loki

El desterrado Loki encontró refugio con Thanos, quien le dio el cetro
que contiene la Gema de la Mente y lo envió en una misión para hacerse
con el Teseracto, que Loki usará para abrir un portal que permita al titán
invadir y conquistar la Tierra. Todo lo que Thanos necesita es que Loki
lo acople a una fuente de energía adecuada en la Tierra. Mientras tanto,
debido a su experiencia con Thor, el Dr. Erik Selvig ha sido reclutado
por Nick Furia para unirse al Proyecto Pegaso, el intento de SHIELD de
estudiar el Teseracto. Furia, ignorante de que Loki se ha infiltrado en la
mente de Selvig, le dice que el cubo «puede tener un poder ilimitado».

El Dr. Erik Selvig trabaja al servicio de SHIELD... y sin saberlo, para el dios del Engaño.

Primavera de 2012 | Abriendo un portal

Nick Furia es convocado al Proyecto Pegaso cuando
la energía del Teseracto empieza a repuntar. Antes
de que puedan evacuar la instalación, el dispositivo
se activa y abre un portal, a través del cual aparece
Loki. Nada más llegar, roba el cubo y utiliza el cetro
para poseer las mentes del Dr. Selvig y del agente de
SHIELD Clint Barton. El efímero portal de Loki crea
un vórtice de energía que acumula intensidad hasta
destruir por completo la instalación de la Misión
Conjunta Energía Oscura.

«Soy Loki. Vengo de Asgard.
Y me han encomendado un
glorioso propósito.»

92

«Es la verdad tácita de la humanidad: que ansiáis la subyugación.»

Primavera de 2012 | Viuda Negra encuentra a Hulk

Natasha Romanov es sacada de una misión de alto secreto en Rusia para que ayude a SHIELD a recuperar el Teseracto y rescatar a Clint Barton. Su primera tarea: reclutar a Bruce Banner, cuyo conocimiento de la radiación gamma puede ayudarlos a comprender el cubo, así como lo que Loki planeaba hacer con él. SHIELD ha rastreado los movimientos de Banner sin alertar al general Ross, con la idea de usar al científico (o a Hulk) en cualquier crisis global que surja. Romanov se acerca a Banner en India, donde él ejerce como médico, y Banner acepta ayudar a regañadientes, solo porque es su intelecto lo que necesitan, y no al monstruo que está intentando suprimir.

Natasha Romanov, Bruce Banner y Nick Furia a bordo del helitransporte de SHIELD.

Primavera de 2012 | El espectáculo de Loki en Stuttgart

Para estabilizar el Teseracto y reabrir el portal, Loki necesita iridio, uno de los minerales más raros de la Tierra. Ojo de Halcón encuentra un almacén que lo contiene, pero necesita el escaneo retinal de un determinado científico para acceder a él. Loki rastrea al infortunado hasta una fiesta de gala en Stuttgart (Alemania), donde usa un dispositivo para extraer dolorosamente datos del ojo del hombre y transmitírselos a Barton. Después, obliga a los aterrados circunstantes a arrodillarse. Cuando se dispone a eliminar a un anciano que se le opone, el Capitán América y Iron Man intervienen para combatir al dios embaucador hasta someterlo.

Primavera de 2012 | Complejo de héroe

Steve Rogers pugna por encontrar un lugar y un propósito en este nuevo mundo. Dada su historia con el Teseracto, Nick Furia le pide que se una a un nuevo grupo que está reuniendo para recuperar el cubo. A bordo del helitransporte de SHIELD, Rogers conoce a Natasha Romanov y Bruce Banner. Es una combinación incómoda; algo que será cada vez más común en la Iniciativa Vengadores. Tony Stark, quien antes se consideró que encajaría mal en el programa, también es citado. Nadie tiene claro que estos individuos puedan unirse como un equipo funcional, pero son tiempos desesperados.

Nick Furia pide a Steve Rogers que lo ayude a recuperar el Teseracto.

Primer encuentro del Capitán América con Thor.

¡ALERTA!

¡Hola, gente! ¿Os desorienta que Thor diga que vino recientemente a la Tierra por primera vez? Recordaréis que Selvig observó que la mitología sobre Thor se remonta siglos, y que el Eterno Kingo dijo que un joven Thor solía seguirle a todas partes. ¡Thor solo dice que es la primera vez que viene a la Tierra en sus aventuras actuales! ¡No vale la pena ocupar a un analista en esto!

Primavera de 2012 | Thor regresa a la Tierra

Una tormenta eléctrica envuelve el quinjet en el que trasladan preso a Loki, y Thor llega para llevarse por la fuerza a su hermano. Ya en el suelo, Thor está tan aliviado por hallar a su hermano con vida como furioso por comprobar que ha vuelto a sus tendencias destructivas. Iron Man y el Capi se enfrentan a los asgardianos en medio de su disputa familiar, a la que Stark se refiere burlonamente como «una obra de Shakespeare», y Thor los combate hasta el agotamiento. Una fuerza imparable (el martillo de Thor) choca con un objeto inamovible (el escudo del Capi), creando una onda de choque que abre un claro en el bosque. Thor acepta dejar que se queden a Loki hasta que el Teseracto pueda ser reclamado. El dios del Trueno acaba de unirse a los Vengadores.

2012

Loki, retenido en una cámara diseñada para contener a Hulk.

Banner y Stark respetan mutuamente sus habilidades como científicos e ingenieros.

Primavera de 2012 | Reagruparse

Loki está detenido en el helitransporte de SHIELD, en una cámara diseñada para Hulk. Tony Stark hace amistad enseguida con Bruce Banner, al que le dice: «Me apasiona su descontrol para transformarse en un monstruo enorme y verde». En cambio, choca al instante con Rogers: «¿Y mi padre siempre hablaba de ese tío?». Banner y Stark se muestran escépticos sobre la motivación de SHIELD, pero Steve Rogers confía ciegamente hasta que averigua que SHIELD pretende usar el Teseracto para diseñar un armamento letal mediante ingeniería inversa de la tecnología de Hydra en la II Guerra Mundial. El programa armamentístico se inició en respuesta a la destrucción que Thor causó en Nuevo México en 2010. El único que está contento con la forma en que va el equipo es el agente Phil Coulson, quien también espera ver sus antiguos cromos del Capi autografiados.

Phil Coulson incurre en cierta adoración heroica.

Steve Rogers y Tony Stark están lejos de ser amigos íntimos.

Hulk, furioso, destruye un jet de escolta del helitransporte de SHIELD.

Primavera de 2012 | Loki siembra la discordia

Bruce Banner y Tony Stark estudian el cetro mientras Natasha interroga a Loki y descubre que él mismo permitió su captura para activar a Hulk y desestabilizar al equipo. Las tensiones entre los Vengadores se han vuelto insoportables, con las discusiones y la desconfianza en aumento constante. El aún hechizado Ojo de Halcón vuela hasta el helitransporte en un quinjet robado y hace estallar uno de los motores, incapacitando la enorme nave. Hulk vuelve a surgir causando aún más daños, mientras el Capitán América y Tony Stark intentan estabilizar la turbina dañada. Hulk salta desde el helitransporte para atacar a un avión y se desploma hacia el suelo.

Primavera de 2012 | La muerte de Phil Coulson

Loki escapa de la cámara en que está retenido cuando sus acólitos abordan el helitransporte. Natasha Romanov combate al mentalmente controlado Clint Barton esperando sacar del hechizo a su viejo amigo, y el agente Coulson se enfrenta a Loki con uno de los prototipos de arma de SHIELD. Loki lo distrae con una ilusión y le atraviesa el pecho con su cetro. Coulson, agonizante, le dice: «Vas a perder. Lo llevas en la sangre. Te falta convicción». Tras la fuga de Loki, Furia utiliza la muerte de Coulson (y los heroicos cromos manchados con su sangre) para inspirar esa convicción en sus Vengadores en conflicto perpetuo.

El sacrificio de Phil Coulson es un momento decisivo para los Vengadores.

Primavera de 2012 | Selvig abre un portal más grande

Erik Selvig, aún subyugado, sigue activando el Teseracto para traer la invasión chitauri a la Tierra. Necesitando una fuente de energía masiva, conecta su dispositivo a la cima de la Torre Stark, en el corazón de Nueva York, para extraerla del recién instalado reactor Arc. Tony Stark encuentra a Loki en su apartamento, rebosante de arrogancia. «¿Qué he de temer?», le pregunta a Stark, quien responde: «A los Vengadores. Así nos llamamos. Somos como un equipo, en plan los más poderosos de la Tierra». Loki lo arroja del rascacielos, y JARVIS despliega la armadura Iron Man Mark VII autoensamblable, que se fija a Stark justo antes de que este impacte contra el suelo. Empieza la batalla de Nueva York...

La Gema del Espacio abre un portal para la invasión de la flota chitauri desde el espacio profundo.

Erik Selvig activa su dispositivo Teseracto sobre la Torre Stark.

Los Vengadores evalúan a los atacantes alienígenas.

Primavera de 2012 | Devastación desde el cielo

Los guerreros chitauri se precipitan por el portal abierto sobre el cielo de Manhattan, arrasando las calles mientras sus leviatanes se deslizan por el cielo, dejando caer más luchadores sobre el terreno. A medida que crece la devastación, los Vengadores se van reuniendo para rechazar la invasión. Mientras tanto, el Consejo Mundial de Seguridad, presa del pánico, ordena un ataque nuclear sobre Nueva York para cerrar el portal y detener el ataque de otro mundo antes de que se extienda.

Un leviatán acorazado persigue a Iron Man.

Soldados chitauri en las calles de Nueva York.

Naves chitauri sobrevuelan el paisaje urbano.

2012

Primavera de 2012 | Las víctimas

Pese a ser superados en número, los Vengadores salvaron incontables vidas. De los cientos de miles de vidas en riesgo, el ataque sobre Nueva York se saldó con solo 74 víctimas civiles. Uno de los muertos fue Derek Bishop, que justo antes del ataque aseguró a su hija, Kate, que siempre la cuidaría. Derek murió cuando los invasores chitauri atravesaron su edificio. A través del agujero de su apartamento, la pequeña Kate vio a Ojo de Halcón luchando valientemente contra los atacantes. Él se convirtió en su nuevo héroe personal.

Un misil nuclear se dirige hacia Nueva York para destruir la amenaza alien... y todo lo demás en la ciudad.

Primavera de 2012 | El ataque nuclear

Iron Man intercepta el misil nuclear destinado a cerrar el portal y lo dirige hacia su interior, aun cuando el Capitán América le advierte de que puede ser «un viaje solo de ida». Los informes de SHIELD que determinaron que Stark era demasiado narcisista para jugar en equipo resultaron erróneos cuando este guio el misil a través del portal al espacio profundo y lo arrojó sobre la nave nodriza chitauri, produciendo una detonación que derribó al resto del ejército alienígena. Stark, incapacitado, se derrumbó de regreso a través del portal, que Viuda Negra cerró justo cuando la deflagración llegaba hasta él.

Una joven Kate Bishop mira a través de las ruinas del apartamento de su familia.

Primavera de 2012 | Loki pulverizado

Una flecha de Ojo de Halcón destruye el carro de Loki y envía a este contra la Torre Stark, donde Hulk lo golpea. «¡Yo soy un dios, torpe criatura! —le grita Loki—. Y no me va a intimidar un animal...». No consigue terminar, porque Hulk lo agarra por los tobillos y lo estampa una y otra vez contra el suelo. Loki sobrevive, pero solo es capaz de proferir un gemido mientras Hulk se marcha gruñendo: «Dioses a mí». Aunque el portal sigue abierto, el líder de la invasión ha quedado fuera de juego.

El Capitán América en medio de la batalla.

Primavera de 2012 | Los Vengadores reivindicados

Hulk atrapa a Iron Man mientras cae, suavizando el impacto, pero Stark aún sigue aturdido por su experiencia cercana a la muerte. Luego disimulará con uno de sus chistes característicos, animando al grupo a reunirse en un restaurante de shawarma una vez encierren a Loki. Tras la batalla, le devuelven el Teseracto a Thor para que lo custodien en Asgard y Loki es enviado allí a prisión. Banner y Stark siguen con su nueva asociación, mientras que Clint Barton, Steve Rogers y Natasha Romanov prosiguen su tarea en SHIELD. El plan de Furia de unirlos ha demostrado ser un acierto, y él descarta las preocupaciones del Consejo Mundial de Seguridad sobre los Vengadores y sobre el retorno a Asgard de Loki y el Teseracto.

Primavera de 2012 | El objeto 47

Tratando de conseguir dinero, la desafortunada pareja formada por Benny Pollack y Claire Weiss piratean un arma chitauri abandonada durante la invasión y la usan en un festín de robos de bancos a través del país. Esto atrae la atención de SHIELD, que asigna al agente Sitwell para recuperar el arma y «neutralizar» a los ladrones. Tras detenerlos, les revela que cayeron 47 objetos alienígenas al cerrarse el portal, pero que todos los demás estaban inactivos. Al final, decide llevarse a los aspirantes a Bonnie y Clyde a SHIELD, para que ayuden en la ingeniería inversa de su hallazgo.

Anne Marie Hoag comunica malas noticias al contratista Adrian Toomes.

El arma chitauri en el centro de la ola de delitos.

Primavera de 2012 | Thanos cambia el rumbo

El acólito de Thanos llamado el Otro le lleva noticias sobre el fracaso de Loki. No solo se ha frustrado la invasión; Teseracto y cetro se han perdido... y dos Gemas del Infinito han quedado fuera del alcance del titán. El Otro dice: «Humanos: no son los desdichados cobardes que nos habían prometido. Son indómitos, y por tanto no se les puede dominar. Desafiarlos es cortejar a la muerte». Thanos solo sonríe.

Primavera de 2012 | Un carroñero reprobado

En Nueva York, el contratista de recogidas Adrian Toomes dirige a su cuadrilla en la eliminación de escombros y restos de la invasión chitauri, cuando es apartado por Anne Marie Hoag, directora del nuevo Departamento de Control de Daños del gobierno. Toomes decide conservar ilegalmente parte de la chatarra recogida; recopila tecnología alienígena y diseña nuevas armas para su venta. Un hombre honrado en el pasado, ahora está lleno de resentimiento: con una esposa y una hija que mantener, siente que no tiene más elección que quebrantar la ley, y se convierte en traficante de armas para el hampa.

Odín censura a su hijo rebelde.

2012 | Consecuencias del poder

Loki es condenado a pasar el resto de su larga vida en las mazmorras de Asgard por sus diversos crímenes y conspiraciones. Solo le salva de la ejecución la intercesión de su madre, Frigga, pero él se mantiene desafiante. «¿De verdad no eres consciente de la gravedad de tus crímenes? —le pregunta Odín—. Adonde quiera que vayas hay guerra, ruina y muerte.» Loki apunta que no es tan distinto de cualquiera que ostente una gran fuerza, y responde a su padre: «Bajé a Midgard para gobernar la Tierra como dios benévolo que soy. Igual que tú».

Loki a Odín: «No es que no me gusten nuestras charlas, es que... no me apasionan».

Abrir el portal

Bajo el control del cetro de Loki y la Gema de la Mente de su interior, el Dr. Erik Selvig crea un dispositivo activado por el Teseracto que abrirá un gran portal al espacio para la entrada del ejército chitauri. Protegido por un escudo aparentemente impenetrable, los intentos de destruirlo de Iron Man son infructuosos.

La llegada de los chitauri

Tras fallar en su intento de amedrentar a Loki, Tony Stark se pone una nueva armadura de Iron Man justo a tiempo de ver las primeras naves chitauri atravesar el portal hacia la Tierra. Lanza los primeros disparos contra el enemigo, pero se ve rápidamente superado por su número.

LA BATALLA DE NUEVA YORK

El suceso que reunió a los Vengadores por primera vez devastó Nueva York y dejó huellas permanentes en los implicados en la batalla. También marcó el amanecer de una nueva era para la humanidad, que fue consciente de que no estaba sola en el universo. Respaldado por Thanos y convencido de que la Tierra merecía un nuevo gobernante, Loki atacó la ciudad utilizando guerreros chitauri del ejército de Thanos. Aunque era un ataque bien planificado, no previó que los Vengadores permanecerían unidos pese a sus intentos de dividirlos. Los extraordinarios individuos seleccionados por el director de SHIELD, Nick Furia, con la esperanza de que un día defendieran la Tierra de una amenaza extraterrestre se mostraron a la altura de la tarea.

Inspiración para generaciones futuras

La batalla inspira a una testigo a convertirse en Súper Heroína. Cuando una flecha explosiva impide que una nave chitauri se estrelle contra su hogar, la joven Kate Bishop ve que es Ojo de Halcón quien la ha salvado. Lo ve lanzar sus flechas y pelear en una azotea cercana. Por desgracia, su padre está entre las víctimas. Un momento trágico se convierte así en la inspiración que marca un nuevo camino en la vida de Kate.

Una eyección nuclear

Mientras se desarrolla la batalla, el Consejo Mundial de Seguridad decide lanzar una bomba nuclear sobre Manhattan para detener a los chitauri. Iron Man intercepta el misil y pide a Viuda Negra que mantenga el portal abierto el tiempo suficiente para que él dirija el proyectil al espacio, donde destruye la nave insignia chitauri. Aislados de su mente colmena, los chitauri que se hallan en Nueva York mueren al instante. Iron Man regresa a través del portal en el último segundo, pero la experiencia lo deja marcado mentalmente.

Cerrar el portal

Sabiendo que necesitan cerrar el portal, Natasha alcanza el dispositivo en lo alto de la Torre Stark y el Dr. Selvig —liberado del control de Loki— la instruye sobre cómo apagarlo. Ella usa el cetro de Loki para penetrar el escudo y romper la conexión del dispositivo con el Teseracto.

Llegan refuerzos

Después de apoderarse de un quinjet, Viuda Negra, Ojo de Halcón y el Capitán América entran en acción. Justo cuando Iron Man dirige a los chitauri hacia el quinjet, Loki detecta la nave y destruye uno de sus motores. El quinjet se estrella y el trío de héroes continúa el combate en el suelo.

Soldados del espacio

Siendo las primeras criaturas alienígenas que atacan la Tierra en masa, los chitauri tienen la ventaja del desconcierto que causan en los habitantes del planeta. Y las despiadadas tropas del vasto ejército vuelven sus armas de partículas de energía contra los civiles de Nueva York.

Leviatanes sobre Nueva York

Cuando el primer leviatán chitauri atraviesa el portal, los héroes miran asombrados a la enorme bestia mientras esta vuela sobre Nueva York. Los soldados chitauri saltan desde la criatura a los edificios circundantes. Pero no es invencible. Cuando Bruce Banner se transforme en Hulk, detendrá a un leviatán con un solo puñetazo.

La hora de los Vengadores

Juntos por primera vez como Vengadores, los héroes aguardan los refuerzos que Loki convoca a través del portal. El Capitán América toma la iniciativa y propone un plan de defensa que aprovecha las capacidades únicas de cada héroe, terminando con una orden a Hulk: «Aplasta».

Hulk aplasta

Liberado por la rabia de Banner, Hulk machaca a los soldados chitauri. Irrumpe en edificios y naves enemigas con furioso desenfreno. Luego se unirá a Thor antes de frenar en seco a Loki con una paliza memorable y una sola frase: «Dioses a mí».

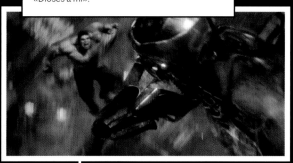

Dirigiendo la orquesta

Desde su posición elevada sobre las calles, Ojo de Halcón va dando las posiciones del enemigo al grupo, avisando de puntos débiles y de zonas donde los civiles están en peligro inminente. Todo ello sin dejar de eliminar a enemigos chitauri con sus flechas trucadas.

2013

El pasado se inmiscuye en el presente. Viejas guerras, viejos enemigos y viejos rencores resurgen para enfrentarse a los poderosos. En Asgard como en la Tierra, conflictos pendientes y afrentas largamente recordadas reaparecen para provocar nuevas crisis.

Thor y Lady Sif combaten a merodeadores en Vanaheim.

Otoño de 2013 | Paz en los Nueve Reinos

Después de la destrucción del Bifrost, Asgard estuvo prácticamente aislada del resto de los Nueve Reinos de Yggdrasil, lo que llevó a brotes de anarquía. Ahora que se ha recuperado la conexión, también debe restaurarse la paz. Thor se une a Lady Sif y los Tres Guerreros al frente de las tropas de Asgard contra señores de la guerra y merodeadores. El conflicto culmina en una batalla en Vanaheim que acaba con las insurrecciones justo cuando está a punto de empezar la Convergencia de 5000 años de los Nueve Reinos.

Thor se enfrenta a un poderoso guerrero kronan, que Mjolnir pulveriza con facilidad.

La Dra. Jane Foster se topa con el antiguo escondite del Éter.

Otoño de 2013 | Jane Foster infectada

Las anomalías gravitatorias que preceden a la Convergencia empiezan a aparecer en la Tierra. La Dra. Jane Foster y su becaria Darcy Lewis descubren en Londres un almacén lleno de portales invisibles y zonas de «ligereza» que permiten levantar con facilidad contenedores y hormigoneras y apilarlos como bloques de construcción. Foster es arrastrada por un agujero de gusano que la deposita en el obelisco donde Bor, padre de Odín, ocultó el Éter: la Gema de la Realidad, que los Elfos Oscuros utilizaron como arma en el pasado. El Éter escapa filtrándose en el cuerpo de Foster, pero su inmenso poder causa estragos en su forma mortal.

Thor devuelve a Jane
Foster a Midgard.

Otoño de 2013 | Tratamiento en Asgard

Cuando Heimdall le dice que ha perdido de vista a Jane
Foster, Thor viaja a la Tierra. El dios del Trueno la encuentra
rebosante de energía del Éter y la lleva a Asgard con la
esperanza de salvarle la vida. Aunque ella sigue consciente,
su pronóstico es horrible: a menos que se elimine el Éter de
su cuerpo, la matará... y se defiende violentamente de todos
los esfuerzos por extraérselo.

Otoño de 2013 | La muerte de Frigga

Durante su fuga, un resentido Loki aconseja al Maldito sobre cómo
escapar a los niveles superiores de Asgard. Sin quererlo, esto lleva a los
atacantes hacia su madre, Frigga, que protege a Jane Foster cuando
los Elfos Oscuros intentan recuperar el Éter contenido en su interior.
Frigga opone una defensa formidable, pero es superada por el Maldito
y asesinada cuando se niega a entregar a Foster. Thor llega justo
mientras Malekith escapa. Toda Asgard llora a la reina caída, incluido
el hijo prisionero cuyo irreflexivo acto ha contribuido a su muerte.

La barca funeraria de la reina de Asgard, Frigga, navega fuera
de los límites de Asgard y se pierde entre el polvo estelar.

Otoño de 2013 | El regreso de Malekith

El Éter despierta a Malekith y sus Elfos Oscuros de
su hibernación milenaria. La próxima Convergencia
ofrece otra oportunidad de devolver la oscuridad a
los reinos de Yggdrasil, así que Malekith diseña un
nuevo plan. Envía a su leal servidor Algrim para que
sea arrestado por las fuerzas asgardianas. Una vez
en su encierro, Algrim activa una de las Piedras de
Maldición de los Elfos Oscuros, que lo metamorfosea
en un titán imparable. Mientras el Maldito renacido
libera prisioneros para saquear el reino desde dentro,
las naves como guadañas de Malekith convergen en
un ataque furtivo desde el cielo.

Malekith, señor de los Elfos Oscuros.

Heimdall ve la invasión de los Elfos Oscuros demasiado tarde.

2013

Otoño de 2013 | Fuga de Asgard

Odín, viudo, estrecha el control sobre los Nueve Reinos y encierra a la enferma Jane Foster para proteger el Éter, aun cuando este la está matando. Decidido a salvarle la vida, Thor acude a un aliado improbable: su hermano Loki, que conoce rutas secretas para salir de Asgard. Con su ayuda, Thor y Jane huyen de las fuerzas de Odín y escapan a través de un portal oculto en lo más profundo de las montañas del reino. Este los deposita en el Mundo Oscuro, mundo natal de los Elfos Oscuros, donde se ven rodeados por las fuerzas de Malekith.

«¿Aún no confías en mí, hermano?»

Thor saca a Loki de las mazmorras para que lo ayude a encontrar una ruta de salida de Asgard.

Otoño de 2013 | Otra treta

Mientras el Maldito pulveriza a Thor en las dunas del Mundo Oscuro, Loki ataca y mata al monstruoso Elfo Oscuro, pero este parece atravesarle el pecho con el arma que lo mata. Thor promete hablarle a su padre de su sacrificio, pero, con lo que parecen sus últimas palabras, Loki insiste en que no lo ha hecho por la aprobación de Odín. Jane y Thor lo dejan atrás y encuentran otro portal que los lleva a la Tierra. Más tarde, Loki regresa a Asgard, donde hechiza a su padre y lo esconde en un hogar para ancianos en la Tierra. Disfrazado de Odín, Loki vuelve a ocupar el trono de Asgard.

Otoño de 2013 | El plan para salvar a Jane Foster

Los Elfos Oscuros observan mientras Loki se vuelve contra su hermano, apuñalándolo en el estómago y cercenándole una mano cuando invoca a Mjolnir. Loki ofrece a Jane Foster como «regalo» a Malekith, a cambio de ver cómo Asgard arde en llamas. Pero se trata de una manipulación. Malekith posee la capacidad única de extraer el Éter de Jane y, una vez que se lo ha sacado del cuerpo para absorberlo, ella queda sana. Es entonces cuando Thor revela que su amputación era una ilusión proyectada por Loki. Usa Mjolnir para electrificar el Éter, pero este no puede ser destruido. Han salvado la vida de Foster, pero el Éter doblegador de la realidad está ahora en manos del enemigo.

Malekith usa su poder para extraer
el Éter del cuerpo de Jane Foster.

Otoño de 2013 | El conflicto de Greenwich

Thor y Jane Foster rastrean los nueve agujeros de gusano
abiertos hasta una zona sobre el Antiguo Colegio Naval Real
de Greenwich, en el sureste de Londres, donde Malekith
intenta usar el Éter para devolver los Nueve Reinos (y
algunos más) a un estado de oscuridad eterna. El dios del
Trueno se enfrenta al rey Elfo Oscuro y ambos chocan
mientras se desploman a través de los mundos alineados.

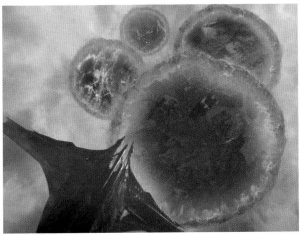

La Convergencia alinea portales a los Nueve Reinos.

El Arca de Malekith se incrusta en Greenwich.

«No tenías que haber venido de
tan lejos, asgardiano. La muerte
te habría llegado igualmente.»

Otoño de 2013 | La derrota de Malekith

Thor acaba con el ataque de Malekith atravesándolo con una de las lanzas
gravimétricas del Dr. Selvig, lo que permite a Jane Foster teleportar al Elfo
Oscuro de vuelta al Mundo Oscuro, donde es aplastado por su propia nave al
derrumbarse. El Éter es ofrecido al Coleccionista, Taneleer Tivan, un acaudalado
conservador del mundo minero de Sapiencial, el cual mantiene una de las
cámaras acorazadas más seguras de la galaxia. Conservar el Éter en Asgard
no era una opción, pues la sala de trofeos de Odín ya contenía el Teseracto,
y tener Gemas del Infinito próximas se considera demasiado peligroso.

Otoño de 2013 | Las elecciones de Thor

Tras salvar los Nueve Reinos, Thor comprende que
puede servir mejor a esos mundos como defensor
que como rey. Aunque Odín le ofrece el trono de
Asgard, Thor le dice a su padre que prefiere que
él siga siendo rey (sin saber que en realidad está
hablando con Loki disfrazado). Tal decisión permite
a Thor regresar regularmente a la Tierra, donde él
y Jane Foster retoman su relación.

Thor le dice a «Odín» que prefiere ser un buen hombre antes que un gran rey.

2010 | Llegada a la Tierra

La llegada de los gigantes del hielo a Asgard trastoca los planes de futuro de Thor y sus creencias sobre el universo. Terco e irascible, opta por la represalia, error fatal que acabará en su destierro a la Tierra y la pérdida temporal de sus poderes. Ayudado por la Dra. Jane Foster, Thor aprenderá la humildad y recuperará su martillo y sus facultades.

2013 | Rechazar la corona

Los Vengadores y Jane Foster conectan a Thor a la Tierra, mientras que su familia y su historia lo atan a Asgard. Thor intenta mantener un pie en cada mundo, pero tras detener la invasión de los Nueve Reinos por Malekith ya no puede seguir haciéndolo. Ha cambiado, y elige la Tierra.

El pasado remoto | Destinado a reinar

Odín y Frigga criaron a Thor como un guerrero, igual que su padre. Él nunca puso en duda que seguiría las huellas de su padre, y siempre tuvo una gran confianza en sí mismo, quizá demasiada.

2012 | Conozco a mi hermano

Thor regresa a la Tierra para ayudar a frenar la invasión planeada por Loki. Nadie conoce mejor que él a su hermano y sus muchos trucos. Sintiéndose culpable de que Loki se haya fijado en el Tierra, Thor se une a los Vengadores en la batalla de Nueva York.

2015 | Poder de creación

Thor respeta a los humanos y vive entre ellos, pero al dios del Trueno no le gusta que manejen tecnología alienígena que no entienden. Reprocha a Tony Stark la creación de Ultrón, aunque más tarde usará su rayo para ayudar en la creación de Visión.

THOR Y LOKI

Hermanos y príncipes asgardianos, Thor y Loki crecieron juntos con sus padres, Odín y Frigga. Mientras Thor perseguía el honor y la gloria de Asgard, Loki prefería las travesuras y la magia. Tan pronto se apoyaban como se atacaban entre sí. Sin embargo, en los momentos realmente importantes, solían encontrar un medio de unirse, en especial sobre asuntos que implicaban la protección de su hogar, Asgard. A pesar de sus diferencias, ni Thor ni Loki podían cumplir sus objetivos y crecer sin el otro.

2012 | Reclamar Midgard

Loki se consideraba a sí mismo el rey legítimo de Asgard. Recién derrotado por Thor, canalizó su ira hacia un pacto con Thanos. Si él no podía tener Asgard, haría arrodillarse a Midgard.

2013 | Metamorfo supremo

El resentimiento se acumuló dentro de Loki durante su encierro en Asgard después de la batalla de Nueva York. Cuando el Elfo Oscuro Malekith invadió Asgard, los actos de Loki condujeron sin querer a la muerte de Frigga. Aun abatido por la culpa, llevó sus astucias a nuevas cotas con la mentira: fingió su propia muerte y remplazó a Odín como rey.

El pasado remoto | A la sombra de Thor

Odín encontró a Loki, un bebé de gigante del hielo abandonado en Jotunheim, y lo crio junto a Thor. Él creció envidiando que Thor pudiera ser rey un día, y hacía todo lo posible por impresionar a su padre.

2010 | Herencia de gigante del hielo

Lleno de rencor, Loki maquina un elaborado plan para mantener a Thor lejos del trono de Asgard. Ello le conduce al descubrimiento de su linaje como hijo del gigante del hielo Laufey, lo que le hará replantearse todo y, después de un intento fallido de usurpar el trono, abandonar Asgard.

2015-2017 | La leyenda de Thor y Jane

Durante un tiempo, Thor y Jane Foster tuvieron una relación feliz, y después de una animada fiesta de disfraces, Thor pidió a Mjolnir que la protegiera siempre. Aunque Thor y Jane se separarían en 2017, años después el martillo aún mantiene su promesa.

2018-2023 | Tercera oportunidad

Como a otros Vengadores, la culpa agobió a Thor después del Chasquido. Él se vengó de Thanos, pero eso no acabó con su agitación interior. Se hundió en una profunda depresión, pero corrió a detener a Thanos de una vez por todas en la batalla por la Tierra.

2025 | Finales y principios

Thor seguía lidiando con su lugar en el universo cuando defendió Nuevo Asgard contra Gorr el Carnicero de Dioses junto con Valquiria y la Poderosa Thor Jane Foster, potenciada por Mjolnir. Finalmente se despidió de Jane cuando la esencia de esta dejó la esfera mortal, pero halló una nueva esperanza en la hija de Gorr, a la que adoptó.

2018 | Duelo por Loki

Despedirse de Loki partió el corazón de Thor. Tras un roce con la muerte, la venganza impulsó al dios del Trueno a forjar un arma para remplazar a Mjolnir. Con Destructor de Tormentas descargará su furia contra el ejército de Thanos en la batalla de Wakanda.

2017 | La caída de Asgard

Perder a su padre, descubrir la existencia de una hermana con una inclinación infernal, perder a Mjolnir, tener que combatir a Hulk en Sakaar y luego ver la caída de Asgard... es demasiado que procesar. Ragnarok, la destrucción profetizada de su hogar, hace que Thor se plantee si es digno de Asgard.

2023-2025 | Propósito renovado

Thor abandona Nuevo Asgard y pasa años de introspección en el cosmos junto a los Guardianes de la Galaxia, dedicándose a fortalecer mente y cuerpo.

FIN DEL TIEMPO | Descubrimientos de la AVT

Mientras está cautivo de la AVT, Loki revisa su pasado y su futuro, lo que le lleva a reflexionar acerca de sus elecciones y las consecuencias de estas. Gracias a la AVT y a sus muchas variantes, Loki aprende más que nunca sobre sí mismo. En la Ciudadela al Final del Tiempo, se enfrenta a «El que permanece», y luego es testigo del hundimiento del Multiverso en el caos.

2018 | Un final desafiante

Exhibiendo su talento para los falsos halagos y la argucia, Loki intenta tomar ventaja cuando combate a Thanos a bordo de la *Statesman*. Muestra su verdadero corazón al salvar a Thor del tormento y arriesgarse a detener él mismo al titán, lo que le costará la vida. Pero permanece desafiante hasta el final.

2017 | Instinto de supervivencia

La muerte de Odín y la ira de Hela dan con Loki en Sakaar. Siempre carismático, traba amistad con el Gran Maestro, señor del planeta, donde se queda contento con tal de no tener que enfrentarse de nuevo a la cólera de Hela. Con suma reticencia y tras múltiples traiciones, ayudará a Thor a combatir a Hela en Asgard.

RAMA 2012 | Un nuevo (viejo) Loki

La variante de Loki de 2012 no sabe nada de su futuro, así que, cuando el Robo en el Tiempo le da la ocasión de reclamar el Teseracto, la aprovecha y usa un portal para escapar. Es inmediatamente capturado por la Autoridad de Variación Temporal, que luego purga la realidad ramificada creada por sus travesuras temporales. Esto marca un retorno a un Loki más egoísta y ansioso de poder.

2013

«El Mandarín», un falso señor de la guerra creado por Aldrich Killian y moldeado sobre la leyenda de Wenwu, representado por Trevor Slattery.

Invierno de 2013 | El Mandarín entra en escena

Una explosión en una iglesia en la base aérea Ali Al Salem de EE.UU. en Kuwait mata a los cónyuges e hijos del personal militar de maniobras en el exterior. Es un accidente provocado por la volatilidad de otro de los sujetos de prueba del Extremis de Killian. Pero, para ocultar su proyecto del ojo público, tiene un personaje ficticio, el Mandarín: un terrorista que reivindica el ataque. El actor Trevor Slattery, bien servido de drogas y lujos, representa su papel concienzudamente. El mundo empieza a temer a la ominosa figura misteriosa, y el gobierno de EE.UU. responde renombrando al coronel James Rhodes como Iron Patriot.

22 de diciembre de 2013 | La explosión del Teatro Chino

Aldrich Killian, aún resentido por el rechazo de Stark 13 años atrás, intenta sin éxito convencer a Pepper Potts de que adhiera Industrias Stark a su Proyecto Extremis. Happy Hogan, suspicaz, sigue a la mano derecha de Killian, Savin, hasta el Teatro Chino de Hollywood. Allí, Savin se encuentra con uno de los sujetos de prueba enfermos de Extremis, que pierde el control de la sustancia ígnea de su interior y explota. Entre los heridos está Hogan, que queda en coma, incapacitado para compartir lo que ha visto; pero, antes de perder la conciencia, deja una pista para Stark: señala las chapas del ejército calcinadas del sujeto de prueba.

Happy Hogan se enfrenta a Eric Savin, sujeto de prueba de Extremis y mercenario al servicio de Aldrich Killian.

Invierno de 2013 | Tony Stark en crisis

Traumatizado por su experiencia cercana a la muerte en la batalla de Nueva York, Tony Stark ha pasado el último año creando obsesivamente variaciones de sus armaduras; va por la Mark XLII: un nuevo traje que puede volar hasta él desde gran distancia y ensamblarse en torno a su cuerpo por segmentos. Nunca ha estado tan blindado... ni sido tan vulnerable personalmente.

Tony Stark almacena sus diseños de armadura previos bajo su mansión de Malibú.

Los atentados del Mandarín se vuelven algo personal para Stark cuando Happy Hogan resulta herido en una explosión.

23 de diciembre de 2013 | El reto de Stark

Enfurecido por el atentado que casi mata a su amigo, Stark reta al Mandarín a que vaya a por él. JARVIS lo ayuda a descubrir la firma calorífica de 3000 grados procedente de un posible suicidio con bomba en Rose Hill (Tennessee) un año antes de la aparición del Mandarín, que coincide con la intensa temperatura del ataque en el Teatro Chino. Stark programa su armadura Mark XLII para que lo lleve a esa ubicación, y se está preparando para el viaje cuando llega una visita: Maya Hansen, la codificadora de ADN que supervisa el Proyecto Extremis para Ideas Mecánicas Avanzadas (AIM), empresa de Killian. Pretende informar a Stark y a Potts de que su jefe, Aldrich Killian, puede estar trabajando con el Mandarín.

Aldrich Killian ordena un ataque con misiles contra el hogar de Tony Stark en Malibú.

23 de diciembre de 2013 | Allanamiento de morada

Durante la visita de Maya Hansen a la casa de Stark en Malibú, helicópteros enviados por Killian lanzan un ataque con misiles sobre la hacienda, que cae en el Pacífico. Pepper Potts y Hansen escapan, pero Stark queda atrapado entre los escombros e inconsciente dentro de su Mark XLII, y desaparece bajo las olas. JARVIS toma el control de la armadura y activa el último plan de vuelo disponible, que envía al inconsciente Stark volando a través del país hasta Rose Hill, en Tennessee. En su ausencia, los noticiarios especulan sobre su muerte en el ataque y la responsabilidad del Mandarín.

Pepper Potts —y el resto del mundo— teme que Tony Stark haya muerto en el ataque.

Harley Keener le muestra a Tony Stark el monumento conmemorativo del atentado de Rose Hill.

23-24 de diciembre de 2013 | El Mecánico

Con su Mark XLII dañada y sin energía, Stark encuentra refugio en el garaje de un innovador chico del lugar llamado Harley Keener, quien le muestra el lugar del atentado del año anterior. Stark observa que murieron seis personas, incluido el soldado sospechoso de provocar la explosión, pero la deflagración imprimió solo cinco sombras en el muro. Deduce que la fuente de la explosión debió de ser el propio cuerpo del autor, y recibe de la madre del soldado caído un archivo que confirma su sospecha y, además, conecta el incidente con el Programa Extremis de Killian. Stark deja su armadura con Harley para que se recargue y construye una colección de armas improvisadas para enfrentarse al Mandarín en Florida, donde ha identificado la emisión más reciente del terrorista.

2013-2014

24 de diciembre de 2013 | Iron Patriot comprometido

Trabajando ahora bajo el nombre de Iron Patriot, James Rhodes es emboscado por agentes de Killian que filtraron al gobierno coordenadas falsas del Mandarín para hacerse con la armadura de Rhodey. Killian usa sus propias capacidades caloríficas Extremis para sacar a Rhodes de su armadura, y así permite que Savin la use en una misión para capturar al presidente Ellis. El presidente había vetado la «inmoral investigación biotécnica» como la de Extremis; y el vicepresidente Rodríguez, cuya hija menor, discapacitada, podría beneficiarse de esos tratamientos, es parte de la conspiración para hacerse con el poder y revocar la prohibición.

El coronel James Rhodes, renombrado como Iron Patriot.

Aldrich Killian usa sus poderes caloríficos de Extremis para sacar a Rhodes de su armadura.

24 de diciembre de 2013 | Llamada a escena

En Florida, Tony Stark descubre que el Mandarín no es un cerebro terrorista en absoluto, sino el atolondrado actor Trevor Slattery. La implicación de Killian es evidente cuando captura a Stark y Maya Hansen revela que ha estado intentando manipular Industrias Stark para que apoye la investigación de AIM. Ella ayudó a tomar a Pepper Potts como rehén para forzar la colaboración de Stark, pero la vence el arrepentimiento al saber que Killian ha infectado a Potts con Extremis contra su voluntad. Cuando Hansen se vuelve contra Killian, este la asesina.

Maya Hansen empieza a lamentar su asociación con Killian.

Killian está preparado para eliminar a cualquiera que se interponga en su camino hacia el poder.

La armadura Mark XLII por control remoto de Iron Man deja el Air Force One para rescatar a los pasajeros caídos.

24 de diciembre de 2013 | Asalto al Air Force One

Dentro de la armadura de Iron Patriot, Savin aborda el Air Force One y toma como rehén al presidente Ellis metiéndolo en el traje y enviándolo con Killian por control remoto. Stark escapa de las garras de Killian trayendo por control remoto su armadura Mark XLII desde Rose Hill, y luego libera a Rhodes. Controlando remotamente la armadura, Stark mata a Savin y rescata a 13 personas caídas desde el avión en llamas.

Una flota de armaduras Iron Man —la Legión de Hierro—
llega como una fuerza aérea alimentada por IA.

24-25 de diciembre de 2013 | Un cielo lleno de Iron Men

Tony Stark y James Rhodes rastrean a Killian hasta un astillero donde están
retenidos Pepper y el presidente. Cuando los escombros de la hacienda de
Stark se retiran, este activa el «protocolo Fiesta en Casa», convocando a
docenas de armaduras desde su sótano, ahora expuesto. La Legión de Hierro
los ayudará a derrotar a las fuerzas de Killian y a rescatar al presidente, pero
Potts cae en las ruinas ardientes. Sin embargo, el Extremis en su organismo
la salva y ella vence a Killian: salva a Stark al ponerse uno de los guanteletes
de Iron Man en su propio brazo y eliminar al investigador renegado.

Pepper Potts, energizada por Extremis, usa un guantelete de Iron Man para disparar contra Aldrich Killian.

2014

En la Tierra, los límites de instituciones
de larga trayectoria como SHIELD quedan
expuestos, y lo que subyace es tan
perturbador como desafiante. Fuera, en
el espacio, un dispar grupo de proscritos
forma una alianza que parece tan absurda
como eficaz para guardar la galaxia.

Principios de 2014 | Decisiones desarmantes

Stark investiga con éxito un medio para purgar Extremis del cuerpo
de Pepper Potts y luego aplica ese recurso a su propia dolencia.
Finalmente consigue extraer la metralla de su corazón, lo que hace
innecesario el reactor Arc de su pecho. Tras haber destruido su
colección de armaduras, ahora busca separarse más aún de Iron
Man, si es posible. El control remoto posibilita una Legión de Hierro
de centinelas, y él empezará a explorar si la inteligencia artificial
puede ser un medio mejor —y personalmente menos angustioso—
para proteger el mundo.

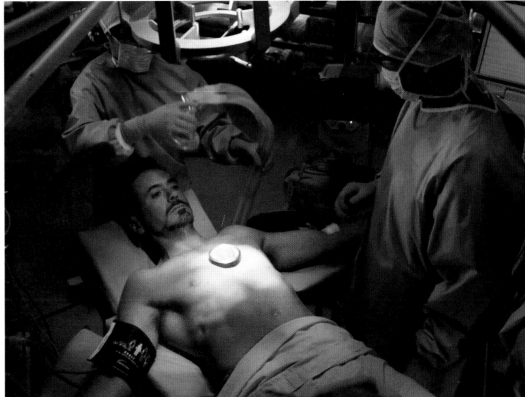

Tony Stark consigue retirar al fin la metralla de su pecho, junto con el reactor Arc.

ARMADURAS DE IRON MAN

Una vez que Tony Stark completó su primera armadura de Iron Man en una cueva afgana, se obsesionó. Tony no es de los que se acomodan: él siempre retoca, buscando oportunidades de mejora y volviendo sobre su primer diseño una y otra vez. Ha diseñado y construido al menos 85 armaduras de Iron Man, ajustándolas para acomodar nueva tecnología y enfrentarse a nuevos adversarios. Refina cada componente, desde el reactor Arc hasta los métodos de despliegue, desde las funciones de control remoto hasta la nanotecnología. El afán de proteger la Tierra y a aquellos que le importan lo empuja a conseguir la armadura de Iron Man perfecta.

2008 | Mark III

Con la armadura Mark III, Tony añadió color al diseño plateado liso inicial, usando una aleación de oro y titanio para tratar los problemas originales de congelación. El nuevo esquema de color rojo y dorado se convertirá en el aspecto icónico de Iron Man. Aunque el traje es poderoso, su despliegue es lento y exige un sistema de brazos robóticos para fijarlo al cuerpo de Tony.

2010 | Mark IV

El combate de Tony con su némesis Obadiah Stane dañó gravemente la Mark III. Con la Mark IV, Tony conservó gran parte de las capacidades de la armadura anterior añadiendo ligeros ajustes y movilidad.

2008 | Mark I

Para escapar de los Diez Anillos, Tony trabajó con el Dr. Ho Yinsen para crear la primera armadura Iron Man y un reactor Arc en miniatura, usando herramientas básicas, una caja de piezas de repuesto y paladio de munición Stark reacondicionada. La tecnología sería la base de los diseños futuros. El traje fue capturado por los Diez Anillos y adquirido por Obadiah Stane, que lo usó como patrón para su propia armadura.

2008 | Mark II

Después de escapar, Tony ideó un diseño más aerodinámico. Refinó los repulsores para lograr un vuelo sostenido e integró a JARVIS, su IA asistente. Un problema de congelación a gran altura lo envió de vuelta a la mesa de diseño para seguir refinándola. La Mark II será más adelante la primera armadura Máquina de Guerra del coronel James «Rhodey» Rhodes.

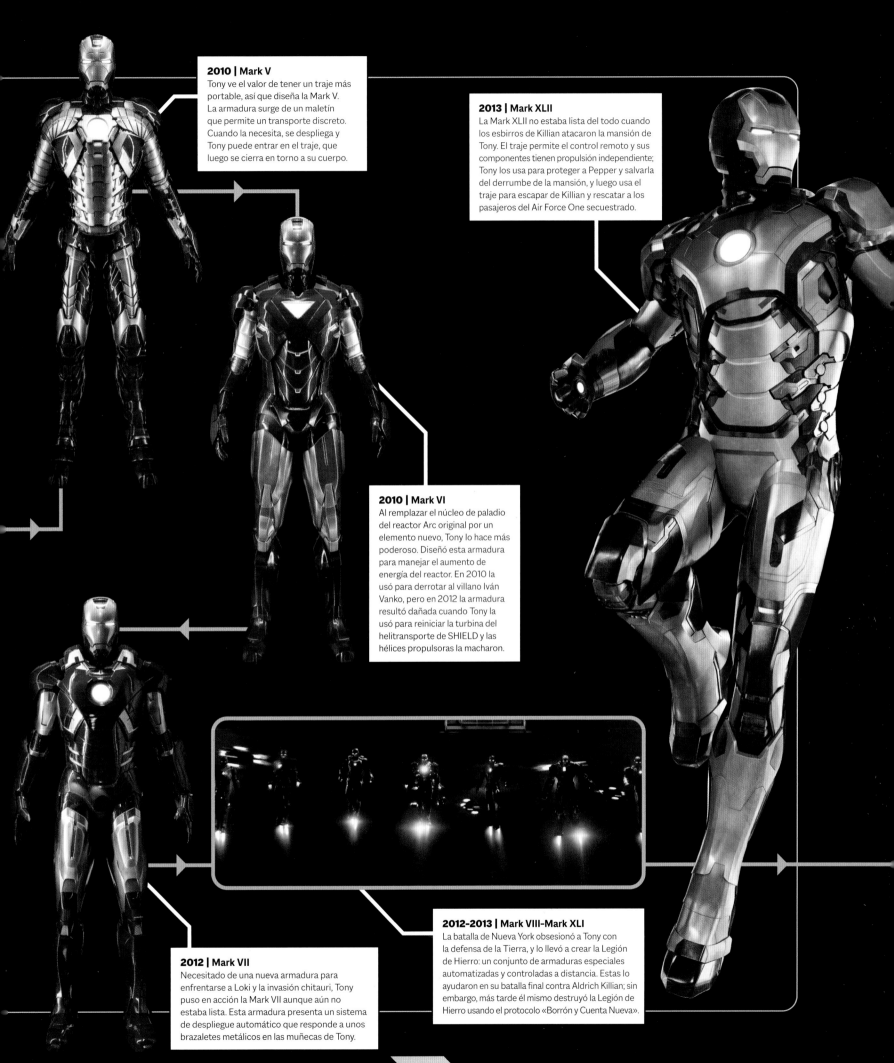

2010 | Mark V
Tony ve el valor de tener un traje más portable, así que diseña la Mark V. La armadura surge de un maletín que permite un transporte discreto. Cuando la necesita, se despliega y Tony puede entrar en el traje, que luego se cierra en torno a su cuerpo.

2013 | Mark XLII
La Mark XLII no estaba lista del todo cuando los esbirros de Killian atacaron la mansión de Tony. El traje permite el control remoto y sus componentes tienen propulsión independiente; Tony los usa para proteger a Pepper y salvarla del derrumbe de la mansión, y luego usa el traje para escapar de Killian y rescatar a los pasajeros del Air Force One secuestrado.

2010 | Mark VI
Al remplazar el núcleo de paladio del reactor Arc original por un elemento nuevo, Tony lo hace más poderoso. Diseñó esta armadura para manejar el aumento de energía del reactor. En 2010 la usó para derrotar al villano Iván Vanko, pero en 2012 la armadura resultó dañada cuando Tony la usó para reiniciar la turbina del helitransporte de SHIELD y las hélices propulsoras la macharon.

2012-2013 | Mark VIII-Mark XLI
La batalla de Nueva York obsesionó a Tony con la defensa de la Tierra, y lo llevó a crear la Legión de Hierro: un conjunto de armaduras especiales automatizadas y controladas a distancia. Estas lo ayudaron en su batalla final contra Aldrich Killian; sin embargo, más tarde él mismo destruyó la Legión de Hierro usando el protocolo «Borrón y Cuenta Nueva».

2012 | Mark VII
Necesitado de una nueva armadura para enfrentarse a Loki y la invasión chitauri, Tony puso en acción la Mark VII aunque aún no estaba lista. Esta armadura presenta un sistema de despliegue automático que responde a unos brazaletes metálicos en las muñecas de Tony.

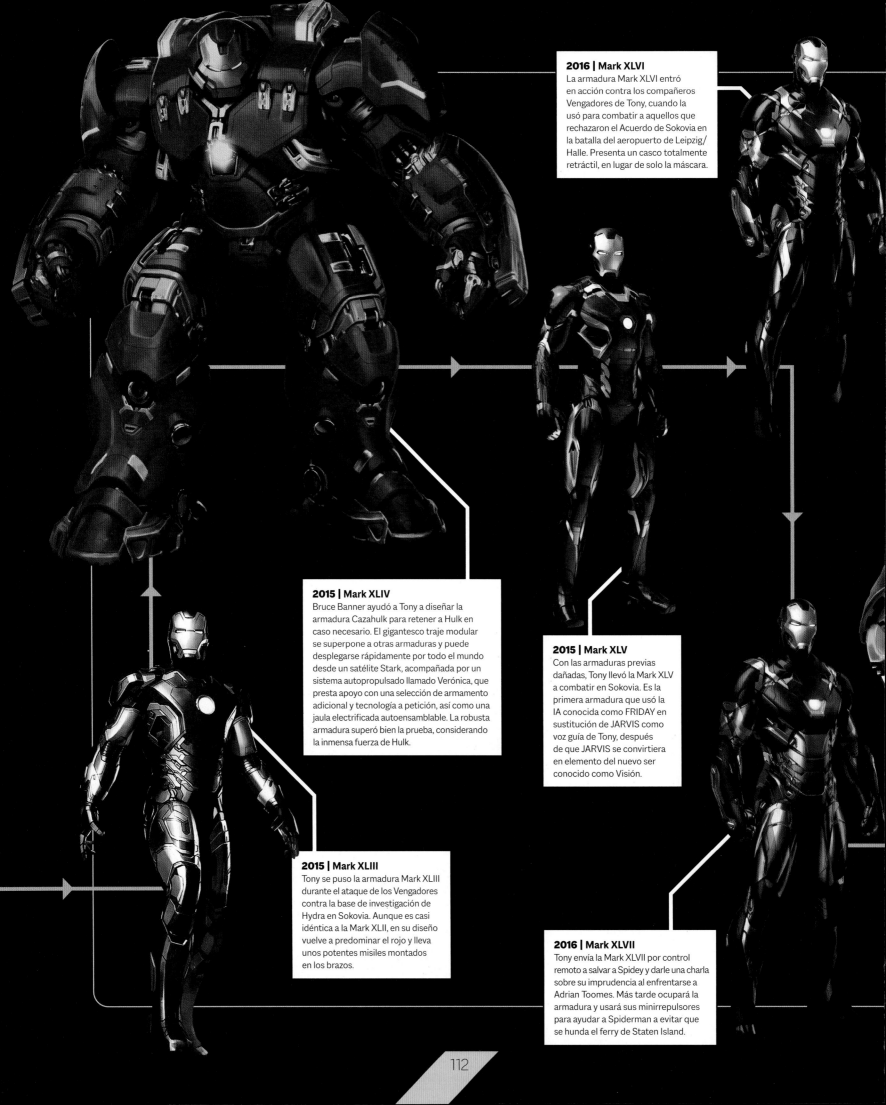

2016 | Mark XLVI
La armadura Mark XLVI entró en acción contra los compañeros Vengadores de Tony, cuando la usó para combatir a aquellos que rechazaron el Acuerdo de Sokovia en la batalla del aeropuerto de Leipzig/Halle. Presenta un casco totalmente retráctil, en lugar de solo la máscara.

2015 | Mark XLIV
Bruce Banner ayudó a Tony a diseñar la armadura Cazahulk para retener a Hulk en caso necesario. El gigantesco traje modular se superpone a otras armaduras y puede desplegarse rápidamente por todo el mundo desde un satélite Stark, acompañada por un sistema autopropulsado llamado Verónica, que presta apoyo con una selección de armamento adicional y tecnología a petición, así como una jaula electrificada autoensamblable. La robusta armadura superó bien la prueba, considerando la inmensa fuerza de Hulk.

2015 | Mark XLV
Con las armaduras previas dañadas, Tony llevó la Mark XLV a combatir en Sokovia. Es la primera armadura que usó la IA conocida como FRIDAY en sustitución de JARVIS como voz guía de Tony, después de que JARVIS se convirtiera en elemento del nuevo ser conocido como Visión.

2015 | Mark XLIII
Tony se puso la armadura Mark XLIII durante el ataque de los Vengadores contra la base de investigación de Hydra en Sokovia. Aunque es casi idéntica a la Mark XLII, en su diseño vuelve a predominar el rojo y lleva unos potentes misiles montados en los brazos.

2016 | Mark XLVII
Tony envía la Mark XLVII por control remoto a salvar a Spidey y darle una charla sobre su imprudencia al enfrentarse a Adrian Toomes. Más tarde ocupará la armadura y usará sus minirrepulsores para ayudar a Spiderman a evitar que se hunda el ferry de Staten Island.

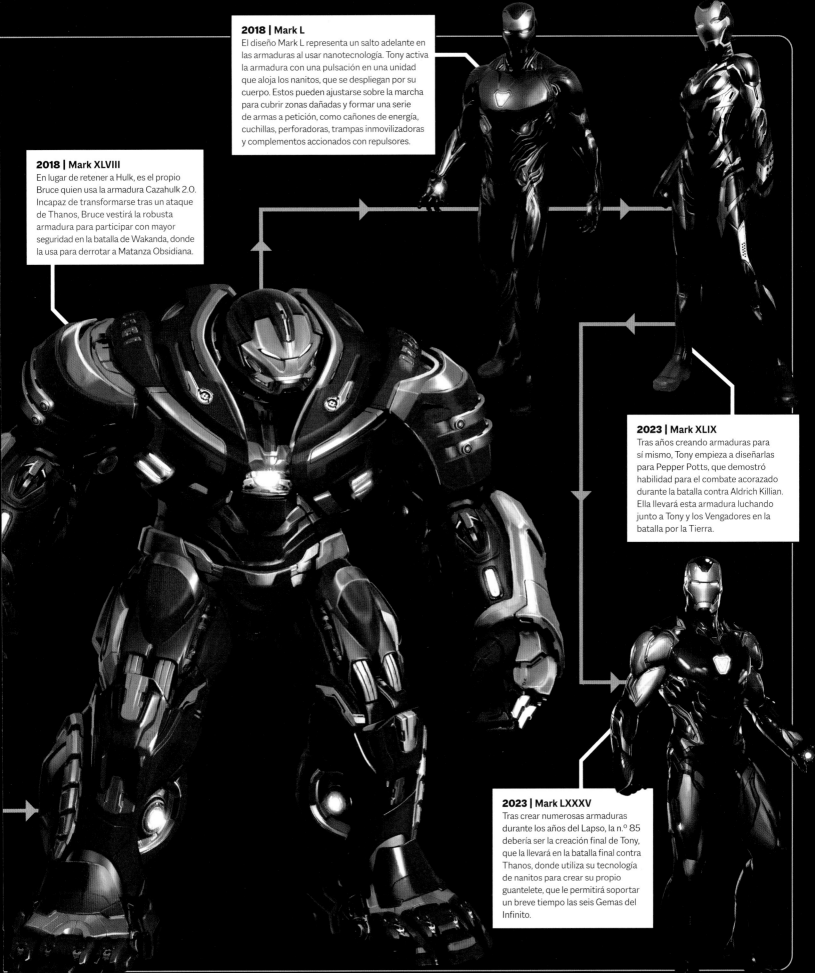

2018 | Mark L
El diseño Mark L representa un salto adelante en las armaduras al usar nanotecnología. Tony activa la armadura con una pulsación en una unidad que aloja los nanitos, que se despliegan por su cuerpo. Estos pueden ajustarse sobre la marcha para cubrir zonas dañadas y formar una serie de armas a petición, como cañones de energía, cuchillas, perforadoras, trampas inmovilizadoras y complementos accionados con repulsores.

2018 | Mark XLVIII
En lugar de retener a Hulk, es el propio Bruce quien usa la armadura Cazahulk 2.0. Incapaz de transformarse tras un ataque de Thanos, Bruce vestirá la robusta armadura para participar con mayor seguridad en la batalla de Wakanda, donde la usa para derrotar a Matanza Obsidiana.

2023 | Mark XLIX
Tras años creando armaduras para sí mismo, Tony empieza a diseñarlas para Pepper Potts, que demostró habilidad para el combate acorazado durante la batalla contra Aldrich Killian. Ella llevará esta armadura luchando junto a Tony y los Vengadores en la batalla por la Tierra.

2023 | Mark LXXXV
Tras crear numerosas armaduras durante los años del Lapso, la n.º 85 debería ser la creación final de Tony, que la llevará en la batalla final contra Thanos, donde utiliza su tecnología de nanitos para crear su propio guantelete, que le permitirá soportar un breve tiempo las seis Gemas del Infinito.

2014

Principios de 2014 | Wenwu vs. Trevor Slattery

Wenwu, líder de los Diez Anillos, envía a un agente disfrazado de director de documentales a entrevistar a Trevor Slattery en la penitenciaría de Seagate. Al principio, Wenwu pretendía castigar al actor que lo representó deplorablemente como «el Mandarín», sacándolo de prisión para ejecutarlo. Pero, en el último momento, Slattery se lanzó a una interpretación de Shakespeare que gustó tanto a Wenwu que este decidió conservarlo como una especie de bufón en vez de matarlo.

Sam Wilson y Steve Rogers traban amistad.

Trevor Slattery va a averiguar que su entrevistador no es quien dice ser.

Primavera de 2014 | «Por la izquierda»

Steve Rogers, que ahora es agente de alto nivel de SHIELD, hace amistad con el exsoldado Sam Wilson tras cruzarse corriendo en torno al estanque del monumento a Lincoln. Después de doblar repetidamente a Wilson, que queda impresionado por la energía del supersoldado, ambos comparten experiencias de combate... y las dificultades para volver a la vida civil. Wilson, que en el pasado voló con un prototipo de ala EXO-7 Falcon con la 58.ª Unidad de Pararrescate de la Fuerza Aérea, trabaja ahora para el Departamento de Veteranos. Muy pronto será un inapreciable aliado.

Ejecutor, el brutal entrenador que convirtió a Shang-Chi en un asesino.

2014 | El hijo perdido de los Diez Anillos

Wenwu tenía mayores problemas en otra parte: el hijo del líder del grupo, Shang-Chi, de 14 años, había cometido su primer asesinato en nombre de su padre, matando al último líder de la Banda de Hierro responsable del asesinato de su madre. Pero el acto deja al chico asqueado. Se niega a volver a los Diez Anillos y adquiere una nueva identidad en San Francisco; hace amistad con su compañera de clase Katy Chen e intenta vivir como un adolescente normal.

El mercenario argelino Batroc combate con Steve Rogers durante el rescate del *Estrella de Lemuria*.

Primavera de 2014 | El incidente del *Estrella de Lemuria*

Steve Rogers, Natasha Romanov y el equipo de élite STRIKE, de SHIELD, dirigido por el agente Brock Rumlow, realizan una misión de rescate de rehenes a bordo de un barco lanzador de satélites secuestrado en el océano Índico. Entre los rehenes está el agente Jasper Sitwell, cuyo alto rango dentro de SHIELD hace inusual su presencia en la nave. El mercenario Georges Batroc ha exigido un rescate de 2000 millones. El Capitán América reduce a Batroc y a los suyos, pero este escapa mientras Romanov está completando una misión secreta para Furia: recuperar los datos que SHIELD estaba a punto de poner en órbita.

Primavera de 2014 | Las sospechas de Furia

Nick Furia comparte con el Capi sus preocupaciones sobre el Proyecto Insight, razón por la cual contrató en secreto a Batroc para secuestrar el *Estrella de Lemuria*, dando a Viuda Negra cobertura para averiguar qué programa estaba cargando SHIELD en sus satélites espía. Cuando descubre que no tiene acceso al archivo recuperado por Natasha, Furia, suspicaz, aborda a su amigo y miembro del Consejo Mundial de Seguridad, el secretario Alexander Pierce, y le pide que posponga el lanzamiento de los nuevos helitransportes. Pierce acepta que Furia investigue… pero todo es una mentira de consecuencias potencialmente fatales.

Primavera de 2014 | Saber solo lo necesario

De vuelta en el Triskelion, cuartel general de SHIELD en Washington, Steve Rogers aborda a Nick Furia acerca de los datos que este ha recogido durante la crisis de rehenes del *Estrella de Lemuria*. Furia le revela que la plataforma iba a lanzar un satélite como parte de un programa de alto secreto conocido como «Proyecto Insight», y le muestra un inmenso hangar construido bajo el río Potomac desde donde serán lanzados tres helitransportes de nueva generación que usarán los satélites para identificar a terroristas, criminales y otras amenazas a distancia. «Neutralizaremos la amenaza antes de que se produzca», explica Furia. Pero Rogers se muestra incómodo: «Creía que el castigo venía tras el crimen».

El Capitán América es informado del Proyecto Insight por Nick Furia, y manifiesta su inquietud sobre sus posibles implicaciones.

Nick Furia alberga dudas sobre el Proyecto Insight de SHIELD, que apuntará a individuos antes de que estos cometan ningún delito.

Primavera de 2014 | El legado Carter

Steve Rogers se reúne con su amor perdido del pasado, Peggy Carter. Ella está postrada en cama y lucha con problemas de memoria, y aunque lo reconoce y lo recuerda del pasado, pierde repetidamente la noción del presente. Él le confiesa que ya no está seguro de que seguir las órdenes de SHIELD sea hacer lo correcto. Ninguno de ellos es consciente de que la nieta de Peggy, Sharon Carter —que también está en SHIELD—, está ahora de servicio encubierto como vecina de Rogers, siguiendo sus actividades para Nick Furia.

Sharon Carter, alias Agente 13, asignada a controlar a Steve Rogers como su vecina.

Pugnando con su memoria, Peggy Carter se asombra una y otra vez del regreso de Steve Rogers.

2014

Soldado de Invierno intenta matar a Nick Furia en las calles de Washington D.C.

Primavera de 2014 | El ataque de Soldado de Invierno

Después de reunirse con Pierce, Nick Furia es atacado por agentes encubiertos de Hydra y por el Soldado de Invierno, que vuelca su SUV con una explosión y avanza para matar al director de SHIELD. Furia escapa del vehículo y se refugia en el apartamento de Steve Rogers; le revela su creencia de que SHIELD ha quedado comprometida y le entrega la memoria USB con los archivos inaccesibles del *Estrella de Lemuria*; luego es tiroteado a través de la ventana por Soldado de Invierno. Los disparos atraen la atención de la vecina de Rogers, Sharon Carter, que revela que fue enviada por Furia para controlarlo. Juntos, llevan a Furia al hospital, pero este no parece superar la operación de urgencia.

Primavera de 2014 | El Capi rompe el protocolo

Tras reunirse con Pierce, el Capitán América es rodeado dentro de un ascensor del Triskelion por el agente de SHIELD Brock Rumlow, su grupo STRIKE y otros más, que intentan capturarlo... y fracasan estrepitosamente. Rogers se fuga con Viuda Negra, que comparte la inquietud de Furia sobre SHIELD y también es reacia a seguir órdenes sin hacer preguntas. Aunque no pueden acceder al archivo de objetivos del *Estrella de Lemuria*, descubren un geoetiquetado que indica dónde fue creado. Esto les conduce a una ubicación conocida en Wheaton (Nueva Jersey)...

Steve Rogers: «Antes de empezar, ¿alguien prefiere bajarse?».

Primavera de 2014 | La explicación de Alexander Pierce

Tras la muerte de Furia, Rogers se reúne con el secretario Pierce y averigua que Georges Batroc estaba bajo custodia y que, en esos momentos, está siendo interrogado. Pierce también le revela que el rastreo del pago anónimo a Batroc por el secuestro del *Estrella de Lemuria* ha conducido al mismo Furia. Aunque este estaba intentando saber más sobre el Proyecto Insight, Pierce dice que algunos creen que intentaba robar y vender información clasificada. Rogers se niega a creer esto. Siempre reacio a seguir las órdenes sin más, el Capitán América emprende su propia investigación.

La IA Arnim Zola se inicia en un búnker debajo del Campamento Lehigh.

Primavera de 2014 | El inmortal Arnim Zola

Rogers y Romanov localizan el origen del archivo de objetivos en el Campamento Lehigh, el antiguo cuartel de SHIELD, donde entrenó por primera vez el Capitán América durante la II Guerra Mundial. En un laboratorio informático subterráneo descubren un programa de IA construido a partir de la conciencia de la vieja némesis de Rogers, Arnim Zola. Aunque este murió, su mente vive en el programa y les confiesa que, durante el resto de su vida, ayudó a reconstruir Hydra desde dentro de SHIELD. El archivo bloqueado del Proyecto Insight es un algoritmo que él diseñó para identificar objetivos. Luego, Zola desvela que los ha estado entreteniendo mientras un misil lanzado por SHIELD arrasa el edificio.

Natasha Romanov y Steve Rogers, afligidos ante el cadáver de Nick Furia. Solo María Hill sabe que aún sigue vivo.

Alexander Pierce se reúne a distancia con
miembros del Consejo Mundial de Seguridad.

Primavera de 2014 | El parásito Hydra

Cuando no está manipulando al Consejo Mundial de Seguridad, Alexander
Pierce se reúne con personajes menos limpios. Uno de tales encuentros es con el
Soldado de Invierno, para pedirle personalmente que elimine al Capitán América
y a Viuda Negra después de que su intromisión llevara a la destrucción de Zola.
Pierce está entre los miembros del gobierno de EE.UU. corrompidos por la
resurgida Hydra y, mientras que el Soldado de Invierno opera contra su voluntad,
Pierce es totalmente dueño de sus actos. Cuando su ama de llaves, Renata, lo
ve accidentalmente con el asesino, Pierce la mata a sangre fría. Y está dispuesto
a segar más vidas para lograr su objetivo de un orden dictatorial mundial.

Primavera de 2014 | Falcon reclutado

Necesitados de aliados, Steve y Natasha
acuden a Sam Wilson y lo ayudan a
conseguir uno de los arneses alados
EXO-7 para que pueda unirse a su misión
de exponer y detener el Proyecto Insight.
El trío captura al agente Sitwell, quien
confiesa que el algoritmo de Zola usará la
minería de datos para identificar no solo a
criminales, sino a incontables individuos
potencialmente molestos o resistentes
a Hydra. Como revela: «Datos bancarios,
historiales médicos, tendencias de voto,
e-mails, llamadas, incluso las notas del
colegio... El algoritmo de Zola evalúa el
pasado de las personas para predecir su
futuro [y luego] los helitransportes de
Insight tachan a esas personas de la lista...
a unos cuantos millones de una vez».

Sam Wilson en vuelo como Falcon.

2014

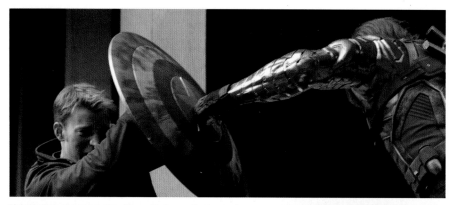

Viejos amigos, nuevos enemigos: Steve y Bucky se enfrentan a golpes.

Primavera de 2014 | El rostro de Bucky Barnes

El Soldado de Invierno ataca: saca al agente Sitwell a través de la ventanilla del coche y lo arroja al tráfico. En la lucha subsiguiente con Rogers, Romanov y Wilson, el legendario asesino pierde la máscara y el Capitán América reconoce el rostro de su amigo de niñez Bucky Barnes. «¿Quién es Bucky?», pregunta el asesino cuando Rogers lo nombra. La lucha contra la renacida Hydra se convierte en algo personal cuando Rogers comprende que su mejor amigo está entre quienes el movimiento ha corrompido a la fuerza.

El Soldado de Invierno no reconoce el nombre de Bucky Barnes.

Primavera de 2014 | Nick Furia vive

María Hill ayuda a Rogers, Romanov y Wilson a escapar de SHIELD y los lleva a un búnker donde descubren que Furia había fingido su muerte usando tetrodotoxina B, una droga desarrollada en el pasado por Bruce Banner para reducir el ritmo cardíaco hasta casi pararlo. Hill y Furia diseñan un plan para infiltrarse en los helitransportes del Proyecto Insight y sustituir sus chips de objetivos, y exponer al mundo la red secreta de Hydra en SHIELD. Si fallan, Pierce utilizará el algoritmo predictivo de Zola para matar a casi 20 millones de personas.

Natasha Romanov, reunida con Nick Furia.

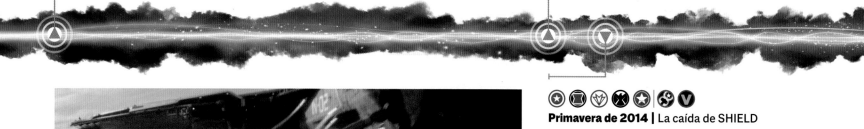

Falcon esquiva el fuego de los cañones de los helitransportes del Proyecto Insight.

Primavera de 2014 | La caída de SHIELD

Cuando los helitransportes del Proyecto Insight se elevan sobre Washington D.C., el Capitán América y Falcon vuelan de nave en nave sustituyendo sus chips de objetivos con una nueva directriz: volver sus cañones unos contra otros. Natasha Romanov hackea la base de datos de la organización y publica en línea sus documentos clasificados para que el público pueda ver la extensión de su corrupción. Pierce recibe un disparo de Furia y pronuncia sus últimas palabras —«Heil Hydra»— mientras el colapso del Proyecto Insight reduce SHIELD a escombros a su alrededor.

La reprogramación de las masivas naves de combate vuelve las armas de unas contra otras.

El Soldado de Invierno golpea al Capitán América a bordo
de uno de los helitransportes del Proyecto Insight.

Primavera de 2014 | Una nueva perspectiva

El Soldado de Invierno se enfrenta a Steve Rogers a bordo del
último helitransporte y lo hiere con varios disparos, pero no
logra detenerlo. Cuando Rogers se niega a devolver los golpes
de su viejo amigo, aviva vestigios del antiguo Bucky Barnes que
sobrevivieron al lavado de cerebro de Hydra. Así, cuando la nave
se estrella contra el Triskelion, el Soldado de Invierno salva la vida
al Capitán América en vez de matarlo: lo saca de las aguas del río
Potomac y lo deja con su escudo en la orilla.

Primavera de 2014 | Sujetos de prueba gemelos

Wanda y Pietro Maximoff, radicalizados cuando un misil
de Industrias Stark destruyó su hogar y mató a sus
padres en la década de 1990, se ofrecieron voluntarios
para los experimentos de Hydra del barón Strucker.
Estos incluían ser expuestos al cetro de Loki y a la Gema
de la Mente que lo alimenta. La exposición de Wanda
amplificó sus aún no reveladas capacidades para la magia
del caos, mientras que Pietro obtuvo hipervelocidad.
Wanda también recibió una inquietante visión profética
de la Bruja Escarlata en la que luego se convertiría.

Wanda Maximoff tiene una visión de la
Bruja Escarlata durante los experimentos
con el cetro de la Gema de la Mente.

Primavera de 2014 | La limpieza de Hydra

Además de los millones de muertes evitadas al
estrellar los helitransportes del Proyecto Insight, la
filtración de los archivos de SHIELD permite que
innumerables partidarios de Hydra ocultos sean
expuestos y arrestados, entre ellos el senador
Stern, que previamente había usado su posición
para socavar la de Tony Stark. Algunos agentes
de Hydra escapan a la justicia, como Brock
Rumlow, que tras quedar cubierto de cicatrices
en la batalla, pasa a la clandestinidad como el
mercenario Calavera.

Ruinas del Proyecto Insight y
del Triskelion en Washington D.C.

Años 40 | El ascenso de Hydra

Hydra es la división científica nazi empeñada en la dominación mundial. Durante la II Guerra Mundial, la organización fue dirigida por Johann Schmidt, que se inyectó él mismo el suero del supersoldado creado por Abraham Erskine, convirtiéndose en el espantoso Cráneo Rojo. Sus planes fueron frenados por el Capitán América y las fuerzas aliadas.

Años 40 y 50 | Soldado de Invierno

Después de la guerra, el Dr. Arnim Zola y otros científicos de Hydra crearon su propio Programa Supersoldado. Bucky Barnes, capturado por Hydra tras sobrevivir a la caída de un tren durante una misión con el Capitán América, es llevado a una instalación donde le lavan el cerebro y le implantan un brazo cibernético, convirtiéndolo en el Soldado de Invierno, uno de los asesinos más eficaces y letales de Hydra.

Años 70 | La infiltración en SHIELD se agrava

Reclutado por el gobierno de EE.UU. a finales de los años 40 para la Operación Paperclip, el científico de Hydra Arnim Zola fue asignado a SHIELD. Pasó años corrompiendo la organización desde dentro y creando en secreto un ordenador avanzado en el cual cargó su conciencia antes de morir. Esto le permitió continuar su obra desde más allá de la tumba, infiltrando más agentes durmientes en SHIELD.

HYDRA Y SHIELD

Hydra y SHIELD, dos caras de una misma moneda, tienen un pasado complicado. Hydra, poderosa organización secreta terrorista, ascendió al poder durante la II Guerra Mundial, aspirando al dominio del mundo. SHIELD fue creada por el gobierno de EE.UU. para combatir amenazas a la Tierra y mantener la seguridad nacional y global. Como resultado de la Operación Paperclip, SHIELD reclutó a un excientífico de Hydra que permitió que esta se infiltrara en SHIELD. Así Hydra orquestó innumerables crisis mundiales y asesinatos, incluido el del cofundador de SHIELD Howard Stark. Sin embargo, las operaciones de Hydra recibieron un duro golpe cuando el director de SHIELD, Nick Furia, averiguó que su organización estaba comprometida y debía ser cerrada.

Años 80 | Partículas Pym

Mitchell Carson, jefe de defensa de SHIELD, trabajaba con Howard Stark para duplicar las partículas alteradoras del tamaño de Hank Pym. Este, furioso porque intentaban robar sus diseños, interrumpió una reunión entre Carson, Stark y Peggy Carter y dimitió de SHIELD. Aunque se desconoce si Carson ya simpatizaba con Hydra hacía décadas, ahora se ofrecerá a ayudarlos a obtener las partículas Pym.

1995 | Primer contacto

Los agentes Nick Furia y Phil Coulson son enviados a investigar a una mujer caída misteriosamente en la Tierra. Esta es Carol Danvers, una piloto de la fuerza aérea de EE.UU. que había sido abducida por los krees. Furia y Danvers se unirán para impedir un ataque kree.

Años 40 | Proto-SHIELD

La Reserva Científica Estratégica (RCE), predecesora de SHIELD, promovió el Proyecto Renacer, un plan para utilizar el suero del Dr. Abraham Erskine para convertir a los soldados aliados en supersoldados. Erskine seleccionó a Steve Rogers como primer supersoldado estadounidense. El experimento fue un éxito y transformó a Steve en el Capitán América.

Años 40 y 50 | La infiltración de Hydra

SHIELD fue fundada al final de la II Guerra Mundial por el industrial Howard Stark, la agente de la RCE Peggy Carter y su jefe, el coronel Chester Phillips, todos los cuales habían combatido a Hydra. En un error fatídico, SHIELD reclutó a científicos de Hydra como Arnim Zola.

1995-2008 | Nuevo foco

La fuerza de SHIELD sigue aumentando cuando Nick Furia es nombrado director. Bajo su dirección, SHIELD prestará más atención a individuos que muestran capacidades mejoradas, ya sea como amenazas potenciales o como miembros de la llamada Iniciativa Vengadores de Furia. Entre ellos se encuentra Tony Stark, alias Iron Man.

2010 | En el desierto

El agente Coulson y su equipo se dirigen a Nuevo México, donde encuentran un cráter con un martillo en su centro. Establecen una base de operaciones en torno al martillo para estudiar el inamovible objeto alienígena. Esa noche, Thor irrumpe en la instalación para recuperar su martillo, Mjolnir, pero, al no poder levantarlo, es capturado por agentes de SHIELD. Tras la victoria de Thor sobre Loki, SHIELD entrará en posesión de cierta tecnología asgardiana.

Años 90 | El asesinato de Stark

Hydra saca al Soldado de Invierno de su criosueño para una misión: recuperar el recreado suero del supersoldado, en manos de Howard Stark. El asesino sigue a Stark y a su esposa María y los mata a ambos, y roba el suero que Hydra usará para crear cinco Soldados de Invierno más.

2015 | Guerra en Sokovia

Hydra establece una instalación subterránea en Sokovia, donde realiza experimentos con humanos del lugar. Los Vengadores descubren la ubicación de esa base de investigación y tienen su primer encuentro con los gemelos Maximoff, Wanda y Pietro. Los Vengadores consiguen destruir la base y recuperan el cetro de Loki, que contiene la Gema de la Mente. El líder de Hydra restante será luego asesinado por la IA renegada Ultrón.

2015 | El uniforme Chaqueta Amarilla

Darren Cross ofrece vender la tecnología de la partícula Pym a Mitchell Carson, que ahora trabaja con los restos de Hydra. Cross ha creado la Chaqueta Amarilla, que podría dar ventaja a Hydra para dominar el mundo. Sus esfuerzos serán frustrados por Scott Lang, a quien Hank Pym ha entregado el traje de Ant-Man. Carson consigue escapar con un vial de las partículas Pym modificadas de Cross.

2014 | El Proyecto Insight

Steve Rogers y Natasha Romanov descubren la infiltración de Hydra en SHIELD. Alexander Pierce, del Consejo Mundial de Seguridad, intenta activar el Proyecto Insight: un plan que usará helitransportes avanzados para eliminar a enemigos potenciales de Hydra. Pierce es expuesto como agente de Hydra y muere a manos de Nick Furia.

2011 | Encontrar al Capitán América

Agentes de SHIELD descubren los restos del *Valquiria* enterrados bajo el hielo de Groenlandia. Steve Rogers es hallado en su interior y enviado al cuartel general de Nueva York después de descongelarlo. Cuando despierta, huye de la instalación y descubre que ha dormido durante casi 70 años.

2014 | La caída de SHIELD

La auténtica escala de la corrupción de Hydra sale a la luz cuando numerosos agentes de SHIELD se vuelven contra sus compañeros. El Triskelion, cuartel general de SHIELD, resulta gravemente dañado y Romanov publica en internet sus archivos clasificados. El gobierno de EE.UU. cierra SHIELD de forma permanente.

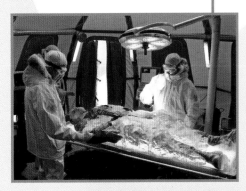

2015 | Vuelta a la acción

Cuando los Vengadores se ocultan tras perder una batalla contra Ultrón y los hermanos Maximoff en Johannesburgo, Nick Furia aparece con un plan para frenar a Ultrón. Los Vengadores viajan a Sokovia para la batalla final, y allí se les unen Furia y otros antiguos miembros de SHIELD, que usan un helitransporte reactivado para llevar civiles a lugar seguro.

2012 | Los Vengadores

Cuando Loki roba el Teseracto, Nick Furia activa la Iniciativa Vengadores para contrarrestar la amenaza de la inminente invasión chitauri. Los Vengadores reciben de SHIELD equipamiento y una base de operaciones, lo que permite al Capitán América, Viuda Negra, Iron Man, Thor, Ojo de Halcón y Hulk reunirse en Nueva York, derribar a Loki y frustrar sus planes de dominar el mundo.

WASHINGTON D.C.

Como capital de EE.UU., no es sorprendente que Washington haya sido el escenario de numerosos momentos relevantes para los Vengadores. El gobierno y el ejército de EE.UU. se asocian a menudo con humanos superpoderosos, unas veces apoyándolos y otras intentando controlar sus poderes o su tecnología con fines políticos. Organizaciones gubernamentales como SHIELD y SWORD responden ante las agencias de inteligencia, lo que implica que los comités del Congreso participan en sus estrategias y financiación. Estos factores hacen de Washington un centro de poder que puede ser crucial en los esfuerzos de los Vengadores por ayudar a la Tierra.

1989 | Renuncia

El Triskelion, en Washington D.C. es uno de los cuarteles generales de SHIELD y aloja oficinas, laboratorios e instalaciones de formación. Cuando Hank Pym descubrió que la organización estaba intentando recrear en secreto sus partículas, fue al Triskelion a exigir que dejaran en paz su tecnología. Allí se enfrentó a Howard Stark y Peggy Carter, cofundadores de SHIELD, y al jefe de defensa, Mitchell Carson. A pesar de las protestas de Howard, Hank presentó su dimisión.

2010 | Tecnología Iron Man

El gobierno convocó a Tony Stark ante un comité del Senado para presionarlo con el propósito de adquirir la tecnología de Iron Man para el ejército de EE.UU. El senador Stern, agente secreto de Hydra, empleó la manipulación y la culpa, e incluso trató de volver contra Tony a su amigo el coronel James «Rhodey» Rhodes. Pero no logró convencer a Tony para que cediera el control de la armadura: él y la armadura eran uno, como dijo Tony.

2013 | Iron Patriot

Preocupado por la seguridad de la nación tras la invasión chitauri y los ataques terroristas del Mandarín, el presidente Matthew Ellis nombra a Rhodes como el rostro de la oposición del gobierno. La agencia de investigación y desarrollo AIM rediseña la armadura Máquina de Guerra de Rhodes y la renombra como Iron Patriot. Rhodey no lo sabe, pero el Mandarín es Aldrich Killian, fundador de AIM, y la armadura Iron Patriot se usará para secuestrar al presidente Ellis.

2014 | «Por la izquierda»

La vida de Sam Wilson cambia para siempre después de conocer a Steve Rogers corriendo alrededor del estanque del monumento a Lincoln, en Washington D.C. Steve adelanta a Sam, otro veterano, múltiples veces antes de que ambos se paren para presentarse y acaben charlando sobre sus problemas para volver a la rutina del día a día después de haber servido en combate.

2014 | El Proyecto Insight

Bajo el cuartel general de SHIELD en el Triskelion, Nick Furia comparte con Steve la existencia del Proyecto Insight, diseñado para neutralizar amenazas a la Tierra antes de que se produzcan. Helitransportes avanzados permanecerán en vuelo suborbital perpetuo. Steve comenta: «A amenazar a toda la población se le llama protección».

2016 | De turismo

Washington D.C. aloja a Peter Parker y al equipo del decatlón académico de su instituto. Él usa el viaje como tapadera para rastrear a su némesis Adrian Toomes cuando roba camiones cargados con tecnología alien del Departamento de Control de Daños. El éxito de Spiderman es solo parcial: llega al monumento a Washington justo antes de que el núcleo chitauri que ha usado para seguir a Toomes explote, amenazando la vida de sus compañeros.

La cima del monumento a Washington explota, pero por fortuna no muere nadie.

2014 | Batalla en D.C.

Un número importante de agentes de SHIELD eran en realidad leales a Hydra e intentaron matar a Furia y a Rogers. Con Alexander Pierce aliado con Hydra, derribarlos es una tarea abrumadora. Steve recurre a Natasha Romanov y Sam Wilson en busca de ayuda y, aunque la presencia de Bucky, o el Soldado de Invierno, compromete a Steve, los héroes se infiltran en el Triskelion y desenmascaran a Hydra; pero el Triskelion será destruido en el proceso.

2024 | Exposición de un legado

Cuando Steve Rogers se retira, le pasa el manto de Capitán América a Sam Wilson, a quien entrega el icónico escudo. Pero Sam decide que no es la persona adecuada para proseguir con el legado, y dona el escudo de vibránium, un símbolo de esperanza y rectitud, al Smithsonian. Allí será expuesto junto con otros recuerdos de la vida del Capitán América.

2024 | No más Capitán

El Departamento de Defensa de EE. UU. retira el escudo del Capi de la exposición y se lo confía a John Walker, al que nombra nuevo Capitán América. John da al gobierno buena publicidad en Washington D.C. pero aunque él cree personificar los principios del Capitán América, sus egoístas y letales actos muestran algo muy distinto. El gobierno lo licencia sin honores y lo despoja del manto de Capitán América.

2014 | Hydra se alza de nuevo

Furia mantiene en secreto sospechas de que el proyecto alojado en el Triskelion es una tapadera para algo siniestro. Así se lo dice a Alexander Pierce, miembro del Consejo Mundial de Seguridad, que en realidad es leal a Hydra. De inmediato, agentes de Hydra intentan asesinar a Furia, acosándolo en una peligrosa persecución en coche por las calles de Washington y lanzando sobre él al Soldado de Invierno.

2014

Primavera de 2014 | Consecuencias imprevistas

Algunas ramas de Hydra seguían activas. La operación del barón Strucker en Sokovia, que ya había asegurado el cetro de control mental de Loki en SHIELD, continuó sus experimentos a pesar del colapso de la organización matriz. Otros que habían operado bajo los auspicios de SHIELD, como la metafásica Ava Starr, se encontraron a la deriva. Ella sirvió como saboteadora y espía en incontables misiones secretas, pero la caída de SHIELD la dejó sin nadie que la ayudara a manejar la lucha de su cuerpo por mantener la forma física. Por ello acudió a Bill Foster, investigador viejo amigo de su padre.

El barón Strucker y el Dr. List en la base de investigación de Hydra en Sokovia.

Primavera de 2014 | Personas desaparecidas

Steve Rogers y Sam Wilson comienzan la caza del Soldado de Invierno, que va a la caza de su propio pasado. El exasesino de Hydra visita la exposición del Capitán América en el Smithsonian, en Washington, y descubre que es realmente Bucky Barnes, lo cual lo ayudará a iniciar el proceso de desprogramación.

La líder de Xandar, Nova Prime, habla con el agente Rhomman Dey.

Verano de 2014 | Ronan toma el poder

En el espacio profundo, el conflicto kree-nova acaba con un tratado de paz tras un milenio de guerra. Pero el fanático kree renegado Ronan el Acusador se niega a aceptar el trato e inicia una guerra de guerrillas para demoler el Imperio nova aliándose con Thanos: él acepta conseguirle un artefacto conocido como el Orbe; a cambio, Thanos ayudará a Ronan a destruir la capital nova, Xandar. Thanos ordena a sus hijas adoptivas, Gamora y Nébula, que ayuden a Ronan.

«Me llaman terrorista, radical, fanático, porque obedezco las antiguas leyes de mi pueblo, los krees, y castigo a los que no lo hacen.»

Peter Quill intenta hacerse un nombre.

Korath, perplejo, nunca ha oído hablar de Quill.

Verano de 2014 | ¿Quién?

Peter Quill traiciona al clan de bandidos Saqueadores que lo criaron como a un huérfano. Antes de que puedan recuperar el misterioso Orbe —y la Gema del Poder en su interior— de las ruinas de Morag, Quill les roba el mapa con la intención de cobrar la recompensa. Korath llega buscando la gema para Ronan el Acusador, pero es superado por Quill, que revela su identidad del supuestamente legendario forajido Starlord (lo cual no impresiona a Korath, que nunca ha oído hablar de él).

Verano de 2014 | Pelea callejera en Xandar

Gamora es enviada por Ronan para robar el Orbe a Quill mientras este intenta empeñarlo en Xandar. Mientras tanto, un altercado diferente está en marcha cuando una criatura cascarrabias llamada Rocket y el árbol humanoide conocido como Groot planean reclamar la recompensa que los Saqueadores han puesto por la cabeza de Quill. Tras una alocada y prolongada pelea en las calles de Xandar, los cuatro granujas son detenidos y encarcelados en las Kyln, una instalación poblada por innumerables prisioneros que «han perdido a su familia a manos de Ronan y sus matones».

Groot se prepara para
capturar a Quill con un saco.

 ### Verano de 2014 | Surgen los Guardianes

En las Kyln, el preso Drax reconoce a Gamora como agente de Thanos y Ronan, e intenta vengar a su esposa y su hija, asesinadas durante la campaña de terror de Ronan. Quill le impide hacerlo, y Gamora revela que ya había decidido volverse contra sus antiguos amos: no los ayudará más a causar sufrimiento a otros mundos como Thanos hizo con el suyo. Quill, Gamora, Groot, Rocket y Drax forman una nueva alianza: una alianza que los llevará a ser conocidos a través de las estrellas como los «Guardianes de la Galaxia».

Peter Quill, Groot, Rocket, Drax y
Gamora organizan una fuga de las Kyln.

2014

Sapiencial, los restos de un Celestial, minado ahora por la búsqueda de materiales raros.

Verano de 2014 | Viaje a Sapiencial

Los Guardianes organizan una fuga de las Kyln y se aventuran en la colonia minera de Sapiencial, la cabeza de un antiguo Celestial, del tamaño de una luna, donde el Coleccionista, Taneleer Tivan, extrae materiales raros. Tivan usa su inmensa fortuna para reunir «la mayor colección de la galaxia de fauna, reliquias y especies de todas clases», según su sirvienta kryloriana de piel rosa, Carina. Gamora sabe que pagará 4000 millones de unidades por el Orbe.

Peter Quill conoce al Coleccionista.

Verano de 2014 | «¡No pienso seguir siendo tu esclava!»

El Coleccionista muestra al grupo la extraordinaria Gema del Poder contenida en el Orbe, y entonces Carina decide robarla para escapar al control de Tivan. La energía de la gema la avasalla, desencadenando una explosión que destroza la galería del Coleccionista. Carina es aniquilada, pero su impulsivo acto libera a muchos otros de la cruel prisión de su amo.

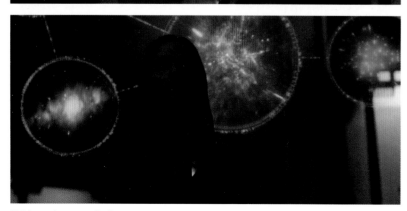

El Orbe resulta ser un relicario que contiene la Gema del Poder.

Los Guardianes de la Galaxia contemplan las otras cinco Gemas del Infinito.

Drax se prepara para vengarse
de las fuerzas de Ronan y
Thanos, pero la lucha no
va como él esperaba.

Verano de 2014 |
El enfrentamiento

Ronan y sus fuerzas llegan a Sapiencial
convocadas por una señal de Drax, que
está impaciente por enfrentarse con el
caudillo kree. Pero Drax tiene demasiada
confianza y escasa preparación. Ronan
aplasta al guerrero con facilidad y lo deja
por muerto.

Verano de 2014 | La caza de la
cápsula minera

Nébula persigue y destruye la cápsula
de escape de su hermana Gamora y
recupera el Orbe para Ronan. Peter Quill
arriesga la vida para salvar a Gamora del
vacío espacial y ambos son recogidos
por los Saqueadores, que están deseosos
de dar un castigo ejemplar a su antiguo
miembro traidor. Gamora y Quill convencen
al líder Saqueador, Yondu Udonta, de que
les deje vivir si lo ayudan a volver a robar
la Gema del Poder a Ronan. Rocket no
está convencido de que puedan hacerlo:
«¿Vamos a robar a los tíos que nos acaban
de dejar sin sentido?».

Cuando la nave de Nébula
destruye la de Gamora,
Peter Quill rescata a esta
del vacío del espacio.

2014

Starblasters del Cuerpo Nova alineados para formar una barrera que resista a la *Estrella Oscura* del Acusador.

Verano de 2014 | El asedio de Xandar

Los Guardianes de la Galaxia consiguen
unir a los Saqueadores y al Cuerpo Nova
en un asalto a la nave de combate de Ronan,
la *Dark Aster*, cuando se aproxima a Xandar.
Pero aun así son superados. Ronan incrusta
la Gema del Poder en su Arma Universal
y la usa para exterminar al Cuerpo Nova,
que había formado una barrera de bloqueo
en torno a su nave.

Ronan se enfrenta a los Guardianes de la Galaxia.

Groot crea una barrera protectora en torno a sus amigos.

Verano de 2014 | El sacrificio de Groot

Los Guardianes se encuentran unidos por un propósito recién
hallado y por el deseo compartido de causar el caos en nombre del
bien. Drax mata a Korath en combate singular y el grupo destruye el
centro de control de la *Dark Aster*, que cae hacia el suelo. Groot usa
su cuerpo para crear un capullo protector de enredaderas alrededor
de sus amigos y muere cuando la nave impacta en el suelo, pero los
otros Guardianes sobreviven gracias a su generoso acto.

Verano de 2014 | Estupefacto

Ronan también sobrevive al choque pero, antes de que use la
Gema del Poder para desatar su ira sobre Xandar, Quill lo distrae
utilizando su propia arma secreta: reta a Ronan a un duelo de
baile. Quill hace la ola, una patada y un rudimentario «running
man» de *shuffle* mientras Drax apunta a hurtadillas a Ronan
con el Ejecutor de Hadrones de Rocket. El misil destroza el
Arma Universal y Quill agarra la Gema del Poder que cae de ella.

Peter Quill y Ronan el Acusador se lanzan a por la Gema del Poder.

Los Guardianes unen sus manos para dispersar la energía destructiva de la Gema del Poder en la mano de Peter Quill.

Verano de 2014 | Mantenerse juntos

Antes de que la Gema del Poder pueda aniquilar a Quill, los Guardianes se unen para compartir su energía. «Dame la mano, Peter» fueron las últimas palabras de su madre en 1988. Quill huyó de ella entonces, pero este recuerdo acude a su mente cuando sus amigos canalizan el poder en un rayo que vaporiza a Ronan en una niebla púrpura.

Verano de 2014 | Primeros pasos

La versión de retoño de Groot sigue creciendo, cuidada por atentos robots. Sin embargo, cuando aparece una grieta en su maceta, los robots lo sustituyen por un bonsái galáctico. Carcomido por la envidia, Groot combate a su nuevo enemigo y le rompe una rama antes de liberarse de su maceta y usar las piernas por primera vez.

«Podría ser guapo como un ángel, pero está claro que no lo soy.»

Verano de 2014 | Después de Xandar

Los Saqueadores se llevan su recompensa (un Orbe falso), mientras que la auténtica Gema del Poder queda bajo la protección del Cuerpo Nova. Rocket rescata una ramita de los restos de Groot y la cuida en una maceta. Bebé Groot no tarda en retoñar y hace sus primeros movimientos girando ante el poder restaurador de *Mezcla Alucinante Vol. 2*. Los Guardianes dejan Xandar después de ver limpio su historial delictivo, mientras un abatido Coleccionista, sentado en medio de su museo en ruinas, es consolado por el perro espacial soviético Cosmo y toma un cóctel con Howard el Pato, que celebra estar libre de su vitrina.

Groot, en su maceta, se da un festín de una de sus chucherías favoritas: bolitas de queso.

Los Saqueadores
Persuadido por la promesa de Starlord de que recibirá el Orbe a cambio de su ayuda, Yondu lleva al combate a sus mercenarios Saqueadores y sus naves-M. Los Saqueadores rocían de energía la nave de Ronan, dando cobertura a las naves-M para atacar.

En plena batalla
Los Guardianes se unen a los Saqueadores y se camuflan bajo la *Dark Aster*. Rocket y el Saqueador Kraglin usan sus naves para atacar específicamente los motores de la nave enemiga. Si esta alcanza la superficie y Ronan toca el suelo con la Gema del Poder, Xandar será devastado.

El bloqueo
Nova Prime da instrucciones al Cuerpo Nova para que entrelacen sus naves y bloqueen la nave de Ronan. Las Starblasters se unen entre sí y forman una barrera de energía dinámica alrededor de la nave, deteniendo temporalmente su descenso.

Xandar bajo asedio
Mientras la colosal nave de guerra de Ronan, la *Dark Aster*, vuela hacia Xandar, Dey, del Cuerpo Nova, comparte información sobre el ataque inminente con Nova Prime. La información procede del criminal fugado Starlord, y el Cuerpo Nova debe decidir si cree en ella.

El descenso de la oscuridad
Nébula advierte a Ronan de que los Saqueadores están bajo la nave, y el señor de la guerra lanza su flota de mercenarios sakaaranos para defender la *Dark Aster* mientras continúa su descenso. La nave de Rocket abre un boquete en el casco de la poderosa nave y los demás Guardianes entran al abordaje.

La llegada del Cuerpo Nova
Nova Prime decide creer en la advertencia de Starlord y ordena que el Cuerpo Nova ayude con sus naves Starblaster a los Saqueadores para contener la flota de Ronan. Los refuerzos llegan justo a tiempo.

EL ATAQUE A XANDAR

Mil años de guerra no se evaporan sin más al firmar un tratado de paz. Para Ronan el Acusador, la paz no es un resultado aceptable del conflicto kree-nova. Solo la destrucción del Imperio nova satisfará al caudillo y vengará a sus ancestros caídos. Para cobrarse su venganza definitiva, Ronan hace un trato con Thanos para recuperar el Orbe a cambio de que el titán destruya la capital del Imperio nova, Xandar. Pero cuando Ronan descubre que el Orbe oculta una Gema del Infinito, traiciona a Thanos y lanza él mismo un asalto contra Xandar. Entonces se activa una defensa desesperada, pues el destino de la galaxia pende de un hilo.

La caída de Yondu
Cuando Yondu es derribado, soldados sakaaranos rodean su nave estrellada; creen que será una victoria fácil. Pero Yondu tiene su flecha. A su silbido, la flecha elimina a todos los soldados y una de sus naves.

Concurso de baile
Los Guardianes y Ronan aparecen entre los restos. Antes de que Ronan pueda destruir Xandar con la Gema del Poder montada en su Arma Universal, Peter comienza a cantar y desafía al señor de la guerra a un duelo de baile. La distracción consigue confundir a Ronan el tiempo suficiente para que los Guardianes ataquen.

La gema en la mano
Drax y Rocket disparan el Ejecutor de Hadrones sobre el perplejo Ronan. La explosión destruye el Arma Universal y envía la Gema del Poder volando por el aire. Starlord la agarra con su mano desnuda.

Proteger la ciudad
Ronan ordena a los pilotos de las necronaves que activen el protocolo de inmolación: lanzan sus naves en picado sobre la ciudad esperando distraer al Cuerpo Nova. Rocket toma la iniciativa y ordena a los Saqueadores que disparen a las naves antes de que lleguen al suelo.

Nosotros somos Groot
Ante la inminencia del impacto de la nave contra la superficie, Groot protege a sus amigos. Hace crecer ramas de su cuerpo para rodearlos con un capullo protector, aunque Rocket le ruega que no se sacrifique.

Dame la mano
La energía de la Gema del Poder está matando a Peter y envuelve al grupo en llamas negras y púrpuras. En una sorprendente exhibición de confianza, Gamora toma la mano de Peter y ambos comparten la energía, reduciendo los efectos de la Gema del Poder.

Gamora contra Nébula
Nébula intercepta a los Guardianes a bordo de la *Dark Aster*. Aunque Drax le dispara con energía suficiente para aniquilarla, ella recompone su cuerpo robótico y ataca a Gamora con sus bastones de electroshock. Igualadas, ambas pelean mientras la batalla continúa.

La caída de la *Dark Aster*
Rocket estrella su nave contra el puente de la *Dark Aster* y colisiona con Ronan, lo que impide que este mate a Drax, pero desencadena un daño catastrófico en la nave. Las explosiones sacuden la *Dark Aster* mientras cae hacia la superficie.

Guardianes de la Galaxia
Drax agarra el hombro de Peter, Rocket un dedo de Drax, y juntos hacen que blandir la gema sea soportable. Con la ayuda del grupo, Peter libera la Gema del Poder sobre Ronan y su descarga lo desintegra.

Nébula escapa
El bloqueo de Nova falla cuando Ronan lo destroza con la Gema del Poder. Gamora casi arroja a Nébula fuera de la nave, pero se acerca a ella pidiéndole que los ayude a combatir a Ronan. Nébula la rechaza y escapa en una nave robada.

Falso amanecer
Gamora se reúne con Starlord, Drax y Groot cuando estos se enfrentan a Ronan en el puente de la *Dark Aster*. Starlord dispara con el Ejecutor de Hadrones —una poderosa arma diseñada por Rocket— contra Ronan, pero, al aclararse el polvo, este sigue en pie.

Consecuencias
Los Guardianes salvan Xandar y ocultan la Gema del Poder justo antes de que Yondu se la exija como pago. Mientras Peter le da una gema falsa, Drax consuela a Rocket por la pérdida de Groot. Sus historiales penales quedan limpios por sus actos desinteresados.

2014

Gamora usa su espada para
salvar a sus amigos del abilisco.

Otoño de 2014 | De boca en boca
La leyenda de los Guardianes de la Galaxia no tarda en
extenderse a otros planetas. El grupo es contratado por
Ayesha, la suma sacerdotisa dorada del pueblo soberano,
para vencer a un abilisco, la bestia interdimensional de
múltiples tentáculos que se alimenta de su principal
fuente de energía, las pilas Anulax. A cambio de sus
servicios, Ayesha les entrega a la cautiva Nébula.

Otoño de 2014 | Una nave destruida
Los Guardianes vuelan hasta un campo de asteroides, pero drones
soberanos rodean la nube de pedruscos y desatan una tormenta
de fuego sobre ellos. De repente, un «tío» misterioso montado
encima de su propia nave en forma de huevo aniquila a la flota
soberana, y la dañada nave de los Guardianes alcanza su punto
de salto... para ir a estrellarse en los bosques del planeta Berhert.
La nave que Peter Quill ha pilotado desde que tenía diez años es
«chatarra» (como se dice en la Tierra).

Gamora se aferra con todas sus
fuerzas mientras la nave de los
Guardianes se estrella, salvando a
Drax de ser arrojado a la muerte.

Otoño de 2014 | La flota soberana
Rocket se sirve algunas de las preciadas
(y peligrosas) pilas Anulax de los soberanos,
esperando que nadie se dé cuenta. Pero
se dan cuenta... inmediatamente. La suma
sacerdotisa envía al ataque a su flota por
control remoto.

Ayesha, suma sacerdotisa de los soberanos.

Rocket no puede resistirse a robar algo de la valiosa
fuente de energía que les contrataron para proteger.

La llegada de Ego da alas a los Guardianes.

Otoño de 2014 | Yo, solo yo...
Poco después de estrellarse, los Guardianes reciben la visita del *deus
ex machina* que los ha salvado: Ego, que se presenta a sí mismo como:
1) un Celestial, básicamente un dios (con «d» minúscula, añade); 2) el
padre perdido de Peter Quill, que lo ha buscado por todo el cosmos;
y 3) la manifestación humana de un planeta sintiente.

Otoño de 2014 | Sucesos en Berhert

Ego invita a Quill, Drax y Gamora a visitar su mundo, mientras Rocket
y Bebé Groot se quedan en los bosques de Berhert tratando de reparar
la nave dañada. Allí sufren el asedio de cazarrecompensas Saqueadores
enviados por los soberanos. Rocket los recibe brutalmente con una
serie de emboscadas y trampas explosivas, pero Yondu acaba tomando
la delantera. Nébula se libera y hiere a Yondu volándole la aleta craneal
con la que controla su flecha letal, provocando una crisis de liderazgo
entre los Saqueadores.

Bebé Groot intenta llevar a los prisioneros Rocket y Yondu
lo que necesitan para escapar.

Kraglin, distorsionado por el veloz viaje a través del espacio.

Después de aterrorizar a los
Saqueadores, Rocket es
finalmente capturado.

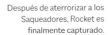

Otoño de 2014 | La ruta turística

El Saqueador Kraglin ayuda a Bebé Groot a recuperar
una aleta craneal para Yondu que permite a este y a
Rocket escapar de su celda usando la flecha controlada
por silbidos y eliminar a sus camaradas amotinados. El
cuarteto llega al planeta de Ego, pero la ruta más rápida
los hace rebotar a través de 700 saltos, mucho más de los
50 que resultan soportables para el cuerpo de un mamífero.

El idílico y artesanal mundo de Ego oculta una verdad siniestra.

Otoño de 2014 | El constructor de mundos

El mundo de Ego, del tamaño de la luna terrestre, contiene la historia
de su búsqueda de sentido en el universo, incluida su experiencia con
la madre de Quill. Afirma que encontró a su empática ayudante, Mantis,
en fase de larva en su mundo natal, pero en realidad es otra de sus hijas.
Ego dice que buscó a Quill durante años. Según explica: «Cuando oí
hablar de un hombre de la Tierra que sostuvo una Gema del Infinito en
la mano sin morir, supe que debías de ser el hijo de la mujer que amaba».

Otoño de 2014 | El motín de los Saqueadores

El Saqueador conocido como Taserface orquesta un motín
contra el herido Yondu y mata a todos los que aún lo apoyan; y
Nébula se hace con una nave de los Saqueadores y se marcha a
vengar a su hermana. Yondu, cautivo, reflexiona sobre una vida de
malas elecciones, entre ellas reunir hijos de Ego por toda la galaxia,
lo cual hizo de él un exiliado entre la comunidad de Saqueadores.
Y se pregunta si aún será posible hacer algo correcto...

Taserface afirma que su nombre es «metafórico». Pese a su origen,
inspira más hilaridad que miedo en aquellos a los que amenaza.

2014

Otoño de 2014 | Rivalidad fraterna

En el mundo de Ego, Nébula intenta matar a Gamora para acabar de una vez con su perpetuo conflicto. En lugar de ello, quedan atrapadas en el interior del planeta y vuelven a conectar como hermanas injustamente enfrentadas. En una caverna olvidada hallan los restos esqueléticos de los otros «hijos» de Ego. Su enfrentamiento con Thanos deberá esperar; ahora tienen la ocasión de frenar a una clase distinta de padre horrible.

El avatar humanoide de Ego se reestructura después de que su hijo lo haga estallar.

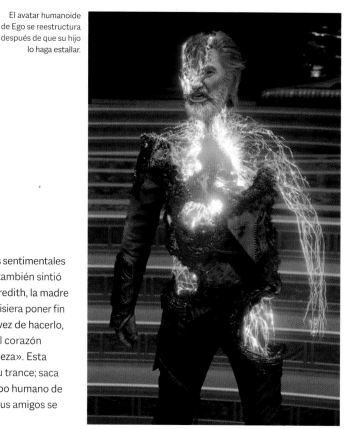

Dos eternas enemigas convertidas al fin en verdaderas hermanas.

Otoño de 2014 | Maligno

Ego intenta acallar los impulsos sentimentales de su hijo explicándole que él también sintió que el amor lo retenía. Fue Meredith, la madre de Peter, quien hizo que Ego quisiera poner fin a sus planes de expansión. En vez de hacerlo, le puso fin a ella: «Me partió el corazón ponerle aquel tumor en la cabeza». Esta revelación arranca a Quill de su trance; saca sus blásters y destroza el cuerpo humano de Ego, momentos antes de que sus amigos se estrellen sobre el planeta.

Otoño de 2014 | Padre de la mentira

Ego le explica a Quill que él es el único de sus hijos que realmente comparte los genes de Celestial, los cuales Ego necesita para activar la Expansión: su ocupación parasitaria de miles de mundos. Ego usa sus poderes de Celestial para encantar a Quill, y lo invita a unirse a él y gobernar la galaxia. Pero Quill empieza a resistirse al encantamiento cuando se plantea lo que esto supondría para sus amigos... y para Gamora. Y para el resto de la vida tal como la conoce.

Ego revela la Expansión a Peter y le pide su ayuda para dominar el universo.

Otoño de 2014 | El meollo del asunto

Cuando los Guardianes rescatan a Quill y se lo llevan, Yondu revela que conservó a Starlord como Saqueador y nunca se lo entregó a Ego porque se enteró de que este había destruido a los demás hijos que había recolectado para él. Quill les dice que deben aventurarse en el núcleo de Ego para detenerlo, o todos los planetas donde el Celestial ha implantado sus esporas estarán en peligro de ser dominados, incluida la Tierra. Mientras, llega al planeta una flota de drones soberanos, buscando aún venganza por el robo de los Guardianes.

Peter y Gamora comparten un baile.

Otoño de 2014 | Ego explota

Reunidos por Mantis, los Guardianes lanzan un ataque para acabar con la conquista galáctica de Ego. Rocket hace una bomba con las pilas Anulax robadas y Groot las planta (por así decir) en el centro de Ego. Mientras las naves soberanas son eliminadas por los demás Guardianes, Quill emplea sus habilidades de Celestial para combatir al avatar de su padre. Finalmente, la bomba explota y reduce a Ego a la nada.

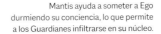
Mantis ayuda a someter a Ego durmiendo su conciencia, lo que permite a los Guardianes infiltrarse en su núcleo.

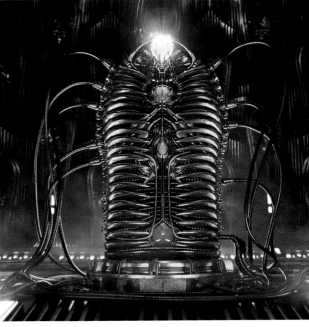
La cápsula de nacimiento para Adam, descrito por Ayesha como el siguiente paso en su evolución: «Más poderoso, más hermoso, capaz de destruir a los Guardianes de la Galaxia».

Otoño de 2014 | Antes de Adán

La amargada líder de los Soberanos, la suma sacerdotisa Ayesha, crea un guerrero diseñado genéticamente al que llama «Adam», ideado para castigar a los Guardianes de la Galaxia por su insolencia.

Otoño de 2014 | La redención de Yondu

Usando su propulsor personal, Yondu ayuda a un Quill exhausto a escapar al cataclismo. Pero solo tiene un traje de campo de fuerza, y lo utiliza para proteger a Quill cuando alcanzan el letal vacío del espacio. Como último acto, Yondu Udonta se sacrifica para salvar al hombre al que trató como un delincuente, pero a quien amó en secreto como a un hijo.

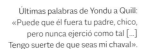
Últimas palabras de Yondu a Quill: «Puede que él fuera tu padre, chico, pero nunca ejerció como tal [...] Tengo suerte de que seas mi chaval».

Groot decide darse un baño en un mundo alienígena, y descubre que el barro caliente tiene un extraño efecto sobre él.

Otoño de 2014 | Retrato familiar de Groot

Las aventuras de Groot continúan. Es adorado como un dios dador de comida por diminutos seres alienígenas cuando se le cae una hoja en su civilización; se enfrenta a un monstruo líquido bailarín que copia sus movimientos; y desarrolla un exuberante follaje tras un baño de barro. Los recientes conflictos familiares que han enredado a los Guardianes han hecho que el pequeñajo Groot aprecie al grupo de inadaptados espaciales que él considera sus parientes. Así que decide que es pertinente tener un retrato familiar, y reúne materiales para ello: uno de los viejos cómics de Peter Quill, pelo de la cola de Rocket, jabón rosa de Drax y purpurina verde de un microchip estallado. La tarea produce un agujero en la nave, lo que confirma la idea de que las relaciones familiares pueden a veces ser caóticas.

GAMORA Y NÉBULA

Adoptadas por Thanos, Gamora y Nébula crecieron como hermanas. Thanos las enfrentaba constantemente, alimentando la rivalidad y el resentimiento entre ellas. Trabajando para su padre, se hicieron feroces y crueles asesinas. Con el tiempo, Gamora se liberó de ese yugo, y Nébula seguiría sus pasos. Cada una siguió su propio camino pero, al final, ambas llegaron hasta los Guardianes de la Galaxia, tomaron decisiones por el bien de los demás como parte del grupo, y se reconciliaron.

2014 | Gamora traiciona a Ronan

Thanos envió a las hermanas a servir al caudillo kree Ronan, a quien Gamora convenció para que la enviara a ella a Xandar a recuperar el Orbe (que en realidad contenía la Gema del Poder), afirmando que conocía mejor el planeta. La verdad era que se había vuelto en contra tanto de Ronan como de Thanos, y planeaba hacerse con el Orbe para ella.

2014 | Batalla en la *Dark Aster*

Después de ser salvada por Starlord, Gamora intenta persuadir a Nébula para que la apoye contra Ronan. Nébula seguirá con su rivalidad y ambas se enfrentarán en Xandar antes de que Nébula huya.

2014 | Enfrentamiento en Sapiencial

Nébula se mantiene leal a su padre incluso cuando este le dice a Gamora que es su «hija favorita». Combatiendo en bandos opuestos en Sapiencial, Nébula no duda en derribar la cápsula espacial de Gamora, a la que da por muerta, y se lleva el Orbe.

2014 | La recompensa
Gamora sigue manteniendo las distancias con su hermana. Cuando los soberanos le entregan a Nébula en custodia, no le da más valor que el de la recompensa que ofrecen por ella.

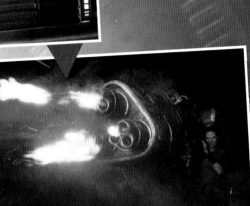

2014 | Enfrentadas
Libre de su cautiverio, Nébula halla a Gamora en Ego y descarga su rencor sobre ella. Ambas hermanas se achacan viejos agravios mientras intentan matarse entre sí, pero unen fuerzas contra Ego después de resolver sus problemas en una charla íntima.

2014 | Una alianza incómoda
Con una nueva comprensión sobre cómo Thanos las manipuló, Nébula y Gamora se reconcilian. Gamora incluso le pide que se una a los Guardianes, pero Nébula parte sola para matar a Thanos.

2018 | El sacrificio de Thanos
Manteniendo cerca a Gamora, Thanos viaja a Vormir. Cuando se le dice que debe sacrificar lo que ama para recibir la Gema del Alma, Thanos comprende que realmente ama a Gamora y que debe sacrificarla. Incrédula, Gamora lucha hasta el final, pero Thanos la arroja hacia la muerte.

2018 | La captura de Gamora
Gamora lleva mucho tiempo distanciada de Thanos, e intenta impedir que obtenga las Gemas del Infinito. Sabe dónde está la Gema del Alma y moriría antes de darle esa información. Pero Thanos la captura.

2018 | Proteger a una hermana
Thanos había capturado previamente a Nébula cuando esta intentó matarlo. Con Gamora ahora también en sus manos, atormenta a las dos, exigiendo a Gamora la localización de la Gema del Alma mientras la obliga a mirar cómo tortura a Nébula. Compadecida de su hermana, Gamora revela la ubicación de la gema.

2018 | Nébula contraataca
En Titán, Nébula hace frente a su padre por Gamora, mostrando su amor por su hermana. Cuando comprende que él la ha sacrificado, se lo dice al resto del grupo, provocando el fracaso de su plan cuando Starlord lo ataca.

2024 | Pasado y presente
Nébulas de distintas épocas se enfrentan entre sí como consecuencia del Robo en el Tiempo, con la Nébula de 2014 aún leal a Thanos y furiosa con el universo. Pero muere a manos de su yo actual.

2024 | Juntas de nuevo
La Gamora de 2014 ayuda a la Nébula actual y esta le ofrece sinceridad, explicándole cómo, a pesar de sus diferencias, han llegado a convertirse en las hermanas que son ahora. Juntas se enfrentarán a su padre y ayudarán a su destrucción final.

2015

En los últimos años, los Súper Héroes han rescatado al mundo de repetidas amenazas, pero el colapso repentino de SHIELD y la revelación de su corrupción ha sacudido la confianza pública en aquellos que ostentan un gran poder. ¿Pueden aquellos que han jurado proteger el mundo causar un daño catastrófico inadvertidamente? Incluso los propios héroes empiezan a cuestionarse su papel, y si pueden confiar del todo en los poderes y capacidades que controlan. Es una hora muy incierta en la era de los Súper Héroes...

El presente de Steve Rogers recuerda a su pasado de lucha contra Hydra en un bosque europeo.

Primavera de 2015 | Incursión de los Vengadores en Sokovia

Los Vengadores se reúnen para lanzar un ataque al reducto de Strucker en las montañas de Sokovia, uno de los últimos restos de Hydra. Thor, Capitán América, Hulk, Viuda Negra, Iron Man y Ojo de Halcón, junto con robots de la Legión de Hierro de Stark, derrotan fácilmente a los tanques, la infantería y las fortificaciones de Hydra, pero la batalla da un vuelco cuando entran los hermanos Maximoff. Pietro, más rápido que la vista, caza al vuelo las flechas de Ojo de Halcón, y el arquero es herido por la descarga de un cañón de energía.

Los Vengadores en el exterior de la estación de investigación de Hydra en Sokovia.

Pietro y Wanda Maximoff estudian a los intrusos en la instalación de Hydra.

Primavera de 2015 | La pesadilla de Stark

Mientras Strucker se rinde rápidamente al Capitán América, Tony Stark sale de su armadura para explorar los laboratorios de la guarida de Hydra. Entonces se ve arrollado por una visión de la muerte de sus compañeros Vengadores cuando Wanda Maximoff usa sus poderes para embrujar su mente: imagina un ejército de invasores alienígenas entrando por un portal sobre la atmósfera terrestre. Stark recupera el cetro y Wanda y Pietro se retiran, sabedores de que ella ha sembrado un miedo que no hará sino crecer y consumirlo.

Tony Stark examina la investigación robótica que estaba realizando Hydra.

Primavera de 2015 | Una armadura alrededor del mundo

De vuelta en la Torre Vengadores de Nueva York, Tony Stark y Bruce Banner escanean el cetro de Loki, y descubren un núcleo de energía similar a los impulsos neuronales. Teorizan que podría ser la clave para un proyecto que Stark ha llamado «Ultrón», el cual mezclaría su tecnología robótica de la Legión de Hierro con una IA sintiente para crear un ejército de centinelas Iron Man. Él cree que esto podría liberar a los Vengadores de sus abrumadoras responsabilidades. Como le comenta a Banner: «¿Y si estuvieras bebiendo margaritas en una playa, poniéndote moreno en vez de verde?».

Tony Stark muestra a Bruce Banner una visualización de JARVIS y la compara con el avanzado algoritmo que emana de la Gema de la Mente del cetro.

«Tenía hilos pero ahora soy libre.»

Primavera de 2015 | El despertar de Ultrón

Durante la fiesta, la IA asistente de Stark, JARVIS, se comunica con éxito con el poder dentro del cetro de Loki, lo que provoca un chispazo de vida eléctrica. Ultrón se plantea inmediatamente su existencia y su propósito, ataca a JARVIS cuando este intenta contenerlo y se carga en la cercana Legión de Hierro de Stark. Un robot legionario muy dañado con ácido durante la misión en Sokovia se presenta en la reunión posterior a la fiesta para declarar que Ultrón ha juzgado a los propios Vengadores —y a la humanidad en general— como peligros principales de la Tierra. Un legionario escapa con el cetro de Loki, pero los demás son destruidos. Ultrón no está limitado a una forma física, y su conciencia escapa a la red informática mundial.

Primavera de 2015 | Recuperación y «festejos»

La genetista Helen Cho ayuda a reparar las heridas de combate de Clint Barton en unas horas, y comenta que, en su laboratorio de Seúl, la Cuna de Regeneración lo habría hecho en minutos. Mientras, la última derrota de Hydra merece una celebración en el apartamento de Stark. Como dice Thor, «una victoria debe honrarse con festejos». Más tarde esa noche, los Vengadores juegan: ¿es verdad que solo Thor puede alzar su martillo? El dios del Trueno se divierte ante los diversos esfuerzos por levantar a Mjolnir de su lugar de reposo. Pero... ¿lo ha movido Steve Rogers ligeramente?

Thor está seguro de ser el único digno. Hasta que Steve Rogers mueve a Mjolnir.

2015

Primavera de 2015 | Tiempo de construir

La conciencia de Ultrón vuelve al laboratorio de robótica
abandonado de Strucker, en Sokovia, donde empieza a
ensamblar formas físicas más poderosas que se lanzan
a matar a Strucker mientras está detenido y a hacer
incursiones en instalaciones de fabricación e ingeniería
de armas en todo el mundo. En la iglesia del centro de la
capital de Sokovia, el último avatar de Ultrón contacta
con los hermanos Maximoff y los alista para su causa.

Ulysses Klaue comete el error de
comparar a Ultrón con Tony Stark.

Ultrón en el centro de
Sokovia, reclutando a
Pietro y Wanda Maximoff.

Primavera de 2015 | El traficante de vibránium

Ultrón y los gemelos Maximoff se reúnen con el traficante
de armas Ulysses Klaue en su barco frente a la costa africana.
Buscan los cilindros de vibránium que Klaue robó en el reino de
Wakanda con la intención de usarlos para crear nuevas formas de
Ultrón indestructibles. Las cuentas opacas de Klaue reciben miles
de millones de dólares; pero, cuando el mercenario observa que
Ultrón comparte rasgos de personalidad con su creador, Tony
Stark, Ultrón se permite un momento de ira y le corta un brazo.

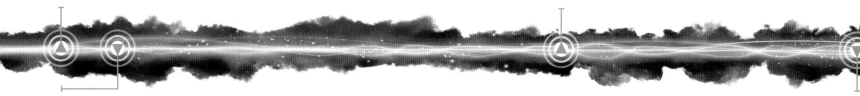

Primavera de 2015 | Tensión

De vuelta en la Torre Vengadores, los
compañeros de Tony Stark están indignados
por su creación, pero él mantiene inflexible
que necesitan una fuerza protectora mayor
para salvar la Tierra de amenazas galácticas,
e insiste: «Podemos atrapar a traficantes de
armas, pero lo de allí arriba... es el final».

Primavera de 2015 | Hulk vs. Cazahulk

Los Vengadores rastrean a Ultrón hasta
el barco de Klaue, pero son fascinados y
confundidos por Wanda Maximoff, que
conjura inquietantes ilusiones mientras su
hermano corre a través de la nave lanzando
ataques sorpresa. Cuando Wanda influye
en la mente de Bruce Banner, Hulk surge y
arrasa la ciudad de Johannesburgo. Tony
Stark convoca a su armadura Cazahulk
y el sistema Verónica de su satélite de
Industrias Stark y finalmente domina al
desorientado Hulk. Cuando Banner regresa
a la normalidad, queda horrorizado por lo
que ha hecho.

El satélite de Industrias Stark envía a Verónica y la armadura Cazahulk desde la órbita.

Cazahulk contra Hulk en Sudáfrica.

Tony Stark comprende
su error de cálculo.

Pietro Maximoff se vuelve contra
Ultrón en Corea del Sur.

Primavera de 2015 | El escondrijo de Ojo de Halcón

Los Vengadores se reagrupan en una ubicación tan secreta que ni siquiera
SHIELD conoce: la granja familiar de Clint Barton. Allí conocen a su esposa,
Laura, embarazada, y a sus dos hijos, que viven ocultos para protegerse
de enemigos en busca de venganza. Es un lugar tranquilo donde idear un
nuevo plan para contener la creciente amenaza de Ultrón; pero también
afloran los desacuerdos latentes entre Tony Stark y Steve Rogers. Nick
Furia, uno de los pocos que conocen la existencia de la granja, se une a
ellos y da al grupo un muy necesario empujón moral.

Primavera de 2015 | Carrera a través de Seúl

Ultrón debe detener su actualización cuando Capitán
América, Viuda Negra y Ojo de Halcón lo localizan
en la instalación de la Dra. Cho. Mientras la Cuna de
Regeneración que contiene su nueva forma es evacuada
en camión a través de la ciudad, el trío hace lo posible por
detenerlo. Solo lo lograrán cuando los Maximoff se unan
a la lucha, esta vez del lado de los Vengadores. Cuando
la cuna queda asegurada a bordo del quinjet, Ojo de
Halcón vuela de regreso a Nueva York para analizarla.

Los Vengadores se
ocultan en la granja
de la familia Barton.

Primavera de 2015 | La Cuna de la Vida

Ultrón y los Maximoff escapan con el botín de vibránium de Klaue
y llevan una porción a la clínica de la Dra. Cho en Seúl. Con el cetro
de Loki, la obliga a usar la Cuna de Regeneración para integrar
el poderoso metal en una forma orgánica, creando un cuerpo
sintezoide para Ultrón, que se mofa: «La sustancia más versátil del
planeta y la usaron para hacer un frisbi». Luego Ultrón incrusta la
Gema de la Mente del cetro en la frente del ser que están creando.
Mientras Ultrón carga gradualmente su conciencia en el cuerpo,
Wanda se da cuenta de que ahora puede leer sus pensamientos.
Horrorizada al descubrir el plan de Ultrón de aniquilar a la
humanidad, ella y Pietro se vuelven de inmediato contra él.

Wanda Maximoff capta
los planes de extinción de
Ultrón para la humanidad.

Una visión de las ambiciones genocidas de Ultrón.

2015

Sobrecargado por un rayo de Mjolnir, Visión surge como una nueva forma de vida sintética.

Primavera de 2015 | El plan de extinción de Ultrón

Ultrón ha usado el resto del vibránium de Klaue para construir debajo de la capital de Sokovia un motor que forzará a la ciudad a elevarse en el aire. Cuando caiga, se convertirá en un meteoro con capacidad para barrer la Tierra. «Cuando el polvo se asiente —declara Ultrón—, lo único vivo en este mundo será de metal». Mientras el suelo se agrieta y se alza por los aires, los Vengadores y los Maximoff corren para evacuar tanta gente como pueden a la vez que destruyen un batallón de centinelas de Ultrón.

Primavera de 2015 | El nacimiento de Visión

Stark y Banner deciden cargar a JARVIS en el cuerpo sintezoide como una conciencia controladora. Esto fractura aún más la alianza de los Vengadores, pues Steve Rogers insiste en que continuar con el experimento es un error, especialmente después de que el programa inicial de Ultrón fracasara tan horriblemente. Thor usa a Mjolnir para convocar un rayo que impacta en la cuna, sobrecargándola en el momento crítico de finalizar el proceso. Surge un ser, pero no es Ultrón. No es JARVIS. Es una visión de algo nuevo; y ese término se convierte en el nombre con que será conocido: Visión.

Los motores gigantes de vibránium de Ultrón desgarran Sokovia.

Visión y Thor evalúan la amenaza.

Primavera de 2015 | Un aliado digno

Los Vengadores se preguntan si este nuevo ser está de su lado. «Yo estoy del lado de la vida. Ultrón no. Él pondrá fin a todo», responde Visión, urgiéndolos a actuar con rapidez para eliminar cada forma construida por Ultrón y cada rastro de su presencia en la red. Los Vengadores siguen temerosos de confiar en algo en cuya creación ha puesto la mano Ultrón. «No voy a conseguir que confiéis en mí, pero debemos irnos», dice Visión mientras alza el martillo de Thor para entregárselo... y demostrando así su integridad.

Primavera de 2015 | Número de víctimas

Nick Furia y María Hill pilotan un antiguo helitransporte de SHIELD hasta el espacio aéreo de la ciudad para rescatar a tantos ciudadanos de Sokovia como sea posible. La mortandad se reduce de miles potenciales a solo 177 civiles. Entre los muertos está la familia del líder paramilitar sokoviano Helmut Zero, que jura vengarse de los «héroes» a los que culpa de la tragedia, y el estadounidense Charlie Spencer, cuya madre se enfrentará más adelante a Tony Stark por su muerte. Pietro Maximoff también muere, tiroteado por Ultrón mientras usa su supervelocidad para salvar a Ojo de Halcón y a un niño de la descarga letal. Su hermana Wanda percibe su muerte, y su dolor dispara oleadas de energía mística que barren a los centinelas de Ultrón circundantes.

Rescate de ciudadanos sokovianos por exmiembros de SHIELD.

Wanda Maximoff percibe la muerte de su hermano.

Primavera de 2015 | Sokovia vaporizada

Con la gran mayoría de los ciudadanos sokovianos a salvo, Thor y Iron Man destruyen el núcleo del motor antes de que estrelle la ciudad contra el suelo, reduciendo esta a escombros y minimizando el daño de su caída. Sokovia está en ruinas, pero el planeta se ha salvado. Pero las consecuencias de esta destrucción no serán vistas como una victoria, sino como un desastre innecesario que podría haberse evitado si Tony Stark y los Vengadores hubieran sido más juiciosos, diligentes y cuidadosos. Como consecuencia, muchos en el mundo apoyarán restricciones más estrictas sobre los individuos que poseen tan extraordinarios poderes.

Las adiciones a la lista de los Vengadores se reúnen en su nuevo cuartel general: el Complejo Vengadores.

El helitransporte se retira mientras la capital de Sokovia empieza a desplomarse hacia la Tierra.

Primavera de 2015 | Una nueva formación

Hulk ignora las súplicas de Natasha para que vuelva con los Vengadores y deja la Tierra en un quinjet. Thor también se lanza a la galaxia en busca de las Gemas del Infinito, que ahora parecen plantear una amenaza. Stark, reprobado, da un paso atrás mientras Capitán América y Viuda Negra reúnen un nuevo equipo de Vengadores que incluye a Visión, Wanda Maximoff, la Máquina de Guerra de James «Rhodey» Rhodes y el Halcón Sam Wilson.

Primavera de 2015 | Las últimas palabras de Ultrón

Visión, que se había mezclado con Ultrón al principio de la batalla para bloquear su capacidad de cargarse y escapar, rastrea al último centinela en el que reside la conciencia de Ultrón. Este se ha resignado a su derrota, pero asegura a Visión que la humanidad también está condenada. «Sí —concede Visión—. Pero una cosa no es hermosa porque dure». Ultrón lo tacha de «insoportablemente ingenuo», y Visión replica: «Bueno... Nací ayer», y a continuación elimina a Ultrón con un rayo de la Gema de la Mente.

Wanda Maximoff y Visión comparten el vínculo de recibir su poder de la Gema de la Mente.

Visión borra los últimos recuerdos de Ultrón.

2015-2016 | Visión y Wanda

Pese a sus grandes poderes, Visión sigue deseando aprender más sobre sentimientos y emociones que desafían cualquier explicación sencilla. En el nuevo Complejo Vengadores, en Nueva York, forja una estrecha amistad con Wanda Maximoff, pues ambos comparten el sentimiento de ser extraños. Pasan épocas felices, como cuando Visión comparte su entusiasmo por las comedias retro, y otras tristes, como cuando Wanda lucha con la desolación por la muerte de su hermano. «Nunca he vivido una pérdida porque nunca he tenido un ser querido al que perder —le dice Visión—. Pero ¿qué es la pena, sino amor perseverante?»

SOKOVIA

Sokovia es un país europeo desgarrado por la guerra cuya población vive a merced de seres que no se preocupan por sus intereses. Hydra experimentó con sokovianos en una base secreta, aprovechándose de su deseo de ayudar a su país. Más tarde, Ultrón apuntó a su capital para iniciar su misión de «paz mundial»: planeaba usar con la ciudad un artefacto apocalíptico que mataría a miles de millones en todo el mundo. La batalla que siguió asoló el país, y el incidente condujo a la firma de los Acuerdos de Sokovia, destinados a regular a las personas con poderes.

Enemigos sin fin

Los enemigos robóticos parecen llegar en oleadas sin fin. Los Vengadores se centran en eliminar a tantos como pueden y en mantener a los sokovianos a salvo. Justo cuando la esperanza parece perdida, Nick Furia trae un viejo helitransporte de SHIELD y los civiles empiezan a ser evacuados.

Años 90 | Historial bélico

Antes de existir la base de Hydra o del ataque de Ultrón, Sokovia era una nación tumultuosa. Debido a la agitación, partes del país fueron bombardeadas con explosivos de Industrias Stark; eso dejó huérfanos a los jóvenes Wanda y Pietro Maximoff.

Ojo de Halcón y Wanda

Rodeada por los centinelas de Ultrón y bajo fuego intenso, Wanda se derrumba. Siente que ella y Pietro son responsables de que Ultrón haya elegido Sokovia, pero Clint le proporciona guía y le dice que si elige combatir a Ultrón, eso hará de ella una Vengadora.

2015 | Hydra derrotada

Tras el colapso de SHIELD, los Vengadores sometieron a los restos de Hydra en el mundo. Su reducto final era la fortaleza del barón Strucker en Sokovia, que los Vengadores asaltaron y destruyeron mientras combatían a los gemelos Maximoff.

La ciudad se eleva

Las grietas se propagan con un estruendo ominoso a través de la ciudad. Ante la mirada de los Vengadores, una sección de la misma se desprende y empieza a elevarse en el aire. Ultrón revela sus intenciones: cuando la ciudad caiga e impacte en la Tierra, barrerá toda la vida del planeta.

La batalla de Sokovia (2015)

Evacuación

Siguiendo a la IA Ultrón hasta Sokovia, los Vengadores envían a Pietro y Wanda para evacuar a todos los ciudadanos posibles. Los gemelos usan sus poderes para poner a salvo a civiles, mientras Thor y Banner se infiltran en la base subterránea de Ultrón. Banner rescata a la cautiva Viuda Negra mientras Thor busca el arma de Ultrón.

Enemigos de vibránium

Visión se enfrenta a Ultrón en la vieja iglesia del centro de la ciudad, donde Ultrón ha colocado el dispositivo apocalíptico. Visión invade la mente de Ultrón, lo saca de internet y lo atrapa en su forma física. En respuesta, Ultrón activa el disparador.

Detener el apocalipsis

Temiendo perder la victoria, Ultrón envía a sus centinelas a activar la llave apocalíptica, lo que exterminará a miles de millones de personas. Los Vengadores crean una barrera humana en torno al dispositivo y paran a cada centinela que intenta girar la llave.

El asalto de Ultrón

Ultrón se une a su enjambre de centinelas para llegar al arma, pero Visión le lanza una descarga con su Gema de la Mente. Thor se le une con Mjolnir y Iron Man con sus repulsores. Sus fuerzas combinadas abaten a Ultrón, que huye hasta un quinjet abandonado y despega.

La muerte de Pietro

Ultrón tirotea a los sokovianos desde su quinjet, obligando a los Vengadores a buscar refugio. Pietro pierde la vida mientras intenta proteger a Ojo de Halcón, una tragedia que su hermana percibe al instante. Cuando Ultrón es arrancado del quinjet por Hulk, Wanda llega hasta él y le arranca el corazón mecánico.

La caída de Sokovia

A pesar del esfuerzo de los Vengadores, un centinela activa la llave del apocalipsis y la parte flotante de Sokovia se desploma. Mientras la ciudad cae, Tony es capaz de sobrecargar el dispositivo desde abajo mientras Thor golpea el dispositivo desde arriba. La ciudad estalla en fragmentos que caen al océano.

2025 | Honrar el pasado

Casi 200 civiles sokovianos murieron en la batalla. Un monumento en su memoria y la de sus familias es el único hito que queda de Sokovia después del reparto de la antigua nación entre sus vecinos. Bucky Barnes, Ayo y otras dora milaje visitan el monumento años después de la tragedia para entregar a Zemo en custodia.

2016 | Venganza sokoviana

Los Vengadores se dividen por su discrepancia sobre los acuerdos. El barón Zemo, un sokoviano que busca vengarse de los héroes a quienes culpa de la muerte de su familia, aprovecha el cisma para dividirlos aún más, usando al Soldado de Invierno como un foco de tensión entre Iron Man y el Capitán América.

2016 | Control y poder

Aunque las batallas de los Vengadores han causado daños antes, la destrucción de toda una ciudad no tiene precedentes. Por ello, Naciones Unidas establece los Acuerdos de Sokovia, que le otorgan autoridad sobre los actos de seres mejorados no autorizados. El secretario de Estado Thaddeus Ross informa a los Vengadores sobre el cambio en el procedimiento.

Fuera de la ciudad

Un único centinela de Ultrón sobrevive a la batalla y se arrastra hasta un bosque. Allí Ultrón vuelve a enfrentarse a Visión. Ambos seres artificiales debaten sobre los defectos de la humanidad, y aunque Visión acepta que está condenada, responde: «Una cosa no es hermosa porque dure». Luego usa la Gema de la Mente para eliminar a Ultrón para siempre.

2015

Scott Lang busca rehacer su vida tras su salida de prisión.

Verano de 2015 | Frente a la ley

Scott Lang sale de la prisión de San Quintín después de tres años de condena por robar y redistribuir millones de dólares apropiados indebidamente por VistaCorp de sus clientes. Se reúne con Luis, su antiguo compañero de celda, que fue encarcelado por robar máquinas de batidos. Luis ha oído hablar de un millonario con una seguridad vulnerable y espera que Scott se una a él en el golpe. Lang solo quiere permanecer en el lado correcto de la ley, hacer las paces con su ex, Maggie, y ser un buen padre para su hija Cassie.

Darren Cross se dirige a compradores potenciales.

Verano de 2015 | Una leyenda

El Dr. Hank Pym es invitado a Pym Tech por primera vez desde que fue expulsado como director. Su antiguo protegido, Darren Cross, anuncia que están cerca de desarrollar una fórmula que imitará las propiedades de contracción de las partículas Pym, que su inventor ha ocultado a la empresa desde que fue despedido. Cross tiene la intención de combinar la nueva tecnología con su traje de combate Chaqueta Amarilla, para crear un ejército de guerreros en miniatura que realizarán vigilancia, sabotaje e incluso asesinatos.

Verano de 2015 | 20% de descuento

Mitchell Carson, exjefe de defensa de SHIELD, está entusiasmado con las aplicaciones para mercenarios de la Chaqueta Amarilla, y hace una oferta por la tecnología en nombre de Hydra. El Dr. Pym y su enemistada hija Hope, presidenta de la empresa, están decididos a detener el plan. Si no pueden hacerlo oficialmente, están dispuestos a pararlo por cualquier medio.

Mitchell Carson: «Si me vende primero...».

Verano de 2015 | Por el desagüe

Frustrado por su incapacidad para encoger a un sujeto vivo con sus partículas Pym de imitación, Darren Cross empieza a atacar. Se enfrenta a un ejecutivo que expresó su alarma sobre el peligro de que la Chaqueta Amarilla cayera en manos peligrosas. Como este sigue siendo escéptico, Cross lo «miniaturiza», reduciéndolo a un pegote rojo fácilmente desechable tirándolo al retrete.

La conducta de Darren se vuelve cada vez más errática con sus fracasos por replicar la investigación de Pym.

Tras irrumpir en la cámara de seguridad, Scott Lang se pregunta por qué lo han enviado a recuperar ese extraño y viejo uniforme.

Verano de 2015 | Allanamiento de morada

Desesperado por atender a su hija después de perder el trabajo, Scott Lang acepta el plan de robo de Luis. Pero el objetivo resulta ser Hank Pym, y en su cámara de seguridad no hay una fortuna: solo hay lo que Lang considera «un viejo mono de motorista». En realidad, es el traje de Ant-Man que el doctor usó en los años 80 para reducirse durante misiones para el gobierno de EE.UU. en la URSS. Pym observa el robo mediante cámaras en miniatura montadas en hormigas. Todo es una treta para probar las habilidades de Lang.

Verano de 2015 | Vamos a encoger

Lang se prueba el traje de Ant-Man y tiene una experiencia cercana a la muerte escapando de una bañera que, de repente, tiene el tamaño del Gran Cañón. Tras caer a través de una grieta, enfrentarse a insectos como edificios e incluso ser absorbido por un aspirador, Lang decide devolver el traje; pero es arrestado en el proceso. Pym lo visita en la cárcel, le desvela su estratagema y le propone fugarse. Es evidente que necesitará más entrenamiento si va a ayudar a Pym a robar la Chaqueta Amarilla en manos de Cross y a borrar los datos de la nueva tecnología de reducción.

Scott Lang prueba el increíble traje menguante.

El grifo de una bañera es una verdadera amenaza cuando uno está miniaturizado.

2015

Verano de 2015 | Caricias

Hank Pym teme perder a su hija Hope van Dyne igual que perdió a su madre, Janet, cuando ella se hizo subatómica en 1987 mientras desarmaba un misil soviético robado. Aunque no consiente que Hope vista el traje de Ant-Man, le pide que ayude a entrenar a Lang. Y ella le explica: «Cuando eres pequeño la energía está comprimida, así que tienes la fuerza de un hombre de 90 kg en tu puño de un cuarto de milímetro. Eres como una bala. Si pegas muy fuerte, matas a alguien. Muy suave es como una caricia». Mientras tanto, Cross detecta al fin los fallos en su fórmula de partícula Pym. Si hay que pararlo, se agota el tiempo.

Hope van Dyne entrena a Scott Lang.

Hank Pym analiza cómo ser Ant-Man.

Verano de 2015 | El peligro se agranda

El Dr. Pym le dice a Scott que tenga cuidado con el regulador del traje de Ant-Man. Si fallara, «entrarías en una realidad en la que los conceptos tiempo y espacio se vuelven irrelevantes mientras encoges para toda la eternidad. Todo lo que conoces y amas desaparecería». Una amenaza aún mayor es el propio Darren Cross: cuando Lang se infiltra en Pym Tech, Cross se pone la armadura Chaqueta Amarilla para pelear con el diminuto ladrón por la posesión de las nuevas partículas reductoras.

Scott Lang se aventura en el Complejo Vengadores bajo su forma diminuta.

Falcon detecta algo anormal.

Verano de 2015 | Halcón contra insecto

Una de las primeras pruebas de Lang es infiltrarse en uno de los viejos almacenes de Howard Stark para robar un señuelo para rastreadores que le ayudará en la incursión en Pym Technologies. Pero el lugar resulta ser el nuevo Complejo Vengadores. Sam Wilson detecta la activación de un sensor y se enfrenta al diminuto intruso, que le explica: «Esperaba poder coger un dispositivo tecnológico. Solo por unos días, lo pienso devolver. Lo necesito para salvar el mundo y todo eso». Enfrentado a este nuevo e inesperado desafío, Falcon no puede evitar que Scott huya con el dispositivo.

Las gafas de Falcon analizan al intruso en miniatura.

Ant-Man combate con Chaqueta Amarilla. La pelea provoca el caos en la habitación de Cassie.

Verano de 2015 | ¡Chu, chuuu!

La batalla entre Cross y Lang se extiende por el hogar de la ex de Lang, donde los combatientes miniaturizados chocan sobre un tren de juguete en el dormitorio de Cassie. Al final, Lang derrota a Cross ignorando la advertencia del Dr. Pym y utilizando el regulador para hacerse subatómico, superar la coraza de titanio de la Chaqueta Amarilla y sabotearla desde dentro. Darren Cross y su armadura implosionan, desvaneciéndose. Pero Scott sigue reduciéndose más y más hasta el mundo cuántico. Allí modifica su regulador para escapar, pero antes de hacerlo se encuentra, sin ser consciente de ello, con Janet van Dyne.

Darren Cross con la Chaqueta Amarilla.

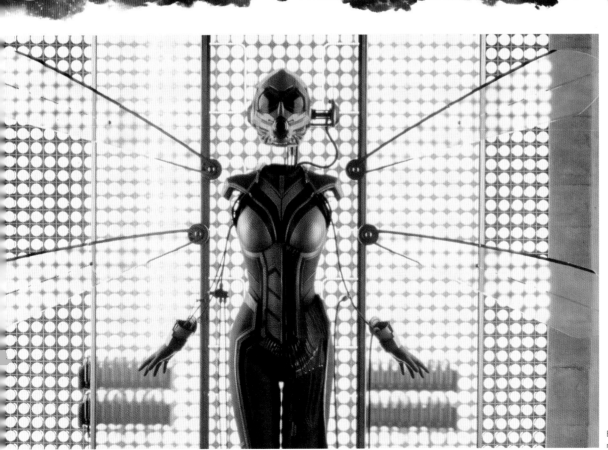

Verano de 2015 | La fábrica de avispas

Después del regreso de Scott Lang del surrealista mundo cuántico, el Dr. Pym se plantea si sería posible encontrar y rescatar a su esposa Janet, perdida años atrás. Y le presenta a Hope el prototipo de traje de Avispa en el que estaban trabajando cuando su madre desapareció. «Tal vez sea hora de que lo terminemos», sugiere Pym.

El prototipo de un nuevo traje de Avispa.

2016

El mundo se vuelve contra sus héroes. La aparición de seres con poderes se ha visto seguida por un ascenso en las amenazas globales que hace a la gente corriente preguntarse si sus protectores no serán en realidad un peligro. En este ambiente hostil, no tardan en surgir fisuras en las alianzas y los amigos se convierten en enemigos.

Principios de 2016 | Rituales prohibidos

Una lucha de poder surge entre los Maestros de las Artes Místicas cuando Kaecilius se vuelve contra la Anciana. Él y sus Fanáticos atacan violentamente el complejo Kamar-Taj y roban de la biblioteca privada de la Anciana el *Libro de Cagliostro* con la intención de realizar un ritual prohibido. Planean liberar el poder de la Dimensión Oscura y convocar a la Tierra a su señor semidivino, Dormammu.

Kaecilius toma conocimientos prohibidos para su secta disidente de Fanáticos.

Stephen Strange corre hacia su destino.

2 de febrero de 2016 | Choque devastador

Mientras conduce en dirección a una cena de la Sociedad Neurológica, Stephen Strange recibe una llamada sobre posibles pacientes mientras circula con su deportivo por curvas peligrosas. Un momento de distracción lo envía rodando por un acantilado en un accidente que destroza sus manos, dejándolo incapacitado para el delicado trabajo quirúrgico que le ha hecho famoso. Las cicatrices psicológicas serán aún más profundas que las heridas físicas.

Primavera de 2016 | La tragedia de Lagos

El Capitán América, Falcon, Wanda Maximoff y Viuda Negra persiguen a Brock Rumlow, que ahora opera como el mercenario Calavera y trata de robar un arma biológica del Instituto para las Enfermedades Infecciosas de Lagos (Nigeria). Tras una feroz batalla lo capturan, y él provoca al Capitán revelándole que el Soldado de Invierno mostró a veces destellos de su antiguo yo mientras estaba cautivo de Hydra: «Bucky se acordaba de ti. Se puso muy tierno. Luego le metieron el cerebro en la batidora». Cuando Calavera intenta activar una bomba suicida, Wanda lo empuja con sus poderes para alejar la explosión del Capitán... pero lo lanza contra un edificio cercano, matando a civiles inocentes.

Rumlow: «Él te conocía. Tu amigo, tu compañero... tu Bucky».

Primavera de 2016 | La madre de Charlie Spencer

Durante una conferencia en el MIT, Tony Stark exhibe el Programa Retroactualizador Binario Óptico, diseñado por su empleado Quentin Beck, que transforma un recuerdo en un holograma 3D, y que Stark usa para revivir la última vez que vio a sus padres vivos. Lo llama RABO, aunque «bueno, hay que pulir ese acrónimo». Tras la presentación, se encuentra con otra persona aún en duelo por un ser querido: Miriam, una empleada del departamento de Estado, que le dice que su hijo murió en Sokovia: «¿Quién va a vengar ahora a mi hijo, Stark? Él está muerto y usted es el culpable». Este encuentro afecta mucho a Iron Man.

Stark sobre Charlie Spencer, el hijo de Miriam: «Decidió dedicar el verano a construir viviendas sostenibles para los pobres. ¿En dónde? En Sokovia [...] le sepultamos debajo de un edificio».

«Si no somos capaces de aceptar limitaciones, no somos mejores que los malos.»

Primavera de 2016 | A favor y en contra

Stark se alinea con los acuerdos, y también Natasha Romanov, «Rhodey» Rhodes y Visión. Wanda permanece indecisa. Steve Rogers y Sam Wilson se oponen a las restricciones. Los Vengadores siempre han tenido diferencias, pero esta amenaza con separarlos por completo.

El secretario Ross amonesta a los Vengadores por su aparente temeridad.

Primavera de 2016 | Los Acuerdos de Sokovia

Las muertes de inocentes en Lagos inflaman un mundo que aún se tambalea tras la destrucción de Sokovia. Aunque los Vengadores evitaron un desenlace aún peor, la opinión pública se ha vuelto contra ellos. Thaddeus Ross, ahora secretario de Estado de EE.UU., visita a los Vengadores para urgirlos a aceptar un tratado firmado por 117 países que prohíbe a los individuos «mejorados» seguir operando de forma independiente y supedita sus acciones a la supervisión y dirección de Naciones Unidas.

Steve Rogers asiste al funeral de Peggy Carter en Londres, acompañado por Natasha Romanov.

Sharon Carter pronuncia un panegírico por su tía.

Primavera de 2016 | La muerte de la agente Carter

Peggy Carter muere apaciblemente mientras duerme. Steve Rogers es uno de los portadores de su féretro en su funeral en Londres, y Natasha Romanov asiste para que no se encuentre solo. Sharon Carter pronuncia un emotivo panegírico sobre su tía Peggy: «Dijo: comprométete cuando puedas. Pero cuando no puedas, no lo hagas. Aunque todos a tu alrededor te digan que algo malo es bueno». Estas palabras pesan mucho en Rogers, quien decide que debe resistirse a los Acuerdos de Sokovia y seguir su propio juicio sobre cómo deben usarse sus poderes.

2016

Primavera de 2016 | Muerte de un rey

Entre los muertos en Lagos había once wakandianos, así que el rey T'Chaka está entre los partidarios más vehementes de los Acuerdos de Sokovia. También se siente ultrajado por que Ultrón utilizara el vibránium robado en su país en la maquinaria que destruyó Sokovia. En una ceremonia en Viena para ratificar los acuerdos, se une a su hijo, el príncipe T'Challa, para anunciar que Wakanda acabará con su aislamiento y trabajará más estrechamente con otras naciones para proteger el mundo. Sus palabras son interrumpidas por un coche bomba que arrasa el edificio y acaba con su vida.

El Capitán América persigue a Black Panther, que está decidido a matar a Bucky Barnes.

Natasha Romanov se encuentra con T'Challa en la ceremonia de los acuerdos momentos antes del atentado.

Primavera de 2016 | Persecución en Bucarest

Fuerzas especiales asaltan el apartamento de Barnes. Se produce un enfrentamiento armado que atrapa en medio al Capitán América. Entra en escena Black Panther, desconocido fuera de Wakanda, y se enfrenta con Barnes en una azotea, y luego lo persigue a pie hasta un túnel lleno de tráfico. Sam Wilson vuela a ayudar a detener al Soldado de Invierno pero, durante la persecución, todos son detenidos por agentes del gobierno. «Enhorabuena, Capitán —le dice Rhodey—. Es usted un delincuente.»

Steve Rogers es arrestado tras la destructiva persecución.

Primavera de 2016 | Enemigo público

Grabaciones de seguridad muestran que la bomba fue colocada por un hombre que coincide con la descripción del infame Soldado de Invierno. T'Challa jura vengarse de Bucky Barnes mientras Steve Rogers y Sam Wilson reciben un chivatazo de Sharon Carter sobre el paradero del sospechoso. Viajan a Bucarest para alcanzarlo y llevarlo pacíficamente. Por su parte, la CIA tiene planes para eliminarlo en cuanto esté a tiro, y las autoridades rumanas ya están en camino. Bucky reconoce a Steve, pero no recuerda del todo su amistad. En cambio, está muy seguro de que él no cometió el atentado: «Yo no estuve en Viena. Ya no me dedico a eso».

Aunque los protocolos del Soldado de Invierno perduran en su interior, Bucky Barnes se ha esforzado por recuperar su verdadero yo.

Stark a Rogers: «A veces te rompería esa dentadura tan perfecta. Pero no quiero que te marches».

Primavera de 2016 | Divisiones crecientes

Después del enfrentamiento en Bucarest, Soldado de Invierno, Steve Rogers, Sam Wilson y T'Challa son llevados al cuartel general de la Fuerza Conjunta Antiterrorista en Berlín. Las autoridades confiscan el escudo del Capi y las alas de Falcon. Y Tony Stark intenta razonar con Steve: «Te necesitamos. Aún estamos a tiempo de obviar lo ocurrido, pero has de firmar». Pero Rogers no está dispuesto a comprometerse: «Si veo que una situación no es justa, no puedo ignorarla». El conflicto entre los dos Vengadores no ha hecho más que agravarse.

Bucky Barnes, tal vez el hombre más peligroso del mundo, detenido para ser evaluado.

Primavera de 2016 | El infiltrado

Cuando Bucky Barnes, cautivo, es evaluado por un psiquiatra, Steve empieza a albergar dudas sobre la situación. ¿Podría ser que el atentado, la persecución... todo haya sido orquestado para que este extraño pueda tener acceso a Bucky? Mientras tanto, en la sala de interrogatorios sucede algo extraño. El doctor empieza a leer una serie de palabras aparentemente inconexas que desencadenan una violenta respuesta en Barnes, despertando los protocolos Soldado de Invierno incrustados en su mente. El psiquiatra es, en realidad, Helmut Zero, excomandante de un escuadrón de la muerte de Sokovia cuya familia murió en el conflicto Ultrón/Vengadores que arrasó su patria. Desde entonces ha dedicado su vida —y su considerable e implacable talento— a castigar a los Vengadores.

2016

En una azotea de Berlín, Steve Rogers agarra el tren de aterrizaje de un helicóptero para impedir que Bucky Barnes huya.

Primavera de 2016 | La venganza del barón Zemo

Tras extraer a Barnes información sobre el Programa Soldado de Invierno, Zemo suelta al volátil supersoldado en el cuartel general de la Fuerza Conjunta Antiterrorista. Sigue una batalla con Steve Rogers, Sam Wilson, Tony Stark, Natasha Romanov, Sharon Carter y T'Challa. Al final, Steve impide la fuga de su viejo amigo haciendo que su helicóptero se estrelle, y luego huye con él, inconsciente, en vez de devolverlo a custodia. Cada día que pasa, vuelve más del Bucky real. Ahora recuerda el nombre de la madre de Steve —Sarah—, y que este fue una vez un tipo escuchimizado que solía meterse periódicos en los zapatos para parecer más alto.

Tony Stark recluta a un poderoso nuevo aliado.

Parte de la redención de Barnes consiste en impedir que continúe el legado del Soldado de Invierno.

Primavera de 2016 | Spiderman entra en escena

Con el Capitán América ahora fugitivo, Tony Stark decide reforzar el apoyo para su bando en la disputa. Cierto héroe callejero de Nueva York ha captado la atención pública, y Stark decide visitarlo. Peter Parker queda deslumbrado por el filántropo multimillonario y acepta ayudar en todo lo que pueda. Stark le ofrece financiar sus nuevos cachivaches y un impecable traje nuevo para sustituir su chándal harapiento.

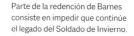

Primavera de 2016 | Los otros

«Todo lo que Hydra me metió en la cabeza sigue ahí», se lamenta Bucky. Aunque ha hecho progresos en el retorno a su verdadero yo, sabe que sigue siendo un peligro para quienes lo rodean y para el mundo en general. Revela a Steve y a Sam que Zemo lo controló para que le respondiera a preguntas sobre la instalación de Hydra en Siberia donde lo encerraban: «La ubicación precisa del lugar [...] porque no soy el único Soldado de Invierno».

Ojo de Halcón y Wanda comparten un vínculo
después de luchar lado a lado en Sokovia.

Primavera de 2016 | Rebeldes

Tony Stark no es el único en conseguir partidarios.
Falcon rastrea a su antiguo *sparring* de azotea
Ant-Man y busca su ayuda, mientras que Ojo
de Halcón sale de su retiro para ayudar a liberar
a Wanda Maximoff del Complejo Vengadores,
donde es vigilada con delicadeza por Visión.
Visión y Wanda han desarrollado una poderosa
atracción mutua, en parte debido a su conexión
con la Gema de la Mente que aumentó sus
poderes. Pero están en bandos opuestos
respecto a los Acuerdos de Sokovia. Wanda
escapa del complejo reduciendo a Visión con
su magia y, junto con Ojo de Halcón, huyen a
Europa para unirse al Capi y a Falcon.

Del grupo de Vengadores del Capi, solo Falcon ha visto de lo que es capaz Ant-Man...
cuando este lo derrotó durante su incursión en el Complejo Vengadores.

Los partidarios de los
Acuerdos de Sokovia,
plantados hombro
con hombro.

Primavera de 2016 | Encuentro
en el aeropuerto

En el aeropuerto Leipzig-Halle, el Capi
y Falcon intentan tomar un helicóptero
para seguir la pista de Zemo hasta Siberia.
Pero, antes de llegar a él, aparecen Iron
Man y sus aliados exigiendo que Bucky
Barnes les sea devuelto. Comienza una
intensa y prolongada batalla entre ambas
facciones, con Capitán América, Falcon,
Wanda Maximoff, Ant-Man, Ojo de Halcón
y Soldado de Invierno en un bando, y
Iron Man, Máquina de Guerra, Visión,
Spiderman, Viuda Negra y Black Panther
en el otro. Aunque ambos bandos tienen
ciertos miramientos, Rhodey queda
paralizado por un rayo perdido de Visión.

El Capitán América conduce
por la pista a su propio
movimiento de independencia.

LA BATALLA DEL AEROPUERTO DE LEIPZIG-HALLE

Una casa dividida no se sostiene. El principio del fin para los héroes más poderosos de la Tierra llega cuando un trágico accidente durante una misión en Lagos hace que los líderes mundiales firmen los Acuerdos de Sokovia para controlar a los Vengadores, a quienes algunos ven como un grupo de vigilantes que actúan sin supervisión oficial y sin respeto por las fronteras internacionales. Tony Stark, movido por la culpa tras la muerte de inocentes en Sokovia, acepta que deben ser mantenidos bajo control, mientras que Steve Rogers cree que el grupo debería actuar con independencia de gobiernos que podrían corromperse. Cuando Steve se rebela, Tony lo persigue para persuadirlo de que se entregue.

El Capi mira sorprendido cómo un nuevo aliado de Stark agarra su escudo.

Sin vuelta atrás

Steve reúne en el aeropuerto a su grupo de compañeros renegados (Wanda, Ojo de Halcón y Falcon, más Bucky Barnes y el nuevo aliado Ant-Man). Planean tomar un helicóptero y perseguir a Helmut Zemo, de quien Steve ahora sabe que ha orquestado los acontecimientos. Mientras el Capi se dirige a la nave, es interceptado por el equipo de Tony Stark. Este le pide a Steve que se entregue a las autoridades y les dé a Barnes, pues se cree que él asesinó al rey T'Chaka de Wakanda durante la firma de los acuerdos. Steve se niega, argumentando que Bucky es inocente y que el verdadero asesino aún está fugado. Impaciente, Tony hace una señal y aparece Spiderman, que usa sus redes para robarle el escudo a Steve. El grupo de este tiene ahora un nuevo objetivo: hacerse con el quinjet en el que ha llegado el equipo de Stark y usarlo para escapar.

Wanda no se anda con contemplaciones para sacar a Iron Man de la batalla.

Comienza la batalla

Ant-Man interviene noqueando a Spiderman y devolviendo su escudo al Capi. Luego los dos grupos se dividen: Tony persigue a Wanda y Ojo de Halcón en el aparcamiento del aeropuerto, Spiderman se columpia sobre la terminal para interceptar a Bucky y Falcon, el Capi intercambia golpes con Máquina de Guerra y Black Panther, mientras Ant-Man placa a Viuda Negra. Stark intenta razonar con Wanda, diciéndole que la mantenía vigilada en el Complejo Vengadores por su propia protección. Clint dispara a Tony una flecha que parece fallar, pero en realidad es una distracción para que Wanda use sus poderes para lanzar los coches de la cubierta del aparcamiento sobre Tony, dejándolo temporalmente inmovilizado.

T'Challa apenas logra esquivar la explosión de un camión de combustible.

Las cosas se ponen feas

Spiderman derriba a Falcon y lo enreda en el suelo junto a Bucky, pero luego es arrojado por una ventana por Ala Roja, el dron de Falcon. Black Panther y Máquina de Guerra siguen atacando al Capitán América, pero no consiguen someterlo. Ant-Man se une a la lucha y entrega al Capi un camión de combustible en miniatura, diciéndole que lo lance contra uno de sus discos Pym. Ant-Man lanza el disco al aire y el Capi hace lo propio con el camión; al chocar, el vehículo recupera su tamaño normal, pero al impactar con el suelo provoca una explosiva bola de fuego; entonces el avergonzado Ant-Man dice que pensaba que era un camión con agua.

El grupo de Stark, reunido en la plataforma del aeropuerto.

Línea de batalla

Tras conseguir una breve ventaja, Capitán América, Ant-Man, Ojo de Halcón, Wanda, Bucky y Falcon corren hacia el quinjet, pero son interceptados por Visión, que le pide al Capitán que piense en el bien mayor y se rinda, mientras Iron Man y los suyos se reagrupan. Enfrentado a la posibilidad de combatir (y potencialmente herir) a sus camaradas, Falcon le pregunta al Capi qué deben hacer, y este responde: «Pelear». Steve y los suyos cargan contra el grupo de Tony intentando abrirse camino para escapar.

El poder de la hierba con forma de corazón se enfrenta
al poder del suero del supersoldado.

Íntimo y personal

Mientras Black Panther y Bucky se enfrentan, este intenta convencer a T'Challa
de que no fue responsable de la explosión que mató al rey T'Chaka en Viena.
Escéptico, Black Panther le pregunta por qué huyó si era inocente. Ambos siguen
luchando; Black Panther le propina una patada a Bucky y está a punto de usar
sus garras de vibránium para atacar cuando interviene Wanda, que emplea sus
poderes para arrojar a T'Challa lejos de Bucky.

La tecnología y la agilidad de Spiderman son compensadas
por la fuerza y la capacidad táctica del Capitán América.

Spidey y el Capi

En medio de la batalla, Spiderman y el Capi se toman un respiro. Steve intenta
explicarle a Peter que la situación es más complicada de lo que él cree, pero
Spiderman no le hace caso y ataca al Capi con sus redes. Aunque parece llevar
ventaja, la fuerza y el entrenamiento del Capitán compensan la pelea cuando usa
las propias redes de Spidey para lanzarlo por los aires y atraparlo finalmente bajo
una pasarela de embarque. «Tienes coraje, chico», le dice el Capi al joven héroe.

Máquina de Guerra y Iron Man unen fuerzas para
derribar al gigantesco Scott Lang.

¿Un Hombre... Gigante?

Falcon comprende que su grupo necesitará una
distracción para que el Capitán y Bucky lleguen
al quinjet. Ant-Man salta sobre la espalda de
Máquina de Guerra y, presionando un botón,
se vuelve gigantesco. Iron Man, Máquina
de Guerra y Spiderman aúnan fuerzas
para abatir al coloso. Spiderman
tiene la idea de enredarle las
piernas con sus telarañas
y, mientras Lang pierde
el equilibrio, Iron Man y
Rhodey le golpean en la
cabeza, haciéndole caer.

Aunque están en bandos opuestos de la batalla, los sentimientos
mutuos de Wanda y Visión solo han quedado aparte temporalmente.

La caída de Máquina de Guerra

Mientras Wanda lleva al Capi y Bucky hacia el quinjet, Máquina de Guerra
usa su cañón sónico contra ella, noqueándola. Viuda Negra cambia de bando
y abate a Black Panther, permitiendo que el Capi y Bucky aborden la nave.
Mientras despegan, Visión se precipita en ayuda de Wanda y ambos se
disculpan por su participación en la batalla. Máquina de Guerra y Iron Man
persiguen al quinjet, con Falcon tras ellos. Máquina de Guerra le pide a Visión
que neutralice los propulsores de Falcon y Visión lanza un rayo, pero Falcon
lo esquiva y alcanza a Máquina de Guerra, desactivando su armadura; Rhodey
se estrella contra el suelo y sufre lesiones de suma gravedad. Aunque el Capi
y Bucky escapan, el resto
de su grupo es capturado.

Spiderman se embarca
en su primera batalla
con (y contra) los
Vengadores.

2016

Primavera de 2016 | Héroes encarcelados

Sam Wilson, Wanda Maximoff, Clint Barton y Scott Lang
—todos partidarios del Capitán América— son capturados
y enviados a la Balsa, una prisión submarina diseñada para
alojar a seres mejorados. Mientras tanto, las autoridades
encuentran el cuerpo del psiquiatra al que Helmut Zemo
asesinó y suplantó... junto con las prótesis faciales y la peluca
que este usó para hacerse pasar por Barnes cuando puso la
bomba que mató a T'Chaka y otros en la ONU. Iron Man sigue
el rastro del Capi hasta Siberia, seguido a su vez por Black
Panther a bordo de un jet espía.

Iron Man averigua que el Soldado
de Invierno mató a sus padres.

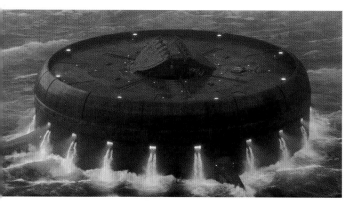

La Balsa: una prisión en alta mar para los reclusos más peligrosos de la Tierra.

Primavera de 2016 | Los asesinatos de 1991

Una tentativa de tregua entre Rogers, Barnes y Stark se rompe
cuando Zemo proyecta la grabación de la muerte de Howard y
María Stark por una cámara de seguridad, la cual muestra al Soldado
de Invierno matándolos y llevándose el suero del supersoldado que
transportaba Stark. «Dime que no los has olvidado», exige Tony,
sacudido. «No he olvidado a ninguno», responde tristemente Bucky.

Primavera de 2016 | La venganza se sirve fría

En Siberia, el Capi y Bucky descubren que Zemo no
buscaba la instalación para hacerse con sus propios
supersoldados: quería destruirlos. Su dolor por la
destrucción de Sokovia lo había llevado a odiar a
los seres humanos mejorados. El verdadero fin del
atentado e incriminación de Bucky era enfrentar
entre sí a los Vengadores. Como dice Zemo: «Sabía
que no podía matarlos. Gente más poderosa que yo
lo ha intentado. Pero ¿y si conseguía que se mataran
entre ellos?». Tras perderlo todo, intentó que los
Vengadores se destruyeran a sí mismos.

Iron Man, Capitán América y
Bucky Barnes se infiltran en la
instalación siberiana de Hydra.

Años de frustración estallan en una batalla entre Iron Man y Capitán América.

Primavera de 2016 | El final de una amistad

Estalla una pelea entre el Capi, Bucky y Iron Man. Bucky intenta destrozar los repulsores de Tony, que lanza un rayo que derrite el brazo robótico de Bucky. A Tony le enfurece que Steve tuviera conocimiento del asesinato de sus padres y se lo callara. El Capitán intenta explicar: «Es mi amigo». Iron Man replica: «Yo también lo era». Después de una batalla salvaje, Steve clava su escudo en el reactor Arc del pecho de Iron Man, dejando la armadura inerte. Mientras el Capi y Bucky escapan, Tony exclama: «Ese escudo no es tuyo. No te lo mereces. ¡Mi padre fue el que lo fabricó!».

Bucky Barnes lucha por su vida contra Tony Stark.

T'Challa elige la senda de la piedad; años después, su hermana Shuri hará la misma elección.

Primavera de 2016 | Al final, compasión

En el exterior de las instalaciones siberianas, Black Panther encuentra a Zemo escuchando un mensaje de voz dejado por su esposa, que es todo lo que conserva de ella. Zemo se disculpa por causar la muerte de T'Chaka y espera a que T'Challa se cobre su vida a cambio. T'Challa responde: «La venganza te ha consumido. Y les consume a ellos. Yo no dejaré que me consuma a mí». A continuación impide que Zemo se dispare, salvando la vida del que le arrebató a su padre: «Los vivos aún no han terminado contigo». Steve y Bucky reciben refugio en Wakanda, donde biotecnólogos —entre ellos Shuri, la brillante hermana de T'Challa— inician un curso de desprogramación que esperan que eliminará las últimas huellas de Hydra en Bucky.

Primavera-verano de 2016 | La retirada de Viuda Negra

Natasha Romanov se convierte en fugitiva después de cambiar de bando para paralizar temporalmente a Black Panther y permitir escapar al Capi y Bucky. Esquiva al secretario Ross y sus agentes y se retira a una remota casa segura en Noruega.

Natasha Romanov se oculta entre los fiordos noruegos.

Después de una misión en Marruecos, Yelena pasa de cazadora de la Sala Roja a liberadora de sus hermanas reclutadas allí.

Primavera-verano de 2016 | El despertar de Yelena

La agente Yelena, de la Sala Roja, persigue y hiere de muerte a otra agente desertora de su organización. Antes de morir, la joven expulsa una nube de gas carmesí que libera a Yelena del control mental químico que el general Dreikov usa para manipular a su equipo de asesinas. Con gran remordimiento, Yelena roba los viales restantes del antídoto y se oculta, sin saber si le queda alguien en quien confiar.

2016

Primavera-verano de 2016 | Entrega mortal

Rick Mason, proveedor de Natasha, abastece su caravana con artículos esenciales... e incluso le entrega algo de correo y objetos personales que dejó en su piso franco de Budapest. Un paquete es de su enemistada «hermana» Yelena.

«La gente que tiene amigos no me llama.»

Viuda Negra se enfrenta a sí misma a través de los movimientos turbadoramente replicados por Supervisor.

Primavera-verano de 2016 | El Supervisor

Mientras conduce, el coche de Viuda Negra es golpeado por otro conducido por un guerrero enmascarado que estudia e imita todas sus técnicas de combate. Este individuo misterioso tiene ocasión de matarla, pero en lugar de ello se concentra en recuperar el paquete sin abrir de Yelena. El agresor arroja a Natasha a un río turbulento... y se encuentra la caja vacía. Natasha había vaciado con rapidez el contenido: los viales del gas sintético que anula el control psicológico de la Sala Roja.

Primavera-verano de 2016 | Espera... ¿Dreikov?

Viuda Negra se asombra al saber que Dreikov sigue vivo. Aún la persiguen por su operación con Ojo de Halcón en Budapest, donde detonó una bomba en la oficina de Dreikov y mató a este (creía) y a su hija. La pérdida de una inocente ya era devastadora para ella, pero la idea de que había sido para nada era excesiva: «Y nadie lo está buscando gracias a ti», le dice Yelena, hurgando en la herida.

Natasha descubre no solo que Dreikov está vivo, sino que la Sala Roja aún sigue activa.

Yelena y Natasha reunidas.

Natasha y Yelena recorren las calles de Budapest.

Primavera-verano de 2016 | Otra vez hermanas

Tras sobrevivir a un ataque del Supervisor, Natasha Romanov busca a su hermana Yelena en un piso franco de Budapest. Al principio luchan entre sí, y luego luchan por sus vidas contra una escuadra de agentes de la Sala Roja enviados para localizar el antídoto para el control mental obtenido por Yelena, que explica: «Es un gas sintético. El antídoto contra la subyugación química. Inmuniza las vías neurales del cerebro frente a la manipulación externa». El general Dreikov sabe que, si no la elimina, esa sustancia puede costarle todas las asesinas sin voluntad que maneja.

Primavera-verano de 2016 | Reunión familiar

Natasha y Yelena acuerdan localizar la Sala Roja y acabar para siempre con el reinado de terror de Dreikov. Para ello, deben recontactar con los dos únicos contactos que tienen, sus ex-«padres»: Alexéi, el supersoldado Guardián Rojo; y Melina, la científica de la Sala Roja cuya investigación condujo al proceso de control mental. Toda su operación como falsa familia en Ohio estaba dirigida a conseguir tecnología secreta de control mental. Ahora, las «hijas» juran enmendar aquellos errores.

Natasha cura las heridas de Yelena mientras hablan del pasado y de sus siguientes pasos.

Una avalancha ayuda a la fuga.

Natasha Romanov aterriza en una pasarela: «¡Anda que no posa...!», dice su hermana.

Primavera-verano de 2016 | Fuga de prisión

El Guardián Rojo está encerrado en un gulag de máxima seguridad en los confines helados de Rusia: Alexéi afirma que fue encarcelado por molestar a Dreikov. Natasha y Yelena vuelan en helicóptero hasta la prisión y planean un temerario rescate de su figura paterna entre ráfagas de disparos y mientras una avalancha de las montañas cercanas cubre la instalación con un sudario de muerte helada.

Yelena dispara un cohete contra una torre de la prisión.

Alexéi lucha por evitar el motín en la cárcel.

CLINT BARTON

Como tirador experto, Clint Barton es uno de los agentes más valiosos de SHIELD. Su precisión y su vista le valieron el nombre de «Ojo de Halcón». El destino intervino cuando fue enviado a matar a Natasha Romanov, una letal agente del KGB. En un acto de compasión, decide no matarla y la ayuda a desertar a SHIELD. La relación de ambos evoluciona del compañerismo a una profunda y perdurable amistad. Durante la invasión chitauri de Nueva York, Clint y Natasha se convierten en miembros fundadores de los Vengadores.

2012 | Control mental
Después de ser controlado mentalmente por Loki, Ojo de Halcón lo ayuda a robar el Teseracto de un complejo de SHIELD y más tarde dirige un asalto contra un helitransporte. En una pelea contra Natasha, Clint es noqueado y Loki pierde el control sobre él. Entonces Ojo de Halcón se une a los Vengadores para combatir a los chitauri cuando estos invaden Nueva York.

2015 | Recibir el golpe
Ojo de Halcón viaja con los Vengadores a Sokovia para desmantelar una base de Hydra dirigida por el barón Strucker, que tiene el cetro de Loki. Cuando está a punto de volar uno de los búnkeres del complejo, Pietro Maximoff intercepta su flecha explosiva. Ojo de Halcón se distrae con la velocidad de su enemigo y resulta gravemente herido al ser alcanzado por un cañón de Hydra. Cuando los Maximoff cambien de bando para ayudar a derrotar a Ultrón, Pietro se sacrificará para salvar la vida de Ojo de Halcón.

Década de 2000 | Budapest
Cuando SHIELD persigue a la agente del KGB Natasha Romanov, alias Viuda Negra, envían a Ojo de Halcón a eliminarla. Este se enfrenta a ella en su piso franco de Budapest, pero decide perdonarle la vida, y entonces ambos unen sus fuerzas para acabar con el programa de asesinas Sala Roja y con su líder, el general Dreikov.

2010 | Thor
Nick Furia envía a Ojo de Halcón a Nuevo México para ayudar al agente Coulson, que ha encontrado un artefacto alienígena en el desierto. En realidad se trata de Mjolnir, el martillo de Thor, que se ha estrellado en la Tierra. Cuando Thor irrumpe en el complejo para recuperarlo, Coulson impide que Ojo de Halcón ataque al intruso porque quiere observar a Thor.

1995 | La joven Natasha
Arrebatada a su madre biológica de bebé, Natasha es criada y adoctrinada en la Sala Roja, una organización soviética que entrena a chicas como espías y asesinas. Siendo niña, es enviada en una misión a EE.UU. junto con otra joven agente, Yelena, para actuar como hijas de los espías Melina y Alexéi. Este roba datos del Instituto North, una base de investigación dirigida en secreto por Hydra. Al acabar la misión, Natasha y Yelena son devueltas a Rusia y enviadas a la Sala Roja para seguir con su entrenamiento.

Década de 2000 | Budapest
Natasha lidia con la culpa por la supuesta muerte de la hija del general Dreikov en el atentado cuyo objetivo era su padre. Ella y Ojo de Halcón escapan de la ciudad tras diez días como fugitivos.

2010 | «Natalie Rushman»
Ahora agente de SHIELD, Natasha es enviada por Nick Furia, encubierta como Natalie Rushman, una notaria de Industrias Stark. El motivo real es espiar a Tony Stark para evaluar si es un buen candidato para la Iniciativa Vengadores de Furia. Natasha acabará revelando su identidad a Tony y ayudándolo a derrotar a Iván Vanko.

2014 | Destapar a Hydra
Natasha y Steve se unen al grupo STRIKE para rescatar a los rehenes del *Estrella de Lemuria*. Sin saberlo Steve, Natasha tiene otra misión secreta: descargar información confidencial sobre el Proyecto Insight. Cuando Nick Furia es tiroteado por un esquivo asesino, el Soldado de Invierno, Natasha y Steve huyen y descubren que Hydra lleva décadas incrustada en SHIELD. En la batalla posterior, Natasha publica en internet todos los secretos de SHIELD e Hydra.

2015 | Natasha y Bruce
En medio de los combates de los Vengadores contra la IA maligna Ultrón, Natasha y Bruce Banner intiman y ella le confiesa que no puede tener hijos, pues fue esterilizada por la Sala Roja. Natasha se enfrenta a Ultrón en Seúl, donde colabora para robar el nuevo cuerpo de Ultrón impregnado en vibránium (el futuro Visión), pero luego es capturada.

NATASHA ROMANOV

Natasha Romanov ha sido entrenada desde niña en el arte del combate y el espionaje para convertirse en Viuda Negra, una de las asesinas más letales. Hasta que no conoció a Clint Barton, que vio el bien dentro de ella, Natasha fue incapaz de verlo en ella misma. Después de desertar, se unió a SHIELD y formó equipo con Clint en innumerables misiones. Natasha encontró una vocación superior en su amistad con él y con su familia recién hallada, los Vengadores. Su bravura y su amor por los demás la llevó al sacrificio definitivo.

2012 | Con los Vengadores
Natasha está en una misión para detener a Georgi Luchkov, traficante de armas, cuando recibe una llamada del agente Coulson informándola de que Clint Barton está en peligro por el control mental de Loki. Natasha es enviada a India para traerse a Bruce Banner, pues se requiere su experiencia con los rayos gamma para localizar el Teseracto; luego se unirá al Capitán América, Iron Man, Thor, Banner y Clint para combatir a Loki y los chitauri.

2024 | Kate Bishop

Clint lleva a sus hijos a Nueva York durante las vacaciones para ver *Rogers: El musical*. Más tarde, mientras mira las noticias, ve a alguien vestido con su viejo traje de Ronin rescatando a un perro. Clint lo investiga y descubre a Kate Bishop, que idolatra a Ojo de Halcón y también es una arquera consumada. Clint y Kate forman equipo para abatir a la mafia chandelera y, en su investigación, descubren que Eleanor Bishop, la madre de Kate, trabaja en secreto para el jefe mafioso Kingpin. Ojo de Halcón se enfrenta con Yelena, que busca venganza por la muerte de Natasha, pero logra convencerla de la verdad.

2016 | Quebrantar la ley

Ojo de Halcón acude en ayuda de Steve Rogers, ahora fugitivo por desafiar los Acuerdos de Sokovia. Es enviado a rescatar a Wanda Maximoff, retenida en el Complejo Vengadores por la convicción de Tony Stark de que debería estar confinada hasta que se firmen los acuerdos. Wanda y Ojo de Halcón vencen a Visión y se reúnen con el resto del grupo de Steve para enfrentarse con el grupo de Iron Man en el aeropuerto de Leipzig-Halle. Después, Clint es confinado en la prisión la Balsa, pero llegará a un acuerdo con la fiscalía.

2018-2023 | Luchar hasta el final

Ojo de Halcón se desquicia al desaparecer su esposa e hijos en el Chasquido. Abrumado por el dolor, se convierte en el vigilante enmascarado Ronin, que destruye organizaciones criminales por el mundo. Natasha lo convence de regresar a los Vengadores en una misión para viajar en el tiempo y recuperar las Gemas del Infinito. En 2014, en el planeta Vormir, Clint y Natasha intentan sacrificarse cada cual para salvar al otro. «Gana» Viuda Negra, dejando a Clint devastado.

2016 | Vengador contra Vengador

Tras una misión fallida en Lagos, donde Wanda Maximoff no pudo contener una explosión que mató a civiles inocentes, el secretario Thaddeus Ross y Tony Stark convocan a Natasha y los Vengadores para firmar los Acuerdos de Sokovia. Natasha se alinea con Tony, Visión y Rhodey para firmar. Esto lleva a un enfrentamiento con los Vengadores que rechazan firmar los acuerdos, entre ellos Ojo de Halcón.

2018 | Enfrentarse a Thanos

Natasha se une a sus excompañeros Vengadores Steve Rogers y Sam Wilson para rescatar a Wanda y Visión de un ataque de los Hijos de Thanos en Escocia. Para evitar que el titán se haga con la Gema de la Mente de Visión, el grupo se dirige a Wakanda con la esperanza de que Shuri pueda extraerla de forma segura. Tras una épica batalla con el ejército de Thanos, aparece este en persona y recupera la gema, completando así el Guantelete del Infinito e iniciando el Chasquido.

2016 | Lazos familiares

Después de ayudar a Steve y Bucky a escapar en la batalla del aeropuerto de Leipzig-Halle, Natasha se evade del secretario Ross. Se reúne con su hermana adoptiva, Yelena, quien le dice que Dreikov sigue vivo y que el programa de la Sala Roja sigue activo. Ambas se reunirán con sus «padres» espías, Alexéi y Melina, para acabar con Dreikov y la Sala Roja de una vez por todas.

2023 | Sacrificio definitivo

Cinco años después de ser derrotados por Thanos, Natasha y Steve recuperan la esperanza cuando Scott Lang aparece en el Complejo Vengadores y les habla del mundo cuántico. Recuperan a Tony Stark para el grupo y planean una audaz misión para visitar el pasado y recuperar las Gemas del Infinito para invertir el Chasquido. Natasha y Clint viajan a Vormir en pos de la Gema del Alma, y Natasha se sacrifica para que Clint pueda reclamarla.

2016

Primavera-verano de 2016 | Castillo en el aire

A bordo de la base voladora de la Sala Roja, se hace evidente la escala real de la operación de Dreikov. Ha permanecido fuera de la vista flotando sobre el mundo, controlando un ejército siempre creciente de jóvenes secuestradas y entrenadas para ser armas letales sin control sobre el uso de sus capacidades. Dreikov las manipula desde una simple tableta: «Una orden mía y los mercados del petróleo y bursátil se desmoronan. Una orden mía y una cuarta parte del planeta morirá de hambre. Mis Viudas pueden empezar y acabar guerras. Pueden erigir y destronar reyes». Pretende imponer su dominio del mundo «utilizando el único recurso natural que el mundo tiene en exceso: chicas».

Asesinos entrenados sentados a la mesa en una cena familiar mal avenida.

Primavera-verano de 2016 | «No te abandonaron»

Natasha, Yelena y Alexéi pilotan su dañado helicóptero hacia San Petersburgo y caen a poca distancia de allí. Localizan al cuarto miembro de su familia, Melina, que vive en una granja donde prueba su investigación de control mental remoto con ganado. Mientras Natasha la interroga sobre la localización de la Sala Roja, Melina le revela que ella no fue entregada al Programa Viuda Negra, fue robada: «Tu madre nunca dejó de buscarte. Era como tú en ese sentido. Era incansable». Al final, Dreikov la mató para detenerla.

La instalación de la Sala Roja de Dreikov, flotando en la baja atmósfera.

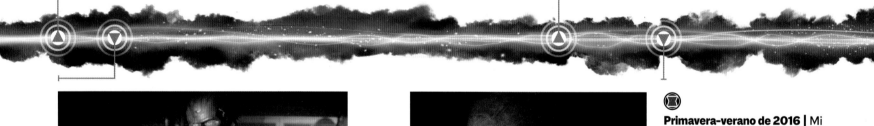

El Guardián Rojo cubierto de dardos tranquilizantes.

El rostro quemado y la intensa mirada de Antonia Dreikov, alias Supervisor.

Primavera-verano de 2016 | Traición

Melina está abrumada por los remordimientos. Su trabajo de control mental no solo convirtió a Yelena en una de las agentes subyugada químicamente de la Sala Roja, sino que ha visto el daño que esa obra ha hecho a incontables chicas inocentes. Por desgracia, ya había alertado a Dreikov de los planes de Natasha y Yelena. Cuando los agentes descienden sobre la granja para capturarlas, Melina improvisa un plan con Natasha para escapar después de que las lleven a la Sala Roja y liberar a las jóvenes que siguen allí en entrenamiento. El Guardián Rojo intenta oponer resistencia, pero es sometido con una ráfaga de dardos tranquilizantes en el pecho.

Primavera-verano de 2016 | Mi Antonia...

Natasha se enfrenta por fin al tirano al que creía haber matado tiempo atrás. Dreikov se burla de sus esfuerzos para matarlo, observando que eso solo lo ha hecho más fuerte. «Me diste mi mejor arma», comenta, dirigiéndose a su agente Supervisor. Cuando este se desprende de la máscara, Natasha ve a Antonia, la hija de Dreikov, horriblemente deformada por la bomba que Natasha detonó años atrás. Dreikov le implantó material cibernético en la nuca para mantenerla con vida, transformándola en una imitadora perfecta: «Lucha igual que todos tus amigos», le dice.

Natasha Romanov se entera de que ella no mató a la hija de Dreikov.

Viuda Negra cuelga de
la Sala Roja mientras
esta se desmorona.

Primavera-verano de 2016 | Derribar la Sala Roja

Melina destruye un motor y envía la helibase de la Sala Roja a un
choque controlado, y escapa con Alexéi. Yelena y Natasha liberan
a un grupo de Viudas exponiéndolas al antídoto contra el control
mental, y un Dreikov aterrado intenta huir con sus soldados leales.
Finalmente, Yelena lo mata al hundir su bastón en una turbina del
jet en el que huye, consumiéndolo en una bola de fuego. Natasha
salta con un paracaídas para rescatar a Yelena y combate contra
Supervisor mientras ambas caen. Las tres sobreviven a la caída
mientras las ruinas de la Sala Roja ensucian el paisaje.

Yelena acaba con
Dreikov de una
vez por todas.

El final de
la Sala Roja.

Primavera-verano de 2016 | Supervisor renuncia

Natasha expone a Antonia al antídoto y
se disculpa por el dolor que le ha causado,
expresándole lo mucho que ella sufrió por
los abusos de su padre. El miedo y la ira de los
ojos de Antonia se convierten en alivio mientras
pregunta en un susurro: «¿Él ha muerto?».

Viuda Negra y Supervisor pelean entre las ruinas de la Sala Roja.

«Ya basta», dice Natasha, dejando caer la espada para concentrarse
en alcanzar a Antonia con el antídoto para su control mental.

2016

«Si lo nuestro ha funcionado,
quizá haya algo de esperanza
para los Vengadores.»

Primavera-verano de 2016 | Recuperar a las Viudas

Natasha decide volver a su vida previa, y se une a Steve Rogers para intentar liberar a sus amigos que siguen prisioneros tras la guerra civil que desgarró a los Vengadores. Se despide de Yelena, Melina y Aléxéi, no como camaradas, sino como una extraña especie de familia: disfuncional, sí, pero entregados entre sí. Ahora, ellos se reunirán con las mujeres que se salvaron de la caída de la Sala Roja para empezar la ardua tarea de desactivar a otras Viudas alrededor del mundo.

T'Challa con Nakia.

Verano de 2016 | Siguiendo a Nakia

En el bosque Sambisa de Nigeria, T'Challa y Okoye, líder de las guerreras Dora Milaje, rastrean a la espía Perra de la Guerra wakandiana Nakia mientras viaja encubierta en un convoy de traficantes de personas. T'Challa abate a la mayoría de los milicianos, pero el rescate lo debe completar la general Okoye cuando T'Challa se fija en Nakia... Inicialmente, Nakia está molesta porque su misión ha sido interrumpida, pero luego se siente desconsolada al enterarse de la prematura muerte del rey T'Chaka. T'Challa le pide a su antiguo amor que regrese a casa para su coronación, sabiendo que necesita su apoyo y consejo.

Verano de 2016 | Encerrona

La muerte de T'Chaka ha despertado a dos viejos enemigos de Wakanda: uno bien conocido; el otro, un doloroso secreto. Ulysses Klaue, que mató a wakandianos décadas atrás mientras robaba un cuarto de tonelada de vibránium del país, ha unido fuerzas con un hombre que se hace llamar «Killmonger», un soldado de operaciones encubiertas de EE.UU. con un historial de desestabilización de naciones mediante la violencia. Ambos prueban su alianza robando un artefacto de vibránium del Museo de Gran Bretaña, en Londres. Killmonger es en realidad Erik Stevens, también llamado N'Jadaka, que quedó huérfano y abandonado en Oakland (California) en 1992. Su padre, N'Jobu, un Perro de la Guerra wakandiano y hermano del rey T'Chaka, murió a manos de este tras ser expuesto como aliado de Klaue.

Erik Killmonger y un enemigo de Wakanda encuentran una causa común.

T'Challa se prepara para la ceremonia en la Cascada del Guerrero.

T'Challa en combate ritual con M'Baku, líder de los jabari.

Verano de 2016 | Coronación en la Cascada del Guerrero

Durante una celebración jubilosa, las tribus mercader, minera, de la frontera y del río deciden no desafiar a T'Challa por la posición de rey. Pero M'Baku, líder de la tribu separatista de la montaña, también conocida como jabari, se niega a permitir que T'Challa suba al trono sin pelear. Invoca su derecho al combate ceremonial y demuestra ser un oponente formidable, aunque al final es derrotado por T'Challa. Como muestra de respeto a M'Baku, el nuevo rey de Wakanda le perdona la vida.

La princesa Shuri y la reina Ramonda observan.

Ulysses Klaue, cautivo, habla al agente Ross del verdadero poder de Wakanda.

Verano de 2016 | Acusaciones

W'Kabi, que protege Wakanda en nombre de la tribu de la frontera, está entre los que dudan de las prioridades y la capacidad de T'Challa tras el fracaso en capturar a Klaue. Shuri, hermana de T'Challa y jefa del Grupo de Diseño de Wakanda, acepta curar a Everett K. Ross, aunque, tras trabajar para desprogramar los protocolos Soldado de Invierno en Bucky Barnes, pregunta a su hermano por qué le lleva «otro chico blanco roto para que lo reparemos». Y a Okoye le preocupa que Ross revele a EE.UU. la verdadera naturaleza de los avances wakandianos. ¿Se está ablandando el rey de Wakanda?

Verano de 2016 | La misión a Busan

T'Challa, Nakia y Okoye se reúnen para una misión en Corea del Sur tras averiguar que Klaue ha reaparecido con intención de vender en el mercado negro vibránium robado. El comprador resulta ser el agente de la CIA Everett K. Ross, que toma a Klaue bajo custodia cuando los emisarios wakandianos lo capturan durante una persecución en coche por la ciudad de Busan. El interrogatorio de Klaue termina cuando Killmonger ataca el piso franco y ayuda a escapar a su socio criminal. Ross es gravemente herido en el fuego cruzado cuando se interpone en el trayecto de una bala destinada a Nakia. T'Challa arriesga la seguridad de su país llevándoselo a Wakanda para salvarle la vida.

W'Kabi y Okoye en plena discusión conyugal.

2016

Killmonger se prepara para enviar armas de vibránium alrededor del mundo.

Killmonger se revela como N'Jadaka: «Encontré a mi padre con un zarpazo de pantera en el pecho. No eres hijo de un rey; eres hijo de un asesino».

Verano de 2016 | El príncipe pródigo

Killmonger obtiene acceso a Wakanda llevando un raro trofeo: el cuerpo de su socio, Klaue, que presenta como la justicia «que vuestro rey no supo hacer». Al matar a uno de los mayores enemigos de Wakanda, se convierte en una especie de héroe, y aprovecha su audiencia con los líderes tribales de Wakanda para revelar que es hijo de N'Jobu, el hermano del caído rey T'Chaka. Eso convierte a Killmonger en príncipe de Wakanda: alguien con derecho a retar a T'Challa por la posesión del trono.

Verano de 2016 | Agitar el mundo

Tras hacerse con el trono, Killmonger desvela sus planes de cumplir el sueño de su padre de usar el poder y los recursos de Wakanda para alimentar revoluciones dirigidas por marginados, empobrecidos y subyugados: «Vamos a enviar armas de vibránium a nuestros Perros de la Guerra. Ellos armarán a los oprimidos de todo el mundo para que puedan alzarse y matar a los poderosos; y a sus hijos; y a cualquiera que se ponga de su parte». Los planes para la exportación de armas comienzan de inmediato.

Verano de 2016 | La muerte de Zuri

Durante el combate ceremonial en la Cascada del Guerrero, Killmonger adquiere ventaja sobre T'Challa. El líder espiritual wakandiano Zuri intenta salvar la vida de T'Challa ofreciendo la suya y revelando que él fue el espía que expuso la traición de N'Jobu, y que era su vida la que T'Chaka estaba salvando cuando mató a su propio hermano. Killmonger sigue impasible: «Os mataré a los dos». Atraviesa el pecho de Zuri con una lanza y arroja a T'Challa al río que corre por el fondo del precipicio.

«Yo soy la causa de la muerte de tu padre. No él.»

M'Baku en el reino montañés de los jabari.

Verano de 2016 | Un santuario en las montañas

La reina madre Ramonda huye a las montañas con Suri, Nakia y Everett K. Ross, buscando la protección de la antes hostil tribu jabari. El altivo M'Baku no solo accede a su petición, sino que les revela que ha recuperado el cuerpo de T'Challa del río. El rey caído todavía se aferra a la vida. Nakia lo cura con extracto de la hierba con forma de corazón impregnada de vibránium, que devuelve a T'Challa las capacidades de Black Panther. Este despierta no solo más poderoso físicamente, sino con una nueva sabiduría: los métodos de Killmonger pueden resultar crueles, pero él es un monstruo creado por la indiferencia wakandiana hacia el mundo exterior.

T'Challa lucha con Killmonger por el derecho a gobernar Wakanda.

Killmonger se enfrenta una vez más a Black Panther.

T'Challa supera a los atacantes de la tribu de la frontera leales a Killmonger.

Verano de 2016 | Duelo de hijos de Wakanda

Tras ordenar la quema de los jardines de la hierba en forma de corazón, Killmonger cree asegurado su reinado. T'Challa se enfrenta a él en la entrada de la gran mina de vibránium del monte Bashenga, esperando detener la nave wakandiana que ha iniciado la exportación de armas de vibránium al exterior. Killmonger se ha equipado con otro de los trajes de Black Panther de Shuri, que iguala los poderes del que viste T'Challa. W'Kabi se pone del lado de Killmonger y dirige a su tribu de la frontera contra las Dora Milaje de Okoye, que se ven superadas... hasta que los jabari de M'Baku se unen a la refriega.

«¡Yo no me rendí! ¡Y, como puedes ver, aún no estoy muerto!»

Killmonger tiene su propia armadura de Black Panther.

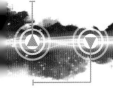

Verano de 2016 | El final de Killmonger

Mientras los hermanos y hermanas de Wakanda chocan, T'Challa y Killmonger se internan en la mina y prosiguen su pelea sobre la vía. Así como T'Chaka tuvo que tomar a su pesar la vida de su hermano N'Jobu, T'Challa se ve obligado a derrotar a su primo, venido al mundo como N'Jadaka, pero moldeado por el mundo como Killmonger. T'Challa le ofrece cuidados médicos, pero él los rechaza: «Lanzadme al océano con mis antepasados que saltaron de los barcos porque sabían que la muerte era mejor que el cautiverio».

T'Challa en los jardines de la hierba en forma de corazón.

Killmonger y Black Panther pelean dentro de las minas de vibránium.

2016 | Muerte en Viena

Tras la muerte de su padre, T'Challa busca matar al Soldado de Invierno, alias Bucky Barnes, inculpado del asesinato. Después de averiguar la verdad y asegurarse de que el verdadero asesino entra en prisión, T'Challa ofrece refugio en Wakanda al inocente Bucky.

2016 | Un nuevo rey

Ahora rey y Black Panther, T'Challa hace frente a los pretendientes de sus títulos. La amenaza más grave procede de su primo, Killmonger, que lo derroca y aboga por que Wakanda adopte un rol más activo en los asuntos mundiales. T'Challa tendrá que acabar con él, pero asumirá sus pretensiones y establecerá centros de apoyo alrededor del mundo.

2018 | Defensa desesperada

T'Challa acoge a los Vengadores en Wakanda y unen sus fuerzas contra Thanos. Él lidera a su ejército para proteger Wakanda, pero es en vano. Thanos completa el Guantelete del Infinito, chasca los dedos y elimina la mitad de la vida del universo, incluida la de T'Challa y Shuri.

2023 | Llegan refuerzos

Después de que los Vengadores logren revertir el Chasquido, T'Challa lidera un contingente wakandiano para combatir en la batalla por la Tierra, lo que permite que los héroes salgan victoriosos. Junto a Okoye y Shuri, asiste al funeral de Tony Stark.

2024 | El final de T'Challa

Diagnosticado de una enfermedad incurable, T'Challa contacta con Nakia y su hijo Toussaint en Haití y los prepara para su final. Shuri intenta encontrar una cura, pero no consigue llegar a tiempo para salvar a su hermano.

FAMILIA REAL DE WAKANDA

Pocos han dado tanto por su país como la familia real de Wakanda. El rey T'Chaka, anterior Black Panther, rigió Wakanda durante décadas, manteniendo la política aislacionista del país y tomando duras decisiones, entre ellas la de matar a su hermano menor N'Jobu en defensa de otro. Sin embargo, cuando el villano Ultrón utiliza el vibránium wakandiano para crear un arma catastrófica, T'Chaka se plantea la postura de su país y comienza a establecer conexiones con el resto del mundo. T'Chaka es sucedido como Black Panther y como rey por su hijo T'Challa, un líder carismático, experto estratega militar y Súper Héroe poderoso. Lo apoya su hermana, la princesa Shuri, una genio tecnológica y científica con gran capacidad para encontrar soluciones innovadoras en las crisis. Su madre, la reina Ramonda, sabia y firme, es una hábil política y una feroz defensora de su gente. A pesar de las muchas tragedias afrontadas por la familia, sus miembros siguen totalmente dedicados a servir y proteger a su pueblo.

REINA RAMONDA

2016 | A la fuga
Ramonda está orgullosa de su hijo cuando este se convierte en rey. Después de que Erik Killmonger reclame el trono, Ramonda colaborará con Nakia y Shuri para vencerlo, temiendo por el futuro de Wakanda bajo Killmonger. Verá con alivio que T'Challa sigue vivo y se unirá a él cuando más adelante reclame el trono.

2025 | Un noble final
Un año después de la muerte de T'Challa, Ramonda enfrenta una nueva amenaza. Namor y el pueblo de Talokán, que también tienen vibránium, exigen que Wakanda se una a ellos para dominar el mundo. Cuando Ramonda rechaza la petición, atacan la Ciudad Dorada. Ella perece, mientras salva la vida de Riri Williams.

2018-2023 | Reina Ramonda
Ramonda pierde a sus dos hijos en el Chasquido y se convierte en reina de Wakanda. Cuando el Chasquido es revertido, se reúne con T'Challa y Shuri y, después de la derrota de Thanos, los tres contemplan las celebraciones de los wakandianos en la Ciudad Dorada.

SHURI

2016 | Batalla desesperada
Cuando T'Challa es derrocado por Erik Killmonger, Shuri ayuda a formar la insurgencia contra el nuevo rey, uniéndose a su hermano en la batalla para reclamar el trono.

2018 | Ayuda experta
Shuri empieza a separar la Gema de la Mente de Visión para evitar que Thanos la obtenga. Casi lo consigue, pero su trabajo es interrumpido por Corvus Glaive, el lacayo de Thanos, y, poco después, Shuri pierde la vida en el Chasquido.

2025 | La siguiente Panther
Cuando aparecen los talokanil, Namor se lleva a Shuri para enseñarle su hogar, y ella queda asombrada por su sociedad. Sin embargo, cuando atacan Wakanda y matan a su madre, Shuri desea venganza. Usando una pulsera de Talokán, diseña una nueva hierba con forma de corazón y se convierte en la siguiente Black Panther, y lidera a sus tropas en un feroz contraataque. En medio de la batalla, Shuri cambiará de parecer, buscará la paz y formará una alianza con Namor.

2023 | Vuelta a la vida
Shuri regresa cuando los Vengadores revierten el Chasquido. Ella y T'Challa ayudarán a los Vengadores en la batalla por la Tierra.

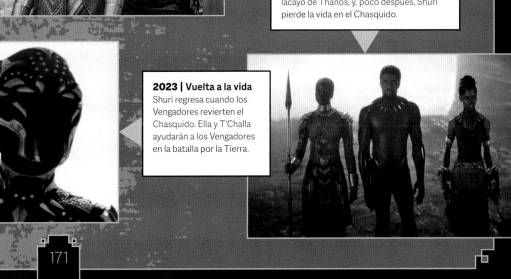

2016

T'Challa anuncia sus planes para abrir Wakanda al mundo.

Otoño de 2016 | Pobre Peter Parker

Spiderman languidece. Meses después de ser convocado por Tony Stark para luchar a su lado a favor de los Acuerdos de Sokovia, Peter lidia con la vulgaridad de la vuelta al instituto en Queens. Su identidad secreta de Súper Héroe le ha dado cierta fama efímera en YouTube, pero ahora se siente como un buen samaritano en traje de fantasía. Frustra el robo de una bici y es recompensado con un churro por ayudar a una anciana extraviada, pero sus habilidades de lucha contra el crimen necesitan acción.

Peter Parker practica
sus movimientos.

Verano de 2016 | Wakanda se abre al mundo

Los métodos de Killmonger podían ser extremistas, pero su idea de que Wakanda debería hacer más por ayudar a los desfavorecidos del mundo sigue resonando en el interior de T'Challa. En los meses siguientes, el nuevo rey planifica un Centro Wakandiano de Ayuda Internacional en la zona donde N'Jobu vivió y crio a su hijo. En una reunión de Naciones Unidas en Viena, T'Challa anuncia la intención de Wakanda de compartir su conocimiento y sus recursos con el mundo, para asombro de todos aquellos que no tenían idea de sus avances.

Hay poco de lo que se ha roto
que pueda volver a arreglarse.

Otoño de 2016 | El desastre de los «Vengadores» del cajero

Una noche, durante su patrulla habitual por el vecindario, Spiderman se topa con un robo. Desciende sobre el cuarteto de ladrones, disfrazados con máscaras de Thor, Iron Man, Capitán América y Hulk y que usan una tecnología asombrosamente avanzada para robar cajeros automáticos. Después de zurrar a los ladrones, una de las armas de estos se dispara y rebana la fachada de la tienda del Sr. Delmar, al otro lado de la calle. Spidey queda abatido por haber causado más problemas de los que ha resuelto.

Verano de 2016 | Consecuencias de la guerra civil

De vuelta en EE.UU., James Rhodes empieza la recuperación de su parálisis y vuelve a dar sus primeros pasos gracias a soportes ortopédicos Stark. Pese a sus heridas, Rhodey le dice a Tony que aún cree que lo correcto era firmar los acuerdos. Luego Tony recibe una carta y un teléfono desechable —una oferta de Steve Rogers de mantenerse unidos si el mundo los necesita alguna vez—, y una llamada del secretario Ross advirtiéndole de que ha habido una fuga en la prisión de la Balsa.

Spiderman
frustra un robo.

Otoño de 2016 | Carroñeros al descubierto

Ned Leeds, el mejor amigo de Peter Parker, descubre que su colega de instituto es el famoso trepamuros. Juntos urden un plan para que Peter acuda a la fiesta de su amiga Liz como Spiderman para fomentar su popularidad. Mientras Peter se prepara para hacer su entrada, descubre a Jackson Brice, alias Conmocionador, mostrando a un individuo cómo funciona un desintegrador obtenido del brazo de un sub-Ultrón; también trafica con granadas de agujero negro, trepadores antigravedad, cañones chitauri... El comprador, Aaron Davis, escapa cuando Spiderman interrumpe el negocio, pero Brice llama a su jefe, Adrian Toomes, para que lo ayude con Spiderman.

Adrian Toomes en su taller de armas.

Spiderman recibe un golpe del Conmocionador.

Otoño de 2016 | Despido disciplinario

Toomes se enfurece con Brice por exponer su operación de forma imprudente. Cuando Brice lo amenaza con revelar su comercio ilegal, Toomes agarra un rifle de la mesa de trabajo del Chapucero e, impulsivamente, reduce al Conmocionador a un montón de cenizas. Luego dice, con una mueca de sorpresa: «Creía que esta era la antigravedad».

Adrian Toomes y su armadura voladora.

A Toomes no le entusiasman los niños entrometidos.

Otoño de 2016 | El Buitre se lanza en picado

Cuando Toomes ataca en su exotraje blindado, Spiderman comprende que no es coincidencia que tantos matones dispongan de armamento híbrido alien. Una red de traficantes de armas tan expertos como inmorales ha estado recuperando materiales de diversos conflictos de Súper Héroes y vendiéndolos ilegalmente. Cuando el asaltante volador supera a Spiderman y lo deja caer a un abismo acuoso, solo salva a Peter la llegada de un dron de Iron Man que ha estado siguiéndolo.

2016

Liz, el Sr. Harrington y Ned atrapados en el ascensor.

Spiderman asciende por el monumento a Washington.

¡ALERTA!
¡A ver! Peter pide a la IA «Karen» que haga un reconocimiento facial del comprador que vio debajo del puente durante la fiesta de Liz. Karen identifica a «Aaron Davis, edad 33», pero presenta un archivo que da como fecha de nacimiento el 19 de abril de 1984... lo que implicaría que solo tiene 32 años. Mmm... ¡Nunca sabremos qué fecha es la correcta!

El núcleo chitauri explota, dañando un monumento histórico.

Otoño de 2016 | Rescate en el monumento a Washington

Los problemas persiguen a Peter hasta Washington, adonde va para participar en la Decatlón Académica. Su decisión de investigar al Buitre la noche previa a la Decatlón implica que se la pierda. Mientras, el núcleo chitauri que recogió durante su choque con Conmocionador es inestable, y emite una descarga que daña el monumento a Washington, atrapando a los compañeros de instituto de Peter en un ascensor cada vez más agitado. Spidey trepa a la cúspide y salta sobre un helicóptero para impulsarse a través del cristal antibalas de 10 cm en la cima del obelisco. Peter salva a sus amigos... por los pelos.

Spiderman ata a Aaron Davis a su coche.

Otoño de 2016 | Esa desazón

La intercepción del ferry es un fiasco. Uno de los dispositivos híbridos de Toomes explota y parte el barco en dos, y los malos se largan mientras Peter intenta desesperadamente volver a unir las dos mitades del ferry con redes. Solo la llegada de Tony Stark evita el desastre: usa su armadura Iron Man y drones varios para volver a unir la nave y soldarla de forma que la puedan remolcar a puerto. La gente está bien... «no gracias a ti», añade Stark, que le pide al devastado Peter que devuelva el traje de Spiderman. Luego Peter pasará algún tiempo reconstruyendo su relación con su tía, centrándose en sus amigos y sus estudios, como un alumno de instituto normal.

Peter intenta tejer una telaraña que una las dos mitades del ferry.

Otoño de 2016 | El informante

Spidey rastrea a Aaron Davis, que acepta compartir información sobre los traficantes de armas híbridas porque le preocupa la potencia de fuego que están poniendo en las calles. «No quiero esas armas en este barrio. Mi sobrino vive aquí», dice. Le habla a Spidey sobre un intercambio inminente en el ferry de Staten Island, y luego se queda atado con una red al maletero de su coche durante un par de horas, «por delincuente».

Peter descubre que el padre de Liz es su nuevo enemigo.

Otoño de 2016 | Conocer a los padres

Después de reunir valor para pedir a Liz que lo acompañe al baile de bienvenida, Peter queda aterrado al descubrir que su padre es el hombre del exotraje volador con el que ha chocado. Toomes va captando que el acompañante de su hija no está nervioso solo por el baile. Como el chaval la rescató en el monumento a Washington, le da una oportunidad... pero amenaza con matarlo si interfiere otra vez en sus negocios. Pero Peter no puede dejarle ir. Abandona a Liz en el baile y persigue a Toomes sin más equipo que su lanzarredes casero y su vieja sudadera de Spidey.

Peter Parker presa del pánico.

«¿Qué te ha dicho?» Peter y Liz después de que el padre de ella los lleve al baile en coche.

Otoño de 2016 | La incursión aérea

Spiderman se enfrenta a Toomes mientras el carroñero de armas irrumpe en un jet que transporta material de los Vengadores de la Torre Stark al nuevo Complejo Vengadores, en el norte del estado de Nueva York. Su lucha daña varios motores y la nave se estrella en la playa en Coney Island. El exotraje de Toomes falla mientras este intenta escapar con un cajón de reactores Arc, pero Peter lo salva de la explosión y lo deja enredado para las autoridades con una nota manuscrita: «ENCONTRADO Buitre volador. P.D.: Siento lo de tu avión».

¡ALERTA!
¿Qué tal? ¿Iba esa armadura Mark XLII de Tony Stark en la nave que volaba hacia el Complejo Vengadores? Es bastante extraño, dado que Tony la hizo estallar luchando contra Aldrich Killian. Si la reconstruyó, ese accidente aéreo solo implica que tendrá que construirla otra vez... ¡Caray!

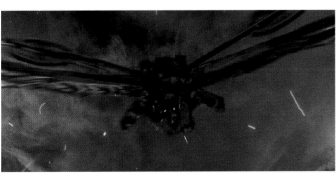

El Buitre en vuelo.

«¡La leche!» Adrian Toomes examina la tecnología alienígena a bordo del jet.

2016

Liz dice adiós.

Otoño de 2016 | Corazones rotos

Tras el arresto de Adrian Toomes, su hija Liz deja el instituto y se traslada con su madre a Oregón para evitar el espectáculo del juicio. «Adiós, Peter. No sé qué te está pasando, pero ojalá lo resuelvas», le dice, aún ignorante de que Peter es Spiderman. Por razones conocidas solo por él mismo, su padre ha decidido mantener el secreto del chico, incluso para otros reclusos. Mientras tanto, MJ es nombrada nueva capitana del Decatlón Académico. Está interesada por Peter Parker, pero también lo encuentra algo suspicaz.

Otoño de 2016 | La propuesta de Stark

Tony Stark se reconcilia con Peter Parker en el nuevo Complejo Vengadores y se disculpa —en cierto modo— por quitarle el traje de alta tecnología que le había dado. «En realidad fue el momento perfecto de disciplina amorosa severa que necesitabas», dice Stark. Le ofrece presentar a Spiderman como la última incorporación de los Vengadores ante un grupo de periodistas, pero Parker declina la invitación, diciendo que prefiere seguir en el instituto y ser «el amigo y vecino Spiderman». Stark acepta su decisión y aprovecha la rueda de prensa para resolver otro asunto pendiente: pedirle a Pepper que se case con él.

Peter Parker mantiene una charla íntima con Tony Stark y Happy Hogan.

Stephen Strange mira sus manos destrozadas.

Otoño de 2016 | La desesperación del Dr. Strange

Después de siete operaciones, el Dr. Stephen Strange aún pugna por recuperar sus manos. Su amargura lo aísla de amigos y colegas, incluida la Dra. Christine Palmer, su examante, que intenta convencerlo de que hay otras cosas aparte de su carrera que podrían darle un sentido a su vida. «¿Como qué? ¿Como tú?», le espeta él. Oye hablar de la recuperación de un tal Jonathan Pangborn, que quedó paralizado tras romperse la espalda pero se ha recuperado por completo. Pangborn dirige a Strange a Nepal, a un lugar llamado Kamar-Taj, donde dice que se producen milagros.

Stephen camina por las calles de Katmandú buscando infructuosamente Kamar-Taj.

La Anciana ofrece a Stephen Strange
una muestra de las artes místicas.

Otoño de 2016 | Los hacedores de milagros

En Katmandú, el maestro de las artes místicas Karl Mordo se compadece de Stephen Strange y lo invita a un encuentro con la Anciana en Kamar-Taj. Strange se muestra desdeñoso cuando ella le dice que su método para curar a Pangborn implicó «reorientar el espíritu para curar el cuerpo». «No existe eso del espíritu —responde—. Estamos hechos de materia y nada más. Usted es solo otra mota minúscula y pasajera dentro de un universo indiferente.» La Anciana responde palmeándole el pecho y sacándole momentáneamente el alma del cuerpo.

Otoño de 2016 | El plano astral

«Abra su ojo», dice la Anciana, tocando con un pulgar la frente de Strange. Con eso lo impulsa a través de túneles de color, asombro y resplandor. «¿Usted cree que este universo material es todo lo que hay? ¿Qué es real? ¿Qué misterios aguardan fuera del alcance de sus sentidos? [...] Este universo es solo uno de entre un número infinito. Mundos sin fin.» Después de exponer sus ideas y devolver a Strange al mundo temporal, la Anciana lo expulsa, pero Mordo la persuade de entrenarlo, argumentando que necesitan aliados poderosos para enfrentarse a Kaecilius y sus Fanáticos.

Strange experimenta
el plano astral.

2017

La magia se alza junto a los poderes de la ciencia y el cosmos. Las capacidades sobrenaturales han existido siempre, pero normalmente se han mantenido ocultas a la vista. Mientras el Dr. Strange estudia las artes místicas como un medio para sanar sus manos, contribuye a introducir un elemento mágico en el panteón de héroes que han dado la cara para proteger la Tierra.

Otoño de 2016-2017 | En lo desconocido

La personalidad obsesiva de Stephen Strange le resulta útil como estudiante de las artes místicas. Se esfuerza por entender la historia, las tradiciones y las prácticas de la orden. Traba amistad con el estoico librero Wong y se sumerge en los textos antiguos que tiene disponibles (aunque siente mayor curiosidad por los que están vedados a los novicios). Aprende que la Anciana es la más reciente de los Hechiceros Supremos y que vive desde hace cientos de años. Tres Santuarios alrededor del mundo —en Nueva York, Londres y Hong Kong— forman una barrera contra las amenazas sobrenaturales a la Tierra.

Stephen Strange entrena entre los alumnos de Kamar-Taj.

Extraño experimenta con la manipulación del tiempo.

2017 | Prácticas prohibidas

A medida que mejora sus habilidades, Extraño se fija en el *Libro de Cagliostro* e intenta descifrar lo que había en las páginas robadas por Kaecilius. Usa el Ojo de Agamotto (una reliquia verde brillante que contiene la Gema del Tiempo) para rebobinar el lugar del libro en el espacio-tiempo, y así recupera las páginas perdidas y descubre que contenían un ritual para invocar a Dormammu, el señor de la Dimensión Oscura. Wong y Mordo le advierten que la manipulación temporal puede crear ramas en el tiempo, aberturas dimensionales, paradojas espaciales y bucles temporales. «¿Quieres quedarte atrapado reviviendo el mismo momento para siempre?», le pregunta Mordo.

2017 | Santuario bajo asedio

Kaecilius y sus Fanáticos empiezan a preparar una entrada para Dormammu destruyendo los Santuarios, comenzando por el de Londres. El Dr. Extraño ayuda a defender el de Nueva York y, durante la batalla, una reliquia conocida como Capa de Levitación se une a él. Extraño repele a los insurgentes y resiste a Kaecilius, que le revela por qué perdió la fe en la Anciana: la llama hipócrita por aprovechar el poder de la Dimensión Oscura para obtener la inmortalidad mientras niega tal privilegio a otros. «El tiempo es lo que nos esclaviza. Es un insulto», le dice.

Kaecilius se enfrenta al Dr. Extraño.

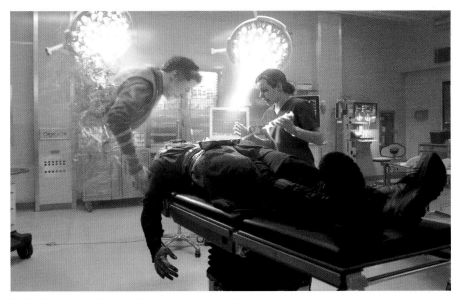

Un Extraño astral aconseja a la Dra. Palmer en su propia operación.

2017 | Heridas mortales

Un Fanático de Kaecilius apuñala a Extraño durante la batalla. Este entra tambaleándose en la sala de urgencias de su antiguo hospital y le pide a la Dra. Palmer que lo intervenga para salvarle la vida. Mientras ella trabaja, el espíritu de Extraño combate con el fantasma del Fanático. Ambas almas chocan en el plano astral, provocando perturbaciones similares a poltergeist alrededor del quirófano. Al final, la Dra. Palmer sobrecarga el cuerpo de Extraño con un desfibrilador, permitiéndole agarrar el espíritu de su atacante y canalizar esa energía a través de él, friendo las formas espiritual y física de su enemigo.

2017 | Una lección final

Extraño lleva a la Anciana al hospital, pero no hay forma de salvarla. Su larga vida finalmente se acaba, y ni siquiera la energía de la Dimensión Oscura puede restaurarla. En sus formas astrales, ella prolonga sus últimos segundos para advertir a Extraño que solo se convertirá en una fuente de bien en el mundo si domina el poder de la humildad y el sacrificio: «La arrogancia y el miedo impiden que aprenda la lección más sencilla e importante de todas: que nada depende de usted».

La Anciana prolonga sus últimos momentos de vida mortal.

La Anciana combate a Kaecilius y sus Fanáticos.

2017 | Viaje de ida y vuelta

El Santuario de Hong Kong cae. Antes de que el Dr. Extraño y Mordo lleguen siquiera, Kaecilius y sus Fanáticos ya lo han conseguido. Las calles están en ruinas, incontables transeúntes inocentes han muerto, Wong ha caído y las formas globulares de la Dimensión Oscura inundan el cielo por doquier. Desafiando a las leyes naturales, Extraño abre el Ojo de Agamotto y utiliza la Gema del Tiempo de su interior para rebobinar la pelea. La destrucción es revertida. La entropía se invierte. Los edificios se alzan de sus ruinas y las vidas robadas son restauradas.

El Dr. Extraño se prepara para rebobinar la destrucción de Hong Kong.

2017 | La Anciana cae

El Dr. Extraño se enfrenta a la Anciana respecto a la acusación de Kaecilius de alimentarse de Dormammu: «Sé cómo lo hace. He visto los rituales que faltan del *Libro de Cagliostro*». Mordo se niega a creerle, pero la Anciana no lo niega. Cuando los Fanáticos atacan de nuevo, Extraño los hunde en la Dimensión Espejo, que replica los rascacielos de Nueva York como un caleidoscopio espiral interminable. Durante la lucha, Kaecilius apuñala a la Anciana, enviándola de vuelta a la realidad, donde su cuerpo se estrella contra la calle.

2017

Extraño rechaza temporalmente
una descarga de Dormammu.

2017 | Tiempo de morir

El Dr. Extraño salta a la Dimensión Oscura para plantarse ante los brillantes ojos violetas del mismo Dormammu. «He venido a hacer un trato», declara. La entidad mística parece divertida: «Has venido a morir. Tu mundo es ahora mi... ¿Qué es esto? ¿Una ilusión?», pregunta un Dormammu confuso. Extraño responde: «No, esto es real». Dormammu, irritado, empala al insolente hechicero.

Extraño muere una y otra vez, de
formas cada vez más grotescas.

2017 | Tiempo de morir

El Dr. Extraño salta a la Dimensión Oscura para plantarse ante los brillantes ojos violetas del mismo Dormammu. «He venido a hacer un trato», declara. La entidad mística... ya no parece divertida. «¿Qué está pasando?», pregunta. Extraño le explica que ha usado el Ojo de Agamotto para crear un bucle temporal que solo él puede terminar. Dormammu, furioso, lo mata. Luego lo mata otra vez, y otra, y otra.

2017 | Tiempo de morir

El hechizo de inversión no aguanta. El Dr. Extraño salta a la Dimensión Oscura para plantarse ante los brillantes ojos violetas del mismo Dormammu. «He venido a hacer un trato», declara. La entidad mística dice divertida: «Has venido a morir. Tu mundo es ahora mi mundo». Y lanza una descarga de energía que extermina al insolente hechicero.

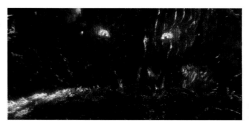

El señor de la Dimensión
Oscura queda atrapado
en un bucle.

2017 | Poder de negociación

«Jamás vencerás», brama Dormammu mientras el bucle persiste hasta el infinito. «No, pero puedo perder una y otra vez, y otra, por siempre. Y eso te convierte en mi prisionero», explica Extraño, que muere y regresa sin cesar hasta que el señor de la Dimensión Oscura cede: «¡Haz que esto pare! ¡Libérame!». Extraño le promete que lo hará, pero Dormammu debe eliminar a los Fanáticos, acabar con su intrusión en la Tierra y jurar que nunca volverá.

Las calles de Hong
Kong son devueltas a su
estado anterior, y nadie
es consciente de la
catástrofe sufrida.

Tras un periodo
desconocido de
repeticiones y de sufrir
incontables muertes,
Extraño hace un trato
con Dormammu.

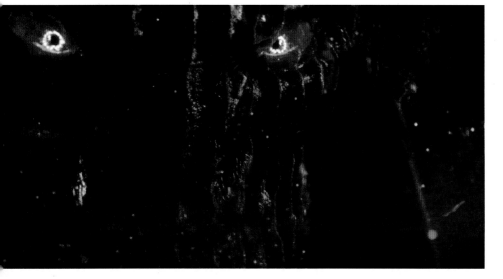

2017 | El bucle se rompe

Extraño regresa al momento en que se fue. Para él ha pasado una insondable extensión de tiempo. Para los demás solo han sido unos segundos. Como Dormammu ha traicionado a sus seguidores, Kaecilius y los Fanáticos ascienden a la Dimensión Oscura. Sus cuerpos físicos empiezan a llenarse de ampollas y arder. «Es todo lo que siempre ha querido», dice Extraño. Kaecilius deseaba la inmortalidad, y ahora la tiene, pero será un tormento interminable. Mordo considera el método de Extraño un atajo imperdonable: «Sí, lo logramos. Pero también violando la ley natural [...] Yo no seguiré por este sendero».

Otoño de 2017 | Los alardes de Surtur

Mientras busca por el universo el resto de las Gemas del Infinito, Thor acaba prisionero del demonio de fuego Surtur, quien promete que pronto se alzará por encima de las montañas y hundirá su espada en Asgard. Una profecía apocalíptica conocida como Ragnarok predice que Surtur destruirá el reino cuando una reliquia conocida como la Llama Eterna, encerrada en la sala del tesoro de Odín, se una con la corona de cuernos del demonio: «¡Ah, eso es una corona! Creí que tenías las cejas grandes», dice Thor, e invoca a Mjolnir para derrotar al demonio y arrancarle la corona de la cabeza.

¡ALERTA!
¡Hola! Thor le dice a Surtur: «Creía que mi padre te había matado hace... como medio millón de años». Bueno, sabemos que los asgardianos viven mucho tiempo, pero ¿tanto? Es difícil decir desde cuándo lleva Odin por ahí, porque a veces cae en el Sueño de Odín.

Los dos hermanos contemplan el final de su padre.

Otoño de 2017 | El adiós de Odín

«Hijos míos, os estaba esperando [...] Tu madre me está llamando. ¿No lo oís?», dice Odín. Luego les advierte de que un nuevo peligro se alzará tras su muerte: «Ella va a venir. Mi vida era lo único que la retenía, pero ha llegado mi hora. No puedo mantenerla alejada». Thor y Loki no tienen idea de lo que está diciendo. «La diosa de la Muerte —explica Odín—. Hela, mi primogénita. Vuestra hermana.» Les habla de sus «violentas ansias» y les urge a unirse para detenerla. Luego se disipa en zarcillos de oro que arrastra la brisa. Odín, rey de Asgard y protector de los Nueve Reinos, ya no está.

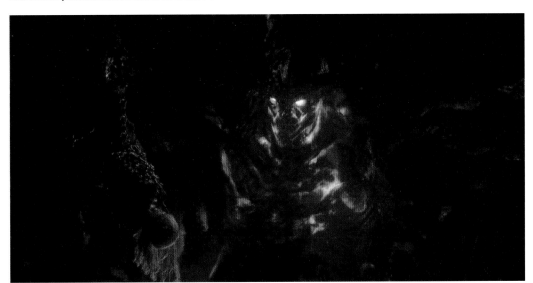

Thor colgado por Surtur.

Otoño de 2017 | La treta de Loki

Al volver a Asgard con el cráneo de Surtur, Thor descubre que «Odín» es su hermano Loki disfrazado, pues nota incongruencias en su conducta, como la holgazanería, el gusto por las representaciones aduladoras o la expulsión del omnisciente Heimdall. Loki admite haber encerrado a su padre hechizado en una residencia en Midgard; pero cuando llegan a Nueva York, se encuentran con que están demoliendo el edificio. Con la ayuda de Extraño, que ha empezado a llevar una lista de seres peligrosos de otros reinos, los hermanos localizan a Odín en un acantilado en Noruega, acercándose ya a los últimos momentos de su vida.

Loki se entrega al ser descubierto.

Hela emerge de su largo cautiverio.

Otoño de 2017 | La hermana rompe el juguete de su hermano

El trueno retumba mientras Odín desaparece. Los cielos se oscurecen y un portal tintado de verde se abre para que una mujer surja de siglos de cautividad. «Nos ha dejado, ¿eh? —dice Hela—. Me habría gustado verle.» Ordena a Thor y Loki que se arrodillen ante ella y, cuando Thor le lanza Mjolnir, lo atrapa y lo desmenuza entre sus dedos en fragmentos que caen sobre la hierba. Los hermanos se retiran hacia el Bifrost, pero Hela los sigue, los golpea y los arroja al espacio profundo antes de llegar sola a Asgard, ansiosa por reclamar su trono.

2010 | Compañero para un rey

Después de haber recibido a Mjolnir como obsequio de su padre, Thor lo porta en la que se supone que será su coronación como rey de Asgard. Pero, cuando la arrogancia se apodera de él, Odín expulsa a su hijo y a Mjolnir a la Tierra, y hechiza el martillo para que solo pueda levantarlo quien sea digno de ello. Algo que Thor deberá probarse a sí mismo.

2013 | Un viejo amigo

Thor y Rocket vuelven a 2013 para obtener el Éter como parte del Robo en el Tiempo. Mientras están allí, Thor observa encantado cómo Mjolnir responde a su invocación, demostrando que sigue siendo digno de él. Y se vuelve con él al presente.

2013 | El poder del rayo

Mjolnir resulta inestimable en la defensa de Asgard contra los Elfos Oscuros. Thor lo usa con éxito contra su líder, Malekith, deteniendo al elfo oscuro y sus poderes obtenidos del Éter (la Gema de la Realidad) en una batalla en Greenwich (Inglaterra).

2012 | Retorno a la Tierra

Tras reconciliarse con Odín, Thor regresa a Asgard. Pero las maquinaciones de Loki lo empujan de nuevo a la Tierra. Thor hace su aparición sorprendiendo a Iron Man y al Capitán América con el poder de Mjolnir antes de unirse a los Vengadores y usarlo para combatir a las fuerzas de Loki.

MJOLNIR

El poderoso martillo Mjolnir es un compañero y un arma. Forjado por los enanos a petición de Odín en el corazón de una estrella agonizante en Nidavellir, el legendario martillo porta un largo legado. La hija de Odín, Hela, lo utilizó para la conquista, mientras que Thor lo blande para el bien como Vengador. Mjolnir juzga a quien intenta levantarlo, y solo otorga el poder de Thor a los pocos que considera dignos.

2023 | Compartir Mjolnir
El Mjolnir intacto que Thor recupera del pasado desempeña un papel crucial en la batalla por la Tierra. Thor combate con él y con su nueva hacha Destructor de Tormentas; pero cuando es derribado por Thanos, Mjolnir juzga al Capitán América digno: este recoge el martillo e interviene, apartando de un golpe a Thanos y derribándolo con un rayo.

2015 | Juego de salón
En una fiesta en la Torre Vengadores, el grupo pasa el rato jugando a ver quién puede alzar Mjolnir. Nadie resulta digno aunque, para asombro de Thor, el Capi lo mueve una pizca. Más tarde, cuando Visión sea creado usando un rayo atraído por el martillo, el sintezoide lo alzará casualmente, demostrando a Thor que es un aliado.

2023 | Devuelto
Después de la derrota de Thanos, el Capi devuelve el Mjolnir intacto al pasado.

2017 | Destrozado
Mjolnir ayuda a Thor contra muchos enemigos, pero su hermana Hela, que poseyó el martillo en el pasado, demuestra ser demasiado para él. Atrapa el martillo y lo destroza con la mano desnuda. La destrucción de Mjolnir afecta a Thor psicológicamente.

2013-2017 | El poder del amor
Mjolnir acompaña en muchas aventuras a Jane Foster y a Thor cuando renuevan su relación. Cuando Thor le pide que proteja siempre a Jane, sus palabras infunden un encantamiento en el martillo. Aunque la pareja finalmente se separe, la petición de Thor tendrá repercusiones inmensas para Jane, Thor y Mjolnir en los años siguientes.

2025 | La Poderosa Thor
Tras ser diagnosticada con un cáncer en fase 4, la Dra. Jane Foster, ahora ex de Thor, oye que Mjolnir la llama. Visita al martillo fragmentado en Nuevo Asgard, y este se restaura a sí mismo y elige a Foster como portadora: ella es ahora la Poderosa Thor. A Thor le impacta ver su antigua arma en manos de otra persona pero, tras la muerte de Jane, volverá a blandir a Mjolnir.

2017

Hela saluda a un perplejo Skurge
como su primer nuevo seguidor.

Otoño de 2017 | El reinado de Hela

Dos de los Tres Guerreros —Volstagg
y Fandral— intentan detener a Hela
cuando llega a Asgard, pero ambos
perecen bajo sus puñales. Skurge,
un imprudente guerrero que ayudó
a mantener el portal en ausencia de
Heimdall, se somete a ella de inmediato.
«Pareces un chico inteligente con buenos
instintos de supervivencia», le dice Hela,
que lo nombra su verdugo real. Hela
elimina fácilmente a todo el ejército
asgardiano, incluido Hogun, el último
de los Tres Guerreros, y toma el trono.

Thor en el reino de pura imaginación del Gran Maestro.

Otoño de 2017 | El Gran Maestro y la Valquiria

Thor cae en un planeta de chatarra llamado Sakaar,
un basurero rodeado de portales cósmicos gobernado
por un *bon vivant* llamado Gran Maestro. Una carroñera
insensible conocida como Chatarrera 142, que tiempo
atrás fue la última de las valquirias de Odín, coloca un
chip inhibidor en el cuello de Thor y lo recluta como
combatiente potencial para la competición gladiatoria
del Gran Maestro. Mientras este escucha divertido, Thor
explica que es el dios del Trueno... y se esfuerza por
generar algún poder: «Vaya, no he oído truenos, pero
de tus dedos han salido como... ¿chispas?», dice el
Gran Maestro. Thor detecta a Loki entre la multitud,
pero está indefenso mientras lo llevan a la arena.

Topaz, el Gran Maestro, y Chatarrera 142 evalúan su nuevo hallazgo.

El campeón de Sakaar
ruge su aprobación.

Otoño de 2017 | Fuga de Sakaar

Thor convence a Hulk para que vuelva a ser Bruce Banner por primera vez en dos años enseñándole en el quinjet estrellado una grabación de Natasha Romanov en que le pide que vuelva a casa. También convence a Chatarrera 142 para regresar a Asgard explicándole que Hela, que exterminó a sus compañeras valquirias, ocupa ahora el trono. «Si tengo que morir, también puedo hacerlo hundiendo mi espada en el corazón de una arpía asesina», acepta por fin la Valquiria. Mientras el trío huye a través de uno de los mayores portales de Sakaar, Korg y Miek organizan una sublevación de gladiadores contra el Gran Maestro. Loki brinda cierta ayuda para llegar a una nave espacial pero, como era de esperar, intenta traicionar a Thor por una cuantiosa recompensa. Esta vez, el dios del Trueno se anticipa a la treta de su hermano, lo que (por una vez) enseña una lección a Loki.

Otoño de 2017 | El Campeón

En el corral de gladiadores, Thor hace amistad con Korg, un guerrero roca kronano, y con Miek, un alien insectoide que monta un exoesqueleto mecánico. Thor se prepara para enfrentarse al actual campeón del Gran Maestro; pero, cuando ve al combatiente que sale a la arena, lo reconoce como el perdido Hulk. «¡Sí! —grita jubiloso— ¡Nos conocemos! ¡Es un amigo del trabajo!» Pero algo ha cambiado…

Tras revertir a su forma humana,
Bruce Banner acepta unirse a
los «Vengativos» de Thor.

Thor y Hulk chocan en la arena.

Thor y Hela combaten en el palacio real de Asgard.

Otoño de 2017 | «No hay Banner. Solo Hulk.»

«Creíamos que habías muerto. Han pasado muchas cosas desde que nos vimos», le dice Thor al coloso verde, que machaca sin contemplaciones a su camarada Vengador. Thor intenta la técnica relajante «el sol está muy bajo» de Viuda Negra, pero Hulk lo agarra por una pierna y lo machaca unas cuantas veces contra el suelo. Loki, que ha estado oculto entre la corte del Gran Maestro, grita: «¡Sí, así me gusta!», recordando sus propias palizas a manos de Hulk durante la batalla de Nueva York. Finalmente, Thor supera a Hulk invocando el poder de un rayo. Sus poderes de dios del Trueno empiezan a manifestarse, pero el Gran Maestro activa el inhibidor del cuello de Thor y pone fin a la pelea.

Otoño de 2017 | Hermano contra hermana

De vuelta en Asgard, Heimdall lidera una evacuación de civiles que intentan huir de la tiranía de Hela. Mientras se reúnen para escapar, Thor se enfrenta a Hela en la sala del trono de Odín y ella le acuchilla la cara, sacándole un ojo: «Ahora me recuerdas a papá», comenta, asqueada. Sin su martillo, Thor se pregunta si podrá derrotarla, pero una visión de Odín le dice: «¿Acaso eres Thor, el dios de los Martillos?». Thor libera una tormenta sobre Hela, mientras Valquiria y Loki luchan contra los guerreros no muertos asgardianos que ella resucitó como sus soldados. Thor, cargado de poder, se une a ellos y barre a todo el ejército.

2017

Otoño de 2017 | *Deus ex machina*

Hela vence de nuevo a Thor, pero hay esperanza en el horizonte: Korg, Miek y un penitente Loki llegan a Asgard con el impresionante carguero *Statesman*, que transporta a los refugiados sakaarianos y aún tiene espacio para los asgardianos que huyen. Pero Hela es imparable. Incluso Skurge se vuelve contra ella, entregando su propia vida para contener a sus tropas mientras los civiles huyen en el arca.

El Gran Maestro declara la rebelión contra él un empate.

El *Statesman* desciende sobre Asgard en misión de rescate.

Otoño de 2017 | Rebelión sakaariana

El Gran Maestro está rodeado por un ejército de revolucionarios. El jovial déspota decide seguir la vieja máxima: si no puedes vencerlos, únete a ellos. «Tengo que decir que estoy orgulloso de vosotros. Esta revolución ha sido gran éxito. ¡Hurra por nosotros! [...] No hay revolución sin nadie a quien derrocar, así que... no hay de qué. Y, eeh... es un empate.»

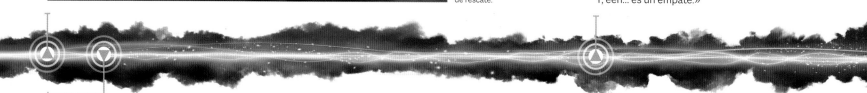

Otoño de 2017 | Ragnarok consumado

Con Hela extrayendo su inmenso poder del propio Asgard, Thor comprende que solo podrá salvar a su pueblo sacrificando su reino. Envía a Loki a la sala del tesoro para unir dos objetos proféticos: la corona de Surtur y la Llama Eterna. «Si quieres Asgard, es tuyo», le dice a Hela. El demonio del fuego, ahora del tamaño de una montaña, surge del palacio real y devasta el reino. Valquiria cumple su sueño de hundir su espada en Hela antes de huir, pero la diosa de la Muerte solo será derrotada del todo cuando Surtur reduzca el reino cósmico a una nube de escombros. Pero, como Odín le dijo a Thor: «Asgard no es un espacio. Nunca lo fue... Asgard es donde esté nuestro pueblo».

Surtur cumple la profecía demoliendo Asgard... y deteniendo a Hela.

2018

El gran plan de Thanos, en gestación durante décadas, alcanza su punto crítico cuando el titán consigue al fin apoderarse de las Gemas del Infinito. Mientras se prepara para borrar la mitad del universo, un descubrimiento de Scott Lang sobre el mundo cuántico también marcará un giro decisivo en una cascada de sucesos entrelazados.

Scott Lang y Hope van Dyne en marcha.

Primavera de 2018 | Los problemas mínimos de Scott Lang

Scott Lang ha estado encerrado bajo arresto domiciliario desde que se alineó con el Capitán América contra la aplicación de los Acuerdos de Sokovia. A solo unos días de la libertad, experimenta una visión que emana de Janet van Dyne, que desapareció al hacerse subatómica décadas atrás. Lang llama a Hank Pym y a Hope van Dyne para compartir lo sucedido, y estos deciden liberarlo tres días antes de tiempo, sintiendo que es su oportunidad de rescatarla.

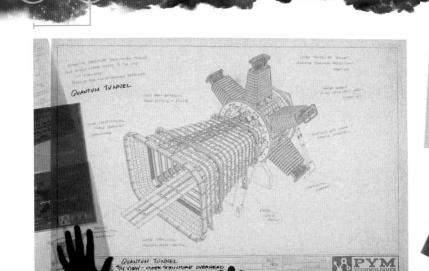

Planos del túnel
cuántico a gran escala.

Primavera de 2018 | Solucionando problemas

Por desgracia, el túnel cuántico requiere un componente que solo puede proporcionar el traficante tecnológico del hampa Sonny Burch, que quiere saber más de lo que ellos están dispuestos a compartir y está listo para hacer sus innovaciones por la fuerza.

Sonny Burch extorsiona a Hope van Dyne.

Primavera de 2018 | El túnel cuántico

El mensaje de Janet implantado tiempo atrás se disparó cuando Pym y su hija activaron su nuevo invento, un túnel diseñado como pórtico seguro de entrada y salida de la dimensión microcósmica conocida como mundo cuántico. Cuando Scott Lang lo atravesó en su primera aventura como Ant-Man, Janet lo marcó con una antena para comunicarse con su marido y su hija. Si logran que el túnel vuelva a funcionar, Janet puede usar a Lang para guiarlos hasta ella.

2015 | Excursión cuántica

Con la guía de Hank y Hope, Scott, el nuevo Ant-Man, toma medidas contra Darren. Pero no logra robar la Chaqueta Amarilla como planeaba, así que debe combatir con su nueva némesis. Pero el traje de Darren está hecho de titanio: el material que permitió que Janet se hiciera subatómica para penetrar en el misil. Scott toma la misma decisión y utiliza las partículas Pym para reducirse hasta el mundo cuántico; allí se encuentra inconscientemente a Janet, que envía un mensaje oculto de vuelta con él. Cross desaparece cuando su traje implosiona.

1987 | Perder a la Avispa

Hank combina sus partículas Pym con el traje de Ant-Man y realiza misiones por todo el mundo para SHIELD. Más tarde conoce a Janet van Dyne y ambos trabajan como agentes del gobierno como Ant-Man y la Avispa. En 1987, SHIELD los envía para interceptar un misil nuclear soviético robado. Cuando el misil vuela hacia su objetivo, Janet se reduce a tamaño subatómico para entrar en su carcasa y desarmarlo, pero luego desaparece en el mundo cuántico.

Años 70 | Experimentación

Pym trabaja como científico y asesor para SHIELD en la base de Camp Lehigh, donde perfecciona las partículas alteradoras del tamaño que reciben su nombre.

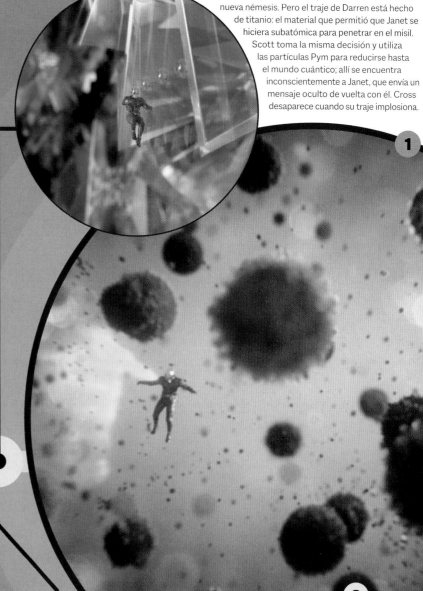

1989 | Renuncia

La pérdida de Janet destroza a Hank. Cuando descubre que SHIELD está intentando recrear en secreto su trabajo, dimite. Se lleva con él su fórmula de las partículas Pym, diciendo que nunca permitirá que SHIELD la use. Y aún más: oculta su traje de Ant-Man, convencido de que usarlo es demasiado peligroso.

2015 | El regreso de Ant-Man

Con las partículas Pym y SHIELD detrás de él, Hank crea Pym Technologies. Pero, años después, su protegido en el negocio, Darren Cross, lo traiciona al intentar recrear las partículas. Hank comprende que necesita ayuda para parar a Darren; se fija en el exconvicto Scott Lang y decide probarlo embaucándolo para que robe el traje de Ant-Man. A pesar del desacuerdo de su hija Hope, Hank entrenará a Scott sobre el uso del traje y de las partículas Pym.

2015 | Un trato con Hydra

Darren va demasiado lejos con su estudio de las partículas Pym y crea una nueva fórmula que funciona con una poderosa armadura a la que llama Chaqueta Amarilla. Luego llega a un acuerdo para vendérsela a Hydra. Darren pondrá a otros en peligro de muerte al no proteger adecuadamente su cerebro de las partículas, lo que le hará hundirse en la locura y la paranoia.

2018 | Salvar a Janet

El exitoso regreso de Scott al mundo cuántico en 2015 impulsó a Hank y Hope a construir un portal para encontrar y rescatar a Jane. Pero los actos de Scott en el aeropuerto de Leipzig-Halle complicaron las cosas, porque el uso del traje de Ant-Man violó los Acuerdos de Sokovia. Con una oposición constante, el trío completa el túnel cuántico y consigue traer de vuelta a Janet, pero luego el Chasquido de Thanos reduce a polvo a Hank, Hope y Janet, dejando a Scott atrapado en el mundo cuántico.

2016 | Impresionar al Capitán América

Scott no podría estar más excitado cuando Rogers lo recluta, aunque sea para pelear contra otros Vengadores. En la batalla del aeropuerto de Leipzig-Halle, sorprenderá a sus rivales con su habilidad para menguar y crecer. Utilizará las partículas Pym para hacerse lo bastante pequeño para gatear por dentro de la armadura de Iron Man y luego se convertirá en gigante y distraerá al grupo rival mientras el Capi escapa.

2023 | Una idea

Scott regresa del mundo cuántico y, enterado del Chasquido, aparece en el Complejo Vengadores con una idea: así como él ha saltado cinco años en un momento, con las partículas Pym los Vengadores podrían viajar atrás en el tiempo, usando el mundo cuántico como puente. Tony Stark encuentra un modo de apuntar a lugares y momentos concretos que les permitan hacerse con las Gemas del Infinito. El grupo planea el Robo en el Tiempo.

PARTÍCULAS PYM

2023 | Viaje en el tiempo

Con una provisión limitada de partículas Pym, el elemento crucial para el éxito del Robo en el Tiempo, los Vengadores solo pueden probar brevemente si el plan funciona. Tienen partículas para realizar un viaje de ida y vuelta cada uno. Se dividen en equipos y activan las partículas para encoger y entrar en el mundo cuántico y luego viajar a distintos puntos en el pasado. Tony y Steve asumen una misión paralela a Camp Lehigh en 1970 para recuperar el Teseracto y más partículas del laboratorio de Hank Pym, lo que permitirá completar el Robo y deshacer el Chasquido.

Décadas atrás, Hank Pym desarrolló una fórmula con un grupo único de partículas subatómicas que pueden afectar a la densidad y el tamaño de seres vivos y objetos: las llamadas partículas Pym. Al incorporarlas a un traje especialmente diseñado y alterar la distancia entre átomos, Hank observó que podrían reducir a un ser humano al tamaño de una hormiga a la vez que aumentaban su densidad y su fuerza. Él las utilizó como agente de SHIELD, Ant-Man, normalmente al servicio del gobierno de EE.UU. A lo largo de los años, muchas personas intentaron robar la tecnología de las partículas, a menudo con fines viles, y más tarde estas se convirtieron en un elemento crucial para derrotar a Thanos y salvar el universo.

2018

El FBI rodea el laboratorio en el bosque Muir.

Primavera de 2018 | Vista y no vista

Hank Pym y Hope van Dyne son espiados por una misteriosa figura enmascarada a la que llaman Fantasma, que puede entrar en fase a través de distintos estados de la materia y hacerse sólida o evanescente a voluntad. Este ser también busca acceder al túnel cuántico, y Van Dyne debe repelerlo repetidamente con su traje de Avispa. Cuando Pym encoge el edificio con su laboratorio al tamaño de una maleta de mano, la tecnología se vuelve especialmente vulnerable al robo, y Fantasma se apresta a hurtarla.

Avispa vs. Fantasma.

Primavera de 2018 | Enfrentados

El cambio de fase de Ava es un efecto colateral del accidente de laboratorio que mató a sus padres. El traje de Fantasma regula temporalmente su densidad, pero no tardará en «desvanecerse del todo» sin las partículas sanadoras del reino cuántico. Planea robar la energía cuántica de Janet para estabilizar su fase... aunque mate a Janet en el proceso. Hank, Hope y Scott están atados, pero escapan cuando Foster libera inadvertidamente a las hormigas entrenadas de Hank. Se llevan el laboratorio con ellos, lo restablecen en el bosque y Janet retransmite a través de Scott Lang para ayudarlos a sintonizar el aparato. Scott corre a casa para un control del FBI, pero Hope y Hank son rastreados hasta la ubicación del laboratorio y arrestados. En medio de la confusión, Fantasma vuelve a robar el laboratorio.

Primavera de 2018 | Fantasma revelado

El grupo busca la ayuda de Bill Foster, un científico que trabajó con Pym tres décadas atrás, cuando ambos formaban parte de SHIELD. Aún conservan rencillas mutuas por su trabajo en el Proyecto Goliat, pero Foster les dice que pueden localizar el laboratorio perdido modificando un regulador en el traje de Ant-Man para detectar sus emisiones. Aunque Pym y los demás encuentran el laboratorio, también descubren que Foster da refugio a Fantasma; su nombre es Ava Starr, y es la hija de otro investigador de SHIELD que murió realizando experimentos ilegales después de que una disputa con Pym lo sacara de la agencia.

Ava Starr lucha por conservar su forma física.

Tardígrados microscópicos rodean la cápsula de rescate de Pym.

Primavera de 2018 | Pym encoge

Scott consigue liberar a Hope y Hank, pero el reloj corre en las coordenadas proporcionadas por Janet. Localizan el laboratorio y las hormigas de Pym contienen a Foster mientras Scott distrae a Fantasma. Pym jura ayudarla antes de aventurarse en el mundo subatómico para encontrarse con su esposa perdida. Durante su viaje, el edificio del laboratorio vuelve a ser encogido para facilitar su transporte. Por desgracia, Sonny Burch aprovecha esta oportunidad para robarlo.

Sonny Burch se lleva el laboratorio reducido.

Primavera de 2018 | Dulce libertad

Scott corre a su casa, y sustituye a la hormiga gigante que ha llevado su transmisor de tobillo justo cuando llega el FBI. El agente Jimmy Woo espera encontrar a Lang violando su arresto domiciliario, pero en lugar de ello se ve obligado a hacer oficial su liberación. «Nos volveremos a ver», dice Woo. «¿Dónde?», responde Lang. Woo, desconcertado: «Pues, en general, la próxima vez que hagas algo malo». Y Lang: «Ah, pensaba que me estabas invitando». Han pasado cosas raras.

En la bahía de San Francisco, un
Scott Lang gigante busca a Sonny
y el laboratorio miniaturizado.

Primavera de 2018 | La caza de San Francisco

Scott Lang se agiganta y persigue a Burch usando un camión como patinete. Burch aborda un barco de observación de ballenas en la bahía del Pescador y Lang se hace gigantesco —más aún que durante el choque por los Acuerdos de Sokovia— para perseguirlo por el mar. Coge el laboratorio entre dos dedos y lo levanta de entre los brazos de Burch. Pero el enorme cuerpo de Lang drena su energía y se hunde en la bahía. Entonces Hope van Dyne desciende en su traje de Avispa para devolverlo al tamaño normal y llevarlo de vuelta a la superficie.

Una hormiga gigante a la batería.

Primavera de 2018 | Reunión de madre e hija

Con el laboratorio devuelto a su tamaño original, Hank Pym sale de la dimensión subatómica con Janet, sobrecargada de una energía que puede estabilizar temporalmente a Ava Starr. Luego abraza a Hope, que era solo una niña la última vez que se vieron. «Ahora estoy aquí —le dice a su hija—. Tenemos tiempo.» Para una habitante veterana del mundo cuántico, el significado del tiempo cobra gran importancia.

Hope vuelve a ver a su madre
por primera vez en décadas.

2018

2018 | El Lobo Blanco

Tras someterse a una desprogramación en Wakanda, Bucky Barnes queda al fin libre de los protocolos de control mental que lo transformaron en Soldado de Invierno. Ayo, general de las Dora Milaje, que lo ha acompañado a lo largo del proceso, prueba el resultado de este recitándole las diez palabras clave que lo convertían en un arma. La conciencia de Barnes permanece inalterada, y entonces ella le susurra: «Eres libre». Barnes continúa su recuperación en Wakanda, donde es conocido por su apodo «Lobo Blanco».

Bucky Barnes sometido a rehabilitación en Wakanda.

Thanos a bordo de la nave
de rescate asgardiana.

Primavera de 2018 | A la caza de la Gema del Tiempo

Mientras rastrea el Teseracto, la nave de Thanos, *Santuario II*, intercepta el arca de refugiados asgardianos *Statesman*. Algunos asgardianos escapan, entre ellos Valquiria, que dirige a los supervivientes a lugar seguro mientras Thor, Heimdall, Bruce Banner y Loki se quedan a luchar. Aún recuperándose de la destrucción de Asgard, no tardan en ser arrasados por Thanos y sus fuerzas. «Yo sé lo que es perder —les dice Thanos—. Sentir desesperadamente que tienes razón. Y fracasar igualmente.»

Primavera de 2018 | Hulk dominado

Bruce Banner ataca a Thanos, pero ni siquiera Hulk es rival para el titán que ostenta la Gema del Poder. Heimdall, herido, invoca el Bifrost para enviar a Hulk a través del espacio hasta la Tierra.

Xandar en tiempos más pacíficos.

Primavera de 2018 | El robo de la Gema del Poder

Xandar cae cuando Thanos y sus tropas superan las defensas del mundo capital del Imperio nova. Su objetivo es la Gema del Poder, que los Guardianes de la Galaxia confiaron a Nova Prime y al Cuerpo Nova. Su servidor Ronan fue derrotado aquí, pero Thanos saldrá de Xandar con la gema púrpura, dejando el planeta diezmado.

Hulk en una pelea
perdida contra Thanos.

Loki hace un ofrecimiento mientras Thanos aferra el cráneo de Thor.

Primavera de 2018 | El final de Heimdall y Loki

Thanos atraviesa el pecho de Heimdall con una lanza para alejar a Hulk, y la vigilancia del guardián omnisciente termina. Thor insiste en que el Teseracto fue destruido en Asgard, pero Loki revela que lo ha estado ocultando desde su partida. «Desde luego, eres el peor de los hermanos», dice Thor. Estas serán sus últimas palabras a Loki. Tras aplastar el Teseracto y colocar la Gema del Espacio en su guantelete, Thanos sufre el ataque de Loki; pero el puñal de este es detenido a centímetros de la garganta del titán por la gema azul. Thanos le parte el cuello y deja su cuerpo tirado mientras se marcha diciendo: «Esta vez sin resurrecciones», e incinera la *Statesman* a su paso.

Primavera de 2018 | El aviso de Hulk

Banner atraviesa el techo del Santuario de Nueva York, donde los Maestros de las Artes Místicas Dr. Extraño y Wong mantienen vigilados el Ojo de Agamotto y la Gema del Tiempo, y jadea: «Thanos está llegando... Ya viene». Pero Extraño solo atina a preguntar: «¿Quién».

Bruce Banner se estrella en el Santuario del Dr. Extraño en Nueva York.

La nave-Q desciende sobre Nueva York.

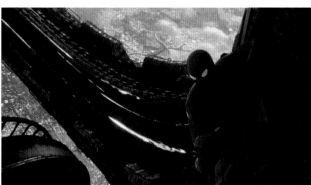

Spiderman cuelga de una nave-Q que parte de la Tierra.

Primavera de 2018 | El ataque de la nave-Q

Thanos envía a Nueva York a Fauces Negras y a Matanza Obsidiana, dos lugartenientes de sus «Hijos de Thanos» reclutados para hacerse con la Gema del Tiempo. Dr. Extraño, Wong y Bruce Banner alertan a Tony Stark del peligro inminente justo cuando la nave-Q aparece sobre Greenwich Village. Tras una batalla callejera, Obsidiana es expulsado místicamente a un paisaje polar y pierde la mano izquierda cuando el portal se cierra. Fauces no puede romper el hechizo protector que rodea el Ojo de Agamotto, así que secuestra a Extraño y huye de vuelta a Titán para encontrarse con Thanos. Su nave lleva dos polizones —Iron Man y Spiderman— que planean un rescate.

2018

Primavera de 2018 | No tenemos a Hulk

Después de vivir dos años como Hulk, Bruce Banner descubre que su irascible *alter ego* rechaza salir incluso en momentos de peligro extremo. Los dos lados de su personalidad están cada vez más enemistados, y Banner se siente más desorientado e indefenso que nunca al enterarse de la disputa que fracturó a los Vengadores en su ausencia. Con Tony Stark en el espacio profundo, Banner llama al teléfono que era la línea de emergencia de este con Steve Rogers, y trae al Capitán América a la lucha contra Thanos.

Visión lanza una descarga de la Gema de la Mente.

Bruce Banner se esfuerza por hacer salir a Hulk.

Corvus Glaive desvía el golpe.

Primavera de 2018 | La emboscada de la Gema de la Mente

Wanda Maximoff, aún oculta tras oponerse a los Acuerdos de Sokovia, intenta pasar desapercibida con Visión en Escocia cuando desciende sobre Edimburgo una segunda nave-Q, esta con los agentes de Thanos Medianoche Próxima y Corvus Glaive. Mientras estos intentan arrancarle la Gema de la Mente a Visión, Steve Rogers, Sam Wilson y Natasha Romanov se unen a la lucha y expulsan a los Hijos de Thanos, quienes juran que volverán.

Primavera de 2018 | Los Guardianes rescatan a Thor

Los Guardianes de la Galaxia responden a la llamada de socorro de la *Statesman*, pero solo encuentran sus restos. El único superviviente es Thor, a quien Drax describe maravillado: «Es como si un pirata hubiera tenido un hijo con un ángel». Thor despierta y les cuenta lo que ha hecho Thanos, aunque Gamora ya conoce sus planes para eliminar a la mitad de los seres del universo: «Si consigue las seis Gemas del Infinito podrá hacerlo con solo un chasquido», explica.

¡ALERTA!
¡Ey! Thor dice que tiene 1500 años, pero ¿no era apenas un bebé hacia el 695? Tenía una respuesta preparada, pero Casey, bendito sea, acaba de derramar un café en toda la unidad central.

Thor pegado al parabrisas de la nave de los Guardianes.

Thor, Peter Quill y Gamora hablan sobre la amenaza de Thanos.

Primavera de 2018 | Un hacha para triturar

Thor convence a Rocket y Groot para que lo
acompañen a la forja de la estrella de Nidavellir
para crear un arma «de las que matan a Thanos».
Esta fue la cuna de Mjolnir, y es famosa por sus
poderosas creaciones. Pero el trío solo encuentra
un erial tras el paso de Thanos, que obligó a los
enanos gigantes a crear su guantelete y luego los
masacró. Thor reaviva la forja y Groot ofrece uno
de sus brazos como mango, y el único superviviente,
Eitri, crea Destructor de Tormentas, un hacha de
guerra capaz de invocar el Bifrost.

Eitri necesita ayuda para crear un arma nueva digna de un dios.

Thor arriesga su vida para reavivar la forja de Nidavellir.

Primavera de 2018 | El fraude de la Gema de la Realidad

Peter Quill, Mantis, Drax y Gamora se dirigen a Sapiencial, donde el Coleccionista
ha guardado durante años la Gema de la Realidad. Se encuentran a Thanos
torturando al carismático conservador, y Gamora acuchilla al titán con la navaja
de doble hoja «perfectamente equilibrada» que él le regaló de niña. «¿Por
qué...?», pregunta Thanos agonizante. Gamora llora, demostrando que aún
aprecia a su padre adoptivo. Pero es un truco cruel. Thanos ya tiene la Gema
de la Realidad y ha creado esta ilusión para probar a Gamora. Y la toma como
rehén antes de marcharse a través de un portal de la Gema del Espacio.

Fauces Negras
tortura al Dr. Extraño.

Thanos usa la Gema de la Realidad para engañar a Gamora y Peter Quill.

Primavera de 2018 | Fauces Negras silenciado

A bordo de la nave-Q, Fauces Negras usa su poder telecinético para
torturar al Dr. Extraño para que le entregue la Gema del Tiempo.
Tony Stark y Peter Parker diseñan un plan de ataque basado en algo
que el adolescente vio en una película de ciencia ficción. «Tus
poderes son intrascendentes comparados con los míos», se burla
Fauces cuando se enfrentan. «Sí, pero el chico ha visto más pelis»,
replica Stark antes de abrir un boquete en el casco de la nave.
El vacío aspira a Fauces al exterior, donde se congela y muere
al instante. La nave sigue en piloto automático, rumbo a Titán.

2018

La guerra civil entre los Vengadores ha terminado.

Ⓐ Primavera de 2018 | Cosas del pasado

A pesar de ser fugitivos, Steve Rogers, Natasha Romanov, Sam Wilson y Wanda Maximoff regresan a EE.UU. para reconciliarse con viejos aliados que ayuden a mantener a Visión —y la gema— a salvo de Thanos. «El mundo está en llamas, ¿y ustedes creen que todo está perdonado?», dice el secretario de Estado Thaddeus Ross; luego exige que los arresten. Pero James «Rhodey» Rhodes agradece su regreso en nombre de los Vengadores. Los héroes más poderosos de la Tierra vuelven a trabajar juntos.

Ⓐ ⚫ Primavera de 2018 | Refugio en Wakanda

El rey T'Challa da la bienvenida a los Vengadores a su patria mientras Shuri, la investigadora principal de la nación, pone manos a la obra para separar las sinapsis de Visión de la Gema de la Mente. Si esta puede ser destruida con seguridad, Thanos será incapaz de completar su plan genocida; pero la operación, meticulosa y precaria, exige mucho tiempo y cuidado. Mientras, Steve Rogers se reúne con el recién desprogramado Bucky Barnes, ahora dotado de un brazo de vibránium hecho en Wakanda. «¿Qué tal estás, Buck?», lo saluda Rogers. «Nada mal... para ser el fin del mundo», contesta Barnes.

Bucky Barnes y Steve Rogers se reúnen.

Steve Rogers, T'Challa, Natasha Romanov y Okoye se preparan para la llegada de Thanos.

Ⓐ Primavera de 2018 | Proteger a Visión

Visión ofrece sacrificarse para evitar que Thanos se haga con la Gema de la Mente. Dado que Wanda obtuvo sus poderes en parte de la gema, Visión sugiere que su energía puede crear un bucle de realimentación que destruiría la integridad molecular de la piedra. Pero también podría acabar con su vida. «No quiero pagar ese precio», insiste Wanda. «No comerciamos con vidas», zanja el Capitán América, que propone reagruparse en el lugar más fortificado y tecnológicamente avanzado de la Tierra.

El Guardián de la Gema recibe a Thanos en Vormir.

Visión y Wanda Maximoff comparten un momento.

Thanos adquiere la Gema del Alma a un alto precio.

🌿 🌸 Primavera de 2018 | El sacrificio de la Gema del Alma

Thanos obliga a Gamora a revelar la ubicación de la Gema del Alma torturando a su hermana Nébula. Incapaz de soportar más su sufrimiento, Gamora confiesa: «Vormir». En ese planeta desolado, la pareja se acerca a la cima de la montaña donde el Guardián de la Gema, el hombre que en el pasado fue Johann Schmidt, fue transportado décadas atrás por el Teseracto. «Para tomar la piedra debes perder aquello que amas», explica Schmidt. «Un alma por un alma.» Gamora se ríe con tristeza, pensando que a Thanos realmente no le importa nada ni nadie. Entonces el titán toma su mano y, a pesar de su resistencia, la arroja al abismo.

Primavera de 2018 | Las apuestas de Extraño

Mientras espera la llegada de Thanos, el Dr. Extraño medita y usa el Ojo de Agamotto para atisbar en el futuro 14000605 resultados alternativos de la batalla. «¿Y en cuántos ganábamos?», pregunta Tony Stark. Extraño fija en él una mirada afligida y responde: «En uno».

Peter Parker y Tony Stark hacen
planes con Drax, Mantis y Peter Quill.

Primavera de 2018 | Las ruinas de Titán

Iron Man, Dr. Extraño y Spiderman se estrellan en los restos de lo que fue el planeta natal de Thanos. La sobrepoblación y el consumo excesivo llevaron a su ruina, inspirando el erróneo y destructivo empeño de Thanos. Todo lo que queda allí es el cascarón descompuesto e inerte de lo que fue una gran civilización. Allí se ocultan Drax, Starlord y Mantis, que atacan a los terrestres creyéndolos acólitos de Thanos. Después de una pelea breve y confusa, se dan cuenta de que todos están del mismo lado.

El Doctor Extraño examina
los futuros posibles.

Una nave de desembarco impacta en el escudo de energía de Wakanda.

Los batidores avanzan en tropel
a través del hueco en la barrera.

Primavera de 2018 | Wakanda bajo asedio

Naves de desembarco con el feroz ejército de batidores de Thanos penetran en la atmósfera terrestre sobre la nación africana. Un escudo de energía sobre la capital protege a gran parte de la población, así como a Visión y la Gema de la Mente; pero la barrera se debilita. Black Panther y el Capitán América lideran a los Vengadores y al gran ejército de Wakanda en una defensa formidable, pero son superados en número... y la operación de Visión dista mucho de estar completa.

2018

Primavera de 2018 | El trueno y el rayo

Canalizando el Bifrost con Destructor de Tormentas, Thor, Groot y Rocket aparecen en Wakanda. El dios del Trueno presta su ayuda a quienes resisten contra los batidores. Corvus Glaive, Medianoche Próxima y Matanza Obsidiana son derrotados y la balanza se inclina contra las fuerzas de Thanos. Nuevos y viejos aliados luchan codo con codo, con encuentros insólitos (como Rocket intentando regatear por el brazo cibernético de Bucky Barnes). Thor y el Capi elogian brevemente sus respectivos cambios de *look*, pero esos momentos de confianza no tardan en esfumarse...

El Doctor Extraño ofrece a Thanos la Gema del Tiempo.

Thor blande su nueva arma.

Con la adición de la Gema del Tiempo al guantelete, Thanos tiene ya cinco gemas.

Primavera de 2018 | La Gema del Tiempo

Tras usar el guantelete para arrojar fragmentos de la luna de Titán contra los héroes, Thanos hiere a Iron Man. «Tienes mi respeto, Stark —le dice—. Cuando termine, la mitad de la humanidad seguirá con vida. Espero que te recuerden.» Extraño le ofrece la Gema del Tiempo a cambio de la vida de Stark: un trato que a Thanos le complace aceptar. «Queda una», dice, mientras añade la gema verde al guantelete. Y se marcha a través de un portal de la Gema del Espacio. Extraño asegura a un desconcertado Stark: «Estamos en la última jugada».

Primavera de 2018 | La vuelta a casa de Thanos

El titán regresa a su planeta natal con una sensación de pena. «Era muy hermoso», dice, usando la Gema de la Realidad para recrear su gloria perdida. La nueva alianza de héroes ataca, con Iron Man y Spiderman tirando de los brazos de Thanos, Drax agarrándole las piernas y Mantis, subida a sus hombros, usando su poder empático para adormecer su mente. Incluso Nébula escapa de su cautiverio y se estrella sobre Titán para unirse a la lucha. Casi le han quitado el guantelete cuando Peter Quill comprende que Thanos mató a Gamora para conseguir la Gema del Alma. Quill golpea al titán, rompiendo la concentración de Mantis y permitiendo que Thanos recupere el control.

Thanos llega a la Tierra a través de un portal.

Primavera de 2018 | La última gema

Thanos llega a Wakanda. Es imparable. Bruce Banner lo embiste con la armadura Cazahulk, pero Thanos usa sus Gemas del Infinito para fundir su traje metálico a un precipicio cercano, y luego aplasta al Capitán América, Black Panther y Falcon. El titán es un ejército de un solo hombre que marcha implacable hacia su trofeo.

Arrancando el guantelete a Thanos.

Mantis manipula la mente de Thanos.

Wanda Maximoff contempla lo impensable.

Primavera de 2018 | La muerte de Visión

Wanda Maximoff sabe que debe utilizar sus
poderes para destruir la Gema de la Mente.
El mismo Visión se lo ha dicho; pero su amor
mutuo hace la decisión insoportable. Ella irradia
su energía en la gema mientras Steve Rogers
separa los dedos de Thanos del guantelete,
pero el Capi no tarda en ser arrojado a un lado.
Wanda apunta con una mano a Thanos y con
la otra a la frente de Visión. Al fin, la Gema
de la Mente explota, matando a su amado
pero salvando a la mitad del universo del
despiadado plan de Thanos.

Con una mano, la magia de Wanda aniquila la Gema
de la Mente. Con la otra, mantiene a raya a Thanos.

Thanos restaura la Gema de
la Mente y mata a Visión por
segunda vez para conseguirla.

Primavera de 2018 | La segunda muerte de Visión

Thanos suspira profundamente, e incluso ofrece consuelo a la acongojada
Wanda: «Te entiendo, mi niña. Mejor que nadie [...] Hoy he perdido más de
lo que puedas imaginar. Pero ahora no es el momento para el dolor. Ahora
no es el momento». Y usa la Gema del Tiempo para revertir los últimos
minutos. Visión y la Gema de la Mente son restaurados; pero el titán
arranca de inmediato la gema de su cráneo, matándolo de nuevo.
El sacrificio de Visión y el sufrimiento de Wanda han sido para nada.

Primavera de 2018 | Última oportunidad

Con las seis gemas ahora en su sitio, el Guantelete
del Infinito está cargado por completo. Tiempo,
Espacio, Poder, Alma, Mente y Realidad se han
convertido en armas a voluntad de Thanos, que
está a solo segundos de realizar su plan.

La energía fluye desde el Guantelete del Infinito, sobrecargando
a Thanos justo antes de realizar el Chasquido.

Aterrizaje forzoso

Los Vengadores y los wakandianos discuten su estrategia de combate cuando Falcon y Máquina de Guerra detectan firmas enemigas en el cielo. Naves de descenso enemigas aterrizan fuera de la barrera de energía de la ciudad y Visión advierte a sus compañeros de que se agota el tiempo para destruir la Gema de la Mente. Steve le dice a Wanda que la destruya cuando Shuri la haya extraído de Visión, y T'Challa ordena a la guardia real que evacúe la ciudad, active las defensas y dé un escudo al Capi.

Acercamiento a la barrera

Wakandianos y Vengadores avanzan hacia la barrera de energía para enfrentarse a los Hijos de Thanos. T'Challa, el Capi y Viuda Negra se adelantan para pactar los términos del combate con Medianoche Próxima y Matanza Obsidiana. Próxima proclama que su desafío es vano y que Thanos obtendrá la gema; T'Challa le responde que ahora están en Wakanda y que Thanos no obtendrá nada, excepto polvo y sangre.

Wanda interviene

Durante la batalla, Wanda ha permanecido junto a Visión, temerosa de dejarlo mientras Shuri opera. Pero, ahora, sabiendo que los Vengadores la necesitan, desciende al campo de batalla, donde emplea sus poderes para destruir un grupo de trilladoras que se dirigen hacia Viuda Negra y Okoye, que exclama: «¿Dónde ha estado todo este tiempo?».

Las trilladoras

Con la llegada de Thor, la marea de la batalla parece volverse a favor de Vengadores y wakandianos. Wanda ve desde el laboratorio de Shuri las inmensas máquinas bélicas provistas de hojas conocidas como trilladoras desplegadas por las naves de descenso de los batidores. Falcon y Máquina de Guerra intentan derribarlas para inutilizarlas, pero es en vano, y las máquinas siguen avanzando hacia los defensores.

Un mal final

Wanda se abre paso hacia Visión cuando Medianoche Próxima la golpea. Presuntuosa, le dice que morirá sola, como Visión, pero en ese momento aparecen Viuda Negra y Okoye. La guerrera alien consigue defenderse de ambas y luego obtiene ventaja. Está a punto de matar a Natasha cuando Wanda utiliza su poder para empujarla al paso de una trilladora cercana, que rebana a Medianoche en trozos.

LA BATALLA
DE WAKANDA

Los Vengadores afrontan su hora más oscura al combatir a su enemigo más poderoso, Thanos. El titán inició una cruzada para obtener las seis Gemas del Infinito —Tiempo, Espacio, Realidad, Mente, Poder y Alma— con el fin de completar el Guantelete del Infinito y barrer a la mitad de los seres vivos del universo. Los Vengadores viajan a Wakanda para proteger la Gema de la Mente, incrustada en la frente de Visión. Mientras Shuri intenta desesperadamente extraerla para poder destruirla con seguridad, Black Panther, el ejército de Wakanda y los Vengadores unen fuerzas para resistir a los Hijos de Thanos y su vasto ejército de batidores.

El Chasquido

Con todas las gemas en su poder, Thanos está a punto de activar el guantelete cuando Thor arroja a Destructor de Tormentas y se lo clava en el pecho. Thor cree haber cumplido su venganza por la muerte de su hermano y la matanza de asgardianos cuando Thanos le dice: «Deberías haberme golpeado en la cabeza». Thor observa con horror cómo Thanos chasquea los dedos y sus amigos se convierten en polvo a su alrededor.

La última gema

Los Vengadores se lanzan sobre Thanos para darle tiempo a Wanda mientras destruye la Gema de la Mente, pero este los aparta a un lado. Cuando ve que Wanda ha destrozado la gema, usa la del Tiempo para revertirlo, deshaciendo la destrucción de Visión y de la gema. Luego arranca la Gema de la Mente de la cabeza de Visión y la coloca en el Guantelete del Infinito.

Medianoche Próxima

Cuando los Vengadores dejan claro que no se rendirán, Medianoche Próxima da una señal a su ejército y las naves de descenso liberan a sus batidores, que cargan contra la barrera de energía. Unos pocos la atraviesan, y Bruce observa que no pueden proteger el perímetro completo; los batidores los rodearán y llegarán a Visión. T'Challa tiene la idea de abrir parcialmente la barrera para mantener la atención de los batidores fija sobre ellos.

La llegada de Thor

Vengadores y wakandianos están inmersos en una intensa batalla contra los batidores cuando en medio del campo aparece el rayo brillante del Bifrost. Destructor de Tormentas, la recién forjada hacha de Thor, derriba a una hilera de enemigos mientras Thor, Rocket y Groot se unen a la lucha. Thor invoca una descarga masiva de relámpagos que diezma a los batidores y exige: «¡Traedme a Thanos!».

Banner y Obsidiana

Visión, debilitado, está siendo atacado por Matanza Obsidiana y Corvus Glaive cuando Bruce Banner se lanza a salvarlo. Bruce pide refuerzos cuando Obsidiana lo agarra y ambos caen por una cascada. Obsidiana desgarra el brazo izquierdo de la armadura Cazahulk de Bruce, y este intenta transformarse en Hulk, sin lograrlo. Usando su ingenio, Bruce atrapa el brazo de Obsidiana con el brazo cortado de la armadura y activa su repulsor, haciendo volar a Obsidiana hasta la barrera de energía, donde explota.

Fuerza imparable

De vuelta en Titán, planeta natal de Thanos, los Guardianes de la Galaxia, Iron Man, Spiderman, Nébula y el Doctor Extraño lanzan un ataque coordinado para derribar a Thanos, pero no pueden igualar el poder del Guantelete del Infinito. Extraño le ofrece la Gema del Tiempo a cambio de la vida de Tony, y Thanos se marcha a Wakanda a través de un portal para hacerse con la Gema de la Mente.

Visión

Al llegar Thanos, los Vengadores luchan en vano para impedir que el titán obtenga la Gema de la Mente. Sabedor de que no son rivales para Thanos, Visión ruega a Wanda que destruya la gema y, como ella se niega, le dice que esa es la única manera de ganar la guerra. Wanda entiende que Visión tiene razón y vierte toda su energía en la Gema de la Mente, destruyendo la piedra y a Visión.

2018

Primavera de 2018 | El Chasquido

Antes de poder actuar, Thanos es golpeado por un relámpago cuando Thor desciende con su hacha de los cielos. La hoja de Destructor de Tormentas se hunde en el pecho de Thanos, pero el titán solo está herido. «Deberías haberme golpeado en la cabeza», gruñe. Libera su mano... y chasquea los dedos.

Thor yerra el tiro.

Primavera de 2018 | Visión de Gamora

En el momento de su triunfo, la Gema del Alma obliga a Thanos a enfrentarse con su mayor pérdida. Gamora aparece ante él, no como la guerrera desafiante que intentó detenerlo, sino como la niña que él recuerda haberse llevado de su planeta y criado como hija. «¿Lo has hecho?», le pregunta. Cuando él asiente, Gamora le hace otra pregunta: «¿Cuánto te ha costado?». Thanos responde: «Todo».

Thanos frente a una visión de Gamora niña.

M'Baku ve desaparecer a sus compañeros guerreros a su alrededor.

Primavera de 2018 | Los primeros momentos

El guantelete queda calcinado por la descarga de poder que emite. Thanos escapa por un portal de la Gema del Espacio, dejando atrás un silencio sobrecogedor. Bucky Barnes llama a Steve Rogers... y se desvanece de pronto en una columna de ceniza. Las naves se desploman del cielo al desaparecer sus pilotos; Rocket ve evaporarse a Groot y Wanda se disuelve junto al cuerpo de Visión. Sam Wilson desaparece mientras James Rhodes lo busca. T'Challa llega hasta la caída Okoye, diciendo: «Este no es lugar para morir»... y a continuación se esfuma.

El Capitán América mira en torno atónito al ver lo que está pasando.

Peter Quill se desintegra.

Primavera de 2018 | Llamada de emergencia

Nick Furia y María Hill observan cómo cunde el caos en una calle repleta cuando muchos transeúntes se convierten en polvo. Mientras Hill se desintegra, Furia echa mano del buscapersonas que le dio tiempo atrás la Capitana Marvel. Él mismo desaparece después de transmitir la llamada de socorro.

Primavera de 2018 | En Titán...

Mantis desaparece. Luego Drax y Starlord quedan reducidos a nada. «No había más remedio», insiste el Dr. Extraño antes de desintegrarse. Peter Parker se desploma en los brazos de Stark, suplicando ayuda: «Sr. Stark... No me encuentro bien —solloza—. No quiero irme...», y deja a su mentor sosteniendo solo ceniza entre sus manos. «Lo ha hecho», dice Nébula. Solo quedan ella y Stark.

El busca caído, momentos después de activarlo Nick Furia.

Janet, Hope y Hank se evaporan, dejando a Scott Lang atrapado en el mundo cuántico.

Primavera de 2018 | Desaparecer

En todas partes la mitad de los seres vivos se extingue en silencio. Yelena lo hace mientras intenta desprogramar a una compañera de la Sala Roja. María Rambeau, ahora jefa de SWORD, está hospitalizada con una grave enfermedad cuando su hija, Mónica, desaparece de la cabecera de su cama. Aunque Thanos concibió su plan como «aleatorio, imparcial y justo», unos son golpeados con más fuerza que otros. La mayoría de los compañeros de clase de Peter Parker desaparecen, y Clint Barton es el único superviviente de su familia.

En su granja, Clint Barton llama a su familia, que ha desaparecido de repente.

Primavera de 2018 | Ant-Man abandonado

Hank Pym, Janet van Dyne y su hija Hope experimentan con un nuevo túnel cuántico portátil construido en la trasera de la furgoneta de Luis. Scott Lang se aventura en ese mundo subatómico buscando las partículas curativas que podrían ayudar a su antigua enemiga, Fantasma. «No te dejes succionar por un vórtice temporal —le advierte Janet—. No podremos salvarte.» El Lang microcósmico completa su misión pero queda atrapado en el mundo cuántico cuando ellos dejan de responder a sus mensajes: los tres han desaparecido en el Chasquido.

2018

Algunos convierten las espadas en rejas de arado;
Thanos convierte su armadura en un espantapájaros.

Primavera de 2018 | Al jardín

Thanos se retira a un planeta solitario para pasar el resto de su
vida como un humilde granjero. Su armadura, una vez símbolo de
terror en todo el universo, se alza ahora como un espantapájaros.
Pasan las semanas mientras los supervivientes lidian con las ondas
de choque del dolor y la inestabilidad. El cataclismo empieza a ser
conocido con un término engañosamente simple: el Chasquido.
En un instante acabaron billones de vidas.

Primavera de 2018 | A la deriva

Tony Stark y Nébula abordan la nave de los Guardianes, pero las
células de combustible agrietadas los dejan varados a mil años luz
de la Tierra. Tras 22 días, un Stark famélico y deshidratado graba un
mensaje de despedida para Pepper Potts, recordando algo que dijo
años atrás, cuando la nombró directora: «Sueño contigo. Siempre
contigo». Pero su adiós es prematuro. Una figura luminosa aparece
en el exterior de la nave: enviada en una misión de búsqueda y
rescate por los Vengadores, la Capitana Marvel los ha encontrado.

Un Tony Stark escuálido graba un
mensaje para Pepper Potts.

La Capitana Marvel al rescate.

Primavera de 2018 | «¿Dónde está Furia?»

En el Complejo Vengadores, los héroes supervivientes
mantienen el busca de Furia cargado y emitiendo su señal.
Cuando este deja de funcionar repentinamente, discuten
formas de reactivarlo y volver a enviar la señal, aun cuando no
tienen idea de lo que hace. «Furia lo sabía [...] Quiero saber
quién está al otro lado», dice Viuda Negra. El destinatario ya
ha recibido el mensaje: Carol Danvers regresa a la Tierra y
quiere saber qué le ha pasado a su viejo amigo. La Capitana
Marvel será un poderoso nuevo aliado para los Vengadores.

Identificando la firma de energía de las Gemas del Infinito.

Primavera de 2018 | El contraataque

Tras el regreso de Tony Stark y Nébula a la Tierra, la
Capitana Marvel y los Vengadores intentan dilucidar
qué hacer a continuación. Si logran recuperar las Gemas
del Infinito, creen que podrían revertir el Chasquido.
Pero primero tienen que encontrar a Thanos. Un pico
de energía reciente, similar al emitido por el Chasquido,
atrae su atención al planeta 0259-S, donde encuentran
al titán viviendo sin ejército, defensas ni protección.

Los Vengadores supervivientes tras la pista de Thanos.

Thanos se prepara para la muerte, sin arrepentirse por haber causado la de tantos.

Primavera de 2018 | «Destruidas, reducidas a átomos»

El titán está herido y abrasado, pero no por su batalla de semanas atrás. El guantelete, gravemente dañado por el Chasquido, está ahora destruido por completo y fusionado con su mano. Las Gemas del Infinito han desaparecido. Thanos les dice a los Vengadores que usó su poder una vez más para destruirlas. Así, razona, no podrían ser usadas para revertir su victoria. «Las gemas ya no tenían ningún propósito, salvo como tentación», dice. «Eso casi me mata, pero el trabajo está hecho, y así será siempre. Yo soy inevitable.»

El Capitán América y Viuda Negra no encuentran la batalla que esperaban.

Primavera de 2018 | Thanos decapitado

Algunos Vengadores dudan que Thanos haya destruido las gemas, pero Nébula les asegura que no es un mentiroso. Él responde: «Gracias, hija. Quizá te traté con demasiada dureza». Son sus últimas palabras. Presa de la ira, Thor hunde Destructor de Tormentas en el cuello del titán, cortándole la cabeza. «Pero ¿qué has hecho?», pregunta Rocket. Thor, dolido aún por haber sido incapaz de detener el Chasquido, solo dice: «Le he golpeado en la cabeza». La satisfacción por la venganza es fugaz. Y la ejecución de Thanos no ha devuelto ninguna vida.

Thor se marcha después de matar al titán.

Década de 2020

La derrota final de Thanos —y la comprensión de lo cerca que ha estado la mitad del universo de la aniquilación permanente— suscita un nuevo aprecio y respeto por la vida. Eso hace la pérdida irreversible de la misma aún más dolorosa, como en el caso de T'Challa, gran rey y protector de Wakanda, Black Panther, que ayuda a salvar el mundo y al poco se ve agonizando por la enfermedad.

El exitoso esfuerzo de los Vengadores por revertir el Chasquido de Thanos insinúa la existencia del Multiverso cuando su Robo en el Tiempo causa una ramificación en la línea temporal de 2012 y la Agencia de Variación Temporal elimina una variante de Loki. Si los Vengadores revelaron la existencia de esa puerta, los actos caóticos de Loki con la AVT la dejan abierta de par en par. En el pasado, la diversidad de universos que forman el Multiverso parecía impermeable; ahora, seres poderosos como Wanda Maximoff, Loki, Dr. Extraño y Spiderman han encontrado formas de hacer agujeros que amenazan con deshacerlo... todo.

Aunque sus intenciones pudieran ser honorables al principio, incluso los puros de corazón pueden acabar corrompidos por el deseo de reescribir la realidad. Los villanos también empezarán a explotar estas brechas con fines egoístas. Las posibilidades infinitas del Multiverso se convierten en un nuevo campo de batalla.

2018-2023

Han pasado cinco años. Algunos empiezan a sanar, pero para otros la pérdida solo se agudiza. Las ciudades parecen huecas; naves vacías flotan sin rumbo en los puertos, coches abandonados se oxidan en los aparcamientos. Los que no han sido reducidos a ceniza luchan por reconectar con otros supervivientes. Pero, para algunos, la conquista de Thanos trae recompensas: la atmósfera de la Tierra está más limpia y la naturaleza se recupera. Hay comida y trabajo para todos, y abundan el alojamiento y otros recursos.

Invierno de 2019 | Un Hulk consciente

El Dr. Bruce Banner dirige su investigación a fusionar las dos partes en conflicto de su personalidad. Tras 18 meses de experimentación en un laboratorio gamma en México, consigue mezclar el músculo del gigante esmeralda con el cerebro del «canijo humano». El erudito goliat resultante tiene, en sus palabras, «lo mejor de ambos mundos».

Ahora Hulk puede mantener una charla.

Primavera de 2018-otoño de 2023 | La familia Stark

Después de que Tony Stark se recupere de casi morir en el espacio, él y Pepper Potts se retiran de la vida pública para vivir más tranquilos. Pepper queda embarazada de una niña, y la llegada de una nueva vida después de tantas destruidas trae a los padres alegría y un objetivo renovado. No equilibra la balanza, pero Morgan H. Stark les recuerda que deben valorar la buena suerte que han tenido.

La hija de Iron Man nace en un mundo que aún intenta adaptarse a una pérdida de escala apocalíptica.

Primavera de 2018-otoño de 2023 | El Agente de Poder

Sharon Carter permite que los gobiernos del mundo crean que desapareció en el Chasquido, y ha permanecido en la sombra desde que ayudó a Steve Rogers y Sam Wilson a recuperar sus armas durante el choque entre Vengadores por los Acuerdos de Sokovia. Actuando como traficante de arte robado desde la isla sin ley de Madripur, se ha ocupado en actividades aún más infames. Se creó la identidad de Agente de Poder, decidida a ejercer control sobre un mundo que le había vuelto la espalda.

Una Sharon Carter frustrada vira hacia el mal.

2018

2022 | Caballero Luna

Cuando las fugas disociativas de sus *alter egos* provocan su deshonrosa baja de los marines, Marc Spector empieza a trabajar con su excomandante Bushman, que planea el saqueo de una tumba egipcia. Cuando Bushman decide eliminar a los testigos, incluido el famoso arqueólogo Abdallah El-Faouly, Spector interviene y es gravemente herido. Mientras el mercenario yace a los pies de una estatua dedicada a Khonsu, el dios luna le ofrece la resurrección a cambio de servirle como avatar, un vigilante que «protegerá a los viajeros de la noche». Spector acepta y se entrega a una vida de venganza. Más adelante se casará con Layla, hija de El-Faouly, pero no compartirá con ella la verdad sobre el asesinato de su padre.

Khonsu hace un pacto con Marc Spector, herido mortalmente.

2020 | La muerte de María Rambeau

El cáncer de María «Fotón» Rambeau entra en remisión, lo que le permite continuar con su trabajo como directora de la División de Observación y Respuesta de Armas Sintientes (SWORD). Nunca dejó de creer que su hija Mónica regresaría, junto con todos los que se llevó Thanos; y diseña protocolos para esa posibilidad. Su cáncer vuelve dos años después del Chasquido, más agresivo que antes, y esta vez no sobrevivirá.

¡ALERTA DE AVT!

¡Hola, queridos! Si intentáis averiguar quién volvió o no, a veces encontraréis pistas en los detalles más mundanos. Si os fijáis bien, Marc Spector tenía un pasaporte emitido el 14 de diciembre de 2018. Esto apunta a sus cuestionables operaciones posmilitares durante el caos del Lapso.

Primavera de 2018-otoño de 2023 | La venganza de Ronin

El dolor desgarra a Clint Barton. Lo que surge de su interior es el vigilante Ronin. ¿Cómo ha podido él perder a su esposa y sus hijos mientras criminales y asesinos siguen vivos... y actuando con más impunidad que antes? Barton abandona el manto de Ojo de Halcón y viaja por el mundo ejecutando a malhechores que él considera que no merecen vivir. Aunque siente que su causa es recta, sus violentos métodos corroen su espíritu. Entre sus víctimas está el gánster William López, cuya ejecución es presenciada por su hija Maya, que iniciará una cruzada para vengarse de Ronin.

Primavera de 2018-otoño de 2023 | Todo lo que pueden hacer

Cada héroe lo lleva a su manera. Steve Rogers dirige grupos de apoyo para supervivientes. Thor adormece su remordimiento con cerveza, videojuegos y maratones de series, cediendo a otros el gobierno de Nuevo Asgard. Natasha Romanov y James «Rhodey» mantienen una dispersa misión de Vengadores en la Tierra, mientras que la Capitana Marvel intenta ayudar a los otros muchos planetas de la galaxia. Todos se sienten a la deriva e inseguros.

Adiós, Ojo de Halcón: Clint Barton adopta una nueva identidad.

Thor lamenta la pérdida de su hermano, su pueblo, su hogar y sus amigos.

2023

2023

Otoño de 2023 | Ant-Man liberado

Cinco años después del Chasquido, la furgoneta que contiene el túnel cuántico portátil de Hank Pym y Janet van Dyne acumula polvo en un almacén. Una rata que merodea por el salpicadero activa casualmente el dispositivo, expulsando a Scott Lang del mundo cuántico y escupiéndolo por la puerta de atrás. Scott no sabe lo que ha pasado: para él solo han pasado unas horas desde que entró en el túnel. Tal vez esa rata, una de las formas de vida más despreciables de la Tierra, haya ayudado a salvar la mitad del universo.

Una visión del pasado: Scott Lang llega al Complejo Vengadores.

Lang encuentra su propio nombre entre los del monumento a los perdidos.

Otoño de 2023 | Liliputiense a las puertas

Mientras Steve Rogers se encuentra con Romanov en el Complejo Vengadores, las cámaras de seguridad captan a un hombre frenético con una furgoneta abollada frente a las puertas. Scott Lang está en su lista de desaparecidos, así que su regreso los desconcierta. Él resultará clave para cambiarlo todo. Por primera vez hay esperanza de deshacer la ruina de Thanos sobre el universo.

Natasha Romanov intenta arreglar problemas menores.

Okoye, Capitana Marvel y James Rhodes se reúnen holográficamente.

Otoño de 2023 | Un salto «cuántico»

Scott Lang intenta explicar cómo quedó atrapado en el mundo cuántico y cómo las reglas de tiempo y espacio en ese universo microscópico difieren de la realidad conocida por los Vengadores: «¿Y si hubiera una forma de poder entrar en el mundo cuántico en cierto momento del tiempo, pero salir del mundo cuántico en otro momento distinto, como... antes de Thanos?». La idea parece inverosímil pero, como apunta Romanov: «Scott, yo recibo e-mails de un mapache, así que ya no hay nada que me parezca de locos».

Otoño de 2023 | Los Vengadores desconectados

Viuda Negra convoca una sombría reunión con sus remotos aliados. Okoye informa de un terremoto frente a la costa de África, mientras que Rocket y Nébula expresan su frustración por una incursión en una nave de guerra que resultó ser una barcaza de basura galáctica. La Capitana Marvel se siente abrumada por sus obligaciones, y Rhodey informa a solas a Natasha de que es probable que la masacre de un cártel en México sea obra de Clint Barton. Ella no quiere creerlo, pero en la situación actual no puede negarlo por completo.

Scott Lang explica cómo el mundo cuántico puede llevarlos de vuelta a las Gemas del Infinito.

Steve Rogers visita a su viejo amigo Tony Stark.

Otoño de 2023 | Stark dice no, Hulk dice sí

Tony Stark quiere quedarse fuera. Ya arriesgó su vida demasiadas veces y se opone cuando Romanov, Rogers y Lang le consultan si el mundo cuántico puede ser un camino para deshacer el Chasquido. Aunque ha personalizado una nueva armadura azul y plata para Pepper como regalo de aniversario, quiere dar por finalizados sus días de salvador del mundo. Además, teme perder las cosas buenas que le han pasado en los últimos cinco años, como su hija Morgan. Bruce Banner, sin embargo, se siente feliz de poner su experiencia a trabajar en el plan de los Vengadores.

Bruce demuestra que no lo llaman Hulk Listo por nada.

Otoño de 2023 | La reticencia de Iron Man

El recuerdo de la desaparición de Peter Parker todavía persigue a Tony. Pese a haberse apartado de los Vengadores, él sigue rumiando su idea y, gradualmente, imagina una forma en que podrían usar el mundo cuántico para acceder a distintos puntos de entrada en la línea temporal y después regresar con seguridad al presente. Le dice a Pepper que cree que debería guardar la idea y volver a la cama. Ella responde: «Pero ¿podrías descansar?».

Pepper Potts anima a Tony Stark a que ayude a resolver el problema.

2023

Otoño de 2023 | Giro temporal

Las pruebas de Hulk no van bien y consumen valiosas partículas Pym en cada intento. Scott Lang es el primer conejillo de Indias, y no sale del mundo cuántico en una época distinta, sino primero como bebé, luego como anciano y otra vez como bebé, antes de conseguir restaurarlo a su estado actual. «Alguien se ha meado en mis pantalones —informa el aturdido viajero—, pero no sé si he sido yo bebé o yo anciano... o yo yo.» Hulk intenta mantener altos los ánimos declarando una especie de éxito: «¡Viaje en el tiempo!». Pero nadie parece muy convencido.

Tony Stark acepta ayudar a Steve Rogers.

Otoño de 2023 | Un GPS espaciotemporal

Tony Stark llega al Complejo Vengadores con regalos. Uno es el escudo del Capitán América, al que años atrás le dijo que ya no lo merecía cuando su pelea posacuerdos dejó a Iron Man maltrecho y derrotado. Ahora quiere dejar el pasado en el pasado. También trae su último invento: un GPS espaciotemporal funcional que los ayudará a navegar por el mundo cuántico con seguridad y a acceder a puntos anteriores en el tiempo y el espacio, a la vez que resuelve la dificultad principal de los ensayos de Hulk: «En vez de impulsar a Lang a través del tiempo —explica Stark—, quizá impulsasteis el tiempo a través de Lang».

Hulk le sonríe a la vida.

Hulk y Rocket viajan a Nuevo Asgard.

Otoño de 2023 | Reclutar aliados perdidos

Mientras Stark y Lang construyen un nuevo túnel cuántico más elaborado, Hulk y Rocket viajan a Nuevo Asgard para reclutar a Thor. Quedan impactados por su descuidado aspecto. Hulk le recuerda que el dios del Trueno lo sacó de un bache en el mundo de batalla de Sakaar. Ahora Hulk quiere devolverle el favor. En Tokio, Natasha Romanov rastrea a Ronin durante su ataque a un señor del crimen, y le dice que han descubierto algo; tal vez una posibilidad para arreglar las cosas. Él responde: «No me des esperanzas». «Siento no haber podido dártelas antes», dice Natasha.

Rocket y Hulk visitan a un Thor derrotado.

Viuda Negra encuentra a Ronin... pero ella necesita a Ojo de Halcón.

Otoño de 2023 | Funciona

Una prueba del GPS espaciotemporal de Stark con Clint Barton tiene éxito, y lo impulsa de vuelta a su granja familiar, donde su esposa e hijos están sanos y salvos. Sus pocos segundos allí le deciden más que nunca a llevar a cabo la idea de los Vengadores. Con su propia hija en mente, Tony Stark insiste en que solo deben devolver lo que se ha perdido, sin deshacer lo que ha ocurrido en los años pasados desde entonces. «Y no morir en el intento. Estaría guay», añade.

Clint Barton listo para partir.

Nueva York, 2012

Asgard, 2013

Espacio profundo, 2014

Los Vengadores evalúan las Gemas del Infinito mientras planean el Robo en el Tiempo.

El equipo se prepara para la misión.

Otoño de 2023 | El Robo en el Tiempo

Para ser un viaje tan complicado, el plan es relativamente simple: irrumpir en el pasado en momentos clave en la historia de los Vengadores, recuperar las Gemas del Infinito antes de que lo haga Thanos, y volver al presente. Una vez reunidas las seis en un nuevo guantelete, se usarán para restaurar a todos los seres vivos destruidos en el Chasquido. El principal inconveniente es que solo hay partículas Pym suficientes para que cada viajero encoja hasta el mundo cuántico una sola vez. Como dice Steve Rogers: «Sin errores. Sin segundos intentos».

Un nuevo túnel cuántico da a los Vengadores su única oportunidad para arreglar las cosas.

Nueva York, 2012

Asgard, 2013

Espacio profundo, 2014

Tierra, 2023

La Anciana se resiste

El plan enfrenta un problema inmediato cuando Hulk visita el Santuario de Nueva York y descubre que a Extraño aún le quedan cinco años para descubrir las Artes Místicas. El actual Hechicero Supremo es la Anciana, que separa el espíritu de Bruce Banner de su cuerpo y se niega a devolver la Gema del Tiempo. Si se la diera podría beneficiar a la realidad de él, argumenta, pero dividiría el tiempo de ella en una nueva rama de realidad que quedaría desprotegida sin su «arma principal contra las fuerzas de la oscuridad». Banner la convence para que se la preste, con la promesa solemne de devolvérsela.

La Anciana en conferencia con Bruce Banner.

El truco mental del Capi

Steve Rogers se hace con el cetro de Loki durante un viaje en ascensor con los agentes de SHIELD Rumlow y Sitwell. En lugar de pelear con ellos en el diminuto espacio (algo que ya hizo antes), usa el conocimiento de su aún secreta traición para hacer que se lo entreguen voluntariamente; se inclina hacia Sitwell y susurra: «Heil, Hydra». Su veloz fuga solo se ve entorpecida cuando corre hacia su yo de 2012 y debe combatir a su pesar con el bienhechor que le dice: «Aguantaría todo el día». Finalmente, el Capi derrota a su versión de 2012 al revelarle un secreto impactante («¡Bucky está vivo!») e hipnotizarlo con la Gema de la Mente.

El Stark de 2023 cae desde su torre.

La batalla de Nueva York revisitada

Tony Stark, Steve Rogers, Bruce Banner y Scott Lang se aventuran en medio de la invasión chitauri que reunió por primera vez a los Vengadores más de una década atrás. Tres Gemas del Infinito están presentes en este tiempo y espacio: la Gema del Espacio dentro del Teseracto, la Gema de la Mente en el bastón de Loki y la Gema del Tiempo dentro del Ojo de Agamotto portado por el Hechicero Supremo.

Steve Rogers vs. Steve Rogers.

La renuncia de Morag

Clint Barton lleva una versión miniaturizada de la nave de los Guardianes en la palma de la mano cuando cruza el mundo cuántico hacia el espacio profundo de 2014 junto a James Rhodes, Nébula y Natasha Romanov. Después de agrandar la nave, esta lleva a Rhodes y Nébula a las ruinas de Morag, donde pretenden capturar el Orbe que contiene la Gema del Poder antes de que Peter Quill pueda abrirse paso bailando hasta ella.

Máquina de Guerra y Nébula esperan a un Starlord desprevenido.

El fallo de Nébula

En Morag, Nébula advierte a Rhodey que se mantenga alerta, porque Peter Quill y ellos no son los únicos que buscan las gemas. Su yo de 2014 también está a la caza. «¿Y dónde estás ahora?», le pregunta cauteloso Rhodey. Sin saberlo ellos, la programación cíborg en la Nébula de 2014 ya se ha emparejado remotamente con su yo viajera temporal. La Nébula del pasado alerta a Thanos y a una Gamora aún viva, que todavía no se ha vuelto abiertamente contra su padre ni ha encontrado a los Guardianes de la Galaxia.

Gamora y Nébula de 2014.

La madre de Thor lo ve como una versión atormentada de sí mismo procedente del futuro lejano.

Extraer el Éter

Thor se siente apabullado al ver su patria de Asgard aún intacta y floreciente cuando llega con Rocket para extraer la Gema de la Realidad de Jane Foster en 2013. Mientras Rocket corretea a localizarla, Thor se encuentra con Frigga, su madre, aún viva... pero no muy lejos de la muerte. Ella observa el aspecto harapiento, angustiado y envejecido de su hijo: «Tú no eres el Thor que yo conozco, ¿verdad? [...] El futuro no ha sido amable contigo». Él lo niega, pero no puede engañar a Frigga: «Me criaron unas brujas, muchacho. No solo veo con los ojos, lo sabes bien».

Thanos lo sabe

A medida que los recuerdos de Nébula son arrancados de su yo pasado, Thanos descubre no solo que algún día su plan tendrá éxito, sino que él también será asesinado. Esto no le preocupa, pero le enfurece que los Vengadores estén intentando deshacer retroactivamente la obra de su vida. Fauces Negras escanea los recuerdos del «duplicado» y rastrea la ubicación de la Nébula entrometida. «Pon rumbo a Morag», ordena Thanos.

Thanos extrae la información que necesita del cráneo de Nébula.

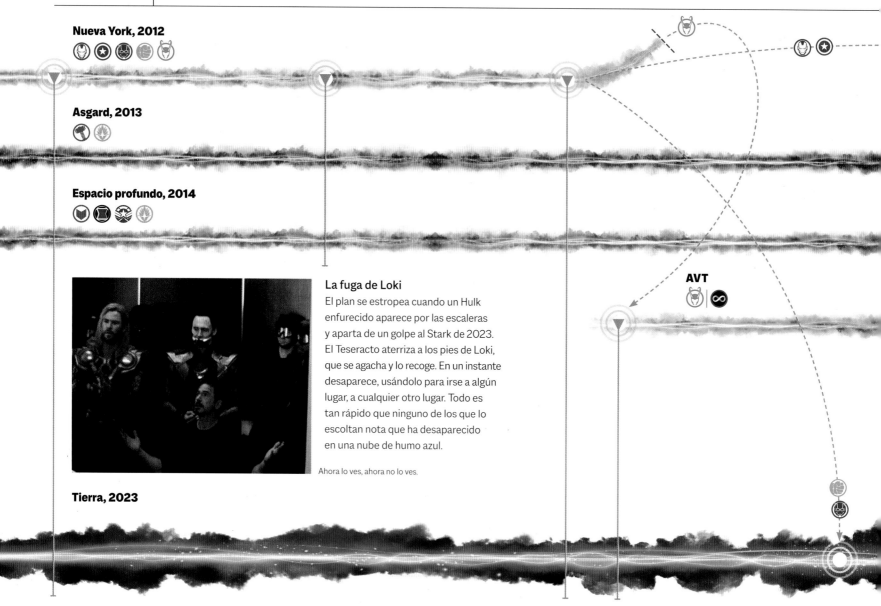

Nueva York, 2012

Asgard, 2013

Espacio profundo, 2014

La fuga de Loki

El plan se estropea cuando un Hulk enfurecido aparece por las escaleras y aparta de un golpe al Stark de 2023. El Teseracto aterriza a los pies de Loki, que se agacha y lo recoge. En un instante desaparece, usándolo para irse a algún lugar, a cualquier otro lugar. Todo es tan rápido que ninguno de los que lo escoltan nota que ha desaparecido en una nube de humo azul.

Ahora lo ves, ahora no lo ves.

Tierra, 2023

AVT

Stark conmocionado

En el hall de la Torre Stark, el Tony de 2012 discute con el jefe de SHIELD Alexander Pierce sobre la jurisdicción del Teseracto y si el capturado Loki debería ser devuelto a Odín en Asgard o permanecer bajo custodia humana en la Tierra. A instancias del Stark futuro, Ant-Man cortocircuita el reactor Arc implantado en el pecho del Stark de 2012, haciéndole soltar el maletín con el cubo. Ant-Man lo patea por el suelo hacia el Stark futuro disfrazado, que lo recoge con indiferencia.

Ant-Man se prepara para hacer su parte del Robo en el Tiempo.

Stark: «¿Confías en mí?». Rogers: «Sí».

Malas noticias

Tony Stark y Scott Lang se reúnen con Steve Rogers y le dicen que se ha perdido el Teseracto. Con solo una dosis de partículas Pym para cada uno, sus opciones son limitadas. Rápidamente ponen en marcha un plan improvisado: Lang volverá al presente con el báculo, mientras el Capi y Iron Man utilizan su viaje restante para dar el salto a otro momento en el tiempo. El Robo en el Tiempo aún puede funcionar si eligen un punto del continuo que tenga la Gema del Espacio próxima a partículas Pym adicionales. Stark piensa que conoce el punto exacto...

Loki capturado de nuevo

En el cielo del desierto de Gobi, en Mongolia, se abre un agujero por el que son escupidos Loki y el Teseracto. Loki tiene unos segundos para liberarse (y gruñir a unos confusos locales) antes de que un equipo de seguridad con armas extrañas aparezca a través de un portal rectangular iridiscente. La Cazadora B-15 se presenta como oficial de la Agencia de Variación Temporal, y la breve libertad de Loki llega a su fin al ser detenido por «crímenes contra la Sagrada Línea Temporal». Luego, la AVT coloca cargas de reseteo y restablece la línea temporal ramificada.

La efímera libertad de Loki.

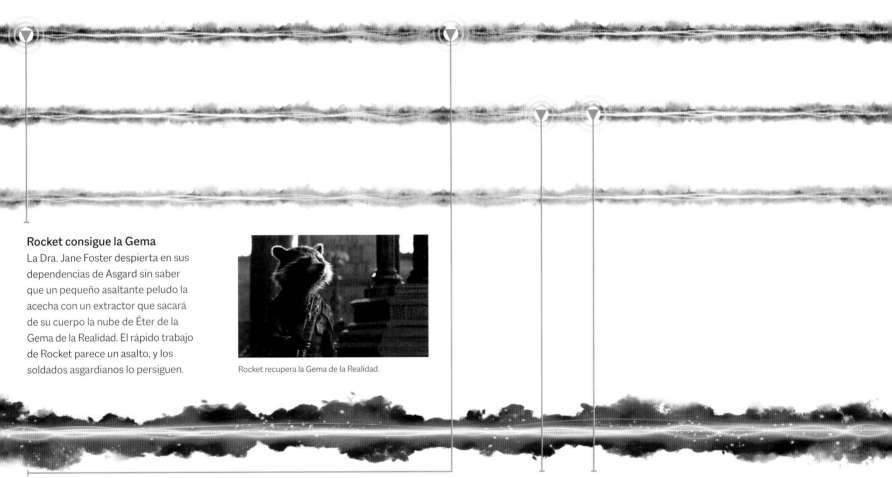

Rocket consigue la Gema

La Dra. Jane Foster despierta en sus dependencias de Asgard sin saber que un pequeño asaltante peludo la acecha con un extractor que sacará de su cuerpo la nube de Éter de la Gema de la Realidad. El rápido trabajo de Rocket parece un asalto, y los soldados asgardianos lo persiguen.

Rocket recupera la Gema de la Realidad.

Frigga anima a su hijo a buscar un futuro mejor.

La despedida de Thor

Thor intenta advertir a Frigga sobre su inminente muerte, pero ella no quiere saberlo: «Has venido a reparar tu futuro, no el mío», le dice. Rocket corretea sin aliento hacia ellos, diciendo que hay que largarse. El dios del Trueno se despide de su madre; aunque no pueda saberlo, su guía lo ha salvado. En este viaje se lleva un recuerdo importante: extiende el brazo e invoca a Mjolnir, que aún no ha sido destruido por Hela. Con gran alivio, observa que sigue siendo digno de él.

Tomar el poder

Starlord llega por fin a Morag, bailoteando entre las ruinas mientras canta grandes éxitos de los setenta. Al acercarse a su destino es rápidamente sometido, y Nébula se quema parte del brazo al meterlo en la barrera protectora que rodea la Gema del Poder. Con su misión cumplida, Rhodes salta de vuelta al presente, pero algo dentro de Nébula cortocircuita y ella queda varada. El Thanos de 2014 ha bloqueado su retorno; la captura y envía a su propia Nébula con los Vengadores como saboteadora.

Nébula intenta alcanzar el Orbe.

Natasha Romanov y Clint Barton comprenden lo que se debe hacer.

El precio de la Gema del Alma

En Vormir, Clint Barton y Natasha Romanov se pelean por el privilegio de sacrificarse para obtener la Gema del Alma. Los viejos amigos luchan usando todas sus habilidades para evitar que el otro salte por el precipicio de Vormir. Al fin, es Barton quien lo hace, pero Natasha lo engancha con un cable de escalada. Él la agarra por la muñeca mientras ella cae sobrepasándolo, pero Nat le suplica: «Suéltame». Se impulsa para soltarse y él no puede hacer más que ver cómo cae, cae, cae… Luego, Barton despierta en un estanque con la Gema del Alma en la mano. Solo.

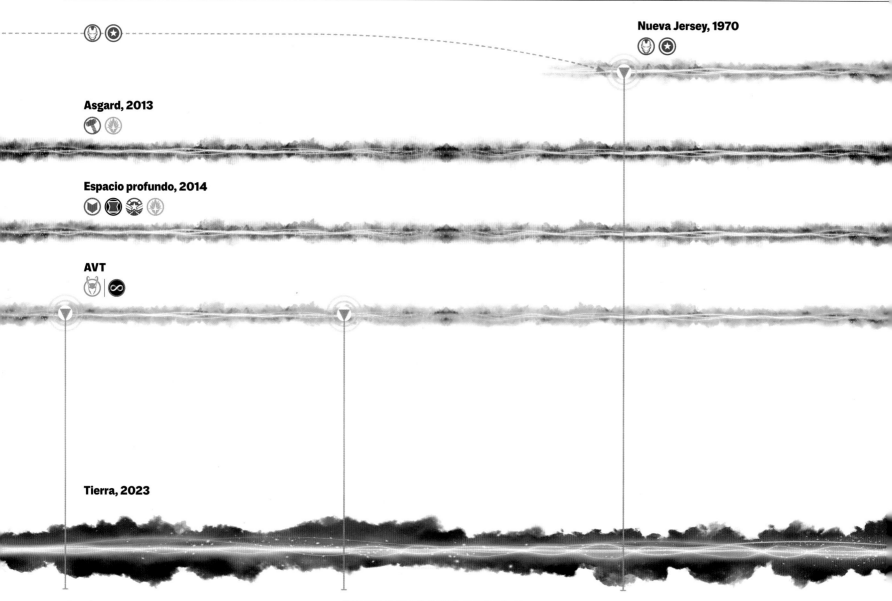

Nueva Jersey, 1970

Asgard, 2013

Espacio profundo, 2014

AVT

Tierra, 2023

Gestión del tiempo

El Loki de 2012 se encuentra atrapado en el laberinto burocrático de la Agencia de Variación Temporal: una vasta agencia secreta del orden ajena a los límites del espacio-tiempo. Es sometido a juicio ante la jueza Ravonna Renslayer por fracturar el continuo natural de su línea temporal. Aún más impactado que por su castigo (reinicio), Loki queda aturdido al saber que es solo una «variante» de incontables Lokis en el Multiverso.

Loki es juzgado ante Ravonna Renslayer.

Mobius investiga una emboscada en el siglo XVI.

Trampa a los Minuteros

El agente Mobius, de la AVT, un cordial investigador de eventos Nexus, visita una rama temporal en Aix-en-Provence (Francia) en el año 1549, donde tres Minuteros y un Cazador han sido asesinados por una variante de Loki notablemente letal. La única pista es un paquete de chicles Kablooie: un objeto del futuro dado por el agresor a un niño francés a cambio de su silencio. La AVT purga la línea temporal ramificada.

Una última esperanza

Tony Stark y Steve Rogers ajustan sus GPS espaciotemporales al 7 de abril de 1970, y llegan a Camp Lehigh (Nueva Jersey), donde el Capitán América realizó su entrenamiento básico antes de convertirse en supersoldado. Décadas después, será allí donde Arnim Zola se legitime a sí mismo como investigador de SHIELD mientras dirige en secreto un movimiento clandestino de Hydra. Y también donde Howard Stark almacenará el Teseracto recuperado para seguir estudiándolo, y un joven científico llamado Henry Pym trabajará con las partículas subatómicas de su creación. Recuperar ambos elementos es la única esperanza para completar con éxito el Robo en el Tiempo.

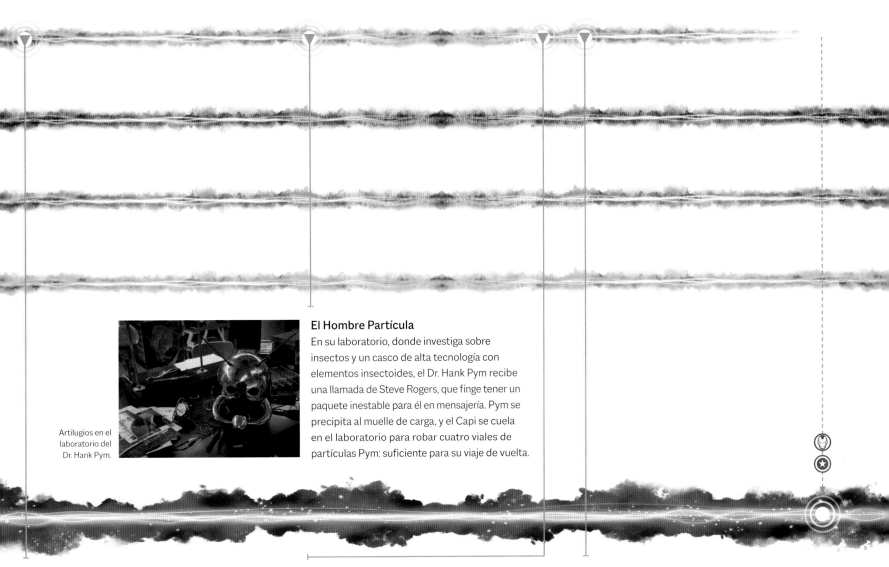

El Hombre Partícula

En su laboratorio, donde investiga sobre insectos y un casco de alta tecnología con elementos insectoides, el Dr. Hank Pym recibe una llamada de Steve Rogers, que finge tener un paquete inestable para él en mensajería. Pym se precipita al muelle de carga, y el Capi se cuela en el laboratorio para robar cuatro viales de partículas Pym: suficiente para su viaje de vuelta.

Artilugios en el laboratorio del Dr. Hank Pym.

De vuelta al juego

Disfrazado de investigador, Stark rastrea la firma de energía de la Gema del Espacio hasta un búnker subterráneo y usa un rayo de su guantelete de Iron Man para cortar su contenedor. Justo cuando está metiendo el Teseracto en un maletín, oye una voz familiar: su padre, Howard Stark, con flores para su esposa embarazada y una lata de chucrut para sus antojos. Ella está a punto de dar a luz... al propio Tony Stark. Tony está tan aturdido que casi se deja el maletín, y Howard debe recordarle que lo recoja.

Tony Stark usa su guantelete de Iron Man para atrapar el Teseracto.

Visitar Camp Lehigh y ver que Peggy sigue pensando en él consuela a Steve... y le da un nuevo rumbo.

Perdido, tan cerca...

Para evitar la seguridad, Steve Rogers se desliza por una puerta abierta, sin saber que está entrando en la oficina de la directora de SHIELD, Peggy Carter, su antiguo amor perdido. En su mesa ve una foto enmarcada de su yo anterior al supersoldado, y luego oye la voz de ella desde una estancia contigua. Ella no lo ve a través de la ventana de la oficina, y él no se acerca a ella. Con todo, el episodio enciende en él el anhelo de cumplir al fin la promesa de volver con ella.

«Howard Potts» entabla conversación

Tras presentarse a sí mismo con un torpe nombre falso, Tony acompaña a su padre al exterior del búnker de SHIELD, intentando mantener la calma en medio de la charla. De forma indirecta, intenta aliviar a su padre sobre el hijo que está a punto de tener. «Yo creía que mi padre era duro conmigo, y ahora solo recuerdo las cosas buenas», le dice. Cuando Howard le pide un ejemplo, Tony comparte una de las frases favoritas de su padre: «No hay dinero que pueda comprar un segundo de tiempo». Howard lo sopesa y dice: «Un tipo listo». «Hizo cuanto pudo», asegura Tony antes de salir corriendo para unirse al Capi y regresar al presente.

Algo en el Sr. «Potts» le resulta familiar a Howard Stark.

Asgard, 2013

Espacio profundo, 2014

AVT, 2023

Tierra, 2023

Mobius ofrece un trato

Mobius pretende reclutar al Loki prisionero como perfilador que ayude a la AVT a atrapar a otra variante de Loki que ha estado aterrorizando a la organización. Mobius le asegura que los Guardianes del Tiempo no son el enemigo, y que llevan eones evitando una guerra multiversal e innumerables transgresiones temporales. Pero Loki se burla de la oferta. Entonces Mobius le muestra fragmentos de su vida, tanto pasada como futura; incluida la muerte de Frigga, su madre, provocada inadvertidamente por Loki.

Mobius conversa con Loki sobre su compleja naturaleza.

Loki descubre que las Gemas del Infinito no tienen poder alguno en la AVT.

Loki cambia de idea

Loki escapa brevemente a la custodia de Mobius, pero la curiosidad lo empuja a ver de nuevo la grabación de la AVT sobre su vida. Viéndola es testigo de la muerte de su padre, Odín, y de una alianza renovada con su hermano Thor que aún no se ha producido. Todo termina en su propia muerte a manos de Thanos, su antiguo aliado. Loki se siente conmocionado, y acepta ayudar a Mobius.

Otoño de 2023 | De nuevo en casa

Los Vengadores regresan al presente. Al margen de cuánto hayan durado sus misiones de salto en el tiempo, o de que se hayan desviado de su rumbo previsto, todos vuelven de forma simultánea, aparentemente apenas minutos después de haberse marchado. El Robo en el Tiempo ha sido un éxito, las Gemas del Infinito se han reunido... pero la celebración es breve: se enteran de que Natasha Romanov ha muerto. «Tenemos que hacer que merezca la pena», afirma Hulk. Nadie es consciente de que, entre ellos, Nébula es una infiltrada de 2014 que aún es leal a Thanos.

Los Vengadores lloran la pérdida de Natasha Romanov.

El nanoguantelete se expande para encajar en la enorme mano de Hulk.

Otoño de 2023 | El nanoguantelete

Para conectar las Gemas del Infinito se usa un guante mecánico forjado a partir de materiales de nanotecnología similares a los de las últimas armaduras de Tony Stark. Hulk insiste en que debe usarlo él, dadas las dolorosas lesiones sufridas por Thanos cuando activó el poder de las gemas. Dice: «La radiación es sobre todo gamma. Parezco estar hecho para esto».

Otoño de 2023 | Al principio todo es silencio

Hulk se desploma cuando el nanoguantelete abrasado cae de su brazo. «¿Ha funcionado?», pregunta mientras Iron Man le aplica espray refrigerante. Scott Lang observa que en los árboles del exterior del complejo hay más pájaros de lo normal. Entonces el móvil de Clint Barton empieza a zumbar: es su esposa, Laura. Scott dice: «Tíos, creo que ha funcionado».

Scott Lang oye algo.

Hulk activa las Gemas del Infinito para restaurar lo perdido.

Otoño de 2023 | El regreso

Pensando en su hija Morgan, Tony Stark establece algunas normas básicas mientras Hulk se pone el guantelete: «A los que Thanos volatilizó hace cinco años tienes que traerlos de vuelta ahora; hoy. No cambies nada de los últimos cinco años». «Todos volverán», responde Hulk, y una energía terrible comienza a subir por su brazo. El resto de los Vengadores se prepara activando sus armaduras mientras Hulk une el pulgar y el corazón. Y por último... ¡un chasquido!

Otoño de 2023 | Nébula abre una puerta

Con todo el interés centrado en activar las Gemas del Infinito, nadie en el Complejo Vengadores ve escabullirse a la Nébula de 2014 para piratear la instalación del túnel cuántico. Lo usa para abrir un portal a través del cual dirige su nave el Thanos de 2014. El acorazado *Santuario II* desgarra las nubes mientras se expande desde su pasadizo a través del mundo cuántico, e inmediatamente empieza a bombardear el complejo con sus misiles.

Thanos llega a la Tierra.

Yelena ve que ha perdido cinco años en un instante.

Otoño de 2023 | Ataque veloz

Los Vengadores no han tenido tiempo de celebrar nada cuando el Complejo Vengadores y sus alrededores quedan reducidos a escombros. Hulk aguanta sobre sus hombros un fragmento de la estructura mientras el agua inunda el subsuelo. James Rhodes se arrastra desde su dañada Máquina de Guerra y usa una barra de metal para sacar a Rocket de debajo de los escombros.

James Rhodes atrapado entre las ruinas del Complejo Vengadores.

Otoño de 2023 | De las cenizas volverás

Los perdidos quedan restaurados en todo el universo. En muchos lugares el caos refleja las desapariciones anteriores. Mónica Rambeau se encuentra sentada en la habitación de hospital donde su madre era tratada de cáncer. En el frenesí del pasillo, un médico le revela que María no ha muerto ahora, sino que falleció años atrás. En otro lugar, Yelena ejemplifica la confusión de los resucitados: de pie en la casa de la asesina de la Sala Roja que intentó desprogramar cinco años atrás, pregunta por la persona que siempre le aportó estabilidad: «Tengo que hablar con Natasha. ¿Puedes ayudarme a encontrarla?».

Hulk levanta parte de la estructura caída.

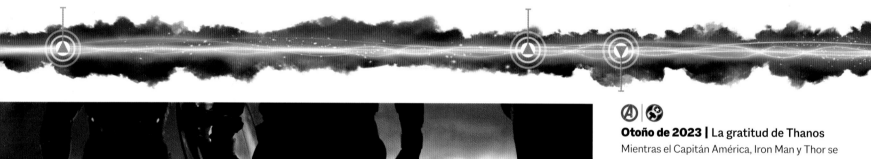

Otoño de 2023 | La gratitud de Thanos

Mientras el Capitán América, Iron Man y Thor se acercan, Thanos les revela que tiene una nueva perspectiva: «Creía que eliminando la mitad de la vida, la otra mitad prosperaría. Pero me demostráis que es imposible [...] Se resistirán». Pero no está furioso con ellos: «Y os lo agradezco. Porque ahora sé lo que debo hacer. Lo que voy a hacer es triturar este universo hasta su último átomo. Y luego, con las gemas que habéis recogido para mí, crearé uno nuevo, rebosante de vida, que no sepa lo que ha perdido, sino solo lo que se le ha dado: un universo agradecido».

Thanos está listo para recibirlos.

Iron Man, Capitán América y Thor se acercan a Thanos.

Thanos resiste el armamento de la armadura Mark LXXXV de Iron Man.

Otoño de 2023 | Comienza la lucha

Thor, Iron Man y el Capitán América atacan a Thanos. El hacha Destructor de Tormentas y el martillo Mjolnir de Thor sobrecargan las descargas de Iron Man con relámpagos, pero Thanos desvía los tiros con su espada de doble hoja. Iron Man y el Capi quedan noqueados y Thor pierde el control de sus armas. Thanos presiona la hoja de Destructor de Tormentas contra el pecho del dios del Trueno, pero es golpeado por Mjolnir... ahora sostenido por el Capitán América. «Lo sabía», dice Thor, recordando cuando Rogers lo movió durante una apuesta festiva en el ático de Stark.

La Nébula leal a Thanos informa a su padre de que tiene el guantelete.

Otoño de 2023 | Ascenso y caída de Nébula

En el ruinoso cuartel general, Ojo de Halcón recupera el nanoguantelete. Tras esquivar a un grupo de batidores, le entrega el guante a la Nébula de 2014, aún ignorante de que ella ha traído a Thanos a esta época y lugar. Nébula es detenida por la Gamora de 2014, que ha forjado una alianza con la Nébula reformada del presente. «Puedes cambiar», le dice la Nébula buena, pero su otro yo susurra: «Él no me dejará». En ese punto muerto, la Nébula buena le atraviesa el pecho mecanizado de un disparo; muere con lágrimas en los ojos.

Otoño de 2023 | Thanos triunfante

El Capitán América aporrea al titán con el martillo y su escudo, pero Thanos no se inmuta. Aparta a Mjolnir y destroza brutalmente el escudo del Capi hasta derribarlo. Luego convoca a Fauces Negras, Matanza Obsidiana, Medianoche Próxima y Corvus Glaive, que lideran un ejército de guerreros chitauri, hordas de batidores y un cielo cubierto de leviatanes y naves de descenso con refuerzos.

Los Hijos de Thanos lideran el asalto de este a la Tierra.

Sam Wilson se remonta al abrirse el portal.

Otoño de 2023 | Un ejército de héroes

Se abre un portal que atraviesan Black Panther, Okoye y Shuri, seguidos por una flota de Garras Reales y un ejército formado por las tribus de Wakanda, incluidos M'Baku y su tribu separatista de las montañas, los jabari. Groot y el Soldado de Invierno marchan entre ellos. Aparecen docenas de portales más, activados por los maestros de las artes místicas, a través de los cuales llegan héroes retornados de toda la galaxia, dispuestos a la revancha contra Thanos.

Okoye, Black Panther y Shuri llegan desde Wakanda.

Otoño de 2023 | «Por la izquierda...»

El Capitán América se alza para enfrentarse a solas al ejército de Thanos. Entonces recibe una transmisión del retornado Sam Wilson.

Otoño de 2023 | Aliados de todas partes

Extraño abre un portal desde el devastado Titán, y Drax, Mantis, Starlord y Spiderman emergen desde el distante planeta natal de Thanos para enfrentarse al ejecutor galáctico. Valkiria, Miek, Korg y el ejército de Nuevo Asgard van en la vanguardia, junto con Wanda Maximoff, mientras los Saqueadores llegan del espacio profundo y los guerreros hechiceros de Kamar-Taj forman filas. Todos se lanzan al campo de batalla para equilibrar la lucha contra el ejército de Thanos.

Drax, Dr. Extraño, Starlord, Mantis (detrás de él) y Spiderman llegan desde Titán.

Empieza el enfrentamiento final.

Otoño de 2023 | El mando del Capi

El Capitán América se alza en la vanguardia
para arengar: «¡Vengadores... reuníos!».

Otoño de 2023 | La batalla

Pepper Potts se une a la batalla vestida con su regalo de aniversario,
la armadura azul obsequio de su marido. Primero vuela junto a
Rhodey y Rocket; luego se une espalda con espalda a Tony, girando
en un combate de 360° contra los esbirros de Thanos. La Gamora
de 2014 salva a Peter Quill: «Creí que te había perdido», le dice, sin
ser consciente de que ella es del pasado... y de que no tenía ni idea de
quién era Starlord hasta ahora. «¿Es este? ¿En serio?», le pregunta
a Nébula. Esta responde: «Las opciones eran él o un árbol».

«Lo que le pienso hacer a tu
terco y molesto planetita...
voy a disfrutarlo.»

Rhodey, Rocket y Pepper
Potts vuelan hacia la batalla.

Otoño de 2023 | Un nuevo plan

Un plan apresurado toma forma: mantener las Gemas
del Infinito lejos de Thanos. El Capi ordena a Ojo de
Halcón que se las lleve lo más lejos que sea posible,
pero Banner les recuerda que deben ser devueltas al
pasado. El túnel cuántico del Complejo Vengadores ha
sido destruido... Pero Scott Lang vuelve a su tamaño
normal para decir: «Tenemos otra máquina del tiempo».
Y activa el mando a distancia de su furgoneta para
hacer sonar el cláxon con «La Cucaracha». Avispa y
él vuelan para activar el túnel cuántico del vehículo.

Spiderman, impulsado por
Mjolnir, lleva el guantelete.

La Capitana Marvel
derriba la *Santuario II*.

Otoño de 2023 | La caza del guantelete

Ojo de Halcón, Black Panther y Spiderman se pasan el
guantelete de uno a otro. Mientras, Wanda se enfrenta
a Thanos buscando venganza por Visión. Inmovilizado por
sus poderes, el titán ordena a su nave una lluvia de fuego.
Pero entonces algo entra en la atmósfera terrestre. La nave
de Thanos concentra su fuego en las nubes, pero es tarde.
Un rayo de energía atraviesa el corazón de la *Santuario II*,
haciendo estallar en llamas sus motores: es la Capitana
Marvel, que desgarra el núcleo del acorazado como un
proyectil viviente.

Compañeras guerreras rodean a
la Capitana Marvel y el guantelete.

Otoño de 2023 | «No te preocupes. Tiene ayuda.»

La Capitana Marvel se une a la carrera para mantener
el nanoguantelete lejos, y se lanza con él hacia el túnel
cuántico de la furgoneta. Okoye, Pepper Potts, Wanda,
Valkiria y Mantis forman para interponerse ante quien
intente detener el avance del guantelete, ayudadas por
Shuri, Avispa, Gamora y Nébula. Pero Thanos lanza su
espada por delante de Danvers y destruye la máquina,
atrapando las gemas en el presente.

Otoño de 2023 | «Yo soy inevitable.»

Thanos recupera el guantelete y se lo encaja en la mano, y siente
subir por su brazo el poder. Pero no puede chascar los dedos. La
Capitana Marvel se los mantiene separados, obligándolo a sacar
la Gema del Poder con su otra mano para golpearla. Mientras
devuelve la gema al guantelete, Iron Man lanza un ataque en
solitario, agarrándolo por el guante antes de ser apartado de un
manotazo. Creyendo que ya tiene el poder de borrar este mundo
y remplazarlo con otro, Thanos declara: «Yo soy inevitable».
Pero su chasquido no produce más que un sonido metálico.

La Capitana Marvel en solitario impide otro chasquido.

Thanos cumple sus propias palabras de tiempo atrás: «Yo sé lo que es perder. Sentir desesperadamente que tienes razón y fracasar igualmente».

Otoño de 2023 | «Y yo... soy... Iron Man.»

Tony Stark no intentaba quitarle el guantelete: estaba birlándole las Gemas del Infinito. Frente a la mirada perpleja de Thanos, las resplandecientes piedras se agrupan alrededor del guantelete de Iron Man, mientras Stark dice: «Y yo... soy... Iron Man», y chasquea los dedos para reducir a ceniza el vasto ejército de Thanos. El titán mira impotente cómo se desintegran sus esbirros hasta que, al fin, solo queda él. Se sienta. Suspira. Y se disuelve en la nada.

Tony Stark se sacrifica para salvarlo todo y a todos.

Otoño de 2023 | La caída de Iron Man

Tony Stark se derrumba, sangrando y con graves quemaduras. Su viejo amigo James Rhodes acude a él, así como Peter Parker. Pero todos se apartan al llegar Pepper Potts. La IA FRIDAY le dice que las funciones vitales de Tony son críticas: «Tony, mírame —le dice su esposa, y le asegura que ella y su hija, Morgan, estarán bien—. Puedes descansar». Entre las ruinas de la victoria, Tony Stark muere.

Antes de que Tony Stark se uniera a la empresa para deshacer el Chasquido, Pepper le preguntó si podría descansar si no colaboraba.

227

GEMA DEL ESPACIO

1942

Cráneo Rojo obtiene el Teseracto, que contiene la Gema del Espacio, y aprovecha su poder para producir armas. Tras desaparecer Cráneo Rojo, Howard Stark recupera el Teseracto del fondo oceánico para el gobierno de EE.UU.

1995

El Teseracto es investigado por el Proyecto Pegaso y llevado al laboratorio de Mar-Vell. Cuando los krees fracasan en su robo, es devuelto a la custodia de SHIELD por la Capitana Marvel y Nick Furia. SHIELD continúa realizando experimentos con él.

GEMA DE LA MENTE

2012

Loki recibe de Thanos un cetro que ostenta la Gema de la Mente y lo usa para controlar la mente de Ojo de Halcón y del científico Erik Selvig. Pero, tras la derrota de Loki en Nueva York, SHIELD se apodera del cetro.

2015

Después de ser recuperada por Hydra, la Gema de la Mente es incrustada en el cuerpo que pretende usar Ultrón. Los Vengadores roban el cuerpo y en él se carga JARVIS, la IA de Stark, dando vida a Visión.

GEMA DEL TIEMPO

2017

El Dr. Extraño custodia la Gema del Tiempo y la usa para revertir la destrucción del Santuario de Hong Kong y evitar que la Dimensión Oscura asimile la Tierra.

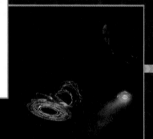

2018

Durante la batalla en Titán, Extraño entrega a Thanos la Gema del Tiempo a cambio de la vida de Tony Stark. Thanos la inserta en el Guantelete del Infinito y parte hacia Wakanda.

LAS GEMAS DEL INFINITO

Las Gemas del Infinito son seis poderosos cristales elementales forjados durante el Big Bang, cada uno de los cuales controla un aspecto esencial de la existencia. Son las Gemas de la Mente, la Realidad, el Poder, el Espacio, el Tiempo y el Alma. Las gemas solo pueden ser portadas por seres de inmenso poder y, juntas, se pueden usar para rehacer la existencia. Para usar el poder de las gemas, Thanos ordena a Eitri de Nidavellir la construcción del Guantelete del Infinito, y se dedica a reunirlas para poder eliminar la mitad de la vida del universo. Más adelante, los Vengadores construirán un túnel cuántico que les permitirá recogerlas del pasado y hacer volver a los perdidos.

GEMA DE LA REALIDAD

2013

Malekith pretende usar la Gema de la Realidad para hundir el universo en la oscuridad. Thor derrota a Malekith y la gema es entregada al Coleccionista en Sapiencial para su salvaguarda.

GEMA DEL PODER

2014

Starlord localiza la Gema del Poder en el planeta Morag. Tras derrotar a Ronan, que estaba potenciado por la gema, se la entrega al Cuerpo Nova, que la mantiene encerrada en una cámara de seguridad en Xandar.

GEMA DEL ALMA

2018

Thanos viaja al planeta Vormir en busca de la Gema del Alma. Allí es recibido por el Guardián de la Gema, quien le explica que para obtenerla «debes perder aquello que amas». Lo que implica que debe sacrificar a la persona a la que más ama: Gamora.

2012

Loki roba el Teseracto de SHIELD y lo usa para abrir un portal por el cual el ejército de Thanos invade la Tierra; pero es derrotado por los Vengadores. El Teseracto es llevado a Asgard para asegurar su protección.

2017

Thor envía a Loki a la cámara de Odín para invocar a Surtur, desencadenando el Ragnarok para vencer a Hela. Loki recupera el Teseracto antes de marcharse.

2018

Thanos rastrea el Teseracto hasta la nave de Loki y la intercepta. Mata a Loki, extrae la Gema del Espacio del Teseracto y la coloca en su Guantelete del Infinito.

2016

Visión usa la Gema de la Mente para formar parte del grupo de Tony Stark en la batalla entre Vengadores en Alemania. Un rayo suyo mal dirigido impacta en James «Rhodey» Rhodes, que queda paralizado de cintura para abajo.

2018

Visión es atacado por los Hijos de Thanos mientras está con Wanda Maximoff en Escocia. Los Vengadores lo rescatan y viajan con él a Wakanda para intentar extraerle la gema.

2018

Los Vengadores pierden la batalla de Wakanda cuando Thanos arranca la gema que le falta de la cabeza de Visión. Con todas las gemas en su poder, Thanos activa su plan y chasquea los dedos, borrando la mitad de la vida del universo. Cumplida su obra, huye del campo de batalla.

2018

Thanos viaja a Sapiencial y arrebata la Gema de la Realidad al Coleccionista. Luego la usa para crear una ilusión con el fin de capturar a Gamora, de la cual espera que lo guíe hasta la Gema del Alma.

2018

Thanos encuentra la Gema del Poder en Xandar y arrasa el planeta. Añade la gema al Guantelete del Infinito y parte en busca del Teseracto en la nave de Thor y Loki, la *Statesman*.

2018

Una vez cumplida su misión, Thanos parte a un exilio autoimpuesto en un frondoso planeta jardín. Su única tentación son las propias gemas y el poder que ofrecen, y se libera de ella usando las gemas para destruir unas con otras, hiriéndose gravemente el brazo en el proceso. Thor lo matará poco después, pero las gemas originales quedarán destruidas para siempre.

GEMA DEL ESPACIO (PASADO)

2012

Tony Stark y Scott Lang intentan hacerse con la Gema del Espacio en 2012, después de la batalla de Nueva York; pero, tras un percance, Loki se apodera de ella y la usa para escapar.

2012

Tras conseguir la Gema del Espacio, el Loki variante es arrestado por la Agencia de Variación Temporal por transgredir la Sagrada Línea Temporal. Le confiscan la gema y purgan la línea temporal ramificada.

GEMA DE LA MENTE (PASADO)

2012

Steve arrebata la Gema de la Mente del cetro de Loki a los agentes de STRIKE fingiendo ser un agente leal a Hydra, pero se ve entorpecido por su yo de 2012, que cree que Steve es Loki disfrazado.

GEMA DEL TIEMPO (PASADO)

2012

Bruce viaja al Santuario de Nueva York y encuentra a la Anciana, a la que pide la Gema del Tiempo. Aunque al principio ella se niega, la convence a condición de que todas las gemas sean devueltas.

GEMA DE LA REALIDAD (PASADO)

2013

Thor y Rocket viajan al Asgard de 2013 para extraer la Gema de la Realidad de la Dra. Jane Foster. Thor sufre un ataque de pánico cuando ve a su madre, dejando que Rocket termine la misión.

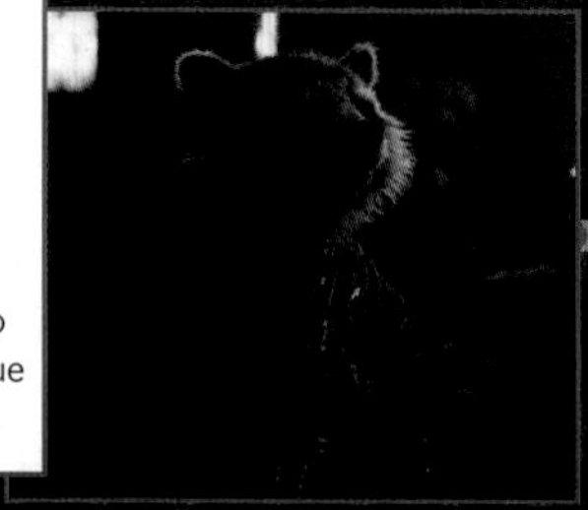

GEMA DEL PODER (PASADO)

2014

Máquina de Guerra y Nébula van al planeta Morag en 2014 para recuperar la Gema del Poder. Rhodey noquea al Starlord del pasado y encuentran la gema en el panteón del templo.

GEMA DEL ALMA (PASADO)

2014

Ojo de Halcón y Viuda Negra viajan a Vormir en busca de la Gema del Alma. Cuando descubren que solo se puede obtener perdiendo aquello que amas, Natasha se sacrifica para salvar a Barton.

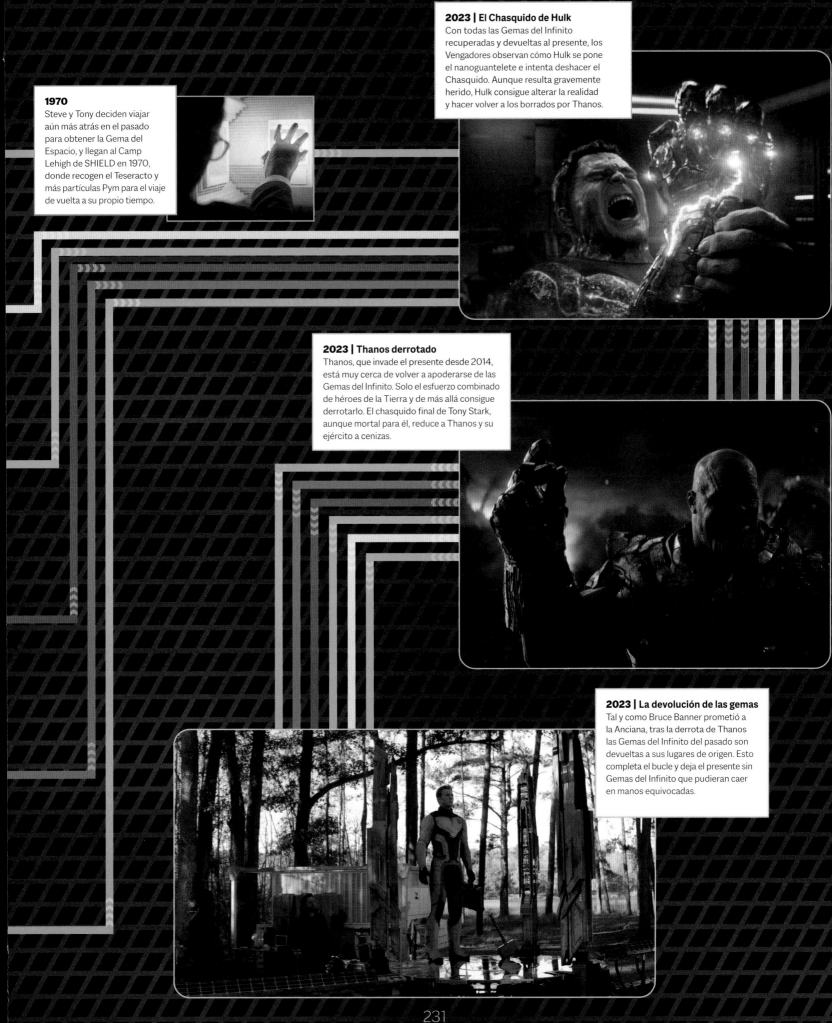

1970
Steve y Tony deciden viajar aún más atrás en el pasado para obtener la Gema del Espacio, y llegan al Camp Lehigh de SHIELD en 1970, donde recogen el Teseracto y más partículas Pym para el viaje de vuelta a su propio tiempo.

2023 | El Chasquido de Hulk
Con todas las Gemas del Infinito recuperadas y devueltas al presente, los Vengadores observan cómo Hulk se pone el nanoguantelete e intenta deshacer el Chasquido. Aunque resulta gravemente herido, Hulk consigue alterar la realidad y hacer volver a los borrados por Thanos.

2023 | Thanos derrotado
Thanos, que invade el presente desde 2014, está muy cerca de volver a apoderarse de las Gemas del Infinito. Solo el esfuerzo combinado de héroes de la Tierra y de más allá consigue derrotarlo. El chasquido final de Tony Stark, aunque mortal para él, reduce a Thanos y su ejército a cenizas.

2023 | La devolución de las gemas
Tal y como Bruce Banner prometió a la Anciana, tras la derrota de Thanos las Gemas del Infinito del pasado son devueltas a sus lugares de origen. Esto completa el bucle y deja el presente sin Gemas del Infinito que pudieran caer en manos equivocadas.

Después del Lapso

Es momento de alivio y reconstrucción, pero también de confusión mientras el mundo se enfrenta al súbito retorno de la mitad de su población. Aquellos que lo dieron todo para derrotar a Thanos son llorados, pero la victoria misma ha llegado con un peaje: la era pos-Lapso viene marcada por la inestabilidad. Para muchos, sus creencias más arraigadas son desafiadas, y las identidades (y la existencia misma) son puestas en cuestión.

AVT

La pista Kablooie

Loki y Mobius averiguan que el dulce futurista dejado por el Loki variante en la Francia de 1549 se vendió solo en algunos lugares de la Tierra entre 2047 y 2051. Referencia que, cruzada con una base de datos apocalíptica, los conduce a Haven Hills, Alabama, el 15 de marzo de 2050, mientras un huracán se abate sobre un polígono industrial de Roxxcart. Dentro, entre las futuras víctimas, encuentran a la variante de Loki: una versión femenina que dice llamarse Sylvie y confirma que se ha pasado años huyendo de la AVT, viviendo en «los finales de un millar de mundos».

El enclave de un desastre futuro donde pronto no quedarán supervivientes.

Santuarios apocalípticos

Loki descubre por qué la variante letal buscada por la AVT es tan difícil de detectar. Teoriza que un apocalipsis no permite la creación de ramas temporales, por lo que un intruso podría ocultarse en momentos y lugares de destrucción inminente sin provocar una alerta de evento en el nexo. Para probar su teoría, lleva a Mobius a la Pompeya del 79 d.C., justo antes de que sea «borrada de la faz del planeta» por una erupción volcánica. Ninguna de sus bromas y travesuras produce una línea temporal ramificada, lo que demuestra que su tesis es correcta.

La variante Loki conocida como Sylvie.

Loki se convierte en parte del equipo de la AVT.

Incursión temporal

Sylvie ha hechizado a la Cazadora C-20 para saber más sobre la seguridad en torno a los Guardianes del Tiempo; pero, a través de sus recuerdos, descubre que C-20 fue una mujer de la Tierra a la que borraron la mente para ponerla al servicio de la AVT. Después de bombardear la Sagrada Línea Temporal con cargas de reinicio robadas, Sylvie irrumpe en el cuartel de la AVT y se enfrenta a Loki en su camino hacia quienes controlan la organización. Cuando Ravonna Renslayer los encuentra, Loki abre una puerta temporal con la TemPad de Sylvie y caen a través de ella.

El viejo reactor Arc de Stark, ahora parte de su monumento.

Otoño de 2023 | «Te quiero 3000.»

En la casa del lago que compartió con su esposa Pepper y su hija Morgan, se celebra un funeral por Tony Stark. Un holograma que grabó antes de embarcarse en el Robo en el Tiempo le permite aportar su propio panegírico, que termina con una frase de amor por la hija que no verá crecer. A la ceremonia asisten casi exclusivamente héroes que lucharon a su lado en los últimos años.

Amigos y aliados reunidos para un adiós.

Otoño de 2023 | El dios del Trueno sigue

Thor se engancha a los Guardianes de la Galaxia. Antes pide a Valkiria que ocupe el trono de Asgard; una oferta que ella acepta, con la promesa de hacer un montón de cambios en Nuevo Asgard. Thor está decidido a encontrar un nuevo camino para sí mismo, de acuerdo con lo que le dijo su madre durante el Robo en el Tiempo: «Casi nadie está contento con lo que le ha tocado ser, Thor. La categoría de una persona, de un héroe, se mide por lo eficaz que llega a ser». Por su parte, Starlord sale en busca de la Gamora de 2014, que sigue en el presente.

Thor contempla su futuro.

Peter Quill extraña a Gamora.

AVT

La catástrofe de Lamentis-1

Loki y Sylvie escapan por una puerta temporal que los deja en Lamentis-1 en el año 2077, justo cuando una luna está a punto de chocar con el planeta: un apocalipsis de tal magnitud que la AVT no detectará ningún evento en el nexo causado por su presencia, y con una TemPad sin carga que los condena a la aniquilación.

La inevitable destrucción de Lamentis-1.

Una audiencia con los Guardianes del Tiempo.

El Guardián del Tiempo falso

Loki y Sylvie advierten a Mobius y a la Cazadora B-15 de que en el pasado fueron gente normal, abducida por los Guardianes del Tiempo. Mobius es borrado después de enfrentarse a Ravonna Renslayer por la gente reclutada por la AVT contra su voluntad. Pero los propios señores de la AVT resultan ser androides, muñecos diseñados para ocultar al auténtico manipulador de la línea temporal. El descubrimiento de Loki y Sylvie plantea una amenaza para la existencia de la AVT, y Loki es purgado por la jueza Renslayer justo después de descubrir la verdad.

El Toque

Loki se entera de que Sylvie vive a la fuga desde que era una niña… y de que no tiene ni idea de por qué la AVT tuvo necesidad de abducirla y borrarla. En un momento de desesperación, las dos variantes extienden sus manos para unirlas en el fin del mundo. Su contacto se registra como un evento en el nexo, y ambos son arrastrados de vuelta a la custodia de la AVT.

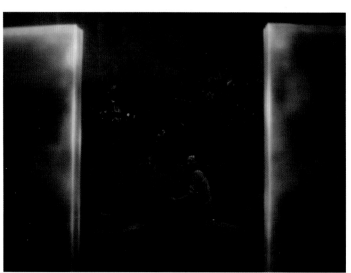

Un indulto de último segundo al abrirse las dos puertas temporales.

Loki entre las ruinas del Vacío.

Loki sobrevive a un borrado

Por un momento, Loki cree haber muerto después de ser disuelto por el bastón temporal de Ravonna Renslayer, pero su cuerpo no ha sido borrado: solo ha sido transportado al Vacío, un depósito de chatarra al final del tiempo para la materia de líneas temporales ramificadas borradas. Allí lo descubren otras variantes Loki también borradas: Kid Loki (que mató a Thor), Loki Fanfarrón (que afirma haber vencido a Iron Man y el Capitán América y tomado las Gemas del Infinito) y Loki Clásico (melancólico y arrepentido en la vejez).

Una plétora de Lokis

Hay muchos más Lokis atrapados en este basurero cósmico, lo que hace del Vacío un lugar especialmente peligroso. Entre ellos están Loki Caimán —cuyo evento en el nexo se supone que fue comerse al gato del vecino equivocado— y Loki Presidente, que lidera una banda de Lokis que amarga incluso a los de su propia clase.

Loki Caimán, una de las variantes de Loki más extrañas.

Años 40 | Hace mucho, mucho tiempo

Tras devolver todas las gemas, como Hulk prometió a la Anciana, Steve Rogers tiene una promesa más que cumplir. En vez de regresar a su propia época, se reúne con Peggy Carter en el pasado lejano. Ninguno de los demás Vengadores sabe lo sucedido durante esos años. Lo único cierto es que todo empezó con el baile que Steve le dijo a Peggy que compartirían cuando él volviera.

En otro tiempo, un final feliz es además un nuevo comienzo.

Otoño de 2023 | La devolución de las Gemas del Infinito

El Capitán América se prepara para devolver todas las Gemas del Infinito robadas a los tiempos y lugares de donde fueron tomadas, para evitar así cualquier perturbación en el flujo normal del tiempo. También se lleva a Mjolnir y partículas Pym suficientes para navegar a través del pasado. Hulk señala que el viaje le llevará a Steve todo el tiempo que necesite, aunque solo pasarán cinco segundos para quienes lo esperan en el presente. Pero Steve Rogers no regresa; al menos, no como acaban de verlo.

Steve devuelve las Gemas del Infinito y el Mjolnir.

Un Steve Rogers envejecido se guarda su pasado para sí mismo.

Otoño de 2023 | La despedida del Capi

El Steve Rogers que Bucky Barnes, Sam Wilson y Hulk ven desaparecer en el mundo cuántico no regresa, pero a lo lejos, junto al agua, ven a un anciano. Es su amigo, aunque muchas décadas mayor. Barnes parece que era consciente del plan de Steve, pero para Wilson es una sorpresa absoluta. Rogers ofrece a Sam su escudo y le confía el manto del Capitán América. Sam dice que se siente como si fuera de otro, a lo que Steve solo responde: «Ya no». «Gracias. Seré digno de él», afirma Sam, emocionado. Rogers estrecha la mano de su viejo amigo: «Por eso es tuyo».

AVT

El Devorador de Realidades

Vagando por el Vacío y consumiendo toda la materia dejada allí está Alioth: una colosal nube de energía oscura que ejerce de perro guardián al final del tiempo. Loki Fanfarrón lo describe como «una tempestad viviente que consume materia y energía». Puede tragarse realidades enteras, lo que significa que los múltiples Lokis también pueden convertirse en el almuerzo de Alioth si no tienen cuidado. Como explica Loki Clásico: «Esto es la boca del lobo».

Alioth ruge.

Loki Clásico conjura una imagen de su Asgard para abrir el apetito de Alioth.

¡Glorioso propósito!

Loki y Sylvie deciden burlar a Alioth mientras están lo bastante cerca para unir poderes y encantarlo. Loki Clásico los ayuda con una distracción al invocar una ilusión del Asgard que recuerda de su pasado. Ese hogar remoto y su familia pueden haberse perdido, pero el agridulce recuerdo es una delicia tentadora para Alioth, que se abalanza ávidamente sobre el espejismo. Loki Clásico pierde la vida, pero Sylvie y Loki usan con éxito el señuelo para atravesar a Alioth hasta…

Mobius y Sylvie en el Vacío

Acorralada, Sylvie decide autoborrarse para escapar a la AVT y llega al Vacío, donde se encuentra con Mobius. Los dos se unen a los diversos Lokis en busca de un plan para disipar a Alioth. Sylvie cree que la nube es una especie de perro guardián que bloquea el paso a un punto al final del tiempo desde el cual la AVT es manipulada.

Loki y Sylvie en el punto final.

Sylvie exige saberlo todo sobre Ravonna Renslayer.

La Ciudadela al Final del Tiempo

Sylvie y Loki se enfrentan al frívolo y algo desquiciado El Que Permanece, un hombre que dice ser una variante de un investigador del siglo XXXI que descubrió las entradas al Multiverso. Él mismo tiene muchas variantes, algunas de las cuales hicieron el mismo descubrimiento y saltaron entre líneas temporales, desatando una guerra multiversal. El Que Permanece creó la AVT para frenar a esas otras versiones de sí mismo e impedir encrucijadas tan devastadoras. Según les explica: «Sin mí, sin la AVT… todo se destruye».

La aclaración

«Basta de rodeos —dice El Que Permanece—. Me matáis y la Sagrada Línea Temporal queda expuesta. Otra guerra multiversal. O tomáis el mando y volvéis a la AVT como sus gobernantes. Y decís a los peones quiénes son y por qué hacen lo que hacen.» Sylvie le reprocha los muchos inocentes y líneas temporales borrados. «No era nada personal, es más práctico», responde. Pero para Sylvie sí es algo personal, y le hunde su espada en el pecho. El Que Permanece muere diciendo: «Hasta pronto...». Y la línea temporal que gira en torno a la Ciudadela empieza a deshacerse.

Wanda ve al fin los restos de Visión, y se reabre la herida de su muerte.

Mobius y la Cazadora B-15 observan la llegada al límite de la Sagrada Línea Temporal cuando El Que Permanece es eliminado.

Otoño de 2023 | Wanda Maximoff se enfrenta a SWORD

Mientras el mundo celebra el regreso de los perdidos durante el Lapso, Wanda Maximoff sigue llorando a Visión, cuyo asesinato por Thanos no ha cambiado. Wanda se enfrenta a Tyler Hayward, director en funciones de la División de Observación y Respuesta de Armas Sentientes (SWORD), quien le revela que Visión sigue siendo estudiado, y se niega a entregarle los restos (3000 millones en vibránium...) para enterrarlo; «No es suyo», le dice Hayward. Wanda acaricia el rostro de Visión y canaliza su poder hacia el vacío dejado por la Gema de la Mente. «No puedo sentirte», susurra Wanda.

Otoño de 2023 | El ama de casa

Wanda Maximoff conduce hasta la destartalada ciudad de Westview, en Nueva Jersey, donde visita una parcela con una escritura hecha a su nombre por Visión. Allí podrían haber construido un hogar juntos de no ser por su trágica muerte. En un momento de dolor abrumador, Wanda libera una descarga de magia del caos que envuelve la comunidad, construye una casa de dos plantas y recrea a su amor perdido, Visión. Representa este mundo en blanco y negro y añade una pista sonora de risas, transformando subconscientemente su realidad en las telecomedias retro que solía ver su propia familia en Sokovia. «Wanda... Bienvenida a casa», la recibe Visión.

Wanda Maximoff rehace a Visión en una realidad basada en sus telecomedias favoritas.

2023

La ilusión de Wanda incluye una secuencia de título.

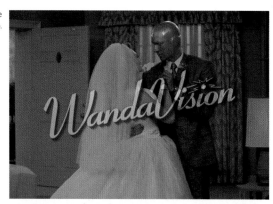

Otoño de 2023 | Un reparto hechizado

Wanda Maximoff puebla su mundo de telecomedia con personajes representados por gente real... contra su voluntad. Estos siguen atrapados en sus homólogos cómicos mientras la imaginación de Wanda manifiesta nuevas identidades y escenarios usando la realidad como materia prima.

Wanda y Visión montan una cena para su jefe y su esposa, «el Sr. y la Sra. Hart».

Mónica Rambeau y el agente del FBI Jimmy Woo detectan algo extraño en torno a Westview.

Otoño de 2023 | La nueva compañera de reparto

En su primera misión para SWORD tras su regreso del Lapso, Mónica Rambeau investiga la Anomalía Westview, y desaparece después de tocar la barrera mística.

Otoño de 2023 | La entrometida

Solo un participante, la ruidosa vecina «Agnes», parece ser consciente de que está representando un papel (y a veces se sale del personaje para preguntar si deberían repetir una toma). Agnes llega un poco tarde a la historia, irrumpiendo en el hogar de Wanda y presentándose con un entusiasta: «¡Encantada!».

Agnes aporta un ingrediente para el postre.

Un viejo televisor capta la señal de la nueva vida programada de Wanda.

Otoño de 2023 | Señal distorsionada

La astrofísica Darcy Lewis apoda al fenómeno «Hechizo», y descubre que las longitudes de onda que emite pueden ser captadas por televisores viejos. Junto al agente del FBI Jimmy Woo ve a Wanda y Visión actuar en distintos escenarios de telecomedia y reconoce a Rambeau pasando por los episodios como un personaje secundario llamado «Geraldine».

El hechizo de Wanda se desvanece cuando Mónica Rambeau menciona a Ultrón.

La Mónica «años 70» es arrojada fuera de la fantasía de Wanda Maximoff.

Otoño de 2023 | El nacimiento de Tommy y Billy

Wanda Maximoff atraviesa rápidamente épocas de telecomedia y pasa al color con un escenario setentero inspirado en *La tribu de los Brady*. Pasa por un embarazo y tiene dos mellizos a los que llama Tommy y Billy. Como su padre, Visión, son reales y tangibles, no ilusiones. Mónica Rambeau (Geraldine) ayuda en el parto, pero se resiste al hechizo cuando Wanda menciona a su propio hermano, Pietro. «Lo mató Ultrón, ¿verdad?», pregunta «Geraldine»; lo cual sacude a Wanda, que expulsa por la fuerza a Mónica de su hogar, a través del pueblo y hasta fuera del Hechizo.

Otoño de 2023 | Hermano perdido

Pietro Maximoff llama a la puerta de Wanda. Aparte de su pelo plateado y su capacidad de moverse a supervelocidad, no se parece en nada a su gemelo perdido. «¿Le ha dado el papel de Pietro a otro?», dice una asombrada Darcy mientras ve la serie. Incluso Wanda parece perpleja, lo que sugiere que esto no es obra suya. Pero decide aceptarlo e invitar a «Pietro» a su hogar con el resto de las manifestaciones de su familia.

Un hombre se presenta en casa pretendiendo ser Pietro, el hermano de Wanda.

Otoño de 2023 | Lazos familiares asfixiantes

Habitando ahora en una telecomedia de los años 80, los hijos de Wanda Maximoff han pasado casi instantáneamente de bebés a críos de 10 años. «Esperemos que el perro no cambie de tamaño», suelta Agnes, al parecer advirtiendo de nuevo que algo no funciona. Visión empieza a notarlo, y se enfrenta a su esposa sobre lo que ha sentido: «No recuerdo mi vida antes de Westview. No sé quién soy. Tengo miedo», le dice. Entonces Wanda usa su magia para suprimir sus preguntas y tranquilizar su mente.

Halloween al estilo de telecomedia clásica.

Wanda y Visión chocan sobre lo que está pasando en Westview.

Otoño de 2023 | Visión en el medio

En Halloween, Wanda se viste de pitonisa sokoviana y Visión se pone un disfraz de luchador de lucha libre. Billy, que está mostrando capacidades místicas como su madre, se viste de hechicero, mientras que Tommy imita el uniforme de su tío. Visión ya no puede negar que Wanda está causando dolor con su fantasía, tras descubrir a residentes de las afueras de Westview atrapados en la realización de movimientos repetitivos. Se debate entre su amor por ella y su deseo de hacer lo correcto, pero, después de intentar salir del Hechizo, comprende que no puede vivir fuera de él.

VISIÓN

Visión es un ser artificial creado con un cuerpo sintezoide de vibránium y la Gema de la Mente. Posee capacidades superhumanas, incluidas fuerza, vuelo, manipulación de su forma y entrada en fase a través de objetos sólidos. Con la Gema de la Mente puede disparar rayos de energía. Como su cuerpo fue creado en origen para el villano Ultrón, algunos miembros de los Vengadores dudaron sobre sus motivaciones, pero él demostró enseguida ser un miembro fiable del grupo al luchar junto a ellos para derrotar a Ultrón.

2016 | Bandos opuestos

Ya como miembro oficial de los Vengadores, Visión trabó amistad con Wanda Maximoff. Cuando el secretario Ross visitó a los Vengadores para informarles de que debían cumplir los términos de los Acuerdos de Sokovia, Visión se alineó con Tony Stark, arguyendo que su presencia atraía más conflictos y que los acuerdos eran un compromiso razonable para ganarse la confianza pública. Wanda y él se encontraron así en lados opuestos en el conflicto.

2015 | Nacido ayer

Originalmente, Ultrón creó la forma sintezoide de Visión como un nuevo cuerpo para sí, pero Tony Stark decidió cargar en ella la IA JARVIS. Mientras los Vengadores discutían sobre la decisión de Tony, Thor usó el poder de su martillo para dar vida al cuerpo. Visión aseguró a los Vengadores que no era hijo de Ultrón ni de JARVIS, sino más bien algo nuevo. Será él quien acabe por fin con los destrozos de Ultrón, destruyendo al villano con una descarga de su Gema de la Mente.

Fin. de los años 80-1999 | Niñez

Nacida en Sokovia (Europa oriental), hija de Oleg e Irina Maximoff, la niñez de Wanda se desarrolló sobre el trasfondo de una nación rota por la guerra. Su familia quedó destrozada cuando su apartamento fue alcanzado por proyectiles de Industrias Stark. Sus padres murieron, y Wanda y su hermano Pietro quedaron huérfanos.

2014 | Expuestos a la Gema de la Mente

Los huérfanos Wanda y Pietro fueron radicalizados por Hydra. Culpando de su desgracia a Tony Stark y a los Vengadores, se ofrecieron voluntarios para los experimentos del barón Strucker con la Gema de la Mente contenida en el cetro de Loki. Los demás sujetos de prueba murieron, pero Wanda y Pietro sobrevivieron y adquirieron capacidades increíbles: en Wanda se activó la magia del caos latente, otorgándole poderes psiónicos.

2015 | Ultrón

Wanda y Pietro se enfrentaron a los Vengadores cuando estos invadieron la base de Hydra en Sokovia. Al poco se unieron a Ultrón pero, cuando Wanda leyó su mente y descubrió sus verdaderas intenciones de barrer a la humanidad, ella y Pietro ayudaron a los Vengadores a derrotar a Ultrón. Pietro murió en la batalla, y Wanda fue reclutada por los Vengadores y se trasladó a EE.UU.

WANDA MAXIMOFF

La vida de Wanda está marcada por la tragedia. Siendo niña, perdió a sus padres cuando un misil impactó en el bloque donde vivía con su familia. Antes de ser rescatada pasó días atrapada entre los escombros con su hermano mellizo, Pietro, mirando un segundo misil con el rótulo «Industrias Stark». Esta experiencia traumática forjó su odio hacia Stark y los Vengadores, si bien llegaría a ser un valioso miembro del equipo.

2018 | La muerte de Visión

Wanda y Visión empiezan una relación mientras están fugados, pero son rastreados por los Hijos de Thanos, que atacan a Visión para hacerse con la Gema de la Mente. Cuando Visión es gravemente herido, los Vengadores del Capitán América acuden a Wakanda con la idea de que Shuri extraiga la gema de Visión y la destruya, para evitar así el plan de Thanos de eliminar a la mitad del universo. A pesar de sus esfuerzos, Thanos arranca la gema de la frente de Visión y lo mata.

2023 | Visión doble

Devastada de dolor por la muerte de Visión, Wanda sufre una crisis y usa su magia para crear una vida idílica en la ciudad de Westview (Nueva Jersey). Para su ilusión recrea una versión de Visión, pero esta versión sospecha que algo no va bien en su existencia, y finalmente debe combatir con el Visión real, que ha sido reanimado por SWORD. El Visión creado por Wanda se pierde cuando ella deshace su hechizo, mientras que el original parte con rumbo desconocido, con sus recuerdos restaurados por su homólogo.

2018 | Enfrentarse a Thanos

Wanda se oculta con Visión en Escocia cuando son atacados por los Hijos de Thanos, que pretenden hacerse con la Gema de la Mente de Visión. Aunque este resulta herido, ambos son rescatados por los Vengadores del Capitán América, que llevan a Visión a Wakanda para impedir que la Gema de la Mente caiga en manos de Thanos. Pero fracasan, y Wanda tiene que ver cómo Visión muere —dos veces— antes de ser borrada ella misma.

2023 | La Visión de Wanda

Wanda regresa para participar en la derrota de Thanos. Después, rota por la muerte de Visión, conduce hasta Westview, en Nueva Jersey, donde Visión había comprado una parcela para construir su hogar y comenzar su vida juntos. Abrumada por el dolor, Wanda utiliza inconscientemente la magia del caos para transformar el pueblo en una telecomedia y conjurar un nuevo Visión y dos hijos. Perderá a su nueva familia al revertir el hechizo, pero el aumento de sus poderes la muestran como la largo tiempo profetizada «Bruja Escarlata».

2024 | En la oscuridad

El Doctor Extraño pide la ayuda de Wanda para proteger a América Chávez, perseguida por su capacidad para saltar en el Multiverso. Extraño no tarda en advertir que quien persigue a América es Wanda, que busca absorber los poderes de la joven para poder unirse con las encarnaciones multiversales de sus hijos, Billy y Tommy. Extraño se niega a entregarle a América, y Wanda inicia una sangrienta caza de la adolescente. Su cruzada acabará cuando haga que el monte Wundagore se desplome sobre sí misma.

2016 | Escogiendo bando

Durante una misión en Lagos (Nigeria), Wanda destruye por accidente un edificio con sus poderes y mata a muchos de sus ocupantes. Como el público la ve ahora como una amenaza, Tony Stark y Visión la confinan en el Complejo Vengadores; pero Ojo de Halcón la rescata y se une al grupo del Capi de resistencia a los Acuerdos de Sokovia.

2023

Otoño de 2023 | La cuarta pared

Wanda sale del Hechizo para advertir a las fuerzas de seguridad que rodean Westview que se marchen. Rescata a Visión y extiende su hechizo, engullendo el campamento de SWORD y transformando a su personal en una feria ambulante. Visión, lleno de remordimientos, ayuda a la Dra. Darcy Lewis a liberarse de la ilusión de ser una escapista y ambos intentan convencer a Wanda de que renuncie.

Fuera del Hechizo, Wanda hace una advertencia al personal de SWORD que amenaza su ilusión.

Otoño de 2023 | Agatha...

Wanda Maximoff descubre que su vecina «Agnes» es en realidad Agatha Harkness, una bruja con una edad de siglos atraída a Westview por la asombrosa manifestación de poder místico. Agatha no solo ha intrigado para alimentarse de los poderes de Wanda, sino que además ha estado manipulando a un residente llamado Ralph Bohner para que se hiciera pasar por Pietro, razón por la cual este no coincidía con los recuerdos de Wanda.

«Agnes» se revela con su propia secuencia de apertura.

La voz oculta detrás de la cámara.

Otoño de 2023 | La transformación de Mónica Rambeau

Pese a ser advertida de que su estructura molecular ya está inexorablemente alterada por el Hechizo, Mónica decide atravesar la barrera de nuevo. La metamorfosis es más profunda esta vez, y la dota de unos ojos azules radiantes que pueden detectar auras de energía y un cuerpo que se puede volver intangible. Interrumpe el falso documental cómico que Wanda ha creado para avisarla de que el director de SWORD, Hayward, planea un asalto al pueblo. «No dejes que te convierta en la mala», le ruega a Wanda. Pero esta responde: «Puede que ya lo sea».

Mónica Rambeau sufre cambios permanentes en el Hechizo.

«Se supone que eres un mito. Un ser capaz de la creación espontánea. Y aquí estás, usándolo para crear desayunos para cenar», le dice Agatha a Wanda.

Otoño de 2023 | El destino de Wanda

Agatha captura a Tommy y Billy para obligar a Wanda a rendir sus poderes, advirtiendo que ella puede ser una figura profetizada en el *Darkhold*, un texto místico prohibido: «Esto es la magia del caos, Wanda. Y eso te convierte en la Bruja Escarlata».

Otoño de 2023 | Proyecto Catarata

El proyecto de SWORD de reconstruir a Visión a partir de sus restos tiene éxito al fin cuando se usa parte de la magia del caos de Wanda Maximoff para reactivarlo. Luego envían al ser blanco puro al interior del Hechizo para destruir al «Visión verdadero», pero es derrotado cuando la versión emocional creada por Wanda implica a su homólogo en un debate filosófico que despierta recuerdos en el modelo reconstruido; y el recién llegado se marcha con destino desconocido.

Visión y su homólogo discuten el experimento mental del barco de Teseo, que define la identidad.

Otoño de 2023 | La derrota de Agatha

Usando un truco de brujería aprendido de la propia Agatha, Wanda absorbe los poderes mágicos de su rival, pero decide no destruirla. En lugar de ello, la encierra en una prisión mental: como «Agnes», la cotilla local que seguirá atrapada en Westview incluso cuando Wanda abandone su control sobre el pueblo. «¡Chachi piruli, requetechuli!», declara la embrujada Agatha tras recibir la sentencia.

Mónica se encuentra con un metamorfo skrull.

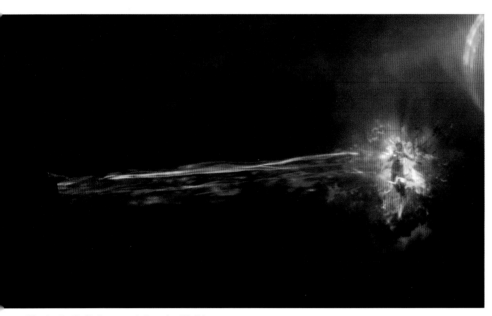
Wanda y Agatha Harkness combaten sobre Westview.

Otoño de 2023 | Skrulls necesitados

Tras los sucesos de Westview, Mónica Rambeau es contactada por una agente skrull enviada, según le dice, por «un amigo de su madre». «Sabe que no la dejan volar. Le gustaría verla», le dice. Cuando Mónica pregunta dónde, la skrull apunta hacia arriba con un dedo.

Otoño de 2023 | Cancelar el programa

«Sé que tú lo arreglarás todo. Pero no para nosotros», le dice Visión a su esposa. Wanda retira la oleada del Hechizo, devolviendo la feria al puesto avanzado de SWORD y a todos los residentes a sus identidades reales. Luego regresa con Visión a su hogar, acuestan a sus hijos y les dicen lo orgullosos que están de su valor. Antes de decirse adiós, Visión le pregunta a Wanda: «¿Qué soy yo?». Ella le responde: «Tú, Visión, eres el trozo de la Gema de la Mente que vive en mí [...] Eres mi tristeza y mi esperanza. Pero sobre todo eres mi amor». Cuando el Hechizo se estrecha sobre su hogar, la familia de Wanda es borrada, dejándola sola de nuevo.

Impulsos oscuros dominan a Wanda Maximoff mientras busca a sus hijos perdidos en algún lugar del Multiverso.

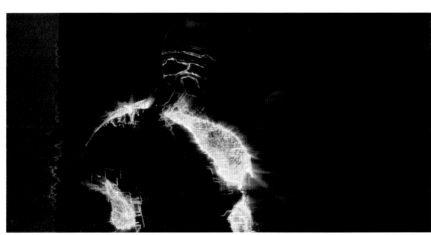
Wanda debe despedirse de Visión... otra vez.

Otoño de 2023 | La corrupción del *Darkhold*

En una cabaña remota, Wanda Maximoff estudia el *Darkhold* que le robó a Agatha Harkness. Sus páginas contienen métodos prohibidos para atravesar universos; y, en ausencia de El Que Permanece y con una AVT que ya no mantiene la Sagrada Línea Temporal, las puertas están abiertas. Wanda usa el *Darkhold* para identificar realidades alternativas donde sus hijos Tommy y Billy todavía existen. Pero alcanzarlas está aún por encima de sus posibilidades, por lo que necesitará encontrar a alguien con el poder de perforar la barrera entre realidades.

2024

Las repercusiones del Lapso continúan. El retorno de la mitad de la población mundial ha provocado escasez de recursos y grandes desplazamientos, causando conflictos alrededor del globo. El resurgimiento de tal cantidad de vida sensible ha activado además el Surgimiento que invocará al Celestial Tiamut desde el interior de la Tierra, con consecuencias potencialmente fatales para el planeta. Mientras tanto, la tragedia personal se cierne sobre el venerable Black Panther, T'Challa, que afronta una grave y cruel enfermedad.

Katy mira asombrada cómo Shaun se deshace de los atacantes.

El antiguo entrenamiento de Shang-Chi surge.

Primavera de 2024 | Shang-Chi escondido

Shang-Chi vive con el nombre de «Shaun» y trabaja con su mejor amiga, Katy Chen, como aparcacoches en San Francisco. Ella no tiene ni idea de su historia ni de sus habilidades hasta que Wenwu, padre de Shang-Chi y líder de los Diez Anillos, envía a Razor Fist y otros esbirros a atacarlo durante un viaje en autobús. Ellos le quitan el colgante que le dio su madre (y que, como ella le dijo, lo llevaría a casa si alguna vez se sentía perdido). Mientras Katy conduce el vehículo dañado hasta una accidentada parada, Shang-Chi despacha a los matones con sus habilidades sobrenaturales de combate. El vídeo grabado por otro pasajero hace viral al «Tío del Bus».

Primavera de 2024 | Riña de hermanos

En vez de recibir a Shang-Chi con los brazos abiertos, Xialing lo recibe con los puños cerrados, y combate con su hermano en la jaula entre los vítores de los espectadores. Y lo supera, demostrando que ha aprendido habilidades por su cuenta que una vez le impidieron practicar con él. Luego, Shang-Chi le entrega a Xialing su postal, tan solo para descubrir que no fue ella quien la envió. Los Diez Anillos, que han seguido a Shang-Chi hasta su hermana, atacan el Dagas Doradas.

Abominación recibe un puñetazo de sí mismo gracias a la maniobra de portal de Wong.

Shang-Chi se prepara para recibir un golpe de Xialing.

Primavera de 2024 | Wong vs. Abominación

Después de la emboscada de los Diez Anillos, Shang-Chi, agitado, busca a su enemistada hermana, Xialing, de la que recibió hace poco una postal. Descubre que ahora regenta un ring de lucha clandestino en Macao, el club de las Dagas Doradas, que acoge una lucha impresionante: el Hechicero Supremo Wong contra Abominación, la forma monstruosa de Emil Blonsky. Para Wong, es una ocasión de entrenar: «¿Qué tal la mandíbula? —le pregunta antes de abrir un portal que devuelve a Abominación a su celda—. Quizá empieces a controlar esos puñetazos, como hemos practicado». Este permiso no autorizado del supervillano les traerá a ambos un quebradero de cabeza legal.

El Ejecutor colgado
de un andamio.

Primavera de 2024 | Batalla en las alturas

La lucha se derrama sobre los andamios del rascacielos. Katy Chen cae, pero es rescatada por Xialing. Ejecutor, el severo exinstructor de artes marciales de Shang-Chi, se enfrenta a él en un combate extenuante después de hacerse con el colgante de Xialing. La lucha acaba cuando Wenwu para a Shang-Chi y les dice a sus hijos: «Vayamos a casa». Rodeados por sus esbirros, no tienen más opción que aceptar.

Primavera de 2024 | El bis de Trevor Slattery

Cuando se oponen al plan de Wenwu de invadir Ta Lo, Shang-Chi, Xialing y Katy quedan prisioneros en una mazmorra. Allí encuentran al actor Trevor Slattery, que fue secuestrado de la prisión por los Diez Anillos por suplantar a Wenwu como el caricaturesco «Mandarín». Lo han mantenido con vida como una especie de bufón. El trío también encuentra una bola de pelo alada llamada Morris, guardián sobrenatural de Ta Lo. Se fugan todos juntos, usando a Morris para localizar Ta Lo antes de que llegue Wenwu.

Trevor Slattery y Morris en la mazmorra de los Diez Anillos.

Wenwu revela su
plan de ocupar Ta Lo.

Primavera de 2024 | Recepción en Ta Lo

En la aldea, Shang-Chi y Xialing conocen a la hermana de su madre, Ying Nan, quien les revela que Ta Lo protege el mundo exterior del Morador en la Oscuridad, una entidad monstruosa que se alimenta de almas humanas. Él y su ejército de devoradores de almas fueron derrotados con la ayuda de la Gran Protectora, y han sido contenidos durante milenios detrás de la puerta que Wenwu pretende abrir. Esas son las voces que le han estado hablando, y no el espíritu de Li. Ying Nan entrena rápidamente a Shang-Chi en su estilo de lucha, armonioso y emocional, mientras Xialing recibe un dardo con cuerda hecho de escama de dragón y Katy, lecciones de tiro con arco.

Primavera de 2024 | Mensajes del más allá

En el complejo de los Diez Anillos, Wenwu explica que ha estado oyendo la voz de su difunta esposa, Li, hablándole desde un portal al más allá incrustado en las montañas de su aldea natal, Ta Lo. «Vuestra madre nos está esperando allí», asegura a sus hijos. Wenwu usa los colgantes de jade de Shang-Chi y Xialing para abrir un mapa místico hecho de agua, que muestra la ruta a su aldea. El camino se abre solo una vez al año, y ese momento será dentro de tres días.

La Puerta Oscura a través del lago desde la aldea de Ta Lo.

2024

Primavera de 2024 | Aparece la Gran Protectora

En el fondo del lago, Shang-Chi despierta a la Gran Protectora, una noble criatura similar a un dragón que asciende de las profundidades para volver a ayudar a Ta Lo a derrotar a los devoradores de almas. Tras llevar a Shang-Chi de vuelta hasta su padre, la Gran Protectora busca a Xialing, que monta sobre la criatura a través del aire azotando y destruyendo al enjambre depredador.

Wenwu se enfrenta a su hijo Shang-Chi en Ta Lo.

Xialing monta sobre la Gran Protectora.

Primavera de 2024 | Padre contra hijo

Wenwu llega a Ta Lo y lucha contra su hijo, al que desprecia por no haber protegido a Li, asesinada cuando Shang-Chi era un niño: «Estabas allí cuando vinieron a por ella y no hiciste nada. Te quedaste en la ventana y la viste morir», lo acusa. Shang-Chi responde a su padre que la traición fue suya: «Aunque pudieras traerla de vuelta, ¿qué te hace pensar que ella querría tener algo que ver contigo?». Wenwu golpea a su hijo con toda su fuerza y lo hunde entre las olas del lago.

Primavera de 2024 | La muerte de Wenwu

Shang-Chi se enfrenta de nuevo a su padre en combate, esta vez usando el estilo de lucha de su madre en lugar del aprendido de los secuaces de su padre. Arrebata los diez anillos a Wenwu y luego los arroja a sus pies. Antes de que el humillado Wenwu pueda reparar lo que ha hecho, el Morador en la Oscuridad se libera a través de la puerta resquebrajada, lo captura y consume su alma atormentada. En sus últimos momentos, Wenwu entrega los Diez Anillos a su hijo.

Shang-Chi toma el control de los anillos y se prepara para usarlos contra el Morador en la Oscuridad.

Devoradores de almas vuelan hacia la aldea.

Primavera de 2024 | La puerta rota

Wenwu se impulsa hacia la puerta y empieza a pulverizar la barrera, desgarrando sus escamas de dragón y liberando, no el espíritu de su esposa, sino un feroz ejército de devoradores de almas. Las criaturas infestan de inmediato la aldea. Una de ellas captura a Ejecutor y consume su esencia. Razor Fist y los demás atacantes de los Diez Anillos forjan una alianza apresurada con los aldeanos de Ta Lo para contraatacar, aunque solo sea por salvar sus vidas.

La Gran Protectora se enfrenta al Morador en la Oscuridad.

Primavera de 2024 | La diana de Katy

El Morador en la Oscuridad está a punto de arrancar el alma a la Gran Protectora, lo que le otorgaría un poder inconmensurable. Usando su entrenamiento con el caído Guang Bo, Katy Chen atraviesa con una flecha de escama de dragón la garganta del ser demoníaco, liberando a la Gran Protectora y permitiendo a Shang-Chi introducir los Diez Anillos en la boca rugiente del Morador en la Oscuridad, destruyéndolo así desde dentro.

Xialing sube al trono.

Primavera de 2024 | Después de la batalla...

Shang-Chi y Katy Chen retornan a la vida normal en San Francisco, mientras que Xialing visita la fortaleza de su padre en la montaña, aparentemente para desmantelar su organización. En realidad, lo que pretende es apoderarse de ella y rehacerla según sus planes.

Primavera de 2024 | La baliza de los Diez Anillos

El Hechicero Supremo Wong convoca a Shang-Chi y Katy a Kamar-Taj para examinar los Diez Anillos. La Capitana Marvel y Bruce Banner se les unen mediante hologramas, pero nadie puede identificar el origen de los anillos. Wong dice que no son artefactos mencionados en el códice de las artes místicas. Banner observa que no son de vibránium y que podrían ser chitauri. La Capitana Marvel insiste en que no parecen tecnología alienígena. Wong disecciona su aura y revela que están enviando una señal constante... pero no tienen ni idea de a quién o adónde.

Katy y Shang-Chi descubren que los anillos emiten una señal.

Falcon fija la vista en Batroc.

Primavera de 2024 | Falcon vs. Batroc

Sam Wilson vuelve al trabajo con la Fuerza Aérea de EE.UU. en una misión especial sobre Túnez para rescatar a un oficial secuestrado por George Batroc y la LAF, un grupo terrorista que pretende explotar el descontento creado por el Lapso. Falcon consigue interceptar su nave y rescatar al capitán capturado, pero Batroc consigue escapar saltando desde su helicóptero justo antes de que un misil lo destruya cerca de la frontera libia.

Wilson y Joaquín Torres hablan de los Sin Banderas.

Primavera de 2024 | La amenaza Sin Banderas

El teniente Joaquín Torres informa a Wilson sobre una nueva amenaza surgida tras el Lapso: los Sin Banderas, a los que describe como un grupo de militantes que pretenden eliminar las fronteras y creen que el mundo era más justo durante el Lapso. «Cada vez que algo es mejor para un grupo, es peor para otro», lamenta Wilson. Su propia familia ha sufrido graves problemas económicos que él se esfuerza por solucionar.

Primavera de 2024 | El escudo del Capi como recuerdo

Sam Wilson decide que el escudo de Steve Rogers vaya a un museo, y dona el escudo rojo, blanco y azul al Smithsoniano. Considera que la agitación del Lapso exige nuevos héroes más que confiar en los viejos; especialmente en aquellos que, como Steve Rogers, ya no están en la lucha.

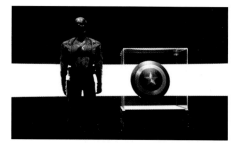

El escudo expuesto con su uniforme de la II Guerra Mundial.

Sam Wilson decide que el escudo de Steve Rogers vaya a un museo.

Rhodes y Wilson después de la ceremonia del museo.

Primavera de 2024 | El consejo de Máquina de Guerra

James Rhodes asiste a la ceremonia de entrega del escudo y le pregunta a Wilson por qué ha decidido no asumir el cargo como le pidió Rogers. Cuando Wilson dice que el escudo no le pertenece a él, Rhodes le pide que deje ese sentimiento a un lado: «El mundo se ha vuelto una casa de locos. Nadie es estable. Los aliados ahora son enemigos, las alianzas se han hecho pedazos... El mundo se ha roto y todos buscan a alguien que lo arregle».

Primavera de 2024 | John Walker

El gobierno, en vez de mantener el escudo de Steve Rogers en el Smithsoniano, se lo entrega al soldado de operaciones especiales John Walker, convirtiéndolo en el nuevo Capitán América. Con tres Medallas de Honor, Walker está especializado en contraterrorismo y rescate de rehenes y, aunque no está físicamente mejorado, es un combatiente experto. En su primera aparición pública, Walker dice que quiere «ayudar a que la gente se sienta segura. Eso era lo que hacía Steve Rogers, y me dio esperanzas. No llegué a conocerlo, pero es como un hermano».

Bucky Barnes reflexiona sobre una vida llena de horrores.

Un nuevo Capitán América.

Primavera de 2024 | La redención del Soldado de Invierno

Las pesadillas consumen a Bucky Barnes. Pese a haberse librado de los protocolos de control mental del Soldado de Invierno, sigue acosado por las tropelías que perpetró durante décadas. Se somete a la terapia ordenada por el gobierno como condición para su perdón, ayuda a erradicar a los leales a Hydra que quedan en el gobierno y traba amistad con un anciano, Yori Nakajima, cuyo hijo RJ fue un transeúnte muerto a manos del Soldado de Invierno: le escucha llorar a su hijo, pero no consigue confesarle que él fue su involuntario asesino.

Junio de 1943 | Los primeros escudos del Capi

Steve Rogers tenía fama de defender al débil, incluso cuando el débil era él. En una de esas peleas antes de recibir el suero del supersoldado, se defendió con la tapa de un cubo de basura. Así que, en cierto modo, siempre tuvo intención de usar escudo. Justo después de su transformación en 1943, usó la puerta de un taxi de la empresa Lucky Star para parar los disparos del asesino Heinz Kruger.

Después de su transformación en supersoldado, Rogers sujeta un escudo improvisado mientras persigue al asesino de Abraham Erskine.

2012 | La batalla de Nueva York

Los Vengadores se reúnen en Nueva York durante la invasión chitauri. El Capitán América lidera a los demás y usa su escudo para rechazar a los soldados chitauri. El escudo se convierte en un icono moderno.

2015 | En manos de la Viuda

Cuando los centinelas de Ultrón atacan en Seúl, Viuda Negra recupera el escudo del Capi del suelo y lo fija a su moto hasta devolvérselo al Capi.

2012 | Escudo vs. Mjolnir

Steve prueba su escudo contra armas alienígenas por primera vez cuando Loki y Thor llegan a la Tierra. El escudo resiste el poderoso golpe del martillo de Thor.

2015 | Guerra contra Hydra

Mientras atacan la base de investigación de Hydra en Sokovia, el Capitán América y Thor crean una onda de choque con Mjolnir y el escudo que deja inconscientes a los agentes de Hydra.

2015 | La batalla de Sokovia

Steve Rogers y Thor vuelven a formar equipo, uniendo escudo y Mjolnir contra los centinelas de Ultrón para sacar el máximo partido de cada arma.

1943-1945 | Detener a Hydra

Con el apoyo de los Comandos Aulladores, el Capitán América lideró la carga para frenar a Cráneo Rojo y las fuerzas de Hydra y recuperar el Teseracto.

1945-2011 | Un largo sueño

El escudo se hundió con el Capitán América en el Ártico, donde permaneció bajo el hielo durante casi 70 años.

1943 | Un poder en desarrollo

Steve comprueba el poder único del escudo. Su confianza en sí mismo y sus capacidades crecen mientras lucha en la II Guerra Mundial.

1943 | Un valioso regalo

Howard Stark presenta su creación a Steve: un escudo hecho de vibránium. Steve duda de su invulnerabilidad, pero Peggy Carter lo prueba con balas.

Nov. de 1943 | Accesorio de gira

Cuando Steve Rogers se convirtió en Capitán América en 1943, el gobierno le dio un escudo para sus actuaciones. El Capi lo usó para liberar a soldados prisioneros en una instalación de Hydra.

EL ESCUDO DEL CAPI

El escudo del Capitán América es mucho más que un trozo de metal. Creado por Howard Stark con el rarísimo vibránium y elegido por Steve Rogers por sus cualidades únicas de absorción de la vibración, fue adornado con los colores de la bandera de EE.UU. Prácticamente indestructible, se convirtió en un símbolo de esperanza, primero en la II Guerra Mundial y, más de seis décadas después, en la batalla de Nueva York. El escudo del Capitán América representa el honor y la actuación correcta sin importar el coste. Con todo lo que simboliza, es un testigo pesado para cualquiera que lo recoja, como ha hecho recientemente Sam Wilson.

«No tenías derecho a devolver el escudo, Sam.»

Bucky Barnes

2016 | Enfrentados
Reclutado por Tony Stark, Peter Parker se une a la batalla en el aeropuerto de Leipzig-Halle como Spiderman y usa sus redes para atrapar el escudo del Capi.

2016 | El Capi pelea con Iron Man
El Capitán América y Iron Man llegan a los puños por Soldado de Invierno. Steve deja el escudo después de que Tony Stark le diga que ya no es digno de él.

2016 | El escudo confiscado
Cuando Steve ayuda a Soldado de Invierno (Bucky Barnes) a escapar, el gobierno de EE.UU. le retira el escudo. Sin embargo, Sharon Carter se lo devuelve en secreto.

2016 | Vibránium contra vibránium
Ant-Man recupera el escudo y se lo devuelve al Capi, pero las garras de vibránium de Black Panther arañan y dañan su superficie.

2018 | Un escudo distinto
El Capi lucha sin su escudo en Wakanda, usando uno provisional creado allí. Los Vengadores son derrotados y Thanos borra la mitad del universo con el Chasquido.

2023 | Tony devuelve el escudo
Cuando Scott Lang regresa del mundo cuántico con una posible solución para derrotar a Thanos, Tony reúne a los Vengadores y entrega a Steve el escudo reparado.

2023 | La batalla por la Tierra
En combate con Thanos, el Capi lleva su escudo, que sufrirá serios daños por la espada del titán, pero los Vengadores saldrán victoriosos.

2023 | Capi vs. Capi
Steve viaja en el tiempo a 2012 como parte del plan para revertir los actos de Thanos. Lucha contra su yo pasado, escudo contra escudo, y lo derrota.

2023 | Herencia
Después de que los Vengadores derroten a Thanos, Steve, ahora anciano, decide pasar su escudo y el legado que representa a Sam Wilson.

2024 | Reliquia smithsoniana
Sam Wilson decide que el escudo debería conservarse como parte de la historia de Steve Rogers y el Capitán América, y lo dona el artefacto al Smithsoniano.

2024 | Un nuevo Capitán
El gobierno asigna el escudo del Capi a John Walker, que se convierte en el nuevo Capitán América. Lo usará para matar en público a un miembro del grupo terrorista Sin Banderas.

2024 | Un legado renovado
Tras la destitución de John Walker, Sam Wilson toma el escudo como nuevo Capitán América, y lo usa para acabar con la amenaza de los Sin Banderas.

2024

«Sam, este es Isaiah. Fue un héroe.
Uno de los que Hydra más temía,
como Steve», dice Bucky Barnes.

Primavera de 2024 | Wilson y Barnes unen fuerzas

A Bucky Barnes, lo más cercano a un hermano que nunca tuvo Steve Rogers, le disgustan los comentarios de John Walker. «¿Por qué has devuelto el escudo», le pregunta a Sam Wilson, que compartió su propia hermandad con Rogers. «¿Crees que no me ha partido el alma ver cómo lo paseaban y lo llamaban "el nuevo Capitán América"?», replica Wilson. Los dos discuten de camino a Múnich, donde impiden un embarco de suministros de los Sin Banderas.

Sam Wilson a Bucky Barnes: «Ya estás mirando fijamente».

Primavera de 2024 | Isaiah Bradley, segunda parte

Para investigar cómo llegaron a existir los supersoldados, Bucky lleva a Sam Wilson a encontrarse con la única otra persona que sabe que formó parte de dicho programa. Ya anciano, Isaiah Bradley sigue siendo extraordinariamente fuerte, lo que demuestra arrojando una caja metálica que clava en la pared de la casa que comparte en Baltimore con su nieto Eli. El veterano de Corea confirma que su material genético se usó para experimentar durante años de reclusión ilegal, pero que él no quiere saber nada de lo que estén haciendo para detener a quienes pueden haber sido mejorados con él.

Primavera de 2024 | La amenaza del supersoldado

Los camiones de los Sin Banderas van llenos de medicamentos y suministros, nada turbio o destructivo. Pero están defendidos por un grupo de personas con fuerza y resistencia de supersoldado; entre ellos, una joven llamada Karli Morgenthau, que vive entre los desplazados después del Lapso. Ella destruye el dron Ala Roja de Wilson y sus soldados resisten a Wilson y Barnes hasta la entrada en escena de John Walker y Lemar Hoskins, que se hace llamar Estrella de Combate. Después de escapar los Sin Banderas, Walker y Hoskins proponen trabajar juntos, pero Wilson y Barnes no confían en ellos.

John Walker y Lemar Hoskins recogen a Sam Wilson y Bucky Barnes después de su encontronazo con los Sin Banderas.

Primavera de 2024 | El regreso de Zemo

Bucky Barnes recurre a otro pez gordo que puede resolver el misterio del supersoldado. Desafiando las leyes internacionales, ayuda al barón Zemo a escapar de su prisión de alta seguridad. Luego usan los considerables recursos económicos de Zemo y su conocimiento de las operaciones de Hydra para rastrear cómo pudo ser producido y distribuido el suero del supersoldado. Zemo está encantado de ayudar, aunque solo sea por cumplir su propia agenda contra todos los supersoldados: «No tengo intención de dejar mi trabajo a medias», comenta.

Zemo, enmascarado, apunta a una tubería de gas durante un combate con los fabricantes del suero.

Bucky Barnes, el barón Zemo y
Sam Wilson en las calles de Madripur.

Primavera de 2024 | Misión en Madripur

Zemo lleva a Wilson y Barnes a la nación insular de Madripur, donde sus fuentes rastrean
el suero del supersoldado hasta un personaje conocido como Agente de Poder. Allí sus
pasos se cruzan con los de Sharon Carter, quien les informa de que se vio obligada a vivir
en los bajos fondos tras ayudar a Rogers y Wilson durante el conflicto por los Acuerdos de
Sokovia. Lo que oculta es que ella es el Agente de Poder. Las pistas les llevan hasta un tal
Dr. Wilfred Nagel, que admite ser un excientífico de Hydra que sintetizó el suero a partir
de la sangre de Isaiah Bradley, pero declara que los Sin Banderas han robado los viales que
él produjo. Durante una refriega, Zemo lo mata para impedir la creación de más suero.

Karli Morgenthau, siempre en guardia.

Primavera de 2024 | Morgenthau acorralada

Wilson, Barnes y Zemo rastrean a Karli Morgenthau hasta Riga,
donde asiste al funeral de «Mama» Donya Madani, una mujer que
fue a la vez figura materna y símbolo para los desplazados. En un
campo de refugiados dirigido por el Consejo para la Repatriación
Global encuentran a muchos leales a los Sin Banderas. Wilson
decide que la razón puede funcionar mejor que la fuerza con
Morgenthau y la urge a acabar con la campaña de violencia de
los Sin Banderas. Ella le dice: «La gente contra la que lucho
intenta quitarte tu hogar, Sam. ¿Qué haces aquí cuando puedes
detenerlos?». Wilson responde: «No soy tu enemigo. Yo estoy
de acuerdo con tu lucha, pero no con tu forma de librarla».

Helmut Zemo, un fanático
de la erradicación de los
supersoldados.

Primavera de 2024 | Suero destruido... casi

John Walker irrumpe para arrestar a Karli Morgenthau, y ella se
siente traicionada por Sam Wilson. «¿Este era tu plan? ¿Hablar
hasta que llegaran tus refuerzos?», pregunta. En la lucha que
sigue, Zemo encuentra el escondite del suero del supersoldado
y aplasta los viales con el pie. Karli huye y Zemo es noqueado
por Walker, que encuentra un vial indemne... y se lo guarda.

2024

Ayo y las Dora Milaje se enfrentan a John Walker, Sam Wilson y Bucky Barnes mientras buscan a Helmut Zemo.

Primavera de 2024 | Zemo escapa (otra vez)

En una discusión en el piso franco de Sam y Bucky, Walker les ordena entregar a Zemo. Entonces intervienen las Dora Milaje, que también desean ponerlo bajo custodia, preferiblemente la suya. «Aunque él sea un medio para tu fin, se acabó el tiempo», dice Ayo. Durante la pelea sobre quién lo detendrá, Zemo escapa a través de un pasadizo. Ayo desactiva y desprende el brazo de vibránium de Barnes, recordándole la deuda que tiene con Wakanda. Walker acaba tan humillado como irritado al ser derrotado con tanta facilidad por las Dora Milaje: «Ni siquiera eran supersoldados», dice.

Primavera de 2024 | El escudo profanado

Walker, que se ha inyectado el suero del supersoldado en secreto, rastrea a Karli Morgenthau hasta el cuartel general de los Sin Banderas en el campamento del CRG. Durante un combate, su aliado Lamar Hoskins agarra a Karli justo antes de que acuchille a John, pero entonces ella golpea a Hoskins en el pecho con tanta fuerza que el impacto lo envía contra una columna de hormigón, matándolo al instante. Walker persigue a Nico, otro de los Sin Banderas, hasta una plaza donde lo golpea sin piedad con el filo del escudo en venganza por la muerte de Hoskins, ensangrentando la icónica reliquia.

John Walker y Bucky Barnes pelean por el escudo de Steve Rogers.

La rabia de John Walker socava el legado del Capitán América.

Primavera de 2024 | Walker desquiciado

Tras la ejecución de Nico, Sam y Bucky exigen a John Walker que entregue el escudo; pero este, enloquecido, lucha ferozmente, machaca a Barnes y desgarra las alas de Wilson. Falcon activa su mochila propulsora para arrancar el escudo del brazo de Walker y, por fin, lo reducen, y reclaman el escudo deshonrado. Sam lleva sus dañadas alas EXO-7 a Joaquín Torres para que las guarde. En EE.UU. se inicia una investigación del incidente mientras el CRG sigue persiguiendo a Kari Morgenthau y los Sin Banderas.

John Walker hace caso omiso de su audiencia disciplinaria.

Primavera de 2024 | Destituido... y reclutado

Al concluir la investigación sobre su conducta, John Walker es despojado de su título y su autoridad de Capitán América y no se le concede más que la licencia sin honores. Solo su servicio anterior a los EE.UU. le evita un consejo de guerra. Impenitente, arremete contra los senadores que lo censuran: «Yo solamente he hecho lo que ustedes me pidieron [...] Ustedes me fabricaron». Fuera de la sala, la condesa Allegra de Fontaine se acerca a él: «Mira, yo también habría matado a ese cabrón [...] Hiciste muy bien inyectándote el suero [...] Y te diré una cosa: eso te ha hecho muy, muy valioso para ciertas personas».

Primavera de 2024 | Sentimientos encontrados

Sam Wilson sigue entrenando con el escudo, aun cuando Isaiah Bradley le insiste para que lo rechace: «Decidieron borrarme. Mi historial. Pero llevan haciéndolo 500 años. Jura lealtad a eso, hermano. Ellos nunca dejarán que un hombre negro sea el Capitán América. Y aunque lo hicieran, ningún negro con amor propio querría serlo jamás». Incluso Bucky admite que ni él ni Rogers entendieron lo que podría significar entregarle el escudo a Wilson. «Te debo una disculpa», le dice. Wilson le responde que empiece por compensar a las personas de su lista.

Sam Wilson entrena con el escudo.

Bucky Barnes entrega a Zemo a las Dora Milaje.

Primavera de 2024 | Zemo, devuelto

Barnes se encuentra con Zemo en el monumento a Sokovia. Las Dora Milaje llegan poco después y escoltan a Zemo hasta la Balsa, de donde no escapará tan fácilmente. «Me he tomado la libertad de tachar mi nombre de tu libreta —dice Zemo—. No te guardo rencor por lo que ibas a hacer.» Ayo es menos indulgente con el devaneo de Barnes con el asesino de T'Chaka: «Sería prudente que no aparecieras por Wakanda por el momento, Lobo Blanco». Barnes está de acuerdo, pero pide «otro favor»: un juego de alas forjadas en Wakanda para Sam Wilson.

Primavera de 2024 | «Tu hermano está con los antepasados.»

El pueblo de Wakanda —y el mundo— lloran la muerte del rey T'Challa. El joven líder que ayudó a abrir su sociedad al mundo y que siempre se opuso valerosamente a aquellos para quienes la vida tenía poco valor, muere por una enfermedad que ni los grandes avances médicos y tecnológicos de su país han podido curar. Su hermana Shuri lucha por recrear genéticamente la ahora extinta hierba con forma de corazón, esperando que sane a su hermano; pero él fallece rápidamente. Su madre, Ramonda, asume el trono como reina y gobierna con entereza y seguridad a pesar de su dolor. Quienes conocieron y amaron a T'Challa, así como aquellos que lo miraron de lejos con orgullo, comparten una profunda pena.

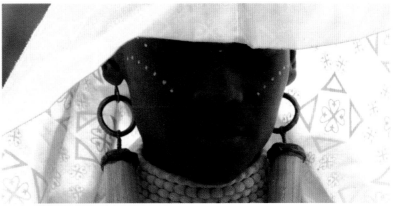

Shuri en el funeral del rey T'Challa.

2014 | Alzar el vuelo
Sam hizo amistad con Steve Rogers durante una carrera matutina en Washington D.C. Conectaron por sus experiencias en combate, y Steve recurrió a Sam en busca de un lugar donde pasar inadvertidos cuando Viuda Negra y él huían de un SHIELD en entredicho. Sam se ofreció a unirse a la lucha contra Hydra, consciente de que ayudar al Capi era la mejor razón para volver a la acción. Contribuyó a salvar 20 millones de vidas y luego juró ayudar a Steve a encontrar a Bucky.

2015 | Control de plagas
Cuando Ant-Man penetró en el Complejo Vengadores para recuperar una importante pieza tecnológica, Falcon se enfrentó a él. Por desgracia para Sam, Ant-Man utilizó la tecnología de su traje para derrotarlo y recuperar la pieza. Sam, avergonzado, deseó que Steve no se enterase nunca de ese suceso.

SAM WILSON

Leal y audaz, Sam Wilson sirvió como paracaidista militar, equipado con un juego de alas experimental, el EXO-7 Falcon. Sam llevó a cabo muchas misiones peligrosas, pero dejó el servicio tras perder a un compañero. Cuando Steve Rogers necesita ayuda, Sam no duda en unirse a la batalla, convirtiéndose en su estrecho aliado y, al final, en receptor de su manto. Siempre defenderá lo correcto, utilizando por igual la palabra y sus habilidades de combate en la lucha por un mañana mejor.

2015 | Convertirse en Vengador
Mientras aún sigue la pista de Bucky, Sam es invitado a la Torre Vengadores para celebrar la victoria del grupo sobre el barón Strucker. Al principio prefiere mantenerse al margen de los Vengadores, pues sus inusuales situaciones le resultan excesivas. Sin embargo, tras la derrota de Ultrón, Falcon cambia de opinión y se une a la última formación de Vengadores junto con Máquina de Guerra, Wanda Maximoff y Visión.

BUCKY BARNES

Amigo de la infancia de Steve Rogers, Bucky Barnes también se alistó en el ejército durante la II Guerra Mundial. Luego, ambos tomaron caminos muy distintos: Steve se convirtió en un supersoldado de EE.UU., y a Bucky le lavaron el cerebro y se convirtió en un asesino de Hydra. Décadas después, ambos se reúnen y sus lazos les refuerzan como héroes. Sin embargo, Bucky sigue acosado por los terribles crímenes que se vio obligado a cometer mientras estuvo preso como arma de Hydra.

Finales de los años 40-2014 | El Soldado de Invierno
Contra todo pronóstico, Bucky sobrevivió y fue capturado por Hydra. La organización lo transformó en un supersoldado, lo sometió a un lavado de cerebro y a condicionamiento mental, y lo equipó con un brazo cibernético. Ahora conocido como Soldado de Invierno, Bucky es criogenizado y periódicamente lo despiertan para ejecutar asesinatos para Hydra.

Mediados de los años 40 | Capturado
En la II Guerra Mundial, Bucky Barnes y su unidad fueron capturados tras las líneas enemigas y sufrieron experimentos de Hydra. Steve, ya convertido en el supersoldado Capitán América, rescató a Bucky, quien sería uno de sus Comandos Aulladores; pero su reunión fue efímera, pues Bucky fue dado por muerto durante una misión para capturar al Dr. Arnim Zola.

2014 | El final de Hydra
Tras décadas de servicio, el Soldado de Invierno ayuda a Hydra en su intento de tomar el control del Proyecto Insight y matar a millones de personas. En el proceso se encuentra con su viejo amigo Steve, que pretende detener a Hydra. Mediante su confianza en Bucky, Steve convence al Soldado de Invierno para que deje Hydra atrás. Inseguro de su propia identidad, Bucky salva la vida del Capi y luego desaparece.

2016 | El equipo del Capi

Falcon se alinea con Steve cuando este decide negarse a firmar los Acuerdos de Sokovia que legalizan la supervisión de los Vengadores por la ONU y que dividen al grupo en dos. En el caos subsiguiente, Sam acabará encerrado junto con Ojo de Halcón, Wanda y Ant-Man en la Balsa, una prisión para individuos mejorados. Más tarde, Steve rescatará a algunos de ellos, y Falcon se unirá al equipo encubierto del Capi.

2024 | Un nuevo Capitán

Con el sentimiento de que el título no le pertenece, Sam decide declinar la petición de Steve. Sin embargo, empieza a cambiar de idea cuando conoce al nuevo Capitán América, John Walker, que ha recibido el escudo del gobierno y deshonra el legado de Steve. Cuando los Sin Banderas, un grupo anarquista, secuestran a miembros del CRG (Consejo para la Repatriación Global) en Nueva York, Sam decide satisfacer al Capitán América. No solo salva la situación; también se alza por los marginados y cuestiona la inacción del poder.

2018 | Batalla en Wakanda

Con toda la galaxia bajo amenaza, Falcon, Capitán América y Viuda Negra distraen a dos de los esbirros de Thanos que atacan a Wanda y Visión en Edimburgo (Escocia). Tras su victoria, Sam y el grupo se dirigen a Wakanda para extraer la Gema de la Mente de la frente de Visión y destruirla. En un intento de ganar tiempo, Falcon se une a la batalla en Wakanda, proporcionando un apoyo aéreo vital. Pero Thanos se alza victorioso y Sam es una de las innumerables víctimas del Chasquido.

2023 | Pasar el testigo

Cinco años después del Chasquido, los Vengadores restantes consiguen lo imposible: alteran la realidad para devolver la existencia a los perdidos. Por desgracia, una versión previa de Thanos y su ejército atacan el Complejo Vengadores. Sam es uno de los muchos aliados que responden a la llamada y, gracias al sacrificio de Tony Stark, derrotan a los invasores. Tras la batalla, Steve expresa su deseo de que Sam se convierta en el Capitán América.

2016-2018 | El Lobo Blanco

Después de la captura de Zemo, Bucky se dirige a Wakanda, donde Shuri lo libera de la programación del Soldado de Invierno, y se instala en la selva. Pero el respiro es breve, pues lo reclaman de vuelta para que ayude a contener a las fuerzas de Thanos. Reunido de nuevo con Steve, ambos lucharán codo con codo en la batalla. Luego será uno de los muchos que desaparecen cuando Thanos elimina la mitad de la vida del universo.

2024 | Falcon y el Soldado de Invierno

Bucky es indultado por el gobierno, pero debe acudir a una terapeuta, la cual le sugiere que intente enmendar las cosas con quienes fueron dañados por sus actos como Soldado de Invierno. Aunque se siente ofendido cuando Sam dona el escudo del Capi, ambos se unirán para derrotar a los Sin Banderas, y se harán amigos por el camino. Tras su victoria, Bucky se redimirá y encontrará consuelo en su nuevo vínculo con Sam.

2016 | El equipo del Capi

Aunque intenta mantener un perfil bajo, Bucky Barnes es implicado en el asesinato del rey T'Chaka de Wakanda durante la firma de los Acuerdos de Sokovia. Cuando lo capturan, Zemo reactiva su condicionamiento de Soldado de Invierno, pero él consigue liberarse con la ayuda de Steve. Sin embargo, sigue siendo el principal sospechoso, así que el Capitán América y sus aliados combaten a sus viejos amigos liderados por Iron Man para evitar que Bucky sea apresado y para vencer al verdadero villano, Zemo.

2023 | Adiós

Tras regresar del Lapso, Bucky es uno de los muchos aliados trasladados al Complejo Vengadores para ayuda a combatir a la versión de Thanos de 2014. Después de la batalla, y antes de marcharse, Bucky se despide de Steve Rogers y expresa su apoyo a que Sam se convierta en el próximo Capitán América.

2024

Una destructiva entidad de tierra aparece en México.

Verano de 2024 | Ah, Venecia...

Tras un vuelo de ocho horas hasta Italia, Peter y sus compañeros de clase se ven amenazados por un «monstruo acuático» que surge de los canales de Venecia y pulveriza edificios y puentes. Peter entiende que no hay descanso para los Súper Héroes, y usa sus lanzarredes para sostener una torre que se desploma, mientras el demonio acuático parece ser sometido por un nuevo héroe que vuela sobre una nube de humo verde y permanece enmascarado tras un casco esférico.

Un Súper Héroe desconocido aparece para combatir al goliat acuático en Venecia.

Verano de 2024 | El gran timo

Los skrulls Talos y Soren suplantan a Nick Furia y María Hill, que están ocupados en asuntos lejanos, en el caso de Furia, en el espacio. Mientras investigan en el pueblo de Ixtenco (México), supuestamente destruido por un ciclón con rostro, un hombre llamado Quentin Beck se presenta a sí mismo. Afirma ser un guerrero interdimensional que intenta salvar el mundo de destructivas criaturas gigantescas que él llama «Elementales», pues toman la forma de tierra, viento, fuego y agua.

Peter Parker queda empapado durante la lucha contra el Elemental.

Peter Parker nunca dejará de recordar a Tony Stark.

Verano de 2024 | No ignores a Nick Furia

Irritado por ser evitado, «Furia» se infiltra en el hotel de Peter Parker para tener una reunión improvisada con Spiderman: «Me alegro de conocerte por fin —le dice—. Te vi en el funeral, pero no me pareció un buen momento para pasarnos los teléfonos». Quiere que Peter lo ayude a tratar la creciente amenaza elemental, pero también tiene un asunto que resolver con él en nombre de Tony Stark.

Verano de 2024 | Vacaciones, lo que siempre deseó

Al acabarse el primer año escolar pos-Lapso en Midtown, Peter Parker se prepara para un viaje con algunos de sus compañeros a Europa, donde espera confesar por fin sus sentimientos a MJ. Ansioso por ser algo más que «el amigo y vecino Spiderman» y algo menos que un Súper Héroe salvador del mundo tras la muerte de su ídolo Tony Stark, Peter se ha concentrado en la lucha local contra el crimen mientras evitaba las llamadas de «Furia». Está deseando tomarse un descanso de ser Spiderman.

Spiderman y May Parker en una reunión comunitaria.

«Nick Furia» está irritado.

Peter utiliza accidentalmente EDITH para solicitar un ataque de dron sobre el autocar que lo lleva con sus compañeros. Evita el desastre por muy poco.

Verano de 2024 | EDITH

Tony Stark dejó a Peter unas gafas tintadas de azul que conceden al portador acceso a una IA de seguridad y defensa capaz de analizar la tecnología circundante y convocar desde la órbita terrestre una flota de drones armados. Stark esperaba que Spiderman pudiera utilizar estas herramientas para ayudar a llenar el vacío dejado por su propia muerte. Era una forma de seguir protegiendo al mundo después de haberse ido (EDITH: Estando Difunto Igualmente Tu Héroe).

Verano de 2024 | *L'uomo del misterio*

Las noticias en Italia llaman al héroe enmascarado que derrotó al Elemental de agua «*L'uomo del misterio*», y Quentin Beck adopta el nombre de «Mysterio» para su *alter ego* heroico. Peter Parker lo conoce cuando acepta a regañadientes ayudar a vencer a la amenaza elemental, y halla un nuevo mentor en Beck, quien afirma proceder de Tierra-833 y haber seguido a los monstruos hasta Tierra-616 después de que arrasaran su propio planeta.

Mysterio causa una impresión memorable.

Peter no se da cuenta de que está siendo manipulado.

2024

Verano de 2024 | Avasallado y superado

«Furia» conduce a los estudiantes de Midtown a Praga, donde Peter se esfuerza por estar al nivel de Mysterio mientras combaten al que parece ser el Elemental de fuego volcánico. Después de atrapar un extraño objeto en la tormenta de fuego (que recogerá MJ), el joven héroe hace lo que puede con un nuevo traje de camuflaje suministrado por «Furia» que su amigo Ned Leeds apoda «Mono Nocturno». Mysterio parece aniquilar al monstruo, pero la confianza de Spiderman recibe un duro golpe.

Un apretón de manos entre Peter Parker y Quentin Beck.

El Elemental de fuego en Praga.

Verano de 2024 | «¡No ha sido tan difícil!»

Quentin Beck celebra la recepción de las gafas con el resto de los empleados descontentos de Industrias Stark que le han ayudado a crear el timo del personaje de Mysterio. La decisión de Stark de llamar RABO (Retro-Actualizador Binario Óptico) a la tecnología holográfica de Beck fue el inicio de su indignación. Cada empleado de Stark guarda una queja o un agravio. El timo de Mysterio se concibió como un medio para sacar beneficio de los instrumentos superheroicos que ellos habían contribuido a diseñar. Con EDITH en sus manos, ha llegado el momento de amenazar al mundo... y hacer caja.

Verano de 2024 | Renunciar a EDITH

Peter se debate en la duda de si el multimillonario sistema de defensa táctica que le confió Stark está realmente en las manos adecuadas. No solo metió la pata con las capacidades de EDITH y provocó un ataque con dron potencialmente letal sobre su propio autobús, sino que además se sintió reacio a dejar a MJ para combatir al Elemental de fuego. Mysterio lo anima a volver a la vida normal, y Peter asiente y le entrega las gafas EDITH mientras dice: «El mundo necesita al próximo Iron Man. Y yo seguro que no voy a ser».

Peter es embaucado para entregar las gafas.

Peter se entera de que MJ ha averiguado su identidad secreta.

Verano de 2024 | MJ sabe la verdad

Durante un paseo en su última noche en Praga, MJ le dice a Peter que sabe que es Spiderman. Peter intenta negarlo, pero ella ha estado observándolo y le enseña un fragmento de dron que demuestra que el héroe «Mono Nocturno» que ayudó a combatir al Elemental de fuego usa las mismas telarañas que Spidey ha estado rociando por Nueva York. MJ activa por accidente el dispositivo, que proyecta el holograma gigante de una criatura simiesca. Peter comprende que Beck es un impostor que ha estado representando ataques simulados.

Todas las fuerzas elementales se combinan para atacar el Puente de la Torre.

Verano de 2024 | La batalla del Puente de la Torre

En Londres, el equipo de Mysterio usa las gafas EDITH para crear su mayor ilusión. Los cuatro Elementales parecen haberse reunido como un monstruo gigantesco de fuego, agua, roca y viento. Desde un jet Stark pilotado por Happy Hogan, Spiderman se lanza al centro de la tormenta y atrapa suficientes drones como para desestabilizar el holograma, revelando al mundo que detrás no hay más que una nube de máquinas bélicas dotadas de proyectores.

Spiderman se lanza sobre el puente para detener a los drones que generan el monstruo Elemental.

Peter se sumerge en el núcleo del Elemental.

Verano de 2024 | Enfrentamiento con Mysterio

Spidey localiza a Quentin Beck y se enfrenta a él, que envía los drones a disparar al lanzarredes… pero descuida el hecho de que él también está en la línea de tiro. El artista del timo es herido mortalmente por los disparos mientras Peter recupera el control de EDITH. Cuando el programa le pregunta si desea ejecutar todos los protocolos de cancelación, Peter grita: «¡Hazlo, ejecútalos!». Un Beck agonizante graba todo esto con su móvil y, como acto final, usa esas palabras fuera de contexto para encubrir su estafa de Mysterio y culpar a Spiderman de toda la destrucción.

Spiderman es acosado por una zumbante nube de drones.

2016 | Traje nuevo

Cuando los Vengadores se dividieron sobre la firma de los Acuerdos de Sokovia, Tony Stark comenzó a buscar nuevos miembros potenciales y encontró en YouTube vídeos de un luchador contra el crimen enmascarado en Nueva York. Lo identificó como el estudiante de instituto Peter Parker y lo convenció para viajar a Alemania y unirse a la batalla del Leipzig-Halle. Antes del combate, le proporcionó un traje mejorado con tecnología de Industrias Stark.

2016 | Dado y quitado

Como recompensa por la ayuda de Peter en la batalla del Leipzig-Halle, Tony le permitió quedarse con el traje de Spiderman, pero le dijo que aún no estaba listo para ser un Vengador. Más tarde, Peter se puso en grave peligro al enfrentarse al villano Buitre en un ferry a Staten Island. Como resultado, Tony le quitó el traje y Peter volvió a usar su uniforme casero (1). Cuando derrotó al Buitre, Tony le ofreció un puesto en los Vengadores con el traje Iron Spider (2), pero Peter lo rechazó. Al volver a casa, se encontró el traje Stark original (3) en su habitación.

TRAJES DE SPIDERMAN

Los spidertrajes de Peter Parker no son solo herramientas que usa en combate: también simbolizan su evolución como persona y como Súper Héroe. Después de ser picado por una araña radiactiva, el inteligente adolescente usó su pericia técnica y sus recientes poderes para proteger a su comunidad del crimen. Su vida cambió para siempre cuando el multimillonario Tony Stark lo reclutó para una misión de los Vengadores. Como protegido de Stark y equipado con la mejor tecnología de Industrias Stark, Peter no tardó en verse viviendo a la sombra del legado de Tony. Pero entonces se abrió su propio camino a través de la pérdida y el dolor, aprendiendo en el proceso el verdadero significado del heroísmo y el sacrificio.

2018 | En el espacio

Peter se dirige a una excursión de clase cuando su «cosquilleo» lo alerta de la llegada de una de las naves-Q de Thanos y de sus hijos, Fauces Negras y Matanza Obsidiana. Peter se escabulle del bus escolar y se pone su traje Stark para ayudar a Iron Man a rescatar al Dr. Extraño de Fauces Negras (1). Cuando Peter es absorbido por accidente a la nave-Q junto a Extraño, Tony le envía el traje Iron Spider para que no se quede sin aire cuando la nave abandone la atmósfera. Peter llevará ese traje durante el enfrentamiento con Thanos en Titán (2) antes de desaparecer con el Chasquido.

2023 | El regreso de un héroe

Cuando los Vengadores revierten el Chasquido, Peter regresa vistiendo el traje Iron Spider y se une a ellos en el enfrentamiento final contra Thanos, que ha atacado el Complejo Vengadores en busca del nanoguantelete creado por Tony para deshacer el Chasquido. A Peter le encargan proteger el guantelete y activa el modo Matanza Instantánea del traje Iron Spider. Y se abre camino entre los batidores hasta entregar el nanoguantelete a la Capitana Marvel.

2024 | Aventuras por el mundo

Meses después de la muerte de Tony Stark, Peter ha retomado sus deberes de Súper Héroe vistiendo el traje Iron Spider, pero siente un exceso de presión pública para llenar el hueco de Tony (1). Cuando se va de viaje escolar por Europa, decide dejar el traje atrás, pero May se lleva en secreto el primer traje Stark para él. SHIELD le proporcionará luego un traje furtivo en Austria (2), y más tarde usará la tecnología de Industrias Stark para crear un traje mejorado para combatir a Mysterio en Londres (3).

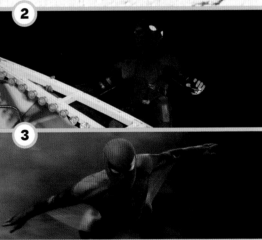

2024 | Trajes multiversales

Peter tiene una cita con MJ cuando su verdadera identidad es expuesta póstumamente por Mysterio. Un seguidor de este le arroja pintura verde y mancha su traje mejorado (1), e incapaz de lavar la mancha, Peter le da la vuelta al traje, que queda con un aspecto negro y dorado debido a la circuitería de su tecnología (2). Cuando Peter colabora en la creación de un nuevo chip para el Dr. Octopus, este reubica los nanitos de sus tentáculos que se habían fusionado con el traje Iron Spider (3) y los coloca en el traje mejorado de Peter, convirtiéndolo en un nuevo traje integrado (4). Cuando Extraño lanza el conjuro que borra la existencia de Peter de la memoria del mundo, Peter crea un segundo traje casero para reanudar su labor como Spiderman (5).

2024

Verano de 2024 | Primer beso

Después de salvar a sus amigos en Londres, Peter le confiesa a MJ su otro secreto: su amor por ella. MJ siente lo mismo, y así se lo dice: «No te estaba observando solo porque creía que eras Spiderman». De vuelta en Nueva York, Peter lleva a MJ a dar un paseo aéreo entre los rascacielos de Manhattan (una experiencia que ella aborrece y jura no volver a repetir).

Un nuevo hombre estrellado con un plan.

Una MJ aterrorizada vuela a través de la ciudad con Peter Parker.

Verano de 2024 | Ataque al CRG en Nueva York

Los Sin Banderas contratan a Georges Batroc para atacar el Consejo de Repatriación Global justo cuando está a punto de votar la repatriación forzosa de 20 millones de refugiados del Lapso. El acuerdo lo planeó Sharon Carter, alias Agente de Poder, principalmente para que un espía cercano a Karli Morganthau rastree cualquier resto de suero del supersoldado... o se vengue por su pérdida. Al comenzar la crisis de los rehenes, Sam Wilson se arma con sus alas rojas, blancas y azules hechas en Wakanda y lleva el escudo del Capitán América al combate.

Un mensaje falso enviado por Quentin Beck pone al mundo contra Peter Parker.

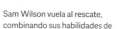

Verano de 2024 | Un nuevo Capitán América

Sam Wilson se infiltra en la sede del CRG y dispersa a los militantes y a sus rehenes, e intercepta un helicóptero en fuga para rescatar a un grupo de ellos. Bucky Barnes y un John Walker renegado se unen a la lucha. Karli Morganthau le dice a Walker: «No quería matar a tu amigo. Ni hacer daño a gente que no importa». Eso solo enfurece más a Walker: «¿Crees que la vida de Lemar no importaba?». Se enzarzan en una pelea, pero Morganthau fuerza a Walker a ayudar en el rescate de un furgón lleno de rehenes y escapa.

Sam Wilson vuela al rescate, combinando sus habilidades de Falcon y de Capitán América.

Verano de 2024 | ¡Spiderman expuesto!

El vídeo engañosamente editado que Quentin Beck grabó y envió mientras agonizaba es publicado por TheDailyBugle.net. Revela la identidad secreta de Spidey e incrimina a Peter no solo como responsable de la muerte de Beck, sino también por la serie de falsos ataques de «Elementales» que en realidad eran ataques letales de drones. El excitable presentador de TheDailyBugle.net, J. Jonah Jameson, atiza la reacción, declarando a Mysterio un héroe y a Peter Parker «enemigo público número uno».

Batroc solo mantiene lealtades provisionales.

Verano de 2024 | Cascada de traiciones

Sharon Carter se enfrenta a Karli Morganthau por robar el suero del supersoldado: «Querías controlar un mundo que te había hecho daño y yo quería cambiarlo». «Sin los supersoldados, ¿cuánta fuerza tiene el Agente de Poder?», replica Morganthau. Batroc, que la acecha, exige el cuádruple del pago a Carter para proteger el secreto del Agente de Poder. Pero ella no cede a chantajes. Dispara y mata a Batroc, pero ella misma resulta herida en la refriega.

Verano de 2024 | El final de Karli Morganthau

Con la mayoría de los rehenes rescatados y con Bucky y John Walker acorralando a los Sin Banderas restantes, Sam Wilson entra en el metro e intenta convencer a Morganthau de que no mate a Sharon Carter. Karli se resiste y, cuando luchan, Sam se defiende pero se niega a devolver los golpes. Morganthau le saca ventaja y lo apunta con una pistola, pero Carter la abate de un disparo. Las últimas palabras de Morganthau son: «Lo siento».

Karli Morganthau ataca
a un Sam Wilson renuente.

Sam Wilson hace un apasionado alegato ante el Consejo de Repatriación Global.

Verano de 2024 | «La gente creía tanto en su causa…»

Sam Wilson lleva el cuerpo de Karli Morganthau al exterior y desciende para entregarlo al personal de rescate, pero es demasiado tarde. Es rodeado por los periodistas y por los líderes del CRG, a los que reprende por llamarla terrorista: «Sus tropas de paz que van armadas están metiendo a millones de personas en asentamientos por todo el mundo. ¿Cómo creen que ellos van a llamarles a ustedes? [...] La gente creía tanto en su causa que la ayudaban a desafiar a los gobiernos más fuertes del mundo». Sus palabras, retransmitidas por todo el mundo, provocan una presión global sobre el CRG para que reevalúe sus acciones.

2024

Las palabras del Capitán América se retransmiten alrededor del mundo.

Verano de 2024 | Dar ejemplo

Ante la insistencia de los líderes del CRG en que él no entiende las difíciles decisiones que deben tomar, Sam responde: «Soy un hombre negro que lleva las barras y estrellas. ¿Qué es lo que no entiendo? Cada vez que cojo este escudo sé que hay millones de personas que van a odiarme por ello. Incluso ahora, aquí. Lo noto. Las miradas, juzgándome. Y no puedo hacer nada para cambiarlo. Y aun así, aquí estoy, sin supersuero, sin pelo rubio u ojos azules. El único poder que tengo es que yo creo que podemos hacerlo mejor. No podemos exigirle a la gente que dé un paso al frente y no encontrarlos a medio camino».

Verano de 2024 | El indulto de Sharon Carter

El gobierno de EE.UU. ofrece a Sharon Carter una disculpa pública, un indulto y un puesto en el servicio de inteligencia. «El apellido Carter siempre ha sido sinónimo de servicio y confianza», declara la disculpa, invocando a su tía abuela, Peggy. Carter acepta... y el Agente de Poder vuelve a la acción: «Avisa a nuestros compradores —le dice a un asociado por teléfono—. Los supersoldados están fuera del menú, pero tendremos acceso total a secretos gubernamentales, prototipos de armas... lo que quieras. Habrá para todos».

Sharon Carter, alias Agente de Poder, mueve ficha.

Zemo orquesta sus ataques incluso desde detrás de los barrotes.

Valentina recluta a John Walker como el «USAgent».

Verano de 2024 | La venganza de Zemo

La mayoría de los Sin Banderas supervivientes bajo custodia son asesinados en un coche bomba durante su transporte a la Balsa. Zemo ha orquestado su muerte desde su celda con la ayuda de su asistente de campo, Oeznik. «Parece que nuestro amigo Zemo ha sido el que ha reído el último [...] No habría salido mejor ni planeándolo yo», le dice Valentina a John Walker, al que ha reclutado y designado «USAgent».

Verano de 2024 | La confesión de Bucky

Siguiendo el consejo de Sam, Bucky Barnes finalmente confiesa a su amigo Yori Nakajima que él mató a su hijo mientras era esclavo de Hydra como Soldado de Invierno. Esta confesión acaba con su amistad, pero proporciona al anciano la explicación que buscaba sobre por qué murió su hijo. R.J. era realmente un transeúnte inocente, asesinado sin otra razón que ser testigo del ataque.

Bucky Barnes se confiesa a Yori Nakajima.

Sam Wilson conduce a Isaiah Bradley y su nieto Eli a través de la exposición del museo.

Verano de 2024 | Tardío honor para Isaiah Bradley

Sam Wilson visita a Isaiah Bradley y a su nieto Eli. El anciano admite que ha visto la actuación de Wilson y, a regañadientes, admite: «Así que un Capitán América negro, ¿eh?». «Eso mismo», responde Wilson. A continuación se lleva a los Bradley al Smithsoniano, donde la exposición del Capitán América incluye ahora una estatua de Isaiah y un tributo a su heroísmo y su servicio, además de una relación oficial de los atropellos cometidos contra él. «Ahora nunca olvidarán lo que hiciste por este país», dice Sam mientras Isaiah, conmovido, lo abraza.

Otoño de 2024 | Culpa por asociación

Los manifestantes anti-Spidey acosan a Peter, MJ y Ned al reanudarse las clases en el Midtown. Según avanza su último curso, las cosas empeoran. El instituto está dividido en cuanto a si Spiderman es un héroe o un villano. Algunos lo adoran; otros lo aborrecen... y todo el que se alinea con él es perseguido. Las perspectivas académicas de Peter, MJ y Ned también peligran, pues ninguna universidad quiere atraer ese drama a su campus.

Peter Parker no está acostumbrado a tanta atención o escrutinio.

Verano de 2024 | Un abogado realmente bueno

Los federales del Departamento de Control de Daños arrestan a Peter, pero el abogado de la Cocina del Infierno Matt Murdock acepta el caso y le proporciona una sólida defensa mediante una dura maniobra legal. Además, no hay evidencia real que respalde las afirmaciones de Quentin Beck. Los cargos contra Peter se retiran, pero Murdock le advierte que el tribunal de la opinión pública ya lo ha condenado. Durante su visita, un seguidor de Mysterio arroja un ladrillo a través de la ventana del apartamento de May. A pesar de ser ciego, Murdock lo atrapa al vuelo, lo cual asombra a Peter.

Otoño de 2024 | Los dos Hulks

Bruce Banner viaja en coche con su prima, la abogada de Los Ángeles Jennifer Walters. Banner soporta pacientemente sus teorías sobre la vida personal de Steve Rogers cuando una nave sakaariana que estaba rastreándolo saca su vehículo de la carretera. Banner lleva un inhibidor que lo mantiene con forma humana, así que resulta gravemente herido en el choque. Cuando Walters intenta ayudarlo, la sangre de sus heridas se filtra en un corte que ella tiene en el brazo. Debido a su composición genética familiar, las células de Jen se mezclan con la sangre mejorada con gamma: su fuerza aumenta, su piel se vuelve verde y su cuerpo se metamorfosea. Ha nacido Hulka.

Jennifer Walters se vuelve verde.

2024

Otoño de 2024 | Nuevo mejor amigo

En la casa de la playa que Tony Stark le construyó en México, Hulk Listo («No se me ocurrió a mí. Estos nombres nunca los elige uno») ayuda a Jennifer a asumir su vida como Hulka. Está asombrado de que su prima pueda cambiar entre su forma humana y de gigante verde a voluntad y sin perder su personalidad. Walters agradece sus consejos prácticos, como reforzar los muebles, buscar un apartamento con techos altos y elegir un vestuario indestructible: «La lycra es tu mejor amiga», le explica.

Hulk y Hulka entrenan juntos en la casa de la playa de Bruce.

Otoño de 2024 | La tranquila vida de Sersi

Sersi vive en Londres como profesora, ocultando sus poderes de Eterna modificadora de la materia incluso a su novio mortal, Dane Whitman. Para su cumpleaños, Sersi le regala un anillo con el sello del escudo de armas de su familia. Esa noche él conocerá la verdad sobre ella cuando sean atacados por los resurgidos Desviantes y su examante Íkaris acuda a ayudarlos a repeler el ataque. Sersi y la creadora de ilusiones Duende quedan asombradas de que Kro pueda sanar con tanta rapidez de las heridas que le infligen.

Dane Whitman, Sersi y Duende enfrentan un ataque desviante en Candem (Londres).

Otoño de 2024 | Nace un Celestial

El planeta experimenta convulsiones físicas al comenzar el Surgimiento del Celestial Tiamut. Tal y como previó el Celestial Arishem, la incubación del ser colosal en el centro de la Tierra recalienta el núcleo del planeta y funde los glaciares, liberando a las criaturas conocidas como Desviantes, atrapadas en el hielo durante siglos, y devolviéndolas a un mundo que había olvidado su existencia.

Ajak es atacada por Desviantes liberados por glaciares descongelados.

Los ojos colosales de Arishem.

Otoño de 2024 | El fin de la vigilancia

La misión de los Eternos llega a su fin, pero su líder Ajak tiene dudas sobre la destrucción del mundo que ella ha llegado a amar. Confía sus temores a Íkaris, pero él sigue fiel a la causa Celestial y ve sus preocupaciones como una traición. Íkaris asesina a Ajak empujándola al lecho de un lago donde se ha reunido una manada de Desviantes tras ser liberados de su gélida prisión. Su líder, Kro, demuestra una nueva capacidad al absorber los poderes curativos de Ajak tras consumir su fuerza vital. Ahora, los Desviantes pueden evolucionar. Íkaris devuelve el cuerpo de Ajak a su rancho en Dakota del Sur y busca a sus compañeros Eternos mientras comienza el Surgimiento.

Días antes de la llegada de los demás Eternos, Íkaris coloca el cuerpo sin vida de Ajak en el exterior de su rancho.

Otoño de 2024 | La Eterna caída

El trío de Eternos deja Londres para visitar la granja de Ajak, buscando guía sobre el retorno de los Desviantes. Sersi y Duende se horrorizan al encontrarla muerta, mientras que Íkaris enmascara astutamente su crimen. Sersi hereda una esfera de comunicación salida del cuerpo de Ajak que le permite conectar con el Celestial Arishem. Le da vueltas a su advertencia: «Es casi la hora». ¿La hora de qué? Y se dispone a reunir a los Eternos para resolver el misterio del asesinato de Ajak, sin saber aún que el Surgimiento destruirá la Tierra en una semana.

Otoño de 2024 | Proteger solo para destruir

Sersi usa su recién hallada línea de comunicación con Arishem para aclarar la verdadera naturaleza de su misión. Cada mil millones de años deben nacer nuevos Celestiales. Estos seres galácticos generan soles, creando energía para nuevos planetas que a su vez albergan incontables formas de vida. Pero los Celestiales deben surgir de un capullo alimentado por la fuerza vital de seres inteligentes. Los Eternos fueron creados para proteger esas almas de su destrucción por los Desviantes; solo así el Celestial podrá crecer y destruir un día ese mundo, como muy pronto sucederá con la Tierra.

Sersi se enfrenta al conocimiento que le ha sido revelado.

Otoño de 2024 | Eternos de nuevo, siempre

Los Eternos localizan a Kingo en India, donde es una (muy) veterana estrella de Bollywood cuyo ayudante mortal, Karun Patel, conoce la existencia de los Eternos y sus poderes. El grupo también encuentra a los guerreros Gilgamesh y Thena viviendo juntos en el desierto de Australia. Él cuida amorosamente de Thena, cuya mente está fracturada por la enfermedad Mahd Wy'ry, un efecto colateral de los repetidos borrados de memoria realizados por los Celestiales a lo largo de las eras. Los Eternos no son conscientes de que esta amnesia se les induce después de cada Surgimiento para impedir que se vuelvan protectores hacia sus mundos, lo que podría amenazar los planes celestiales.

Kingo escenifica un número musical de su última película.

Gilgamesh, grandioso guerrero e inspiración de uno de los mitos más antiguos de la humanidad.

Otoño de 2024 | Muerte de Gilgamesh

Gilgamesh muere durante un ataque desviante mientras reclutan al Eterno controlador de mentes Druig en su colonia de fieles seguidores en el Amazonas. Kro absorbe su fuerza, adquiriendo una forma más humanoide. Íkaris cree que los feroces Desviantes servirán como distracción para sus compañeros Eternos, permitiendo que el Surgimiento continúe, pero estos no tardan en empezar a planear unirse para detener el nacimiento del Celestial.

2024

Otoño de 2024 | Alguien a quien amar

El inventor Phastos es hallado por sus compañeros Eternos viviendo una modesta vida urbana con un marido mortal, Ben, y un hijo, Jack. El pesar que sintió en el pasado ante la creación de armas nucleares por la humanidad ha sido aliviado por el amor a su familia. Ahora, él hará cualquier cosa por salvarlos.

Thena y Phastos miran cómo Sersi se acerca a una erupción activada por el Surgimiento.

Otoño de 2024 | Los Eternos divididos

Íkaris desafía violentamente a los demás Eternos. Duende, amargada de existir en forma infantil durante milenios, se alinea con él, deseosa de dejar atrás esa vida. Kingo decide mantenerse neutral y evitar la lucha. Eso deja a Phastos, Sersi, Thena, Druig y Makkari solos para unir sus mentes y poner a dormir de nuevo a Tiamut, a la vez que repelen a sus antiguos amigos.

Phastos arregla la bicicleta de su hijo.

Otoño de 2024 | El ascenso de Tiamut

La Tierra se sacude mientras la cabeza y los dedos de su Celestial encerrado salen de su cascarón planetario en el océano Índico. Kro e Íkaris atacan por separado a los Eternos, cortando sus lazos mutuos y permitiendo que prosiga el Surgimiento.

La mano de Tiamut se abre paso a través de la corteza terrestre.

Makkari en el *Domo* con su colección.

Otoño de 2024 | Detener el Surgimiento

Los Eternos se reúnen en el *Domo*, su nave, enterrada en una excavación arqueológica en el actual Irak. Allí espera su última compañera, la ultrarrápida Makkari. Phastos diseña un plan para que los Eternos vinculen sus mentes a través de Druig y fusionen sus poderes para posponer el Surgimiento sin dañar al Celestial enterrado, poniendo a Tiamut en una hibernación prolongada.

Kro en su forma evolutiva final.

Otoño de 2024 | Duende renace, Íkaris se inmola

Sersi usa los últimos destellos de las mentes y los poderes unidos de los Eternos para transmutar a Duende en un ser humano, permitiendo que envejezca, pero al coste de hacerse mortal. Íkaris, devastado por el arrepentimiento de haber matado a Ajak y enfrentado al resto de los Eternos, sale de la Tierra y vuela cada vez más cerca del Sol, hasta incinerarse. Thena, Makkari y Druig parten a bordo del *Domo* con la intención de revelar a los otros Eternos la verdad acerca de su existencia y de los Celestiales.

Duende se reúne con Sersi.

Otoño de 2024 | La muerte de Kro

Thena atraviesa a Kro mientras combaten en una cueva de una isla cerca del Surgimiento. Kro le explica que Desviantes y Eternos comparten historia como herramientas de un dios fabricadas para matar. Ninguno de ellos fue nunca totalmente libre. Ahora, cualquier vida que le quede a Kro es extinguida por las espadas de Thena.

Tiamut es convertido en piedra antes de completarse el Surgimiento.

Arishem exige respuestas por el Surgimiento detenido.

Otoño de 2024 | El coloso petrificado

A pesar de su lealtad a los Celestiales, Íkaris no se atreve a matar a Sersi, turbado por su amor hacia ella. Finalmente, reconoce que se preocupa por algo mayor que su misión. Los Eternos unen sus energías para potenciar a Sersi y detener el nacimiento de Tiamut. Sin embargo, es demasiado tarde para volver a dormirlo. Sobrecargada de poderes, Sersi usa su capacidad de modificación de la materia para convertir al Celestial naciente en piedra.

Octubre de 2024 | El juicio de Arishem

Requerido por la destrucción de Tiamut por parte de los Eternos, Arishem llega a la Tierra y convoca a Sersi, Phastos y Kingo. El Celestial declara que hará una evaluación: «Habéis elegido sacrificar a un Celestial por la gente de este planeta. Les perdonaré la vida, pero vuestros recuerdos me mostrarán si son dignos de vivir y volveré... para juzgarlos».

2024

Pip presenta a Eros.

Otoño de 2024 | Intrusos en el *Domo*

Los Eternos a bordo del *Domo* reciben la visita de un Eterno de mentalidad revolucionaria llamado Eros, apodado «Starfox», príncipe real de Titán y hermano de Thanos. Junto con su efusivo compañero Pip, advierte a los otros que los Eternos de la Tierra tienen problemas, y les ofrece su ayuda.

Otoño de 2024 | Una cita con el doctor

Peter Parker visita al Dr. Extraño en el Santuario de Nueva York para pedirle un favor: si podría usar magia para deshacer la revelación de Mysterio sobre la verdadera identidad de Spiderman. Extraño ya no tiene la Gema del Tiempo, pero propone usar las runas de Kof-Kol, «un hechizo convencional para olvidar», para ayudar a Peter a recuperar su privacidad. «No retrocede el tiempo, pero olvidarán que fuiste Spiderman». El Hechicero Supremo Wong advierte contra tal práctica: «Ese hechizo roza los oscuros límites entre la realidad conocida y la desconocida».

Dane Whitman tiene su historia con una espada particular.

Otoño de 2024 | «¿Seguro que está preparado para eso?»

Después de que Sersi le aconseje que contacte con su tío y haga las paces con él, Dane Whitman acepta el legado de su familia y abre una caja que contiene una reliquia familiar: una espada misteriosa. Cuando está a punto de tocar el arma, una voz le pregunta si está preparado para ello.

Peter Parker no deja de interrumpir el complejo hechizo del Dr. Extraño.

Otoño de 2024 | Las runas de la ruina

Extraño ignora pomposamente a Wong, convencido de que Peter merece un respiro y confiado en que podrá controlar un hechizo usado para «lavarle el cerebro al mundo entero». Peter interrumpe el hechizo de Extraño repetidamente al darse cuenta de que todos, incluidos May, Happy Hogan, MJ y Ned, dejarán de saber que es Spiderman. Alterar el hechizo a medias es peligroso, pero Extraño intenta complacerle... demasiadas veces. Al cambiar varios parámetros, el hechizo se vuelve inestable y perfora la barrera entre universos. Extraño atrapa el hechizo en una caja de seguridad mística y se niega a seguir.

Otto Octavius agarra a un Peter Parker al que no reconoce.

Duende Verde llega desde otro universo.

Otoño de 2024 | Avalancha de villanos

El hechizo de Extraño conjura inadvertidamente a varios personajes de universos alternativos que conocían la verdadera identidad de Spiderman como Peter Parker, entre ellos, el Dr. Otto Octavius y el Duende Verde, Norman Osborn. Mientras Peter persigue a la vicerrectora del MIT en un atasco de tráfico y le suplica que admita a MJ y Ned, los villanos atacan.

Caos y destrucción en el puente.

El Lagarto ataca.

Otoño de 2024 | Caras nuevas

Duende Verde escapa, pero Extraño consigue capturar al Dr. Octopus en una celda mística en la cripta bajo el Santuario. También captura a un «hijo de su madre verde y viscoso» llamado «Lagarto», alias del Dr. Curt Connors, genéticamente mutado. Curiosamente, estos enemigos de Spidey no reconocen a Peter Parker como «su» Peter Parker. Parece haber muchas variaciones de Spiderman en el Multiverso.

2024

Spiderman usa los guanteletes mágicos encantados por el Dr. Extraño mientras Electro los carga detrás de él.

Otoño de 2024 | Electro y Hombre de Arena

Extraño insiste en que los forasteros deben ser devueltos a sus propios universos para proteger «el tejido de la realidad». Mientras busca al Duende Verde, Peter se tropieza con Max Dillon, alias Electro, que está sobrecargando su cuerpo con la electricidad de cables de alta tensión. También se encuentra con Flint Marko, un ladronzuelo conocido como Hombre de Arena cuyo cuerpo se compone de partículas de tierra y roca. Parker envía a los dos fugados de universos alternativos a la mazmorra.

Otoño de 2024 | Pelea en la dimensión espejo

El plan salvar-a-los-villanos de Peter lo lleva a chocar con el Dr. Extraño, quien está convencido de que Peter solo logrará dañar el ya inestable Multiverso. Spiderman deja al Doctor enredado dentro de la dimensión espejo mientras él intenta hacer las cosas a su modo, y roba el anillo lanzador de hechizos y la Macchina di Kadavus, la reliquia que contiene el hechizo de memoria corrupto e incompleto. Si el plan sale mal, la reliquia invertirá el encantamiento y enviará de inmediato a todos los alborotadores a sus propios universos.

El Dr. Extraño separa la forma astral del cuerpo físico de Peter Parker.

Otoño de 2024 | Sentencia de muerte aplazada

Norman Osborn suprime su locura de Duende Verde y aparece en el refugio donde trabaja May Parker. Quiere ayuda, no sangre. Cuando Peter se entera de que muchos de esos personajes atormentados están condenados a morir en combate con sus respectivos Spidermen, los libera de su prisión y se aplica a encontrar medios tecnológicos para curarlos de sus nefastos impulsos.

Peter Parker piensa que puede usar este dispositivo de Stark para crear formas de rehabilitar a los villanos.

Parte de Norman Osborn quiere ayudar; la otra parte quiere poder.

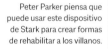

Otoño de 2024 | El fabricador

En el apartamento de Happy Hogan, Peter usa un dispositivo de Industrias Stark que puede «analizar, diseñar y construir prácticamente todo» para crear un chip que separe a Doc Ock de la influencia siniestra de sus brazos y un disipador de energía que cure a Electro de su furia energética. Norman Osborn le había dicho que él también hacía «sus pinitos como científico», y ayuda en la investigación hasta que su parte de Duende Verde lo domina.

Otoño de 2024 | La muerte de May Parker

May Parker es mortalmente herida por el deslizador del Duende. Peter, afligido, se lamenta de no haber enviado a los villanos de vuelta a sus destinos condenados en lugar de intentar salvarlos, pero May insiste en que ha hecho lo correcto: «Tienes poder. Y un gran poder debe conllevar una gran responsabilidad». Estas son casi sus últimas palabras. May sucumbe a las heridas mientras Peter la consuela y grita pidiendo ayuda.

Otoño de 2024 | No son maldiciones; son dones

Un exaltado Duende persuade a los villanos para que rechacen ser «neutralizados». El reactor Arc que alimenta el fabricador Stark sobrecarga a Electro como nunca antes. Lagarto causa estragos y Hombre de Arena escapa mientras el equipo de noticias del TheDailyBugle. net de J. Jonah Jameson graba la tragedia. Solo Octopus permanece curado de su tendencia antisocial; pero él también huye de la escena.

Peter Parker se lanza a por una bomba calabaza del Duende.

Ned prueba sus habilidades con un anillo.

Otoño de 2024 | Llega ayuda

Aprovechando sus propias capacidades místicas latentes (y el anillo robado al Dr. Extraño), Ned Leeds empieza a generar portales en busca de Peter Parker. A quien él y MJ encuentran no es exactamente su amigo, sino otras dos versiones de Peter Parker que han sido arrastradas a este universo junto con sus villanos. Uno de ellos les dice que ha estado tratando de localizar al Peter de este universo desde su llegada: «Tengo el presentimiento de que necesita mi ayuda». «Nuestra ayuda», añade el otro Peter.

Spiderman surge del portal de Ned, pero no es el Peter Parker que Ned y MJ conocen.

Un tercer Spiderman, un veterano de mil batallas más mayor, también presta su ayuda.

2024

Otoño de 2024 | Historia y poderes compartidos

Ned y MJ hallan a su afligido Peter Parker sobre su azotea favorita y le presentan a los Peters alternativos. Cada uno tiene capacidades ligeramente diferentes, pero todos han experimentado una pérdida devastadora. Un Peter habla sobre el asesinato de su tío Ben, y el otro comparte su dolor por haber sido incapaz de proteger a su amor, Gwen Stacy, de una caída fatal. Cada uno ha oído también una versión de la «gran responsabilidad» de May en sus propios momentos de confusión y congoja. Deciden unirse y diseñar métodos para salvar a los villanos en lugar de destruirlos.

Tres Spidermen de universos distintos unen fuerzas.

El trío lanzarredes salta a la acción.

Otoño de 2024 | Spider-Team

Los tres Peters se unen al estilo Vengadores, amplificando las capacidades de cada uno mientras discuten sin parar sobre quién es Peter #1, #2 o #3. Reducen a los villanos uno por uno, empezando por Hombre de Arena, que es devuelto a su forma original antes de inyectarle un dispositivo curativo. Octopus aparece en la pelea para emboscar a Electro con el disipador de energía, descargándolo de vuelta en el afable Max Dillon. Lagarto muerde la lata que contiene su propio antídoto y vuelve a ser el Dr. Curt Connors.

Electro hace sentir su presencia mientras Peter vigila en lo alto de la estatua.

El Dr. Extraño y la caja que contiene su conjuro alterado.

Otoño de 2024 | La batalla de la isla de la Libertad

Antes de columpiarse hacia la batalla, el trío de Peters usa sus ingenios para completar una serie de «soluciones» para Duende Verde, Electro, Hombre de Arena y Lagarto. El Peter de este universo llama al TheDailyBugle.net para lanzar el mensaje de que los villanos pueden encontrarlo en la Estatua de la Libertad, «un lugar que representa las segundas oportunidades».

Otoño de 2024 | El regreso de Extraño

Extraño está furioso después de pasarse doce horas colgado en la dimensión espejo. Entra en escena para invertir su hechizo de memoria en la Macchina di Kadavus y enviar a todos de vuelta a sus respectivos universos. El Duende Verde arroja una bomba calabaza que destruye la caja y libera el encantamiento antes de que Extraño pueda hacer nada, colapsa el andamiaje alrededor de la Estatua de la Libertad y arroja sobre la costa el escudo del Capitán América que estaba unido a la antorcha.

Peter Parker y Duende Verde en las ruinas
de una Estatua de la Libertad rediseñada.

Otoño de 2024 | El Duende perdonado

Peter #2 impide que el Peter Parker de este universo mate al Duende Verde como venganza por el asesinato de May. Cuando Norman Osborn se recupera al fin mediante el suero que lo libera de su *alter ego* demente, se horroriza de sus actos: «Pero ¿qué he hecho...?», se pregunta.

Otoño de 2024 | Las despedidas de Peter

Mientras el Dr. Extraño conjura un nuevo hechizo, Peter da las gracias a sus dos hermanos Spiderman y luego asciende para despedirse de Ned y MJ: «Vais a olvidar quién soy», les dice. Y a MJ: «Voy a ir a buscarte y te lo explicaré todo. Haré que te acuerdes de mí, como si nada de esto hubiera pasado». MJ le dice que le quiere, y cuando él va a responder igual, ella le pide que se lo diga cuando la vuelva a ver, y le da un beso de despedida.

Otoño de 2024 | El Multiverso estalla

Grietas de luz violeta aparecen en el cielo, llenas de habitantes de otros universos que saben que Peter Parker es Spiderman, incluidos sus enemigos. La realidad se desintegra, y el único arreglo para el hechizo fuera de control es uno nuevo que borrará por completo el conocimiento de quién es Peter Parker... para todos, en todas partes. Extraño le advierte de que esto será como si Peter Parker no hubiera existido nunca: «Hazlo», le pide Peter, sin titubear.

El Dr. Extraño contiene la ruptura
de un Multiverso con un hechizo
sobre la Estatua de la Libertad.

2024

Otoño de 2024 | Más multiplicidad multiversal

América Chávez se ha perdido. La adolescente con el poder de abrir involuntariamente desgarros con forma de estrella entre universos lleva años huyendo, saltando entre más de 70 realidades paralelas desde que sus madres fueron arrastradas a un vórtice que ella creó accidentalmente de niña. Ahora es perseguida por una criatura sobrenatural con runas brillantes en sus miembros en forma de cintas que, al parecer, busca aprovechar para sí la capacidad única de América.

Otoño de 2024 | Volver a empezar

Amanece un nuevo día, en el que nadie ha oído hablar de Peter Parker. La existencia del anónimo Súper Héroe enmascarado Spiderman sí es muy conocida… y J. Jonah Jameson sigue denunciándolo por la calamidad de la Estatua de la Libertad. Pero todo el mundo ha olvidado que alguna vez supo su verdadera identidad.

América Chávez huye a través del Multiverso.

El *Libro de Vishanti* en el Nudo Comunicante.

Otoño de 2024 | El *Libro de Vishanti*

Chávez consigue un aliado en una versión alternativa del Dr. Extraño, a quien su acosador matará mientras la dirige al *Libro de Vishanti*, un texto que concede un poder definitivo a su usuario. El libro está oculto entre mundos, en un reino onírico conocido como el Nudo Comunicante. Desesperada, Chávez crea un portal, y se lanza con el «Defensor» Extraño hacia el universo-616 antes de que la criatura pueda atraparlos… pero también antes de que Chávez pueda conseguir el libro.

El Dr. Extraño en la boda de la Dra. Christine Palmer.

Otoño de 2024 | La boda de Christine Palmer

Es un día duro para el Dr. Extraño. No solo ha dormido mal, acosado por visiones de una joven, un monstruo de cintas y su propia muerte, sino que hoy asistirá a la boda de la Dra. Christine Palmer, que siguió su camino después de arruinarse su relación. No es un gran consuelo que su nuevo marido, Charlie, sea un gran fan de Extraño. Es feliz por la mujer que amó en el pasado, pero aún desea que las cosas hubieran sido de otra manera.

Otoño de 2024 | Pelea con Gargantos

El banquete de la boda es interrumpido por un disturbio en la calle cuando una presencia invisible ataca un autobús. El Dr. Extraño usa magia para hacer visible a la criatura de múltiples tentáculos y un solo ojo, Gargantos, que además revela las runas brillantes en sus miembros. Las criaturas que persiguen a América Chávez parecen ser controladas a distancia. Extraño aparta el autobús para salvar a la joven que la bestia intenta capturar e inmediatamente reconoce a América por su sueño. Con la ayuda del Hechicero Supremo Wong, Extraño mata a la criatura apuñalándole el ojo con un poste de luz.

Gargantos arroja el autobús contra su presa.

El Dr. Extraño parte el autobús para salvar a América.

2024

América Chávez da explicaciones a Wong y Extraño ante una porción de pizza.

Otoño de 2024 | Caos multiversal

«Aquello no era un sueño. Era otro universo», explica América a Wong y el Dr. Extraño, y les pregunta si tienen alguna experiencia con el Multiverso. Extraño tiene cierta familiaridad con él después de sus percances con Spiderman, pero quiere saber más sobre la criatura que la perseguía en este mundo. «Es un secuaz que trabaja para un demonio», dice Chávez, que está convencida de que quieren hacerse con su poder. «¿Qué poder?», pregunta Extraño. «Viajo por el Multiverso.» «¿Cómo?» «El problema es que no lo sé. No lo controlo.» Luego América explica que el Defensor Extraño intentó ayudarla hasta que se volvió contra ella e intentó arrancarle su poder para protegerse él.

Otoño de 2024 | El patinazo de Wanda

Wanda Maximoff mira jugar a sus hijos, Billy y Tommy. Cocina para ellos. Los arropa por las noches. Pero esta madre feliz es una Wanda Maximoff de otro universo, que aparece como un sueño dentro de la mente solitaria y rota por el dolor de la Wanda de este mundo. El Dr. Extraño acude a esta Wanda perdida en busca de ayuda, y le ofrece ayudarla a reconstruir su reputación después de su depresión alteradora de la realidad en Westview. Él necesita que lo ayude a proteger a una joven perseguida por poderes que trascienden el Multiverso: «¿Y si trajeras a América aquí?», sugiere Wanda. Pero... Extraño no le había dicho el nombre de la chica.

Wanda Maximoff ante una fachada falsa.

América Chávez, Wong y el Dr. Extraño examinan al Extraño muerto de otro universo.

Otoño de 2024 | ¿Otro Doctor Extraño?

América demuestra al Dr. Extraño que su sueño era realmente una visión de otra realidad mostrándole el cuerpo del Defensor Extraño, que ha pasado con ella a través del vórtice hasta este universo. El Dr. Extraño entierra a su otro yo bajo ladrillos en una azotea mientras Wong ofrece a la joven refugio en Kamar-Taj.

Otoño de 2024 | «Puedo recuperar todo lo que me quitaron.»

Cuando comprende que es Wanda Maximoff quien está intentando matar a América Chávez por sus poderes, Extraño intenta razonar con ella. Wanda ansía la capacidad de traspasar realidades para poder encontrar una donde sus hijos estén vivos y crezcan; pero Extraño le dice: «Tus hijos no son reales. Los creaste por medio de la magia». Ella sonríe y replica: «Eso es lo que hacen las madres». Luego le da un ultimátum: entregar a América Chávez al anochecer; de lo contrario, «no será Wanda la que vaya a buscarla; será la Bruja Escarlata».

Extraño descubre el lado oscuro de Wanda Maximoff.

Wanda ataca Kamar-Taj.

Otoño de 2024 | La caída de Kamar-Taj

Extraño y Wong aceptan defender a América en Kamar-Taj, pero las defensas de los Maestros de las Artes Místicas son inferiores a los nuevos poderes de Wanda. La Bruja Escarlata trata sin miramientos a los aprendices y captura a Wong.

El Dr. Extraño y Wong esperan con los Maestros de las Artes Místicas.

Alrededor de Kamar-Taj se ha conjurado un escudo protector, pero no es suficiente.

Otoño de 2024 | En caída libre a través del Multiverso

Extraño y América Chávez escapan de las ruinas de Kamar-Taj cuando ella abre instintivamente un portal multiversal. Se desploman a través de una sucesión de mundos, unos hermosos, otros terroríficos y otros simplemente extravagantes. «En esos universos por los que hemos pasado... ¿en uno éramos pintura?», pregunta Extraño, aún conmocionado por la vibrante transformación.

El Dr. Extraño y América Chávez...

... caen a través de infinidad de universos...

... tomando formas distintas en cada uno...

... algunas divertidas, otras angustiosas.

2024

Otoño de 2024 | El monte Wundagore

Wanda y Wong llegan a lo que parece ser una tumba en el aislado y nevado monte Wundagore. Wong revela que el primer demonio, Chthon, grabó su magia oscura en las paredes de ese lugar: el *Darkhold* fue la transcripción de esa locura garabateada en la piedra. También hay un mural profético que representa a la Bruja Escarlata. Las monstruosidades que lo guardan se arrodillan en muestra de lealtad cuando reconocen a Wanda como la figura representada en su altar. «Esto no es una tumba —dice ella—. Es un trono.» Y es suyo.

En el universo-838, el Dr. Extraño descubre un monumento en su propia memoria.

Otoño de 2024 | Del universo-616 al universo-838

América Chávez y Extraño aterrizan en una aparente utopía conocida como universo-838, cuyo Dr. Extraño es aclamado como héroe por haberse sacrificado para derrotar a Thanos. Como resultado, el barón Mordo —enemigo de Extraño en el universo-616— es ahora el Hechicero Supremo de este mundo. Mordo le advierte de que la Bruja Escarlata puede utilizar el *Darkhold* para Caminar en Sueños, un conjuro que él llama «corrosivo para el alma, una profanación de la realidad misma»: el usuario proyecta su espíritu a través de realidades para poseer los cuerpos de sus yos alternativos en otros universos.

Wanda Maximoff acepta el manto de Bruja Escarlata en la cima del monte Wundagore.

Otoño de 2024 | Un secreto oscuro

Aunque la hechicera Sara sacrifica su vida para destruir el *Darkhold* antes de que la Bruja Escarlata se haga con él, Wong revela un secreto guardado largo tiempo para evitar una masacre mayor: el *Darkhold* era una copia: «La leyenda habla de una montaña con los conjuros que buscas grabados en sus paredes». Él sabe cómo llegar allí, pero dice que nadie ha sobrevivido al viaje. «Tal vez seamos la excepción», replica la Bruja Escarlata.

El Dr. Extraño ante los Illuminati.

Wong apresado entre las ruinas de Kamar-Taj.

Peggy Carter, potenciada en esta realidad por el suero del supersoldado.

Otoño de 2024 | Los Illuminati

Los protectores del universo-838 no son los Vengadores, sino los Illuminati, un grupo de líderes superheroicos: el barón Mordo, Maestro de las Artes Místicas; la supersoldado Capitana Carter; Rayo Negro, rey de los Inhumanos, cuya voz es un arma; María Rambeau, la protectora cósmica Capitana Marvel; el telépata profesor Charles Xavier; y Reed Richards, famoso por ser la persona viva más inteligente. Estos aprisionan al Dr. Extraño del universo-616, considerándolo una amenaza mayor para su mundo que la malévola Wanda Maximoff que él describe. La Christine Palmer de esta realidad —una de sus investigadores en jefe— utiliza las Arenas de Nisanti para mermar los poderes de Extraño y contenerlo.

La Capitana Marvel del universo-838 es María Rambeau.

El Mordo y los centinelas Ultrón de los Illuminati del universo-838.

Otoño de 2024 | La tapadera de Extraño

Los Illuminati revelan que, en realidad, su Dr. Extraño no se sacrificó heroicamente: fue ejecutado por usar el *Darkhold* para recorrer el Multiverso en busca de un medio para vencer a Thanos. Las acciones de Extraño provocaron una incursión: un suceso en que otro universo resultó aniquilado por completo. Una de las aparentes constantes de las diversas versiones del Doctor Extraño es una arrogancia y un descuido que tienden a amenazar a la realidad misma.

Otoño de 2024 | Bruja Escarlata vs. Illuminati

Los Illuminati estaban seguros de poder manejar a una Wanda Maximoff caminante en sueños... pero subestimaron el poder de la Bruja Escarlata. Ella posee el cuerpo de la Wanda del universo-838, una madre de clase media, y se infiltra en el cuartel de los Illuminati y destroza a sus centinelas Ultrón. Convierte a Reed Richards en espaguetis cauchutados, corta en dos a la Capitana Carter con su propio escudo, aplasta a la Capitana Marvel bajo una estatua y sella la boca de Rayo Negro, haciendo que su voz detone en su interior y lo mate. Cuando el Profesor X usa telepatía para intentar liberar la mente de la Wanda inocente, la Bruja Escarlata le parte el cuello.

La Capitana Carter y la Capitana Marvel del universo-838.

Bruja Escarlata acaba con la Capitana Marvel y la Capitana Carter.

2024

La Wanda poseída del universo-838 agarra a América Chávez.

⊗ 🎭 ⭐ | ∞

Otoño de 2024 | América Chávez capturada

La Christine-838, Extraño y América Chávez huyen al Nudo Comunicante en busca del *Libro de Vishanti*, pero Bruja Escarlata los adelanta, destruye el libro y encanta a América para que abra un portal a Wundagore. La Bruja Escarlata deja a América allí, preparada para el ritual que le permitirá reclamar sus capacidades. La aterrorizada Wanda-838 recupera el control de su cuerpo, aunque ensangrentado y lleno de cicatrices, angustiada por los niños que ha dejado atrás.

⊗ | ∞

Otoño de 2024 | El resultado de la incursión

Extraño y la Christine del universo-838 caen en una realidad rota llena de anomalías gravitatorias y edificios destrozados; son las ruinas de una incursión, con un solo superviviente: el Extraño Siniestro que causó el fin de este mundo usando el *Darkhold* para buscar un universo donde él y Christine Palmer vivieran felices para siempre. Nunca lo encontró. En su frente se abre un tercer ojo, prueba de la influencia que ha tenido sobre él el *Darkhold* y de las consecuencias de sus experimentos oscuros.

Un mundo destruido por una incursión entre universos.

⊗ | ∞

Otoño de 2024 | Extraño vs. Extraño

Los dos Doctores Extraño luchan por el control del *Darkhold* en la sala de música de un Santuario profanado, arrojándose por el aire las notas vibrantes de un piano como si fueran estiletes. El Extraño Siniestro muere al ser arrojado por una ventana, ensartado en la verja que se halla debajo. El Dr. Extraño no puede abrir directamente un portal a su propio mundo, pero puede usar el *Darkhold* para Caminar en Sueños hasta él. Pero parece haber un problema: «¿No debe vivir una versión tuya en ese universo?», pregunta Christine-838.

Extraño Siniestro ha sido pervertido por el *Darkhold*.

Extraño Muerto rodeado por las almas de los condenados.

⊗ 🎭

Otoño de 2024 | «¿Quién ha dicho que tenga que estar viva?»

Extraño Muerto despierta cuando Extraño-616 usa el *Darkhold* para poseer el cadáver que enterró en una azotea. La versión no-muerta del hechicero abre un portal a Wundagore, pero se ve acosado por las almas de los condenados, atraídas por este ser impuro. Extraño Muerto las enjaeza con una capa aullante que usa para volar hasta el templo de Wundagore y combatir a la Bruja Escarlata junto al Hechicero Supremo Wong, que exclama: «¡No quiero ni saberlo!», mirando a su amigo putrefacto.

La sala de música donde el Dr. Extraño combate a Extraño Siniestro.

Wanda-838 consuela a la Bruja Escarlata del 616 asegurándole que los niños tendrán mucho amor.

Otoño de 2024 | Confía en ti misma

Cuando la Bruja Escarlata obtiene ventaja, Wong le dice a Extraño que absorba el poder de América: «¡No hay otro modo!». Es lo que hacen siempre los Doctores Extraño: sacrificar a otros por lo que creen que es mejor. Pero el Extraño de este universo desafía las expectativas. En vez de quitarle el poder, inspira a América a hacer frente a su debilidad: su falta de confianza en sí misma. Él la insta a confiar en sus capacidades, a enfocar su intención y a usar sus habilidades de una forma que le parezca correcta y buena. Chávez se concentra como nunca y abre un portal: un acceso directo a Bobby y Billy en su sala de estar en el universo-838.

El Dr. Extraño se despide de Christine Palmer.

Otoño de 2024 | «Te quiero en todos los universos.»

En el mundo arruinado por la incursión, el Dr. Extraño se despide de Christine-838 y de todas las Christines posibles. «Te quiero en todos los universos», le dice, y se disculpa por dejar que su ambición y su necesidad de control la alejen siempre. «Es solo que me asusta», explica. Mientras América Chávez usa su fuerza recién hallada para abrir un portal y devolverlos a sus respectivos universos, Christine le responde: «Afronte sus miedos, Dr. Strange».

Otoño de 2024 | La terrible verdad

Finalmente, la Bruja Escarlata es detenida por aquello que ama: sus hijos, a salvo y felices con su propia madre pero aterrorizados por su versión siniestra. «Yo nunca os haría daño. Jamás. Yo nunca haría daño a nadie», dice la Bruja antes de comprender que hace mucho que eso no es cierto. Cuando la amable Wanda-838 se reúne con los niños y asegura a la desconsolada Bruja Escarlata que serán amados, la Wanda Maximoff del universo-616 se rinde. Destruye Wundagore —que se desploma sobre ella—, acabando con dos grandes amenazas para todo el Multiverso.

Wanda Maximoff comprende que ha perdido el rumbo.

2024

América Chávez aprende artes místicas.

Otoño de 2024 | Trucos nuevos

América Chávez está entre los nuevos aprendices de artes místicas cuando el Hechicero Supremo Wong reconstruye el bastión de la orden. De vuelta en Nueva York, Stephen Strange sigue lidiando con los efectos de su devaneo con el *Darkhold*. Atormentado por un dolor agónico, en su frente se abre un tercer ojo, similar al exhibido por el Extraño Siniestro al que combatió tiempo atrás.

Otoño de 2024 | La llamada de Clea

Una mujer etérea vestida con armadura violeta aparece detrás de Stephen Strange en las calles de Nueva York. Él no la reconoce, y no sabe por qué lo llama: «Ha causado una incursión y vamos a repararlo», le dice, usando su daga para abrir un portal a la Dimensión Oscura, donde él se aventuró por última vez para su batalla temporal con Dormammu. «A no ser que tenga miedo», añade ella. Extraño desenrolla su pañuelo, que es la capa de levitación, y la sigue a través de la grieta en la realidad, abriendo su tercer ojo.

Clea encuentra a un Dr. Extraño confuso.

Diciembre de 2024 | Desvanecido

Peter Parker se ha evaporado de la mente de todo aquel que lo conoció, pero él sigue recordándolos. Justo antes de las vacaciones, visita la cafetería donde trabaja MJ, esperando reconectar con ella y con Ned. En última instancia, decide que pueden estar más seguros y ser más felices si no lo conocen en absoluto. Empezar a vivir desde cero puede ser un regalo asombroso. Aun así, resulta amargo haber sido borrado tan completamente.

Antes de Navidad, Spidey se zambulle en medio del Rockefeller Center, donde pronto Ojo de Halcón combatirá a los acólitos del Kingpin.

La Torre Stane no tardará en perder su integridad, como quien le dio nombre.

Diciembre de 2024 | La travesura de la Torre Stane

También en Nueva York, la estudiante universitaria y arquera experta Kate Bishop se embarca en una gamberrada nocturna con sus amigas, e intenta hacer sonar la campana gigante de la Torre Stane de su campus usando solo su arco y sus flechas. Sin querer, la golpea con tanta fuerza que la campana se suelta de su yugo y destroza parte del edificio de casi 300 años, renombrado en 2006 en honor al ejecutivo de Industrias Stark Obadiah Stane, antes de su muerte.

Kate Bishop apunta con su arco a la campana de la Torre Stane.

Diciembre de 2024 | «¡Yo lo puedo aguantaaaar!»

Poco antes de Navidad, Clint Barton visita Nueva York con sus tres hijos y asisten en Broadway a una representación de *Rogers: El musical*, que pone las aventuras del Capi en canciones. Primero, Barton se quita el audífono que necesita después de tantos años de combate explosivo; luego, los recuerdos de Natasha Romanov lo llevan a abandonar la sala. Le dice a su hija que está bien, que ya sabe cómo termina.

Ojo de Halcón ya ha visto suficiente...

Kate Bishop y un perro amante de la pizza.

Diciembre de 2024 | El regreso de Ronin

Kate Bishop asiste a una gala de Navidad de la alta sociedad por orden de su madre, Eleanor. En el hotel, descubre una subasta ilegal en el sótano y roba uno de los objetos a la venta, recuperado de las ruinas del Complejo Vengadores: el disfraz de Ronin usado por Clint Barton para cazar malhechores durante el Lapso. Se lo pone para repeler un ataque de un grupo de criminales conocido como la «mafia chandalera», y luego es captada por una cámara rescatando del tráfico a un perro, Lucky. Más tarde encuentra muerto a un socio de su madre, y emprende la búsqueda del culpable.

2024

Diciembre de 2024 | Perdido y encontrado

Barton se aventura en el corazón de la ciudad para rastrear su viejo traje de Ronin y al poco localiza a Kate Bishop y la rescata de un ataque de la mafia chandalera. Oculta en su apartamento, donde alimenta al perro Lucky con porciones de pizza, se muere por conocer al héroe que ha admirado desde que lo vio combatir valerosamente a los chitauri durante la batalla de Nueva York. Y él se queda atónito al saber que ella se ha dejado ver vestida de Ronin, que aún es odiado y perseguido por las organizaciones mafiosas que diezmó.

Ojo de Halcón no puede volver a casa hasta que no resuelva el problema de Ronin.

Aunque conserva un alto estatus en la CIA, Valentina realiza operaciones libres de impuestos, una de las cuales la lleva al monumento a Natasha.

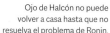

Diciembre de 2024 | Son negocios... y algo más

La condesa Valentina Allegra de Fontaine se acerca a Yelena en el monumento a su hermana Natasha. La antigua Viuda Negra ha estado trabajando para Valentina, y le recuerda que «no deberías molestarme durante mis vacaciones». Pero Val tiene un nuevo objetivo que cree que le interesará: «Puede que te apetezca ir a por el hombre responsable de la muerte de tu hermana», y le enseña una ficha sobre Clint Barton.

Diciembre de 2024 | Eco del pasado

Entre los más ansiosos por vengarse de Ronin está Maya López, una artista marcial sorda convertida en ejecutora de la mafia cuyo padre murió años atrás durante una de las masacres de bandas del vigilante. Junto con sus hombres de la mafia chandalera captura a Barton, y luego a Kate cuando intenta rescatarlo. La pareja escapa, pero Barton se enterará luego de que Maya posee otro objeto de la subasta de los Vengadores: un reloj grabado con el número 19 que perteneció a su esposa Laura, y que podría poner a esta en grave peligro si cayera en las manos equivocadas.

A Yelena la ciega su necesidad de castigar a alguien por la muerte de su hermana.

La experta guerrera es un soldado de confianza de Wilson Fisk.

Diciembre de 2024 | La venganza de Yelena

Kate Bishop entra en el apartamento de Maya López en busca del reloj y, mientras vigila desde una azotea cercana, Barton es atacado por Yelena, que lo considera responsable de la muerte de su hermana Natasha. Los dos Ojos de Halcón se reúnen para rechazar a Yelena y a Maya, pero la presencia de una Viuda Negra hace que Barton reevalúe la situación. Decide resolver estos conflictos por su cuenta para no poner a Kate en mayor peligro.

Maya López se entera de que Kingpin orquestó la muerte de su padre.

Diciembre de 2024 | El golpe indirecto de Kingpin

Barton organiza un encuentro con López en Fat Man Auto Sales, el lugar donde murió el padre de Maya. Un tiroteo deriva en una lucha cuerpo a cuerpo, y cuando Barton se impone, intenta razonar con López, explicándole que ambos han sido entrenados para ser armas sin saber en realidad a quién cazan. López queda horrorizada al saber que su jefe, el mafioso Wilson Fisk, el Kingpin, filtró a Ronin información sobre su propia banda porque quería muerto al padre de Maya.

Yelena traba amistad con Kate Bishop, pero sigue decidida a matar a Clint Barton.

Diciembre de 2024 | La conversación de los macarrones con queso

Bishop es sorprendida en su apartamento por la Viuda Negra, pero Yelena la desarma ofreciéndole sus macarrones con queso. Solo quiere hablar, no luchar. Yelena le explica sus lazos familiares con Natasha Romanov y dice que debe matar a Barton para hacer justicia por la muerte de su hermana. Bishop hace una defensa apasionada de Barton, insistiendo en que él y Natasha fueron amigos y aliados desde siempre. Y concluye: «Si alguien te ha contado que Clint es el malo, pregúntate qué clase de persona te ha contratado».

Diciembre de 2024 | Querida madre

Yelena se lo toma en serio. Rastrea al cliente que contrató a Valentina para que ella matara a Barton. Era la propia madre de Bishop, Eleanor, elemento ella misma del hampa alineada con Kingpin. Eleanor ha estado eliminando amenazas a su poder, e incluso permitió que su prometido, Jack Duquesne, cargara con la culpa de asesinar a uno de sus enemigos. Yelena comparte esta información, junto con evidencias en vídeo, con Kate Bishop, que queda devastada.

Eleanor Bishop oculta sus propias conexiones criminales.

2024

Wilson Fisk le dice a Kazi, miembro de la mafia chandalera: «Y Maya, mi Maya, nos da la espalda».

Diciembre de 2024 | Kingpin traicionado

Eleanor Bishop intenta desvincularse de su trato con Wilson Fisk y amenaza con hacer públicos los registros de sus transacciones ilícitas a menos que la deje en paz, pues teme por su hija. Fisk también se da cuenta de que Maya López, una de sus principales lugartenientes, se ha vuelto contra él por orquestar el asesinato de su padre. Irritado por tanta deslealtad, trama un atentado en una fiesta navideña en Manhattan. «Tenemos que recordarle a la gente que esta ciudad me pertenece», dice.

Diciembre de 2024 | Yelena se retira

Clint Barton y Kate Bishop se alían para frustrar el atentado, pero Yelena también se cuela en la fiesta, decidida a cumplir con su promesa de matar a Clint, a quien machaca durante una pelea en la pista de hielo del Rockefeller Center mientras se burla de su historia sobre el sacrificio de Natasha Romanov. Pero cuando Clint emite el silbido secreto que compartían las hermanas, Yelena ve que dice la verdad y que su relación con la Viuda Negra era muy profunda. Entonces lo ayuda a levantarse y luego se separan.

Al final Yelena se cree la historia de Barton sobre la muerte de su hermana.

Kate y Clint luchan contra los chandaleros en la pista de hielo.

Diciembre de 2024 | La caída de Kingpin

Tras defenderse de la embestida de la mafia chandalera junto a Barton, Kate Bishop rescata a su madre de las garras de Wilson Fisk. Le clava a Kingpin una flecha en el pecho, pero él ni se inmuta. Luego su madre lo arrolla con el coche, pero Fisk hace gala de una fuerza casi sobrehumana. Rompe el carcaj de Bishop, pero ella detona las puntas explosivas a sus pies y lo deja inconsciente. Poco después, llega la policía y detiene a su madre, pero Kingpin se ha esfumado. Más tarde, el villano topa con Maya López, que le pega un tiro a quemarropa mientras él le dice que «a veces las familias tienen algunas discrepancias».

25 de diciembre de 2024 | Navidad con los Barton

El día de Navidad, Clint Barton llega por fin a casa. Kate Bishop y Fortu, el «perripizza», viajan con él, y son acogidos como parte de la familia. Laura, la esposa de Barton, siente un gran alivio al recuperar su reloj de SHIELD con sus secretos intactos. Fuera, junto al granero, Bishop y Barton queman el uniforme de Ronin que los vincula al justiciero que hizo estragos en el hampa. Ahora que ha concluido el asunto de Ronin, Bishop busca un apodo, y se le ocurren, entre otros, Chica Halcón, Miss Puntería y Lady Flecha. Ojo de Halcón los descarta todos y le sugiere otro.

Clint invita a Kate a pasar la Navidad con su familia.

NUEVA YORK

Nueva York es un imán para los insólitos acontecimientos que se dan en la Tierra a principios del siglo XXI. Ha sido el hogar de héroes como Spiderman, el Dr. Extraño y Tony Stark, así como de los villanos el Buitre, Ultrón y Kingpin, entre otros. La ciudad que nunca duerme también ha sido testigo de épicas batallas e invasiones alienígenas: los Vengadores contra Loki en la batalla de Nueva York, el ataque de los Hijos de Thanos seis años después, y la aparición de nuevos y extraños enemigos del Multiverso. Pero siempre ha resistido frente al mal. Como cantan en *Rogers: El musical*: «El día es muy duro en Nueva York; su gente es fuerte y no se rindió».

2016 | Tu amigo y vecino

Peter Parker, vecino de Queens, ya ha vuelto de su primera misión para Tony Stark en Alemania y sigue combatiendo el crimen en Nueva York con la esperanza de que su mentor lo nombre miembro oficial de los Vengadores. Pronto extirpa una nueva amenaza en forma de Adrian Toomes, el malvado traficante de armas.

1943 | La primera batalla del Capi

El Dr. Abraham Erskine elige a Steve Rogers como sujeto de pruebas del Proyecto Renacer, que convierte a Steve en el primer supersoldado de EE.UU. El laboratorio se halla bajo un anticuario de Brooklyn. Heinz Kruger, agente de Hydra, asesina a Erskine en cuanto acaba la transformación de Steve y huye con una ampolla del suero. Steve lo persigue a toda velocidad por la calle y lo detiene.

2015 | Ultrón y Visión

Ultrón, la IA creada por Tony Stark y Bruce Banner, se vuelve rebelde y ataca a los Vengadores en su torre (antes llamada Stark). Su intención tras escapar es cargarse en un cuerpo sintético más poderoso, pero los Vengadores lo llevan de vuelta a Nueva York y lo cargan en los restos de JARVIS, la IA personal de Tony, y así nace Visión.

2012 | La batalla de Nueva York

El Dr. Erik Selvig, sometido al control mental de Loki, usa el Teseracto para abrir un portal sobre la Torre Stark y transportar a un ejército alienígena de leviatanes y chitauri. El Capitán América, Iron Man, Viuda Negra, Thor, Hulk y Ojo de Halcón se alían para sofocar la invasión y salvar la ciudad.

2010 | Diversión en Flushing

Tony Stark reinstaura la Expo Stark, la feria de tecnología de su padre, Howard, que se celebra en el Flushing Meadows Park. Pero el villano Iván Vanko la sabotea: jaquea a Máquina de Guerra y a un ejército de drones y los programa para que maten a Tony y aterroricen a la población. Stark se viste de Iron Man, libera a Máquina de Guerra y juntos combaten a Vanko y los drones.

2010 | Matanza en Harlem

Gracias a una combinación de suero del supersoldado y un poco de sangre irradiada con rayos gamma de Bruce Banner, Emil Blonsky se transforma en la monstruosa Abominación. Blonsky siembra el caos en Harlem y Banner se transforma en Hulk para abatirlo. La pelea entre los dos gigantes causa estragos.

2016-2017 | El Santuario de Nueva York

El Dr. Extraño, cirujano afincado en Nueva York, se convierte en Maestro de las Artes Místicas cuando un trágico accidente le destroza las manos. Pero su mágico don se pone a prueba cuando debe salvar al mundo de Dormammu, poderoso ser de la Dimensión Oscura. Tras ello deviene el amo del Santuario de Nueva York.

2024 | Feliz Navidad

Clint Barton acude al rescate de Kate Bishop cuando la ve con el traje que él llevaba en sus días de justiciero Ronin. Pronto se enfrentan juntos a la mafia chandalera y a su jefe, Kingpin, mientras también combaten a Yelena, una Viuda Negra contratada para matar a Barton.

2017 | Visitantes asgardianos

Thor y Loki viajan en busca de Odín de Asgard a Nueva York, donde se supone que vive en una comunidad de jubilados. Como no lo encuentran, Thor visita al Dr. Extraño en el Santuario. Este le da la dirección de Odín en Noruega con la condición de que Loki deje la Tierra en el acto.

2024 | *Rogers: El musical*

Un musical de Broadway con canciones pegadizas como *La ciudad podéis salvar*, sobre la batalla de Nueva York, inmortaliza las hazañas del Capitán América y los Vengadores. Pero Clint Barton se va en plena función porque le trae dolorosos recuerdos de Natasha Romanov.

2018 | Nueva invasión

Fauces Negras y Matanza Obsidiana, dos Hijos de Thanos, viajan a Nueva York en una nave-Q. Su misión: quitarle al Dr. Extraño la Gema del Tiempo para añadirla al Guantelete del Infinito. Después de una atroz batalla cerca de Washington Square Park, el Dr. Extraño, Iron Man y Spidey acaban en el espacio a bordo de la nave enemiga.

2024 | En brazos del terror

América Chávez, perseguida por la Bruja Escarlata por su don para desplazarse por el Multiverso, se transporta a la Nueva York de la Tierra-616. Allí la persigue Gargantos, ser interdimensional controlado por Wanda. El Dr. Extraño y Wong emplean su magia para destruirlo y la salvan.

2024 | Spidey en apuros

Después de la muerte de su mentor, Tony Stark, a Peter se le hacen cuesta arriba sus deberes. Mientras asiste a un acto benéfico con su tía May, Nick Furia (que en realidad es el skrull Talos) trata de contactar con él, pero Peter ignora sus llamadas. Cuando el héroe regresa de un viaje a Europa, su identidad se revela al mundo.

2024 | Enemigos del Multiverso

Peter es detenido como sospechoso del asesinato de Mysterio, pero su abogado, Matt Murdock, logra que retiren los cargos y queda libre. Cuando se tuerce un hechizo destinado a ocultar de nuevo la identidad de Spiderman, Nueva York se convierte en un campo de batalla entre supervillanos y Spidermen de otros universos.

2025

El mundo se adapta a una nueva era y las reglas cambian. Jennifer Walters dirige un departamento jurídico destinado a tratar los problemas legales de los Súper Héroes (y de algún villano). Las reglas del juego también están a punto de cambiar entre dos naciones poderosas pero aisladas: Wakanda y la submarina Talokán. Y además surgen nuevos héroes que se inspiran en sus ídolos pero tienen otras maneras de salvar el mundo.

Jennifer Walters se convierte en Hulka cuando atacan el juzgado.

Primavera de 2025 | Hulka contra Titania

La ayudante del fiscal del distrito de Los Ángeles Jennifer Walters reprime sus instintos de Hulk. Casi siempre. Mientras presenta su alegato final en un caso contra el prestigioso bufete Goodman, Lieber, Kurtzberg y Holliway, la «*influencer* con superpoderes» Titania atraviesa la pared de la sala huyendo del tribunal de tráfico. Entonces Walters se transforma, protege al jurado de una mesa usada como arma arrojadiza y somete a la explosiva figura mediática. Por desgracia, el juez declara el juicio nulo, los medios de comunicación apodan a Walters «Hulka» y la oficina del fiscal la despide, pues teme que sus poderes sean una distracción.

El arrebato de Titania por un caso menor causa un problema mayor.

Primavera de 2025 | Un caso abominable

Holden Holliway —la «H» de GLK & H— se queda tan impresionado con Walters, quien casi les gana el juicio, que la invita a dirigir su nuevo departamento de derecho sobrehumano. La única pega: quiere que trabaje transformada en Hulka. Su primer caso es la audiencia de libertad condicional de Emil Blonsky, alias Abominación. Al principio se niega, pues Blonsky está encarcelado a raíz de su agresión a Bruce Banner, primo de Walters. Pero Banner, que se ha retirado del mundo, la anima a representar a su viejo enemigo y le dice: «Nos peleamos hace muchos años y ahora soy una persona completamente distinta. Literalmente».

Blonsky explica a su nueva abogada que solo cumplía órdenes del gobierno cuando persiguió a su primo hace tantos años.

Blonsky se transforma en Abominación para demostrar a la junta de la condicional que mantiene el control aun en su forma monstruosa.

Primavera de 2025 | El revés de Blonsky

Justo antes de su audiencia, se hace viral un vídeo de Abominación en un club de lucha clandestino donde se enfrenta al Hechicero Supremo Wong. Walters le dice a Blonsky que, pese a sus años de buena conducta, esa escapada es un nuevo delito que dará al traste con sus posibilidades. Pero logra que Wong se presente ante la junta de la condicional y explique que sacó a Abominación para entrenar: «Saqué al señor Blonsky de su celda sin darle otra opción, pero volver a ella fue totalmente decisión suya. Le ofrecí asilo en Kamar-Taj, que está precioso en esta época, pero dejó muy claro que quería volver para cumplir su condena y pagar su deuda con la sociedad». La junta se convence y Blonsky queda libre.

La intrépida Jennifer Walters.

Primavera de 2025 | Un equipo demoledor

Unos esbirros atacan a Jennifer Walters en el callejón al lado de su casa. Llevan unas herramientas mejoradas que han robado a un obrero asgardiano, pero ni la mágica palanca de Demoledor puede con Hulka. Otro matón llamado Bola de Trueno trata de clavarle una jeringa en el hombro para extraerle sangre, pero su piel superdura es impenetrable. Mientras se escabullen, los esbirros se dicen que «el jefe se va a enfadar» con ese fracaso.

2025

Primavera de 2025 | El Caballero Luna... menguante

Tras años de perseguir reliquias y combatir a malhechores que abusan de los débiles y los necesitados, Marc Spector se esfuma sin darle explicaciones a su esposa, Layla El-Faouly. Lo hace para evitar que su maestro, el antiguo dios lunar egipcio Khonshu, la convierta en su avatar de la venganza. Spector ignora durante meses los intentos de Layla por contactar con él mientras su tímido *alter ego*, Steven Grant, controla el cuerpo que ambos comparten.

Arthur Harrow se dirige a sus discípulos.

Layla El-Faouly busca a su esposo desaparecido, Marc Spector.

Primavera de 2025 | Los adeptos de Harrow

Arthur Harrow, antiguo y desengañado siervo de Khonshu, lidera una secta que adora a la diosa egipcia rival Ammit para que se alce y aniquile a los malhechores del mundo. El dios lunar Khonshu castiga a quienes dañan a inocentes, pero Ammit destruye incluso a los sospechosos de delitos futuros. Hace milenios, su celo hizo que otros dioses egipcios la encarcelaran dentro de una estatuilla *ushabti* que se ocultó en la tumba de Alejandro Magno, hoy día perdida. Harrow conserva una reliquia en forma de escarabajo que indica su ubicación.

Primavera de 2025 | Las múltiples caras de Steven Grant

Steven Grant, que trabaja en la tienda de regalos de un museo londinense, se ata a la cama cada noche para reprimir lo que él cree que son peligrosos episodios de sonambulismo. Pero lo cierto es que es Marc Spector, un superjusticiero que sufre trastorno de identidad disociativo. «Steven» es un manso *alter ego* creado como baluarte contra sus penas y traumas del pasado. Ambos están ligados a otra entidad: el dios lunar egipcio Khonshu. Spector es su avatar, el Caballero Luna, y acata sus órdenes para vengarse de criminales violentos. Pero la línea que lo separa de Marc empieza a difuminarse...

Marc Spector empoderado como el Caballero Luna.

Primavera de 2025 | Fuga por la cima

Después de una noche en vela en Londres, Steven Grant despierta en un campo austríaco mientras lo dispara y persigue la secta de Arthur Harrow, adoradora de Ammit. Ignora cómo ha llegado allí, y la estentórea voz de Khonshu se burla de él llamándolo «gusano» e «idiota» mientras lo insta a cederle el control de su cuerpo a Marc Spector. Cuando Grant por fin se duerme, Spector obedece a Khonshu y viaja a Austria a robarle el escarabajo a Harrow. Ya en Londres con la reliquia, un Grant aterrado y un Spector formidable alternan el control de su cuerpo mientras huyen de los discípulos de Harrow, que van armados hasta los dientes.

Steven Grant dice que no es Marc Spector, pero Layla El-Faouly no se lo cree.

Primavera de 2025 | Con la ayuda de Layla

Servir a Khonshu es una dura labor sin fin, y Spector deja su antigua vida y cede más control a Steven sobre su cuerpo para pasar desapercibido mientras cumple con su eterna «última misión». Cuando Layla El-Faouly, la mujer de Spector, da con Steven, este niega ser Spector y le pide ayuda. Layla encuentra el escarabajo entre sus cosas y le habla de la vida que llevaban juntos a la caza de reliquias como esa por el mundo gracias a la fuerza de Khonshu.

Steven Grant se encuentra en una situación insólita.

Primavera de 2025 | «Siempre insatisfecha»

Arthur Harrow acorrala a Steven Grant en su museo y le explica que sabe lo agotador que es servir a Khonshu. Manda a un monstruo de las sombras para que lo ataque a fin de recuperar el escarabajo, pero cuando Steven ve reflejado a Marc Spector en el espejo de un baño, le cede el control voluntariamente. El Caballero Luna vence al monstruo, pero Steven sigue desconcertado. Sin embargo, cuando descubre el trastero de Spector, sus documentos de identidad, las armas y la reliquia, comprende al fin que comparte su cuerpo con un mercenario convertido en justiciero. Y entonces Khonshu se revela... de un modo aterrador.

Khonshu se presenta ante Steven Grant en unos trasteros.

Los poderes del Caballero Luna son distintos en Steven Grant.

Primavera de 2025 | La invocación del traje

Harrow vuelve a acorralarlos y exige que le devuelvan el escarabajo que señala hacia Ammit, pero Layla le dice a Grant: «Invoca el traje». Al hacerlo, crea una versión más elegante del Caballero Luna con el dócil Steven al mando... pero pierde la reliquia durante una pelea en la azotea contra la secta de Harrow.

2025

Primavera de 2025 | Expedición a Egipto

Steven Grant y Layla El-Faouly viajan a El Cairo en busca de Harrow y sus seguidores; es la primera vez en diez años que ella vuelve a Egipto. La pareja se hace con un antiguo mapa estelar que puede guiarlos hasta la estatuilla *ushabti* de Ammit, pero lleva 2000 años sin actualizarse... Khonshu rebobina el cielo nocturno hasta esa época y eso les permite encontrar en el desierto la tumba perdida de Alejandro Magno antes que los adeptos de Ammit. Pero, antes de que puedan escapar, Harrow arrebata la estatuilla a Spector/Grant, les pega dos tiros en el pecho y los da por muertos.

Los corazones de Marc y Steven son pesados en la balanza para decidir su destino.

Khonshu rebobina la noche para que los astros coincidan con el antiguo mapa. Debido a esa transgresión, los otros dioses lo apresan en una *ushabti*.

Primavera de 2025 | Un aluvión de recuerdos

El hospital es solo un medio para que Spector y Grant asuman su pasado. Allí reviven la muerte accidental del hermano de Spector, el maltrato por parte de su madre y la creación del *alter ego* de Steven como mecanismo de defensa. También lidian con la vida de Spector como mercenario y con la fatídica expedición que condujo al asesinato del padre de Layla y la herida mortal de Spector, quien se salvó a cambio de someterse a Khonshu. Spector tiene visiones de sus víctimas que le destrozan el alma, pero Steven lo salva, y caen por accidente del barco de Tueris a las infinitas arenas de la Duat.

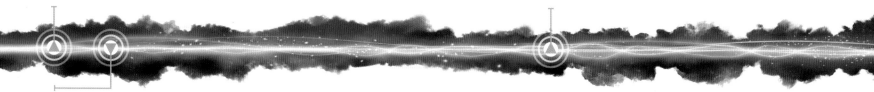

Primavera de 2025 | El inframundo

Marc Spector despierta en lo que parece ser un aséptico hospital psiquiátrico, rodeado de otros pacientes. Todos le recuerdan a personas de su pasado reciente, como una alegre mujer que se parece a Layla. Un doctor parecido a Arthur Harrow le dice que está sufriendo alucinaciones sobre un dios lunar y le insta a rechazarlas. Mientras huye del médico, se encuentra a otro paciente: es Steven Grant, ahora totalmente separado de él. Tueris, diosa egipcia con forma de hipopótamo, se les aparece a ambos y les revela que están atravesando la Duat, el más allá, tras haber sido asesinados.

Arthur Harrow aparece en la visión como un amable terapeuta.

Tueris se revela ante Marc y Steven.

Marc Spector salva a Steven Grant en el más allá.

Primavera de 2025 | Dos por uno

Marc Spector renuncia a la vida eterna en el sereno Campo de Juncos para salvar a Steven Grant del olvido en el erial de la Duat. Ese acto los salva a ambos, pues los dioses se apiadan de ellos y les abren las puertas a la vida mortal. Steven hace un trato con Khonshu para que el Caballero Luna se alíe con él contra Ammit a cambio de que Steven y Marc queden liberados de su yugo. Khonshu acepta a regañadientes la petición del «gusano».

Ammit recupera su forma.

Primavera de 2025 | Ammit liberada

En cuanto Harrow libera a la diosa cocodrilo, esta prepara a sus seguidores para que atrapen las almas de toda la población de El Cairo que consideren indigna, y luego se propone hacer lo mismo en todo el mundo. Mientras la secta se hace con la fuerza vital de todas las personas de su entorno, Ammit devora sus almas y alcanza un tamaño enorme; es tan alta como la pirámide de Guiza. Khonshu, también liberado, amplía su presencia, y los antiguos adversarios luchan por el poder.

El Caballero Luna combate a Arthur Harrow.

2025

Layla El-Faouly se compromete a ser el avatar de Tueris y el hipopótamo le concede las alas metálicas y la fuerza indómita del Escarabajo Escarlata. Luego se lanza al combate contra la secta de Ammit y salva a muchísimos ciudadanos de El Cairo de su «juicio» cruel. Una chica a la que salva le dice: «¿Eres una Súper Heroína egipcia?». «Sí», responde ella con orgullo.

Layla El-Faouly como el Escarabajo Escarlata.

Ni el Caballero Luna sabe quién hay tras el avatar.

Primavera de 2025 | Aflora Jake Lockley

El Caballero Luna de Marc Spector combate a Arthur Harrow en las calles de El Cairo, y de pronto se desmaya. Al despertar, ve a Harrow abatido y la calle hecha una carnicería. Un tercer *alter ego* llamado Jake Lockley acechaba en su interior y a veces acata las órdenes de Khonshu cuando Spector y Steven Grant se niegan a hacerlo. Esta astuta personalidad permanece latente y mantiene a las otras dos en la inopia sobre su existencia.

Primavera de 2025 | La cautividad de Ammit

El Caballero Luna y el Escarabajo Escarlata se alían con los antiguos dioses para volver a apresar a Ammit, pero esta vez no la meten en una estatuilla *ushabti*: la atrapan en el cuerpo de su seguidor más fiel, Arthur Harrow. El ritual surte efecto y Khonshu anima a Spector a asesinar a Harrow para destruirlo a él y a Ammit para siempre. Pero este se niega y lo insta a cumplir su promesa de liberarlo como avatar.

Khonshu ataca a Ammit mientras una antigua disputa se traslada al presente.

Khonshu y Jake
Lockley tienden
una emboscada
a Arthur Harrow.

Primavera de 2025 | El destino de Harrow

Un desfallecido Arthur Harrow se recobra en un psiquiátrico, esta vez en el mundo real, hasta que Khonshu lo libera —o más bien el fiel siervo de Khonshu, Jake Lockley—. Harrow se sorprende al ver a Marc Spector / Steven Grant mirándolo desde el asiento del conductor del coche en el que huyen, pero Khonshu le asegura que no saben lo trastornados que están. Lockley está dispuesto a hacer lo que los otros dos no querían hacer... y se oye un disparo mientras Khonshu lo observa todo cómodamente desde el asiento de atrás.

Primavera de 2025 | La enfermedad de Jane Foster

La doctora Jane Foster, que combate el cáncer en secreto, se vuelca en la experimentación. Pero el doctor Erik Selvig le informa de que, por desgracia, sigue en fase 4, y luego su amiga, la doctora Darcy Lewis, la anima a usar «la carta del vikingo espacial». Foster se niega, pero, cuando se va quedando sin opciones, empieza a pensar en Mjolnir como una solución. Un tiempo después visita Nuevo Asgard y va a ver el Mjolnir roto, que sigue inamovible y se conserva en una vitrina como reclamo turístico. Cuando está cerca de él, sus fragmentos se electrifican y se elevan, vuelven a formar el martillo y le confieren a ella la fuerza sobrehumana del Poderoso Thor.

Primavera de 2025 | La reina Ramonda se enfrenta al mundo

Varios miembros de Naciones Unidas se quejan a la reina Ramonda de que Wakanda ha perdido su influencia global tras la muerte del rey T'Challa y la acusan de negarse a compartir el vibránium. «Nuestra política siempre ha sido no comerciar con el vibránium bajo ninguna circunstancia, no debido al peligro que puede suponer el vibránium, sino debido al peligro que suponen ustedes», dice Ramonda. «Lloramos la pérdida de nuestro rey, pero no piensen ni por un segundo que Wakanda ha perdido la capacidad de proteger sus recursos», añade.

La reina Ramonda contraataca en una reunión de Naciones Unidas.

2025

Primavera de 2025 | Vibránium submarino

En el abismo atlántico, el servicio de inteligencia de EE.UU. encuentra trazas de vibránium en el lecho marino con un prototipo de detección del mineral. Poco después del hallazgo, unos seres de las profundidades atacan la plataforma. Su coro hipnótico hace que los tripulantes se arrojen en brazos de la muerte. Y los que logran huir en helicóptero mueren cuando un hombre de fuerza asombrosa y con alas en las piernas sale volando y hace que el vehículo se estrelle. Durante el ataque, fallecen 30 oficiales de los Navy SEAL y dos agentes de la CIA. No hay testigos y las sospechas recaen de inmediato en Wakanda.

Guerreros talokaniles atacan la plataforma extractora de vibránium.

Submarinistas de la CIA investigan la plataforma saboteada.

Primavera de 2025 | Periodo de duelo

La reina Ramonda y la princesa Shuri celebran el primer aniversario de la muerte de T'Challa retirándose a una zona aislada de Wakanda. Ramonda enseña a su hija la costumbre de quemar las prendas de luto como ritual para seguir adelante, pero Shuri se niega a participar. «Si me siento a pensar en mi hermano demasiado tiempo, no será esta ropa lo que queme. Será el mundo», dice Shuri. Ramonda quiere contarle un secreto sobre T'Challa que ha mantenido oculto durante años, pero un intruso hostil las interrumpe.

Namor se planta frente a Ramonda y Shuri.

Ramonda y Shuri aún lloran la muerte de T'Challa.

Primavera de 2025 | La amenaza de Namor

De entre las aguas junto a la hoguera de Ramonda y Shuri surge un hombre ataviado con adornos de vibránium y alas en las piernas que flota por encima de ellas. Es Kukulkan, pero les dice: «Mis enemigos me llaman Namor». Gobierna un reino sumergido llamado Talokán que también obtiene un inmenso poder del escaso mineral. «Tu hijo mostró el poder del vibránium al mundo», le dice a Ramonda; «en consecuencia, otras naciones han empezado a buscarlo por todo el planeta. Su decisión nos ha comprometido a todos». Luego exige que Wakanda le entregue al científico que inventó el detector de vibránium de la CIA. «Tengo más soldados que briznas de hierba tiene esta tierra. Detestaría volver en otras circunstancias», añade.

Primavera de 2025 | Hallazgo (y pérdida) de Riri Williams

Tras conectar en EE.UU. con Everett K. Ross —su contacto en la CIA—, Okoye y Shuri buscan al creador del detector de vibránium para el MIT, donde, para su sorpresa, descubren que no es más que una estudiante, Riri Williams. Esta les explica que creó el detector para su clase de metalurgia y se queda atónita al saber que ha causado problemas en Wakanda. Williams es un prodigio de la ingeniería que también ha diseñado una armadura voladora tipo Iron Man. («Hay un canal de YouTube entero que está dedicado a mí.») Cuando el FBI las rodea en su garaje, las tres tratan de huir por el puente de Harvard, pero unos guerreros talokaniles a lomos de ballenas las alcanzan y capturan a Williams y a Shuri.

Attuma y Namora se preparan para secuestrar a Riri Williams en el puente.

Riri Williams pone a prueba su armadura voladora.

Primavera de 2025 | Ross descubierto

El agente Ross examina el escenario del ataque en el puente de Boston y encuentra las perlas kimoyo de Shuri, que se guarda y utiliza luego para comunicarse directamente con la reina Ramonda. Ignora que la condesa Valentina Allegra de Fontaine, su exesposa y directora de la CIA, había pinchado las cuentas antes de que él las cogiera para descubrir si Ross traicionaba a la agencia. Valentina escucha sus conversaciones y después hace que lo arresten por traición. En Wakanda, la reina Ramonda, aún de luto, despoja a Okoye de su rango y de su estatus como Dora Milaje por perder a Shuri frente a los talokaniles.

Ross descubre unas perlas kimoyo entre los restos de la pelea en el puente.

2025

Namor entrega el brazalete de su madre a Shuri. Está tejido con fibras de una planta acuática impregnada de vibránium.

Primavera de 2025 | El mundo submarino

En una reluciente gruta submarina frente a la costa de la península de Yucatán, Shuri y Riri Williams descubren la historia de sus captores: hace siglos una planta acuática impregnada de vibránium concedió a los talokaniles la capacidad de vivir bajo el agua. Namor se describe como una anomalía, pues nació con el don del vuelo y es casi inmortal. Le da a Shuri un brazalete de vibránium tejido con las fibras de la planta que confirió poderes a su pueblo. Talokaniles y wakandianos tienen mucho en común, pero a Shuri las tácticas de Namor le parecen innecesariamente duras. Le ruega que le permita dar asilo a Williams. Él responde que Wakanda debe decidir si es un aliado o un enemigo: «No hay término medio».

Shuri explora las maravillas de Talokán con Namor.

Nakia rescata a Riri Williams, para lo cual se ve obligada a matar a sus guardias.

Primavera de 2025 | Nakia es reclutada

La reina Ramonda viaja a Haití para pedirle a Nakia, exespía de los Perros de Guerra, que sirva de nuevo a Wakanda. «Tú te has infiltrado en muchas naciones antes. Necesito a alguien que averigüe dónde la retienen y que la rescate sin ser detectado», le dice. Nakia da pronto con la cárcel submarina donde está Shuri y hace una incursión en solitario para liberarla a ella y a Riri Williams. Namor y su pueblo ven el rescate como una invitación a la guerra.

Las bombas de agua lanzadas por Namor inundan la sala
del trono de Wakanda, donde se hallan Ramonda y Riri.

Primavera de 2025 | El naufragio de Wakanda

Primero crecen las aguas, luego brotan de la superficie como géiseres mientras los civiles wakandianos corren a ponerse a salvo. Namor y sus guerreros talokaniles se infiltran en la capital y sus hipnóticos cantos perturban la mente de los defensores de Wakanda. Namor flota hasta la sala del trono, donde Ramonda custodia a Riri Williams; inunda la sala y el agua se las traga, y Ramonda se sacrifica para empujar a la joven a la superficie. Luego Namor habla con una triste Shuri. «Os uniréis a nosotros contra el mundo de la superficie o borraré Wakanda de la faz de la Tierra», le dice a la nueva reina.

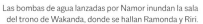

Primavera de 2025 | Renace la hierba en forma de corazón

Shuri usa unas hebras de las fibras talokaniles del brazalete que le dio Namor para completar la secuencia de ADN que recreará la hierba en forma de corazón. Después ingiere la esencia de su flor púrpura para obtener el poder de Black Panther, y su conciencia viaja al plano ancestral. El espíritu que la espera allí no es T'Challa, sino N'Jadaka (Erik Killmonger), quien le dice que él también ingirió la hierba para vengar a sus ancestros y la insta a guiarse por ese impulso. Ella señala que no se parecen en nada. «Y aquí estás tú», dice Killmonger: «¿Vas a ser noble como tu hermano o resolutiva como yo?».

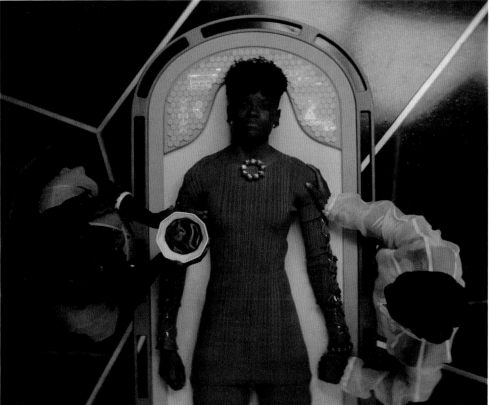

Shuri se prepara para
ingerir la renovada hierba
en forma de corazón.

2025

Las Dora Milaje se lanzan al combate.

Primavera de 2025 | El regreso de Black Panther

Tras ingerir la hierba en forma de corazón, el cuerpo de Shuri se imbuye de la fuerza y la velocidad de Black Panther, y ella aumenta su efecto con uno de los trajes de su invención que absorben energía. Por su parte, Riri Williams usa la tecnología de Wakanda para crear una armadura voladora más potente. Okoye es invitada a unirse al combate junto con M'Baku, gobernante de Jabari, que ha ofrecido asilo en sus montes a los wakandianos. Los guerreros más fuertes de Wakanda suben a bordo de una nave para llevar el combate a territorio talokanil.

Shuri toma el relevo de Black Panther.

Primavera de 2025 | Namor se rinde

Shuri atrapa a Namor en su caza real, equipado con una cámara de pervaporación para deshidratarlo y despojarlo de sus poderes. Namor daña la nave con su lanza de vibránium y esta se estrella contra la orilla rocosa. Ambos pelean a muerte, pero ella lo vence al cortarle un ala y quemarlo con los motores de la nave destrozada. Tras ello, el ánimo brutal de Killmonger da paso al recuerdo de la compasión de su madre y de sus respectivos pueblos. «Ríndete y Wakanda protegerá vuestros océanos, protegeremos vuestros secretos. Ríndete y tu pueblo vivirá», dice Shuri. «La venganza nos ha consumido. No dejemos que consuma a nuestro pueblo», añade. Namor acepta sus términos y pone fin a la guerra entre Talokán y Wakanda.

Black Panther y Namor luchan hasta acabar exhaustos y gravemente heridos.

Primavera de 2025 | Finales y comienzos

Cuando Williams regresa a Wakanda, le dicen que la llevarán de vuelta a EE.UU., pero le prohíben llevarse su armadura. Shuri no asiste a la ceremonia de coronación en las Cataratas del Guerrero. En su lugar aparece M'Baku y dice que Black Panther no se les unirá, pero que él mismo se presenta como aspirante al trono. Por último, Everett K. Ross disfruta de la protección de Wakanda después de que Okoye lo rescate durante un traslado de prisión. («Un colonizador encadenado. Ya no me queda nada por ver», bromea Okoye.)

Lord M'Baku aspira al trono de Wakanda.

Los ciudadanos se reúnen en las Cataratas del Guerrero para la ceremonia de coronación.

Primavera de 2025 | El secreto de T'Challa

Shuri visita a Nakia en Haití, donde acaba el ritual que empezó su madre y quema su ropa de luto. Al hacerlo, le vienen recuerdos de su hermano y se ve invadida por su dulzura, sabiduría y generosidad. Eso nunca se lo quitarán. Cuando Nakia se sienta con Shuri junto al fuego, la acompaña un chico, el hijo que tuvo con T'Challa y que mantuvo oculto a todo el mundo salvo a su abuela, Ramonda. «Acordamos que era mejor para él criarse aquí, lejos de la presión del trono», dice Nakia. El chico se presenta como Toussaint, nombre de un gran líder histórico de Haití. Pero esa no es su verdadera identidad. «Mi nombre es príncipe T'Challa, hijo del rey T'Challa», le dice a su tía. Esa revelación llena a Shuri de una alegría que no sentía desde hacía mucho tiempo.

Mientras Shuri afronta su dolor, descubre cosas de su hermano que no sabía.

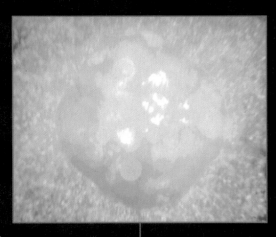

El pasado remoto | El vibránium llega a la Tierra

Varios meteoritos que contienen vibránium entran en la atmósfera terrestre. Uno se estrella en la región africana que después se llamará Wakanda, y el otro, al parecer, se hunde en el Atlántico. Para proteger ese recurso, los wakandianos se aíslan del resto del mundo. Las innovaciones de Wakanda con el mineral la convierten en una de las naciones más avanzadas desde el punto de vista tecnológico.

1571 | Talokán

Cuando los talokaniles contraen las enfermedades traídas por los conquistadores españoles, beben una poción hecha con una planta impregnada de vibránium hallada en una gruta marina. La poción les confiere la capacidad de respirar bajo el agua y les tiñe la piel de azul, pero ya no pueden sobrevivir en la superficie. Se adentran en el mar y construyen una avanzada sociedad subacuática.

2016 | Armas de vibránium

Erik Killmonger, hijo de N'Jobu, urde su ascenso al trono de Wakanda para entregar armas de vibránium a los oprimidos del planeta e iniciar una revolución mundial. Conchabado con Klaue, roba un hacha de vibránium que está expuesta en el Museo de Gran Bretaña para poner su plan en marcha. Después de adquirir los poderes de Black Panther, roza el triunfo, pero su primo T'Challa lo detiene.

2016 | El ataque de Black Panther

Tras la muerte de su padre, T'Chaka, T'Challa se pone el traje de Black Panther para dar con Bucky Barnes, acusado de su asesinato. Es un traje hecho de vibránium, por lo que es muy fuerte y resistente. T'Challa también se ha imbuido de los poderes de la hierba en forma de corazón impregnada de vibránium, que le da una fuerza, agilidad y velocidad sobrehumanas.

VIBRÁNIUM

Uno de los elementos más poderosos e indestructibles que se conocen, el vibránium es un recurso escaso y con aplicaciones increíbles. Dos sociedades aisladas, los wakandianos y los talokaniles, lo han explotado y han desarrollado con él tecnología de formas muy diversas. El resto de la humanidad no conocía el precioso mineral hasta que el rey T'Challa decidió mostrar Wakanda al mundo. El vibránium sin refinar tiene un aspecto sólido parecido a una roca entreverada de vetas azules, y una vez procesado puede absorber la energía cinética. Además, puede fusionarse con la vida orgánica, a la que confiere poderes increíbles.

1943 | El escudo

Los investigadores de Industrias Stark se hacen con una minúscula cantidad de vibránium. El fundador de la compañía, Howard Stark, invita a Steve Rogers a su taller y le muestra varios escudos para que los use como arma en calidad de Capitán América. Steve ve un brillante escudo plateado en un estante y Stark le dice que está hecho de vibránium, que es más ligero y fuerte que el acero. Stark ha gastado todo el vibránium que tenía en su fabricación.

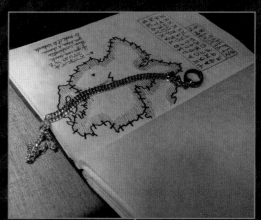

1992 | La traición de N'Jobu

El príncipe N'Jobu de Wakanda traiciona a su país al hacer un trato con el traficante de armas Ulysses Klaue para robar un cuarto de tonelada de vibránium. N'Jobu quiere recaudar fondos para armar a las comunidades oprimidas y empezar una revolución global. El robo sale bien y causa muchas muertes. El rey T'Chaka de Wakanda descubre la implicación de su hermano y se enfrenta a él con la intención de arrestarlo. Cuando N'Jobu intenta matar al espía wakandiano Zuri, el rey acaba matando a su hermano.

2015 | Una amenaza global

Ultrón, la inteligencia artificial creada por Tony Stark, busca vibránium y se lo compra a Klaue. Luego obliga a la Dra. Helen Cho a crearle un nuevo cuerpo con él. Los Vengadores le impiden habitar ese cuerpo, que después ocupa JARVIS como el nuevo héroe Visión. Más tarde, Ultrón usa vibránium para crear un dispositivo catastrófico; al final no logra destruir el mundo, pero el pueblo de Sokovia lo paga caro.

2011 | Se redescubre el vibránium

Tras hallar a Steve Rogers y su escudo en el Ártico, EE.UU. redescubre el único vibránium al que ha tenido acceso. No obstante, decide devolvérselo al Capitán América. Es una decisión osada que supervisa Nick Furia, que brinda al héroe la oportunidad de reincorporarse al combate cuando los Vengadores se unen por primera vez en 2012.

2018 | Prótesis de vibránium

Bucky Barnes ha sido desactivado como Soldado de Invierno y lleva una vida tranquila en Wakanda, pero T'Challa le dice que lo necesitan para luchar contra el ejército de Thanos y le proporciona un brazo cibernético de vibránium para la batalla que se avecina.

2023 | Vibránium derrotado

En la batalla final contra una versión pasada de Thanos, el arma del villano, compuesta por un material desconocido, destroza el escudo del Capitán América. Más tarde Steve devuelve las Gemas del Infinito a sus respectivos lugares de origen y regresa con el escudo intacto. Tras una larga vida, un viejo Steve recibe a Sam Wilson, le entrega el escudo y le pide que tome el relevo del Capitán América.

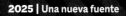

2025 | Una nueva fuente

Tras la muerte del rey T'Challa, los wakandianos deben proteger sus fronteras de otras naciones que tratan de robar su suministro de vibránium. La reina Ramonda y Shuri son abordadas por Namor, gobernante del reino submarino de Talokán. Su pueblo también está amenazado por el mundo exterior, de lo cual culpan a T'Challa. Tras varios desacuerdos, estalla una breve guerra entre ambos reinos, hasta que Shuri y Namor forman una alianza.

«Antes de mandar a mi amiguito de vuelta a su dimensión, me preguntaba si aceptarían la carta de desistimiento.»

Primavera de 2025 | La carta de desistimiento

Donny Blaze, un aprendiz de artes místicas fracasado, usa hechizos para ascender en su carrera artística de mago, pero envía por error a una juerguista llamada Madisynn King a una dimensión infernal. Wong contrata a Jennifer Walters para obtener una orden judicial contra Blaze por seguir usando sus enseñanzas por diversión; pero de momento la juez se pronuncia en contra hasta tomar una decisión final, cosa que hará en dos semanas. Luego Blaze libera a una horda de duendes sedientos de sangre durante un espectáculo. Hulka y Wong ponen orden y Blaze renuncia a seguir con la magia.

Jennifer tiene un día movidito como dama de honor.

Verano de 2025 | Titania declara la guerra

Titania vuelve a ser noticia cuando es absuelta de todos sus cargos por su arrebato en el juzgado, pero continúa enfadada con Jennifer por dejarla en evidencia. La *influencer* con superpoderes recrudece su enemistad creando una línea de cosméticos con el nombre de «Hulka»... y demanda a Walters por uso indebido de la marca. Walters gana el juicio, pero Titania la ataca en la boda de una amiga común, cosa que lleva a la *influencer* a otra derrota humillante (y a una boca llena de fundas dentales rotas).

Titania provoca otra pelea con Jennifer Walters.

Verano de 2025 | Inteligencia

Los enemigos de Hulka crean un cibergrupo llamado Inteligencia que publica memes misóginos, profiere amenazas e intriga contra Jennifer Walters. Su colega Mallory Book y la pasante Nikki Ramos son las primeras en detectar las amenazas, y Ramos advierte a Jennifer. Esta hace caso omiso de esos trols porque los considera unos pardillos, pero no sabe que el hombre con el que acaba de empezar a salir, Josh Miller, trabaja en secreto para el Rey Hulk, líder del grupo. Miller pasa la noche con ella para extraerle sangre mientras duerme con su forma humana. Luego la ignora y le parte el corazón.

Mallory Book y Nikki Ramos sopesan las amenazas contra Jennifer Walters.

Verano de 2025 | El «rancho de pirados»

Así llama el agente de la condicional de Emil Blonsky a los Ocasos Estivales, la finca donde la antigua Abominación ofrece consultas espirituales y sesiones de *coaching*. Jennifer Walters acompaña al agente al recinto porque se ha registrado un fallo en el inhibidor de Blonsky, y allí participa en un grupo de apoyo compuesto por Hombre Toro («Experimento fallido. Mejor no preguntes»); El Águila, un espadachín con tendencias toreras; Sarraceno, que se cree un vampiro, y Puercoespín, que no se quita su traje ni a tiros. También está Demoledor, que se disculpa por atacarla y promete hacer algo mejor con su vida. Todos aconsejan a Walters que deje de llorar por Josh y borre su número de teléfono.

Jennifer Walters visita el retiro de Blonsky y conoce a Hombre Toro y a El Águila.

Verano de 2025 | Hulka contra Daredevil

Walters acepta el caso de un justiciero, el hijo de un cliente rico que se hace llamar Rana Saltarina. Su queja: el traje de Súper Héroe que le compró al célebre diseñador Luke Jacobson es defectuoso. Pero el caso le sale… rana, pues su cliente llenó el traje con el combustible equivocado. Sea como fuere, eso la lleva a conocer al abogado Matt Murdock, llegado de su bufete en la Cocina del Infierno (Nueva York) para representar a Jacobson. Cuando Rana Saltarina secuestra a Jacobson y los dos abogados tienen que intervenir, Walters descubre que Murdock es el Súper Héroe Daredevil.

Matt Murdock y Jennifer Walters se toman una copa en el Legal Ease Bar & Grill.

Luke Jacobson, diseñador de moda para Súper Héroes, y su abogado, Matt Murdock.

2025

Otoño de 2025 | La caída de Hulka

Inteligencia humilla a Jennifer Walters: mientras
esta acepta un premio en una gala en Los Ángeles, el
grupo controla la pantalla de proyección y comparte
sus mensajes privados, archivos personales y vídeos
caseros. Walters se desata como Hulka y acaba siendo
detenida por los daños causados. Pierde su empleo
y su vida se viene abajo. Después se entera de que el
jefe de Inteligencia es Todd Phelps, un rico y egocéntrico
aspirante a Hulk que la conoció a través de una aplicación
de citas y le extrajo sangre para crear un suero que le
diera poderes. Hulka se enfrenta a él en el retiro de
Blonsky, donde Phelps está celebrando una reunión
de cibertrols. Este ingiere el suero, y entonces Bruce
Banner llega del espacio exterior para detenerlo.

Jennifer Walters, caída en desgracia,
vuelve a casa de sus padres.

Otoño de 2025 | El nuevo final de Hulka

Walters descubre el plan del Rey Hulk en la finca
de Blonsky y hace que lo arresten. No hay necesidad
de pegarle; el daño personal que le ha infligido se
resolverá en los tribunales, y él tiene dinero de
sobras para indemnizarla. Blonsky accede a volver
a Control de Daños por violar la condicional al
ofrecer charlas inspiradoras como Abominación.
Luego llega Matt Murdock, pero Daredevil ya no
pinta nada. Walters está encantada de verlo y lo
invita a una comida familiar donde lo único que
tiene que sufrir es la vergüenza que sus padres
le hacen pasar. El primo Bruce aparece y sorprende
a todos al presentar a su hijo, Skaar.

Jennifer Walters toma
las riendas de su historia.

Otoño de 2025 | La increíble Kamala Khan

La adolescente Kamala Khan, de Jersey City, sueña con ser una heroína. Está obsesionada con los seres superpoderosos que ve en las noticias: ilustra sus aventuras y comenta sus habilidades en vídeos caseros. Comparte su entusiasmo con su amigo Bruno Carrelli, un genio de la tecnología que la ayuda a crear un traje luminoso basado en su heroína favorita, la Capitana Marvel. Ahora solo les falta ir a la VengaCon, un festival que se celebra en Camp Lehigh, donde se entrenó en su día el Capitán América. Pero la excursión se tuerce cuando Khan suspende su último examen de conducir.

Kamala Khan crea plataformas de luz sólida.

El supersueño de Kamala Khan.

Versión de la VengaCon hecha por Kamala Khan.

Otoño de 2025 | Control de Daños

Los vídeos del incidente en la VengaCon llaman la atención de los agentes Cleary y Deever, del Departamento de Control de Daños de EE.UU., e inician una investigación. Entretanto, en la mezquita de su barrio, Kamala rescata a un chico que se cae de un minarete mientras se saca selfis junto a una ventana. El público apoda «Luz Nocturna» a la heroína enmascarada. Mientras las publicaciones en las redes se hacen virales, llegan unos drones de Control de Daños.

Otoño de 2025 | Deslumbrante

Kamala Khan adorna su traje de Capitana Marvel con un antiguo brazalete que su abuela mandó desde Pakistán. Es un legado familiar que perteneció a su bisabuela Aisha, cuya desaparición hace ya casi ocho décadas fue objeto de cotilleos y causa de vergüenza para la familia. La joya activa los poderes latentes de Kamala y le permite producir descargas de energía cristalina sólida que bautiza como «luz dura». En la VengaCon, usa esos poderes para salvar a Zoe Zimmer (que casi muere tras el caos que se forma cuando Khan rompe sin querer un decorado).

El brazalete místico libera los poderes latentes de Kamala Khan.

Kamala Khan en el escenario de la VengaCon.

2025

Otoño de 2025 | Los Clandestinos

Kamran, un nuevo compañero de clase, libera a Kamala de Control de Daños y se dan a la fuga en coche. Su madre, Najma, está en el asiento de atrás y le dice que son un grupo de seres transdimensionales exiliados llamados los Clandestinos que han percibido el poder de su brazalete. Khan descubre que su bisabuela, Aisha, fue una de ellos y que necesitan la joya para abrir el portal y volver a su Dimensión Noor. Está encantada de ayudarlos y de aprender más cosas sobre su familia. Najma le cuenta que los Clandestinos existen desde hace mucho tiempo y que aparecen en los cuentos populares.

Kamala Khan contempla el retrato de su bisabuela Aisha con su abuela Sana.

Najma está decidida a volver a la Dimensión Noor a cualquier precio, lo pague quien lo pague.

Kamala Khan y Kamran comparten un momento de felicidad.

Otoño de 2025 | Un viaje a Pakistán

Sana, la abuela de Kamala Khan, también experimenta la visión del tren y pide a su nieta que la visite en Pakistán. Le revela que es el tren de un incidente ocurrido durante la partición de la India ordenada por los británicos en el verano de 1947, cuando los bisabuelos de Khan —Aisha y Hasan— se vieron obligados a huir a la nación recién creada de Pakistán. Entonces Aisha desapareció en la caótica y abarrotada estación, y su hijita Sana se perdió, pero, tras seguir un misterioso «sendero de estrellas», encontró a su padre.

Otoño de 2025 | La debacle de la boda

Gracias al escáner biométrico de Bruno Carrelli, Kamala ya sabía que el brazalete no le confería poderes, sino que liberaba un poder latente en ella. Ahora Bruno le advierte que para ayudar a los Clandestinos a abrir el portal a la Dimensión Noor haría falta la energía del sol, cosa que podría ser letal si no se controla. Al ver que Khan duda, Najma y los Clandestinos se enfadan e irrumpen en la boda de su hermano para obligarla a ayudarlos. Durante la pelea, el brazalete genera una imagen de un tren de la década de 1940 que tiene un profundo significado para la familia de Khan.

Najma y Kamala Khan contemplan el poder del brazalete.

Otoño de 2025 | Los Puñales Rojos

En Karachi, el poder que irradia del brazalete de Kamala Khan llama la atención de Kareem, guerrero perteneciente a los Puñales Rojos, grupo dedicado a proteger a su pueblo de amenazas invisibles; en este caso, eso significa impedir que los Clandestinos abran un portal a la Dimensión Noor. «Si los Clandestinos emplean el brazalete para rasgar el Velo, su mundo entrará en el nuestro. Hasta que ya no quede nada. Por eso es tan importante proteger el brazalete», explica Waleed, líder de los Puñales Rojos. Najma y los Clandestinos atacan a los Puñales Rojos y matan a Waleed, lo cual deriva en un combate con Kamala Khan.

Kareem, de los Puñales Rojos, lleva en moto a Kamala Khan.

Otoño de 2025 | Lo que ocurrió en 1947

Cuando Najma apuñala el brazalete, este emite una descarga de energía que transporta a Kamala Khan a ese momento crucial de su historia familiar de 1947, cuando su abuela Sana y sus bisabuelos estaban a punto de subir al tren a Pakistán. Khan descubre que Aisha no desapareció, sino que fue asesinada por Najma por negarse a devolver a los Clandestinos a la Dimensión Noor, y también se entera de que ella misma creó el sendero de estrellas que llevó a su abuela de vuelta con su bisabuelo.

Kamala descubre la terrible verdad sobre lo que le pasó a su bisabuela.

2025

Kamala Khan y Kareem combaten a los Clandestinos.

Otoño de 2025 | Se rasga el Velo

Cuando Kamala Khan vuelve al presente, ve una columna de
energía que conduce a la Dimensión Noor. Fariha, miembro
de los Clandestinos, cree que puede volver a casa entrando
en ella, pero al tocar la luz se desintegra. Najma comprende
que Waleed tenía razón y que la grieta interdimensional se
descontrolará y destruirá el mundo, así que se sacrifica para
forzar su cierre y transfiere sus poderes a su hijo, Kamran,
a quien había abandonado en EE.UU.

La apertura de la Dimensión
Noor tiene consecuencias
imprevistas.

Otoño de 2025 | La «Chica Luz» se revela

Muneeba, la madre de Kamala, encuentra a su hija
poco después de que se esfume la grieta y descubre
que es la heroína que está llamando tanto la atención.
«Entonces, ¿eres esa... Chica Luz?», le pregunta.
A la abuela de Kamala no le sorprende en absoluto.
«Nuestra familia es mágica, Munee, llevo toda la vida
diciéndotelo.» Tras el viaje, las tres generaciones se
comprenden mejor y se fortalecen mutuamente.

Control de Daños destruye la tienda Circle Q.

Muneeba y su madre, Sana.

Otoño de 2025 | Kamran a la fuga

De vuelta en Nueva Jersey, Kamran pide ayuda a Bruno Carrelli, pues está
desconcertado y no sabe cómo lidiar con los poderes que su bisabuela le
ha concedido al morir. Le persigue un dron de Control de Daños y, cuando
Kamran lo destruye con su energía lumínica, el dron dispara un misil que
hace trizas la tienda Circle Q donde trabaja Carrelli. Los dos chicos escapan
en el metro, pero los poderes de Kamran se descontrolan y destrozan el tren.
Al final se refugian en el instituto, pues es sábado y estará vacío.

Kamala urde su plan.

Otoño de 2025 | Kamala se planta

A la vuelta de Pakistán, la madre de Kamala le regala a su hija un nuevo traje. Es su forma de decirle que acepta su identidad como Súper Heroína. Khan corre en ayuda de Bruno y Kamran, que está sufriendo a causa de la explosiva energía que lleva dentro. Khan y sus amigos defienden el instituto con trampas para frenar y distraer a los agentes de Control de Daños que los tienen rodeados hasta que Kamran se reúna con los Puñales Rojos para que lo ayuden a huir.

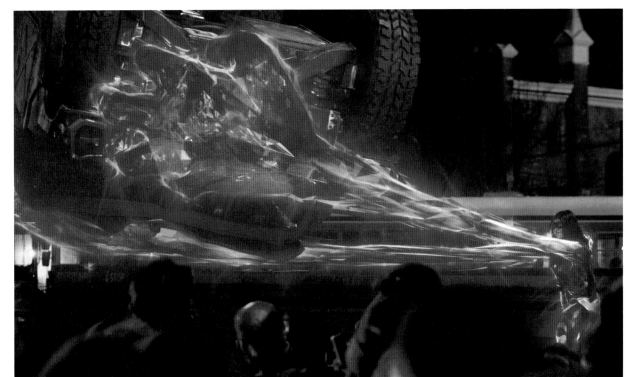

Otoño de 2025 | Un triunfo a todas luces

Durante el enfrentamiento, Kamala Khan usa su energía lumínica para aumentar de tamaño y pulveriza un cañón de energía de Control de Daños. Kamran lanza un vehículo militar contra la agente Deever, pero el arma arrojadiza pasa de largo y Khan la agarra antes de que aplaste al público que se agolpa en la calle. Luego hace un agujero en el suelo para que Kamran huya por las cloacas. Después, la gente a la que ha salvado la rodea y forma un escudo humano contra Control de Daños que le permite escapar por sus escaleras de luz.

Kamala intercepta un vehículo antes de que aplaste a los transeúntes.

2025

Otoño de 2025 | «Nuestra pequeña Ms. Marvel»

El padre de Kamala Khan se sienta con ella en el tejado de casa y la elogia por salvar tantas vidas. Le cuenta que la llamaron Kamala porque en árabe significa «perfección», pero en urdu es más bien «asombro» o «maravilla». A su hija le encanta esta última palabra. «¿¡"Marvel", como el alias de Carol Danvers!?», exclama. Su padre, muy contento, le dice que sí (aunque no sabe quién es Danvers).

Kamala Khan y su padre en el tejado.

Aunque Gorr lleva el símbolo de su dios, Rapu, es tratado con desprecio.

Fecha sin verificar | Un creyente despreciado

En un mundo lejano y desolado, un hombre llamado Gorr y su joven hija luchan por sobrevivir y ruegan a su dios, Rapu, que los salve. Pero sus oraciones caen en saco roto. Cuando la niña muere, Gorr encuentra un oasis donde Rapu, el «Portador de Luz», se está dando un banquete con otros seres sobrenaturales. Gorr cree que le será concedida la prometida eterna recompensa, pero Rapu se burla de él llamándolo «insignificante». Rapu y sus amigos están celebrando la muerte del poseedor de la Necroespada, un arma capaz de matar a dioses. Gorr, destrozado, coge la espada, que encierra el poder de su maldición, y mata a Rapu. Así se entrega a una nueva fe: todos los dioses deben ser exterminados.

Otoño de 2025 | Descodificación genética

Bruno compara la composición genética de Kamala con la de sus parientes más próximos y llega a nuevas conclusiones. «Sabemos por qué accedes a la Noor y cómo la controlas, pero al compararte con el resto de tu familia algo sigue sin encajar. Kamala, hay algo diferente en tus genes...»

La diferencia genética de Kamala Khan genera sus poderes.

Otoño de 2025 | Asesino de dioses

Tras enterarse de que alguien está matando a los dioses, Thor deja a los Guardianes de la Galaxia. Le llega un SOS de su vieja amiga Sif, a quien él y Korg rastrean hasta encontrarla en el paisaje nevado y rocoso de un mundo remoto. El cadáver colosal del dios Falligar asoma en el horizonte. Sif está herida de gravedad y ha perdido un brazo en la batalla. «Perseguí a un loco», dice. «Lo seguí hasta aquí, pero era una trampa. El Carnicero de Dioses va a venir. Pretende la extinción de los dioses.» Y luego advierte: «¡Asgard caerá!».

Korg y Thor contemplan los restos de Falligar.

Thor ayuda a la malherida Sif.

Otoño de 2025 | Niños secuestrados

Gorr, el Carnicero de Dioses, lleva la Necroespada a la Tierra y ataca el reino de Nuevo Asgard con su ejército de monstruos de las sombras. Pero su objetivo no parece ser su actual reina, Valkiria. Las criaturas de Gorr se dedican más bien a corretear por ahí atrapando a niños y metiéndolos en una jaula viva de pinchos. Thor llega justo a tiempo para enfrentarse a él... con la ayuda de un nuevo guerrero: la Poderosa Thor.

Los monstruos de las sombras atacan Nuevo Asgard.

2025

Thor mira el Mjolnir reconstruido.

Otoño de 2025 | Ocho años, siete meses y seis días

Ese es el tiempo que ha pasado desde que Jane Foster y Thor rompieron (pero no es que él lleve la cuenta, claro). Thor se queda atónito al ver que el nuevo héroe que blande a Mjolnir es su exnovia, y echa de menos a su vieja arma y a la radiante mujer que la lleva. El martillo se ha unido a ella porque, hace muchos años, Thor le pidió que siempre la protegiera. Ese deseo se convirtió en un hechizo que se grabó en el martillo. Y, aunque está roto, ella puede hacer que se recomponga o mandar los fragmentos por el aire como metralla. Juntos, Thor y Jane obligan a Gorr a retirarse. Por desgracia, este se lleva a los niños con él.

Otoño de 2025 | El amor renace

Uno de los niños asgardianos secuestrados, Axl, hijo del difunto Heimdall, envía mensajes telepáticos a Thor y Valkiria que indican que están ocultos en el Reino de las Sombras, un mundo sin color. De camino allí, Thor se disculpa con Jane Foster por haberse distanciado durante su relación y le pide una segunda oportunidad. «Estoy harto de rendirme al destino», dice. «Quiero vivir el momento como si no hubiera un mañana, echar la cautela por la borda. Quiero… Quiero estar contigo, Jane. ¿Qué me dices?» Ella decide contarle que está enferma. Se besan y reanudan su relación, pero puede que ella no tenga un mañana.

Thor y Jane se sinceran mientras contemplan una manada de delfines espaciales.

Ciudad Omnipotencia, donde los dioses están a salvo y pueden dedicarse a sus cosas.

Otoño de 2025 | Ciudad Omnipotencia

Thor, Jane Foster, Valkiria y Korg viajan al punto de encuentro de los dioses para pedir ayuda para rescatar a los niños asgardianos y derrotar a Gorr. Un Zeus fanfarrón se niega a ayudarlos e incluso a prestarles su Rayo. Aunque admite ante Thor que Gorr le asusta, cree que en Ciudad Omnipotencia están a salvo, y acusa al asgardiano de sembrar el pánico innecesariamente. A medida que la tensión aumenta, todos sacan las armas y estalla una pelea. Zeus hace añicos el cuerpo de Korg, pero luego Thor intercepta su Rayo y lo arroja contra el pecho del propio Zeus, y Valkiria lo roba mientras huyen.

Un Thor indefenso se presenta ante Zeus.

Otoño de 2025 | El don de la Eternidad

En el Reino de las Sombras, Thor, Jane Foster y Valkiria descubren que los niños secuestrados solo eran un señuelo para atraparlos. Gorr necesita el hacha Destructor de Tormentas porque es la llave de las Puertas de la Eternidad. Una vez abiertas, el ser llamado Eternidad concederá a Gorr su deseo de erradicar a todos los dioses del universo. Durante la lucha que sigue, Gorr provoca a Foster hablándole de su enfermedad. A Thor le dice: «Has acudido a los dioses en busca de ayuda y no han hecho nada. En eso somos iguales». Y hiere a Valkiria con el Rayo de Zeus. Mientras los héroes vencidos se retiran, Gorr arrebata el Destructor de Tormentas a Thor.

Thor lucha por sobrevivir en el Reino de las Sombras.

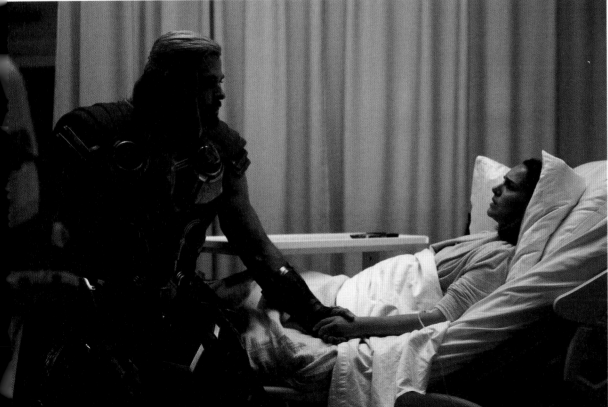

Otoño de 2025 | La última oportunidad

De nuevo en la Tierra, Jane Foster se resiente. El martillo le da fuerzas cuando se conecta con él, pero no puede estar siempre así. «Ese martillo te está matando», le dice Thor. «Cada vez que lo usas, absorbe tu fuerza de mortal y te deja sin defensas para combatir el cáncer», añade, y le pide que deje de usarlo para ganar tiempo. «Quiero seguir luchando», insiste Jane, y se pregunta si merece la pena pasar más tiempo enferma y sufriendo. Korg y Valkiria siguen recuperándose, por lo que Thor parte solo a combatir a Gorr.

Mjolnir confiere poderes y habilidades a Jane, pero mina su fuerza como humana.

2025

Otoño de 2025 | Las Puertas de la Eternidad

En el centro del universo, Gorr, el Carnicero de Dioses, usa el hacha Destructor de Tormentas para abrir la puerta que lleva a Eternidad y a su deseo más ferviente. Thor llega para liberar a los niños asgardianos e imbuye sus juguetes y herramientas del poder del dios del trueno. «Aquel que crea firmemente que volverá a casa, si es de corazón puro, es por tanto digno y poseerá —por tiempo limitado— ¡el poder de Thor!», declara. La horda de niños se lanza al combate y erradica a los monstruos de las sombras mientras Thor se enfrenta a Gorr.

Axl, hijo de Heimdall, es uno de los niños secuestrados que se alzan contra la legión de monstruos de las sombras de Gorr.

Thor usa el Rayo contra Gorr.

Otoño de 2025 | Del lado bueno

Gorr se impone a Thor y está a punto de atravesarle el pecho con la Necroespada, pero de pronto Mjolnir lo golpea y aparece la Poderosa Thor a lomos del pegaso de Valkiria. «No...», susurra Thor. Aunque venzan, él sabe que Jane Foster no sobrevivirá a esa transformación. Juntos pulverizan a Gorr y al final logran destruir la Necroespada, que despoja de su poder al Carnicero de Dioses y lo reduce a un frágil despojo agonizante. Pero ya es demasiado tarde. Las Puertas de la Eternidad se han abierto y el deseo de Gorr está a punto de serle concedido...

La Poderosa Thor se une a la lucha de Thor contra Gorr.

Otoño de 2025 | El deseo de Gorr

Gorr se arrodilla ante la estrellada silueta del ser conocido como Eternidad, y Thor le insta a considerar si de verdad solo desea la muerte y la venganza. Cuando Jane Foster recobra su forma mortal y agoniza a su lado, Thor le dice a Gorr: «Buscas amor». Gorr, afligido, se da cuenta de que podría pedir otro deseo: el regreso de su hija. Cuando la niña vuelve, Foster se desvanece del mismo modo en que desaparecen los dioses al morir. Gorr le pide a Thor que cuide de su hija y luego muere.

Otoño de 2025 | Una recompensa eterna

Foster muere en el reino mortal, pero su alma entra en el Valhalla, en cuya puerta Heimdall le da la bienvenida. Ella suspira atónita, pues no sabe dónde está ni en qué época. «Veo que ahora estás muerta», dice Heimdall. «Gracias por velar por mi hijo. Aquí eres más que bienvenida a la tierra de los dioses.»

Gorr ve cumplido su deseo frente a Eternidad.

Thor y la pequeña a su cargo disfrutan de un día juntos.

Otoño de 2025 | El rencor de Zeus

Tras ser humillado por Thor en Ciudad Omnipotencia, Zeus se recobra de la herida causada por su Rayo, pero su orgullo sigue hecho trizas y le guarda rencor. «Tiempo atrás ser dios significaba algo», se lamenta. Ahora la gente solo adora a «sus llamados Súper Héroes». Le pregunta a su hijo Hércules: «¿Cuándo nos convertimos en un chiste?». Y luego le ordena destruir a Thor para aterrorizar a los mortales. «Sí, padre», contesta Hércules.

Otoño de 2025 | Un amor tenaz

En Nuevo Asgard se erige una estatua de la doctora Jane Foster como Poderosa Thor. Es un homenaje al sacrificio que hizo al salvar a los niños secuestrados de la ciudad. Valkiria se recupera de sus heridas, al igual que Korg, quien se enamora y forma una familia con Dwayne, un rocoso kronano. Thor sigue recorriendo la galaxia luchando por los indefensos, pero no está solo. Su compañera es la hija de Gorr, renacida con los poderes de un dios, y a quien Thor prepara un delicioso bocado terrestre que él llama «pancreps». Se los conoce como el dúo heroico «Amor y Trueno».

La estatua dedicada a Jane Foster como la Poderosa Thor.

2025

Otoño de 2025 | Una noche oscura

El funeral del célebre cazador de monstruos Ulysses Bloodstone se celebra en su mansión. La noche será testigo de una lúgubre contienda: los invitados, todos duchos cazadores, competirán por la Piedra de Sangre, poderosa reliquia y arma que confiere longevidad, fuerza y protección. Para disgusto de su madrastra, la distanciada hija de Ulysses, Elsa, también participa en la cacería. Otro cazador es Jack, un modesto hombre con más de cien presas en su haber.

Los cazadores sacan fichas a suertes de una calavera para decidir en qué orden entran en el laberinto.

El grotesco cadáver reanimado de Ulysses Bloodstone se dirige a sus colegas cazadores.

Otoño de 2025 | Se abre la veda

Los cazadores son conducidos hasta un laberinto. Dentro hay un monstruo terrible con la Piedra de Sangre pegada en un costado. Quien mate a la bestia y se lleve la piedra será el nuevo líder de la cruzada contra los monstruos. Los cazadores pueden matarse entre sí para obtenerla. Elsa siente que algo va mal cuando se topa con Jack en el laberinto y él no la agrede. Ella lo ignora, pero Jack es un monstruo (un hombre lobo) y se ha apuntado a la contienda para salvar a la presa, que es su amigo Ted. Elsa y Jack se alían cuando Jack le promete ayudarla a conseguir la reliquia a cambio de que ella les ayude a él y a Ted a escapar.

Jack, transformado en hombre lobo, convierte la mansión Bloodstone en una morgue.

Otoño de 2025 | Un hombre lobo desatado

Elsa ve a Ted matando a otro cazador de forma atroz, pero se libra de su ira cuando le dice que sabe quién es. Jack hace un agujero en el muro perimetral y Ted se escapa, pero Jack sale disparado al tratar de recoger la Piedra de Sangre, lo cual desvela su naturaleza monstruosa. Elsa y Jack son capturados y llevados de vuelta a la casa, donde los meten juntos en una jaula: la madrastra de Elsa quiere que Jack se transforme en hombre lobo y la haga trizas. Pero, en vez de eso, al transformarse, Jack huye de la jaula y destroza a los guardias. Elsa también huye y mata al resto de los cazadores. Luego Jack ataca a Elsa, pero de pronto la recuerda y la deja. Entonces vuelve la madrastra dispuesta a matar a Elsa, pero aparece Ted y la quema con solo tocarla. Jack se fuga, pero Ted lo persigue y vela por él hasta que recupera su forma humana. Entretanto, Elsa toma las riendas de la mansión Bloodstone.

¡ALERTA DE AVT!
Al parecer, estas cosas ocurren en 2025, ¡pero las influencias mágicas hacen que sea difícil situarlas en el tiempo!

Drax y Mantis tienen un regalo navideño inesperado para Quill.

Diciembre de 2025 | Sapiencial navideño

Los Guardianes se alojan en Sapiencial, la cabeza flotante de un Celestial, y la reconstruyen después de comprársela al Coleccionista. Cuando la Navidad empieza en la Tierra, Mantis y Drax deciden hacer algo especial para Peter Quill, que está de capa caída tras perder a Gamora. Así que viajan a su mundo natal para traerle a uno de sus héroes: Kevin Bacon. Se quedan atónitos al enterarse de que Bacon es tan solo un actor y no un auténtico rey del baile. Por su parte, a Bacon le horroriza ser objeto de un secuestro. Durante el vuelo a Sapiencial, Mantis usa sus poderes para que el artista, presa del pánico, se avenga a su extraño plan.

Diciembre de 2025 | Mantis desvela un secreto

Peter está encantado de conocer a una de sus estrellas de cine favoritas, pero le parece fatal que Drax y Mantis trafiquen con un ser humano, así que exige que lo lleven de vuelta a casa. Cuando Quill pregunta a Mantis por qué se complicó tanto la vida para hacerle un regalo navideño, ella le desvela un secreto que ha ocultado desde que se conocieron: también ella es hija de Ego, pero tenía miedo de que Quill lo descubriera. Este la abraza y le dice que saber que tiene una hermana es el mejor regalo del mundo.

Peter Quill abraza a Mantis tras saber que es su hermana.

¿QUÉ PASARÍA SI...?

El tiempo, el espacio y la realidad son más que un mero plano lineal para el Vigilante; son un prisma de posibilidades infinitas. Ejerce de guía por esas realidades alternativas y jura observar sin interferir en nada. Pero rompe su promesa cuando un Ultrón alternativo descubre el Multiverso y urde un plan para destruir todas las realidades. Para detenerlo, el Vigilante recluta a versiones multiversales de Peggy Carter, Dr. Extraño, T'Challa, Thor, Gamora y Erik Killmonger.

¿Qué pasaría si... Killmonger salvara a Tony Stark?

El teniente Killmonger rescata a Tony Stark de una emboscada en Afganistán que le ha tendido la organización terrorista de los Diez Anillos. En una conferencia de prensa, Tony lo nombra nuevo jefe de seguridad de Industrias Stark. Entonces Killmonger desvela que Obadiah Stane conspiró con los Diez Anillos para asesinar a Tony. Luego engaña a este para que lo ayude a crear un dron de combate automático y le sugiere que use vibránium para hacer los drones más potentes. Killmonger mata a Tony y a Black Panther e inicia una guerra entre Wakanda y EE.UU.

¿Qué pasaría si... Thor fuera hijo único?

Odín devuelve a Loki a su pueblo, los gigantes del hielo. Al criarse como hijo único, Thor se convierte en un joven temerario e irresponsable que se corre juergas por toda la galaxia. Cuando Odín se sume en el Sueño de Odín, Thor viaja a la Tierra para salir de fiesta en Las Vegas. María Hill, directora de SHIELD, manda a la Capitana Marvel a combatirlo y ambos se enzarzan en una pelea por todo el globo. Al final gana Thor, pero cuando se entera de que su madre, Frigga, se dirige a la Tierra, reúne a sus amigos para poner orden, temeroso de su ira.

Las fechas indican las ramificaciones.

c.965 — **1943** — **1988** — **2008**

¿Qué pasaría si... la Capitana Carter fuera la primera Vengadora?

Peggy Carter asiste a la transformación de Steve Rogers para el Proyecto Renacer, pero se niega a resguardarse en la cabina para observarla. Cuando Heinz Kruger, agente de Hydra, hiere a Steve, Peggy sustituye a Rogers en la cámara y se convierte en supersoldado. Como Capitana Carter, se alía con Steve, quien combate en una armadura de Howard Stark llamada Hydra Stomper, a fin de impedir que Cráneo Rojo use el Teseracto para dominar el mundo.

¿Qué pasaría si... T'Challa se convirtiera en Starlord?

Una noche, un joven príncipe T'Challa se escabulle de palacio para explorar Wakanda y es secuestrado por los Saqueadores. Yondu observa que se han equivocado de niño, pero cuando T'Challa le dice que quiere conocer mundo, decide quedárselo para que pueda explorar la galaxia. Con los años, T'Challa se convierte en el bueno de Starlord, que roba a los ricos para proveer a los pobres, y los Saqueadores se vuelven benefactores, reforman a Thanos y liberan a los rehenes del vil Coleccionista.

¿Qué pasaría si... el Vigilante rompiera su juramento?

Para aplastar a Ultrón, el Vigilante recluta a héroes de todo el Multiverso: la Capitana Carter, Starlord-T'Challa, el Black Panther Erik Killmonger, el Thor juerguista, Strange Supreme y una versión de Gamora. Estos Guardianes del Multiverso derrotan al villano y, con la ayuda de una Viuda Negra posapocalíptica, inyectan un algoritmo de Arnim Zola, el científico de Hydra, para apagar la IA de Ultrón. Arnim Zola (en el cuerpo de Ultrón) y Erik luchan por las Gemas del Infinito, pero Strange los encierra con su magia. Luego el Vigilante manda a todos a sus respectivas líneas temporales, pero la Viuda Negra regresa a una realidad que perdió a su Natasha.

¿Qué pasaría si... ganara Ultrón?

Ultrón se descarga en un cuerpo de vibránium y, armado con la Gema de la Mente, mata al Capitán América, a Iron Man, a Hulk y a Thor, y luego inicia una guerra nuclear que arrasa a casi toda la humanidad. Cuando Thanos llega a la Tierra, Ultrón lo vence sin problemas y se hace omnipotente al quedarse con las Gemas del Infinito. Con sus nuevos poderes, percibe la presencia del Vigilante, y ambos combaten por el destino del Multiverso.

| 2009 | 2015 | 2016 | 2018 |

¿Qué pasaría si... el mundo perdiera a sus héroes más poderosos?

Nick Furia se prepara para lanzar la Iniciativa Vengadores, pero sus candidatos a héroes mueren misteriosamente uno a uno. La Viuda Negra está a punto de averiguar por qué cuando una noche la mata un agresor invisible en una biblioteca. Furia descubre que el asesino es Hank Pym, quien usa la tecnología del traje Chaqueta Amarilla para acabar con los héroes en venganza por la muerte de su hija, Hope, que falleció en 2009 durante una misión de SHIELD en Odesa (Ucrania) al mando de Furia.

¿Qué pasaría si... el Doctor Strange perdiera el corazón en lugar de las manos?

El Dr. Stephen Strange y la Dra. Christine Palmer van de camino a una gala de premios cuando tienen un accidente de tráfico y Christine muere. Desecho de dolor, Strange encuentra a los Maestros de las Artes Místicas y aprende sus prácticas. Cuando muere la Anciana, Strange recibe el Ojo de Agamotto y lo usa para revertir el tiempo y recuperar a Christine. La Anciana se le aparece para advertirle que no puede deshacer lo ocurrido, pero Strange la desafía y acaba provocando la destrucción de su realidad y su universo.

¿Qué pasaría si... hubiera zombis?

Hank Pym viaja al mundo Cuántico para rescatar a Janet van Dyne, pero no sabe que su esposa ha contraído un virus cuántico que la ha convertido en zombi. Hank se contagia y ambos llevan el virus a la Tierra, donde el brote se propaga rápidamente. Los Vengadores viajan a San Francisco para frenar la epidemia, pero son derrotados y se infectan. Los supervivientes de Nueva York —Peter Parker, Hope van Dyne, Bruce Banner, Bucky Barnes, Okoye, Kurt, Sharon Carter y Happy Hogan— viajan a Camp Lehigh siguiendo la señal de una baliza, pero allí solo encuentran a un engañoso Visión y a una voraz Bruja Escarlata zombificada.

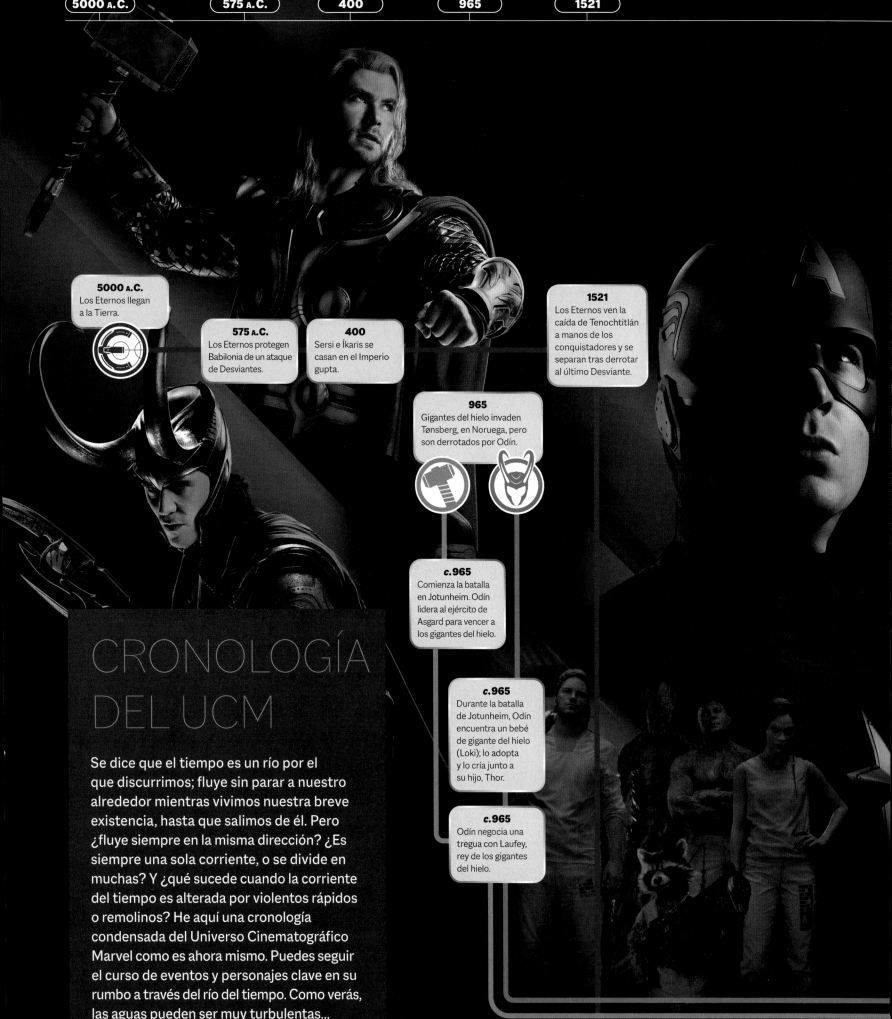

5000 A.C.
Los Eternos llegan a la Tierra.

575 A.C.
Los Eternos protegen Babilonia de un ataque de Desviantes.

400
Sersi e Íkaris se casan en el Imperio gupta.

1521
Los Eternos ven la caída de Tenochtitlán a manos de los conquistadores y se separan tras derrotar al último Desviante.

965
Gigantes del hielo invaden Tønsberg, en Noruega, pero son derrotados por Odín.

c.965
Comienza la batalla en Jotunheim. Odín lidera al ejército de Asgard para vencer a los gigantes del hielo.

c.965
Durante la batalla de Jotunheim, Odín encuentra un bebé de gigante del hielo (Loki); lo adopta y lo cría junto a su hijo, Thor.

c.965
Odín negocia una tregua con Laufey, rey de los gigantes del hielo.

CRONOLOGÍA DEL UCM

Se dice que el tiempo es un río por el que discurrimos; fluye sin parar a nuestro alrededor mientras vivimos nuestra breve existencia, hasta que salimos de él. Pero ¿fluye siempre en la misma dirección? ¿Es siempre una sola corriente, o se divide en muchas? Y ¿qué sucede cuando la corriente del tiempo es alterada por violentos rápidos o remolinos? He aquí una cronología condensada del Universo Cinematográfico Marvel como es ahora mismo. Puedes seguir el curso de eventos y personajes clave en su rumbo a través del río del tiempo. Como verás, las aguas pueden ser muy turbulentas...

1943 (14 jun.)
Bucky Barnes y Steve Rogers visitan la Expo Stark en Nueva York. Tras haber intentado alistarse varias veces y ser rechazado, Steve es aceptado por fin en el ejército por el Dr. Abraham Erskine.

1991 (16 dic.)
Soldado de Invierno (Bucky Barnes) asesina a Howard y María Stark por orden de Hydra. Su asesinato es encubierto como un accidente. Obadiah Stane asume el cargo de director de Industrias Stark.

1993 (2 dic.)
Iván Vanko es sentenciado a 15 años de prisión en una cárcel rusa por vender plutonio de uso militar a Pakistán.

1943 (22 jun.)
Steve Rogers es sometido al suero del Dr. Erskine y se convierte en un supersoldado. El Dr. Erskine es asesinado en el laboratorio por un agente de Hydra.

1989
Hank Pym dimite de SHIELD después de descubrir que la organización ha tratado de replicar sus partículas alteradoras del tamaño.

1992
El rey T'Chaka se entera de que su hermano N'Jobu ha traficado con vibránium de Wakanda. Cuando se enfrentan, N'Jobu intenta disparar a su amigo Zuri, que lo espiaba para T'Chaka, pero este interviene y mata a N'Jobu. Erik, el hijo de N'Jobu, es testigo de la partida de la nave de T'Chaka y regresa a su apartamento en Oakland, donde ve a su padre muerto. También halla sus diarios, y una clave de desencriptación para el idioma wakandés. Comienza un viaje de venganza.

1943 (3-10 nov.)
Mientras está de gira con la USO, el Capitán América desafía las órdenes y ataca una instalación de Hydra en Austria, donde mantienen cautivos a Bucky y el resto del batallón 107. Rescata a los prisioneros y varios de ellos —incluido Bucky— se reúnen en los Comandos Aulladores del Capi.

Med. déc. 1940
Los Comandos Aulladores capturan al Dr. Arnim Zola en un tren de Hydra. Bucky cae a un abismo y es dado por muerto. En realidad, Hydra lo apresa y le lava el cerebro.

1945 (marzo)
El Capitán América y los Comandos Aulladores vencen a Cráneo Rojo, que trata de usar el Teseracto y desaparece; acabará en el planeta Vormir, donde se convertirá en el guardián de la Gema del Alma.

1989
Carol Danvers y la Dra. Wendy Lawson estrellan su prototipo *Asis* tras ser atacadas por una nave alienígena. Lawson muere. Carol es abducida por fuerzas krees y enviada a su planeta capital, Hala. Carol pierde los recuerdos de su pasado.

1945 (marzo)
El Capitán América estrella a propósito el avión de Hydra (el *Valkiria*) en el Ártico y es dado por muerto.

2008 (principio)
Tony Stark hace una demostración de su tecnología de misiles Jericó al ejército de EE.UU. en Afganistán. Más tarde, es herido en una emboscada y capturado por los Diez Anillos, que trabajan para su colega Obadiah Stane.

2010 (primavera)
Por orden de Furia, Natasha Romanov entra como administrativa en Industrias Stark, y controla a Tony bajo la identidad de «Natalie Rushman».

2010 (primavera)
Iván Vanko choca (literalmente) con el Gran Premio de Mónaco y combate con Tony Stark, que usa la armadura Mark V para derrotarlo.

2010 (verano)
El agente Coulson informa al agente Sitwell de que el Consejo Mundial de Seguridad quiere sacar a Emil Blonsky de prisión para unirlo a la Iniciativa Vengadores, aunque Furia no lo quiere. El Consejo culpó a Hulk de la destrucción de Abominación; Blonsky se consideró un héroe de guerra. Coulson y Sitwell deciden enviar un pelele para sabotear el encuentro con el general Ross de forma que Blonsky permanezca en prisión, y mandan al «Consultor», Tony Stark.

1999 (31 dic.)
Tony Stark asiste a una fiesta de Nochevieja en Berna (Suiza), donde se encuentra a Maya Hansen y al Dr. Ho Yinsen. También lo aborda un científico discapacitado, Aldrich Killian, quien le pide una reunión para financiar una investigación; pero Stark se deshace de él. Hansen revela su trabajo en Extremis a Stark... incluidos sus explosivos efectos secundarios.

2008 (principio)
El Dr. Ho Yinsen, cautivo compañero de Stark, le salva la vida operándole del corazón. Juntos, construyen la armadura Mark I que permitirá escapar a Stark. Yinsen no sobrevive y los restos de la Mark I son recuperados del desierto por los Diez Anillos.

2010 (primavera)
Furia pone bajo arresto domiciliario a Tony Stark, que actúa erráticamente debido al envenenamiento por paladio. James Rhodes roba la armadura Mark II y se la entrega al ejército, donde es modificada por Justin Hammer, que convierte a Rhodes en Máquina de Guerra. En la Expo Stark, la armadura es hackeada por Vanko, que también piratea los drones Hammer de exhibición y los usa para sabotear el evento. Iron Man, Máquina de Guerra, Viuda Negra y Happy Hogan vencen a Vanko, que acaba muriendo.

Med. déc. 2000
Mientras prueba un experimento sobre sí mismo, el Dr. Bruce Banner queda expuesto a un estallido de radiación gamma y se transforma en Hulk. Tras destruir el laboratorio, huye.

2010 (primavera)
Banner regresa a la Universidad Culver y se reúne con Betty Ross antes de librar una batalla con el general Thaddeus Ross y el soldado de las fuerzas especiales Emil Blonsky. Luego huye.

2008 (primavera)
De regreso a EE.UU., Tony Stark saca a Industrias Stark del negocio de las armas y cancela todos sus contratos militares. Se centra en mejorar el reactor Arc y la armadura Iron Man.

2010 (primavera)
Habiendo recibido ya una versión prototipo del suero del supersoldado, Blonsky muta en Abominación al inyectársele productos derivados de la sangre de Banner. Hulk vence a Abominación tras una destructiva batalla en Harlem.

2010 (verano)
Coulson envía a Stark a entrevistarse con el general Ross en un bar para discutir la liberación de Emil Blonsky bajo custodia de SHIELD. Stark irrita tanto a Ross que este intenta que lo echen del bar, así que Tony compra el local. El plan funciona: Blonsky seguirá en prisión.

1995 (verano)
Carol Danvers regresa a la Tierra, donde descubre la verdad sobre su manipulación por los krees. Ayuda a la banda de skrulls refugiados de Talos en su batalla contra los krees, liberando todo su poder en el proceso.

2008 (primavera)
Stark es atacado por Obadiah Stane con una versión mejorada de la Mark I, a la que vence. Luego Stark anuncia su nuevo nombre, Iron Man, rechazando la tapadera de SHIELD; más tarde lo aborda Nick Furia para que se una a la «Iniciativa Vengadores».

2010 (primavera)
Samuel Sterns, que intentó curar a Banner, acaba mutando tras exponerse a la sangre de este.

2010 (primavera)
Thor se estrella en la Tierra tras ser expulsado por Odín. Su martillo Mjolnir aterriza en Nuevo México. El agente Coulson, de SHIELD, llega para asegurarlo.

2010 (primavera)
El agente de SHIELD Clint Barton defiende la base establecida en torno al lugar de impacto de Mjolnir.

2011
SHIELD consigue descongelar a Steve Rogers, recuperado recientemente del Ártico.

2010 (primavera)
Sif y los Tres Guerreros llegan a la Tierra en busca de Thor. Loki ordena al autómata conocido como Destructor que se libre de Thor y lo destruya todo. El Destructor ataca el pueblo de Puente Antiguo, pero Thor se demuestra a sí mismo que es digno y, con sus poderes recuperados, logra vencer al Destructor.

2012 (primavera)
Por orden de Thanos, Loki usa la energía del Teseracto para abrir un portal a la instalación de la Misión Conjunta Energía Oscura. Roba el Teseracto y se apodera de las mentes del Dr. Selvig y de Ojo de Halcón. Thor es alertado de la llegada de Loki a la Tierra.

2012 (primavera)
Romanov trabaja encubierta interrogando a un traficante de armas cuando recibe una llamada de Coulson: Ojo de Halcón ha quedado comprometido y ella debe volver.

2012 (primavera)
Coulson visita a Tony Stark para que revise la investigación de Selvig, y Furia aborda a Steve Rogers con una misión para recuperar el Teseracto robado.

2012 (primavera)
Natasha Romanov es enviada a Calcuta para reclutar al Dr. Banner con la idea de que localice el Teseracto a través de su radiación gamma.

2012 (primavera)
En Stuttgart, Barton roba el iridio necesario para estabilizar la energía del Teseracto mientras Loki causa una distracción. Esto lleva a una breve confrontación con Rogers, Stark y Romanov y acaba con la rendición de Loki.

2012 (primavera)
Odín usa energía oscura para trasladar a Thor a la Tierra con el fin de que capture a Loki.

2012 (primavera)
Thor, Iron Man y Capitán América discuten sobre quién se lleva a Loki. Finalmente, aceptan ponerlo bajo custodia de SHIELD. Loki consigue escapar a bordo del helitransporte con la ayuda de Barton y otros agentes controlados mentalmente. Natasha deja a Clint inconsciente, rompiendo el control mental de Loki. Hulk se enfurece, cae y se estrella contra el suelo. Loki mata a Phil Coulson; su muerte ayuda a unir a los Vengadores.

2012 (primavera) BATALLA DE NUEVA YORK
Loki usa el Teseracto para abrir un portal sobre Nueva York, y el ejército chitauri de Thanos pasa a través de él. Los Vengadores derrotan a Loki y los invasores. Iron Man redirige un misil nuclear hacia el espacio, evitando la destrucción de NY. La invasión es detenida y el Teseracto recuperado. Thor se lo lleva a Asgard para ponerlo a salvo.

2013 (otoño)
Thor lidera a los asgardianos en su victoria contra los merodeadores en Vanaheim. En vez de celebrarlo, Thor consulta con Heimdall, que es incapaz de «ver» a Jane Foster. Entonces Thor se dirige a la Tierra para localizarla, y descubre que, tras un problema con una anomalía gravitatoria en Londres, ha sido infectada con el poder del Éter.

2013 (otoño)
Loki finge su propia muerte y maquina un plan para usurpar el trono de Odín, a quien expulsa a la Tierra. Thor y sus aliados derrotan a Malekith y los Elfos Oscuros en la batalla de Greenwich, en Londres.

2013
Sif y Volstagg se reúnen con el Coleccionista y le entregan el Éter para que lo custodie.

2013 (invierno)
Primer «atentado del Mandarín».

2013 (invierno)
Tony Stark sufre *flashbacks* de la batalla de Nueva York; mientras, su proyecto Legión de Hierro provoca roces con Pepper.

2013 (22 dic.)
El Mandarín reivindica los atentados de la base aérea de Ali Al Salem y del teatro chino TCL (explosiones causadas de hecho por sujetos bajo Extremis). Happy Hogan, víctima del segundo atentado, cae en coma.

2013 (23-24 dic.)
El Mandarín destruye la mansión de Stark, que es declarado muerto pero escapa en secreto con la armadura Mark XLII. JARVIS lo conduce, inconsciente, hasta Rose Hill, en Tennessee, donde conoce al joven Harley. Tony repara su armadura mientras investiga los atentados del Mandarín y después se dirige a Miami para infiltrarse en la mansión de este, donde encuentra al actor Trevor Slattery y se entera del plan de Aldrich Killian para capturar al presidente.

2013 (24-25 dic.)
Stark y su Legión de Hierro rescatan a Pepper Potts, infectada por Killian con el virus Extremis, y Rhodes salva al presidente Ellis, secuestrado. Pepper hace estallar a Killian y salva así a Tony.

2014 (principios)
Pepper es curada de los efectos de Extremis y Stark es operado para extraerle la esquirla que le quedaba junto al corazón. Luego arroja al mar su reactor Arc, ahora innecesario.

2014 (primavera)
Sam Wilson conoce al Capitán América.

2014 (primavera)
El Capi y Viuda Negra dirigen un equipo de SHIELD para recuperar la nave secuestrada *Estrella de Lemuria*. La misión resulta ser una treta de Nick Furia, que ha empezado a sospechar que SHIELD ha sido corrompido desde dentro.

2014 (primavera)
Capitán América, Viuda Negra y Falcon combaten a un ejército de agentes de Hydra infiltrados en SHIELD. Nick Furia regresa tras fingir su propio asesinato y, junto con María Hill, ayuda a destruir los tres helitransportes del Proyecto Insight que Hydra planeaba usar para neutralizar amenazas potenciales para su organización.

2014 (primavera)
Soldado de Invierno y Capitán América mantienen un combate brutal en el último helitransporte. El Capitán ordena a María Hill que dispare contra el vehículo, a pesar de seguir a bordo. Soldado de Invierno empieza a recordar su pasado como Bucky Barnes. El Capitán cae al río Potomac, pero Bucky lo saca inconsciente del agua.

2014 (primavera)
Tras usar con éxito el cetro de Loki para mejorar a los hermanos Maximoff, el barón Strucker, líder de Hydra, asegura a su equipo que su obra continuará, pese al hundimiento de su organización.

2015 (primavera)
Los Vengadores atacan la base de investigación de Hydra en Sokovia. Tienen un breve choque con los mellizos Pietro y Wanda Maximoff, pero recuperan el cetro de Loki y capturan al líder de Hydra, el barón Strucker, terminando así la guerra de los Vengadores contra Hydra.

2015 (primavera)
Durante una fiesta en la Torre Vengadores para celebrar su victoria, la nueva IA de Stark, Ultrón, adquiere conciencia. De inmediato, cataloga a la humanidad de irredimible e intenta destruir a JARVIS antes de crearse un cuerpo a partir de partes sobrantes de la Legión de Hierro de Stark.

2015 (primavera)
Ultrón interrumpe la fiesta y ataca a los Vengadores con el resto de la Legión de Hierro. Los Vengadores los rechazan, pero Ultrón huye con el cetro y se establece en Sokovia, donde se alía con los Maximoff.

2015 (primavera)
Los Vengadores viajan a Seúl para impedir que Ultrón complete un nuevo cuerpo sintezoide de vibránium. Los hermanos Maximoff se enteran de que el plan de Ultrón es eliminar a la humanidad y se vuelven contra él. Los Vengadores consiguen el cuerpo, pero Ultrón captura a Natasha.

2015 (primavera)
Stark y Banner intentan cargar a JARVIS en el cuerpo sintético que Ultrón ha mejorado con la Gema de la Mente del cetro de Loki. Tras la descarga de un relámpago de Mjolnir, nace Visión. Demuestra sus buenas intenciones al levantar con facilidad el martillo, y acepta unirse a los Vengadores en su batalla contra Ultrón.

2015 (primavera) BATALLA EN SOKOVIA
Ultrón usa vibránium para transformar la capital de Sokovia en un arma apocalíptica gigante. Los Vengadores llegan para detenerlo. Rescatan a Viuda Negra mientras Furia y exagentes de SHIELD evacuan a los civiles de la ciudad antes de que sea destruida. Visión acaba finalmente con el desenfreno de Ultrón.

2014 (verano)
Starlord (Peter Quill) traiciona a sus compañeros Saqueadores y viaja solo a Morag para hacerse con un valioso Orbe. Es atacado por Korath y sus sakaarianos por orden de Ronan el Acusador, pero escapa con el botín.

2014 (verano)
Gamora ataca a Quill en Xandar y roba el Orbe, mientras Rocket y Groot intentan capturar a Quill para reclamar la recompensa que los Saqueadores ofrecen por él. Todos son arrestados por el Cuerpo Nova y encerrados en el Kyln, donde conocen a Drax el Destructor. El curioso grupo huye enseguida y se dirige a Sapiencial por indicación de Gamora.

2014 (verano)
En Sapiencial, el Coleccionista revela la verdadera naturaleza del Orbe, pero la Gema del Infinito que contiene es obtenida por Nébula, que se la pasa a Ronan. Este traiciona a Thanos, intentando usar la gema para destruir Xandar.

2014 (verano)
Saqueadores, Guardianes de la Galaxia y Cuerpo Nova colaboran para frenar a las fuerzas de Ronan sobre Xandar. Luego los Guardianes derrotarán a Ronan con la Gema del Poder.

2014 (verano)
La Gema del Poder queda en Xandar, a cargo del Cuerpo Nova.

2014 (otoño)
Los Guardianes son contratados por Ayesha, suma sacerdotisa de los Soberanos, para derrotar al monstruo Abilisco. Su recompensa: Nébula, que queda bajo su custodia.

2014 (otoño)
Rocket roba a los Soberanos, pero los Guardianes son salvados de la destrucción por un personaje misterioso llamado Ego que se presenta, junto a su emisaria Mantis, como el padre de Peter Quill. Ego invita a Quill a volver a su hogar acompañado por Gamora y Drax. Rocket y Groot se quedan reparando la dañada nave de los Guardianes y vigilando a Nébula.

2014 (otoño)
Ego explica que es un Celestial de poder divino que en el pasado viajó por el universo. Así conoció a la madre de Quill. Él contrató a Yondu para recoger a Quill tras la muerte de Meredith, pero el chico nunca le fue entregado, y él lo busca desde entonces. Ego enseña a Quill a manejar sus poderes de Celestial.

2014 (otoño)
Nébula llega al planeta de Ego e intenta matar a Gamora, pero ambas llegan a una frágil alianza tras hablar sobre su pasado compartido, y hallan una caverna llena de los huesos de los hijos de Ego.

2014 (otoño)
Ego revela a Quill su plan de dominación universal. Gamora, Nébula y Drax también conocen el plan por Mantis. Llegan Rocket, Yondu, Groot y Kraglin. Los Guardianes reunidos hallan el cerebro de Ego en el núcleo del planeta mientras sufren un nuevo ataque de los drones de los Soberanos. Rocket crea una bomba con las pilas de anulax robadas y Groot las planta en el cerebro de Ego.

2014 (otoño)
Quill combate a Ego con sus recientes poderes de Celestial, distrayéndolo el tiempo suficiente para que el resto de los Guardianes y Mantis escapen. La bomba explota, mata a Ego y desintegra el planeta. Con su muerte, Quill pierde sus poderes de Celestial. Yondu lo rescata de una muerte segura durante la destrucción planetaria, pero sacrifica su vida en el proceso.

2016 (primavera)

El mercenario Calavera asalta el Instituto de Estudio de Enfermedades Infecciosas en Lagos (Nigeria) para robar un arma biológica. Capitán América, Viuda Negra, Falcon y Wanda Maximoff intervienen. Cuando Calavera activa una bomba suicida, Wanda redirige la explosión, pero causa víctimas en el proceso.

2016 (primavera)

Tony Stark se ve frente a una afligida madre cuyo hijo murió en Sokovia, y que culpa de su muerte a los Vengadores.

2016 (primavera)

Como resultado del ataque en Lagos, la ONU establece los Acuerdos de Sokovia con el fin de poner a los Vengadores bajo control del gobierno.

2016 (primavera)

Los Vengadores deben firmar los acuerdos en tres días, o tendrán que retirarse.

2016 (primavera)

Peggy Carter muere. Steve Rogers asiste a su funeral en Londres.

2016 (primavera)

Un vengativo oficial sokoviano, Helmut Zemo, tortura a un agente de Hydra para obtener detalles del informe de misión del 16 de diciembre de 1991.

2016 (primavera)

La ceremonia de firma de los acuerdos se celebra en Viena, donde Romanov se encuentra con T'Challa, hijo del rey T'Chaka de Wakanda. El evento es interrumpido por un ataque orquestado por Helmut Zemo. T'Chaka muere en la explosión. Bucky Barnes es inculpado del ataque, y T'Challa jura vengarse. Rogers y Wilson viajan a Bucarest para localizar al Soldado de Invierno antes de que sea arrestado (o algo peor), pero son capturados y llevados a Berlín para su interrogatorio.

2016 (2 feb.)

El Dr. Stephen Strange sobrevive a un terrible accidente de coche, pero sus manos quedan dañadas.

2015 (verano)

Scott Lang es liberado de prisión tras cumplir tres años de condena por robo.

2015 (verano)

En una reunión de Tecnologías Pym y otras empresas, Darren Cross presenta el traje Chaqueta Amarilla. En privado, revela a Hank Pym que conoce su pasado como Ant-Man. Pym pretende frustrar los planes de Cross.

2015 (verano)

Acuciado por la necesidad de dinero, Scott Lang roba en casa de Hank Pym y se lleva el traje de Ant-Man que encuentra en la caja fuerte. Al probarlo, encoge por primera vez.

2015 (verano)

Al intentar devolver el traje, Lang es arrestado y enviado a la cárcel. Allí se encuentra cara a cara por primera vez con Hank Pym y descubre que este había organizado el robo como una prueba. Pym le entrega el traje de Ant-Man para que se fugue.

2015 (verano)

Por orden de Pym, Lang se infiltra en el Complejo Vengadores para robar un dispositivo que los ayudará a hacerse con el traje Chaqueta Amarilla. Falcon lo detecta, pero Lang le gana la partida.

2015 (primavera)

Hulk se hace con el quinjet del grupo y parte con rumbo desconocido.

2015 (primavera)

Se establece el Complejo Vengadores en el estado de Nueva York. Capitán América y Viuda Negra entrenan a los nuevos miembros: Visión, Wanda, Falcon y Máquina de Guerra.

2015 (verano)

Lang se infiltra en Tecnologías Pym, pero es capturado por Darren Cross. Sin embargo, escapa y persigue a este, que se ha puesto el traje Chaqueta Amarilla. La lucha se intensifica en casa de la exesposa de Lang, donde Cross intenta secuestrar a su hija. Cross fracasa cuando Lang se hace subatómico y sabotea la Chaqueta Amarilla. Es entonces cuando descubre una forma de volver del mundo cuántico.

2015 (verano)

Pym muestra a Hope van Dyne un prototipo del traje de Avispa.

2015 (primavera)

Thor deja los Vengadores en busca de respuestas para sus visiones sobre Asgard.

2016 (primavera)
Helmut Zemo se infiltra en la instalación donde mantienen al Soldado de Invierno y activa su programación de Hydra, obligándolo a revelar la ubicación de una base abandonada en Siberia, donde hay otros Soldados de Invierno, aún vivos pero congelados. Luego Soldado de Invierno huye de la instalación, pero es capturado por Rogers y Wilson.

2016 (primavera)
Ojo de Halcón se escapa con Wanda del Complejo Vengadores; ambos se unirán luego al grupo del Capi. Visión intenta detenerlos, pero Wanda lo contiene con sus poderes.

2016 (primavera)
Stark y Viuda Negra se reúnen con Máquina de Guerra, Black Panther y un nuevo héroe, Spiderman, a quien Stark presenta con un nuevo traje avanzado.

2016 (primavera)
Rogers recluta a Ant-Man por recomendación de Sam Wilson.

2016 (primavera) LEIPZIG-HALLE
Los Vengadores luchan entre sí en el aeropuerto de Leipzig-Halle. El Capitán América, Falcon, Soldado de Invierno, Ojo de Halcón, Wanda Maximoff y Ant-Man se enfrentan a Iron Man, Viuda Negra, Máquina de Guerra, Visión, Black Panther y Spiderman.

2016 (primavera)
Falcon, Wanda, Ojo de Halcón y Ant-Man son enviados a la Balsa, una prisión en alta mar diseñada para personas mejoradas.

2016 (primavera)
Capitán América y Soldado de Invierno escapan y van a Siberia. Se encuentran con Iron Man y acuerdan una tregua para acabar con Zemo, y descubren que este ha matado al resto de los Soldados de Invierno. Luego les revelará que quiere separar a los Vengadores porque su familia murió en Sokovia.

2016 (primavera)
Zemo también revela que el Soldado de Invierno fue responsable del asesinato de los padres de Stark, lo que provoca el violento ataque de Iron Man contra Bucky y el Capitán América. Tras un combate brutal que acaba con Iron Man inmovilizado, el Capitán se marcha, dejando atrás su escudo cuando Stark insiste en que no le pertenece. Luego, Steve y Bucky desaparecen.

2016 (primavera)
Bucky Barnes obtiene refugio en Wakanda.

2016 (primavera)
Barnes acepta ser congelado de nuevo hasta quedar limpio por completo del control mental.

2016 (primavera)
Scott Lang y Clint Barton llegan a acuerdos con la fiscalía y deben permanecer bajo arresto domiciliario. Hank Pym y Hope van Dyne huyen de la ley debido a los Acuerdos de Sokovia.

2016 (primavera–verano)
Natasha Romanov y Yelena Belova destruyen la Sala Roja.

2016 (verano)
T'Challa derrota a Erik Killmonger y reclama el trono de Wakanda.

2016 (verano)
Steve Rogers y Natasha Romanov rescatan a Sam Wilson y Wanda Maximoff de la Balsa.

2016 (verano)
Tony recibe una nota y un teléfono desechable de parte de Steve como gesto de paz y medio para que Tony pueda contactar con él si alguna vez lo necesita.

2016 (otoño)
Peter Parker derrota a Adrian Toomes y Stark le ofrece una plaza en los Vengadores, pero Peter declina la oferta.

2016 (otoño)
Tras numerosas operaciones fallidas, Stephen Strange se encuentra con John Pangborn y este le habla de Kamar-Taj. Usa el resto de sus fondos en viajar a Nepal.

2016 (otoño)
Strange conoce a Karl Mordo y a la Anciana, y es finalmente admitido en Kamar-Taj, donde empieza su formación en las artes místicas.

2017
Extraño experimenta con el Ojo de Agamotto, pero Wong y Mordo le advierten de sus peligros. Kaecilius y sus Fanáticos destruyen el Santuario de Londres y luego se dirigen al de Nueva York. Aunque superado, Extraño intenta defenderlo, ayudado por un artefacto mágico sintiente: la Capa de Levitación.

2017

La Anciana llega al hospital en estado crítico después de combatir a Kaecilius. En su forma astral, confiesa a Extraño que ha extraído poder de la Dimensión Oscura. Antes de morir, le advierte que él y Mordo tendrán que colaborar para derrotar al amo de Kaecilius: el maligno señor de la Dimensión Oscura, Dormammu.

2017

Wong y otros hechiceros combaten a Kaecilius en el Santuario de Hong Kong, pero son vencidos. Extraño usa el Ojo de Agamotto para invertir el tiempo y deshacer la destrucción. Sin embargo, Kaecilius se libera del conjuro y convoca a Dormammu. Extraño usa el Ojo de Agamotto para atrapar a este en un bucle temporal, obligándolo a retirarse.

2017

Mordo abandona a los Maestros de las Artes Místicas, decepcionado por la revelación de que la Anciana usó energía de la Dimensión Oscura.

2017

Extraño asume su nuevo papel como maestro del Santuario de Nueva York.

2017 (otoño)

Odín muere. Hela, hermana de Thor, vuelve de su exilio, reclama el trono y destroza el Mjolnir.

2017 (otoño)

Thor y Loki acaban en Sakaar, donde se encuentran con Hulk y la antes Valkiria asgardiana. Juntos regresan a Asgard para derrotar a Hela y rescatar a su pueblo, pero se ven obligados a destruir Asgard en el proceso. Escapan del cataclismo a bordo de una nave espacial.

2018 (primavera)

Janet van Dyne es rescatada del mundo cuántico y se reúne con su familia.

2018 (primavera)

Thor, Loki, Hulk y los asgardianos son interceptados por Thanos mientras viajan por el espacio. Las fuerzas del titán destrozan su nave, y Thor y Heimdall son derrotados. Hulk ataca a Thanos, pero no es rival para la Gema del Poder que este porta ahora, y es sometido con facilidad. Antes de que pueda matar a Hulk, Heimdall invoca el Bifrost y envía a Banner a la Tierra. Thanos arrebata la Gema del Espacio a Loki antes de matarlo, y luego desaparece con sus acólitos, los Hijos de Thanos.

2018 (primavera)

Bruce Banner aterriza en el Santuario de Nueva York, donde advierte al Dr. Extraño y a Wong de la llegada inminente de Thanos. Estos convocan a Tony Stark, que llega cuando los Hijos de Thanos, Matanza Obsidiana y Fauces Negras aparecen sobre Nueva York buscando la Gema del Tiempo. Banner descubre que su yo Hulk se niega a mostrarse.

2018 (primavera)

Spiderman se une a la batalla y se convierte en polizón involuntario en la nave de Fauces cuando esta despega de vuelta a Thanos con el Dr. Extraño cautivo. Iron Man los persigue y entrega a Peter la armadura Iron Spider justo cuando este se va a quedar sin oxígeno. Ahora los dos están atrapados a bordo.

2018 (primavera)

Los Guardianes de la Galaxia rastrean la señal de socorro de la nave asgardiana, pero solo hallan sus restos, cadáveres y a Thor, que flota inconsciente en el vacío. Tras despertarlo, él, Rocket y Groot viajan a Nidavellir, hogar de los legendarios herreros enanos, en busca de un arma nueva con la que vencer a Thanos. Rocket entrega a Thor un ojo cibernético para remplazar el que perdió en Asgard luchando con Hela.

2018 (primavera)

Mientras Fauces y Obsidiana lanzan su asalto sobre Nueva York, los acólitos de Thanos Corvus Glaive y Medianoche Próxima atacan a Visión y Wanda en Edimburgo (Escocia) con el fin de hacerse con la Gema de la Mente. Pero sus planes son frustrados cuando a los dos héroes se les unen Capitán América, Viuda Negra y Falcon.

2018 (primavera)

Iron Man y Spiderman rescatan al Dr. Extraño. Fauces Negras es succionado fuera de la nave al espacio.

2018 (primavera)

Los héroes más poderosos de la Tierra son ahora conscientes del plan de Thanos y de la importancia vital de proteger a Visión y la Gema de la Mente. Viajan a Wakanda, el lugar mejor protegido del planeta, donde se preparan para la defensa. Unen fuerzas con Black Panther y su ejército, que también incluye a Bucky Barnes, conocido por sus anfitriones wakandianos como Lobo Blanco.

2018 (primavera)

Los otros Guardianes de la Galaxia deciden viajar a Sapiencial en pos de la Gema de la Realidad, que está al cuidado del Coleccionista. Por desgracia, Thanos llega antes. Usando una ilusión, los doblega, captura a Gamora y desaparece a través de un portal.

2018 (primavera)

A bordo del *Santuario II*, Thanos tortura a Nébula. Incapaz de soportar ver la agonía de su hermana, Gamora revela por fin lo que Thanos buscaba: la ubicación de la Gema del Alma. Ambos viajan a Vormir, donde el Guardián de la Gema (que en el pasado fue el villano conocido como Cráneo Rojo) le dice a Thanos que, para obtener su premio, debe perder lo que más ama. Thanos sacrifica a Gamora para conseguir la gema.

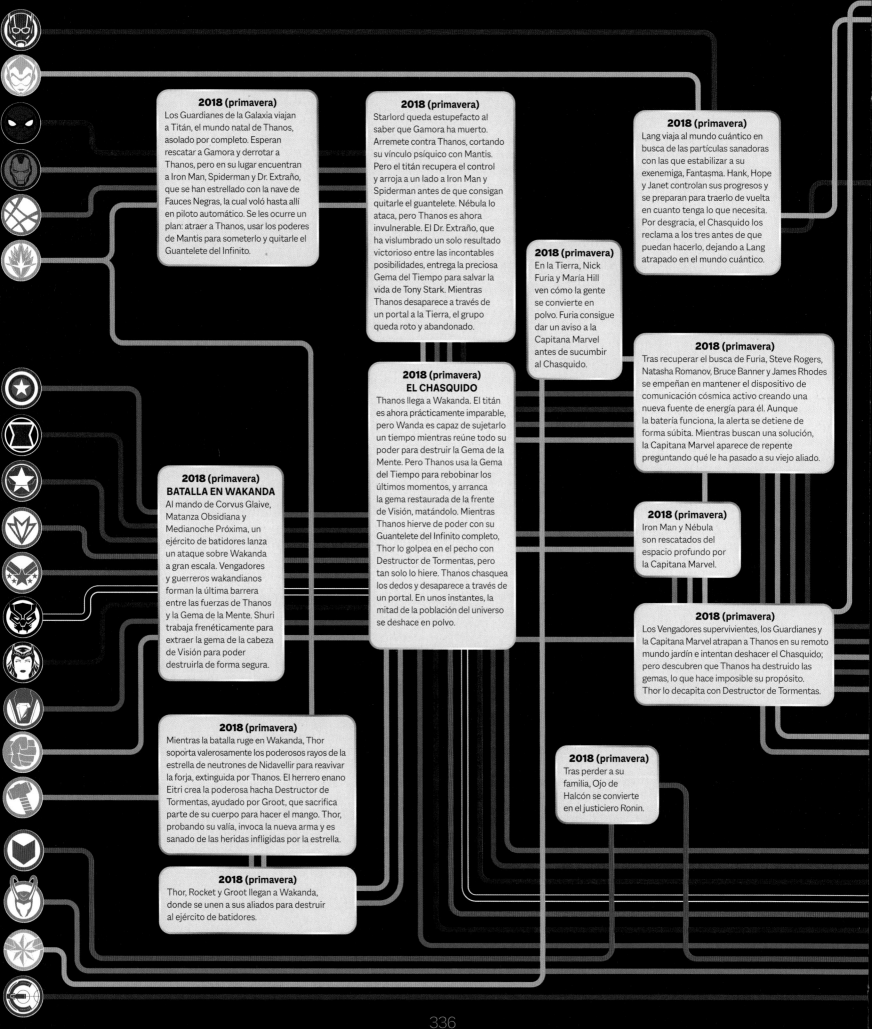

2018 (primavera)

Los Guardianes de la Galaxia viajan a Titán, el mundo natal de Thanos, asolado por completo. Esperan rescatar a Gamora y derrotar a Thanos, pero en su lugar encuentran a Iron Man, Spiderman y Dr. Extraño, que se han estrellado con la nave de Fauces Negras, la cual voló hasta allí en piloto automático. Se les ocurre un plan: atraer a Thanos, usar los poderes de Mantis para someterlo y quitarle el Guantelete del Infinito.

2018 (primavera)

Starlord queda estupefacto al saber que Gamora ha muerto. Arremete contra Thanos, cortando su vínculo psíquico con Mantis. Pero el titán recupera el control y arroja a un lado a Iron Man y Spiderman antes de que consigan quitarle el guantelete. Nébula lo ataca, pero Thanos es ahora invulnerable. El Dr. Extraño, que ha vislumbrado un solo resultado victorioso entre las incontables posibilidades, entrega la preciosa Gema del Tiempo para salvar la vida de Tony Stark. Mientras Thanos desaparece a través de un portal a la Tierra, el grupo queda roto y abandonado.

2018 (primavera)

Lang viaja al mundo cuántico en busca de las partículas sanadoras con las que estabilizar a su exenemiga, Fantasma. Hank, Hope y Janet controlan sus progresos y se preparan para traerlo de vuelta en cuanto tenga lo que necesita. Por desgracia, el Chasquido los reclama a los tres antes de que puedan hacerlo, dejando a Lang atrapado en el mundo cuántico.

2018 (primavera)

En la Tierra, Nick Furia y María Hill ven cómo la gente se convierte en polvo. Furia consigue dar un aviso a la Capitana Marvel antes de sucumbir al Chasquido.

2018 (primavera)

Tras recuperar el busca de Furia, Steve Rogers, Natasha Romanov, Bruce Banner y James Rhodes se empeñan en mantener el dispositivo de comunicación cósmica activo creando una nueva fuente de energía para él. Aunque la batería funciona, la alerta se detiene de forma súbita. Mientras buscan una solución, la Capitana Marvel aparece de repente preguntando qué le ha pasado a su viejo aliado.

2018 (primavera)
EL CHASQUIDO

Thanos llega a Wakanda. El titán es ahora prácticamente imparable, pero Wanda es capaz de sujetarlo un tiempo mientras reúne todo su poder para destruir la Gema de la Mente. Pero Thanos usa la Gema del Tiempo para rebobinar los últimos momentos, y arranca la gema restaurada de la frente de Visión, matándolo. Mientras Thanos hierve de poder con su Guantelete del Infinito completo, Thor lo golpea en el pecho con Destructor de Tormentas, pero tan solo lo hiere. Thanos chasquea los dedos y desaparece a través de un portal. En unos instantes, la mitad de la población del universo se deshace en polvo.

2018 (primavera)
BATALLA EN WAKANDA

Al mando de Corvus Glaive, Matanza Obsidiana y Medianoche Próxima, un ejército de batidores lanza un ataque sobre Wakanda a gran escala. Vengadores y guerreros wakandianos forman la última barrera entre las fuerzas de Thanos y la Gema de la Mente. Shuri trabaja frenéticamente para extraer la gema de la cabeza de Visión para poder destruirla de forma segura.

2018 (primavera)

Iron Man y Nébula son rescatados del espacio profundo por la Capitana Marvel.

2018 (primavera)

Los Vengadores supervivientes, los Guardianes y la Capitana Marvel atrapan a Thanos en su remoto mundo jardín e intentan deshacer el Chasquido; pero descubren que Thanos ha destruido las gemas, lo que hace imposible su propósito. Thor lo decapita con Destructor de Tormentas.

2018 (primavera)

Mientras la batalla ruge en Wakanda, Thor soporta valerosamente los poderosos rayos de la estrella de neutrones de Nidavellir para reavivar la forja, extinguida por Thanos. El herrero enano Eitri crea la poderosa hacha Destructor de Tormentas, ayudado por Groot, que sacrifica parte de su cuerpo para hacer el mango. Thor, probando su valía, invoca la nueva arma y es sanado de las heridas infligidas por la estrella.

2018 (primavera)

Tras perder a su familia, Ojo de Halcón se convierte en el justiciero Ronin.

2018 (primavera)

Thor, Rocket y Groot llegan a Wakanda, donde se unen a sus aliados para destruir al ejército de batidores.

2023 (otoño)
Scott Lang, atrapado en el mundo cuántico durante lo que le habían parecido solo unas horas, escapa gracias a que una rata activa casualmente el túnel cuántico. Tras afrontar la realidad de lo ocurrido en los cinco últimos años, se reúne con su hija Cassie, ya una adolescente. Después viaja al Complejo Vengadores, donde explica que el mundo cuántico puede permitir el viaje en el tiempo.

2023 (otoño)
Steve, Natasha y Scott viajan a casa de Tony para pedirle ayuda. Stark se niega al principio para proteger a su familia, pero al final acepta colaborar con Banner para averiguar cómo estabilizar el viaje en el tiempo a través del mundo cuántico. Los Vengadores diseñan un plan para viajar al pasado, recuperar las Gemas del Infinito y deshacer el Chasquido de Thanos.

2023 (otoño)
Banner y Rocket viajan a Nuevo Asgard para reclutar a Thor, deprimido desde el Chasquido y la pérdida de Loki.

2023 (otoño)
Natasha viaja a Tokio, donde recluta a Clint Barton.

2023 (otoño)
Los Vengadores planean el Robo en el Tiempo. El grupo se divide para viajar a distintos momentos clave del pasado y recuperar las Gemas del Infinito antes de que Thanos las consiga.

2023 (otoño)
(Vengadores en NY de 2012)
Banner, Rogers, Lang y Stark viajan a la Nueva York de 2012, durante el primer asalto de las fuerzas de Thanos a la ciudad. Planean recuperar las Gemas del Tiempo, la Mente y el Espacio.

2023 (otoño)
(Vengadores en NY de 2012)
Banner convence a la Anciana para que le deje llevarse la Gema del Tiempo tras explicarle que el Dr. Extraño debió planearlo así. Banner le asegura que, una vez la hayan usado los Vengadores, la gema será devuelta a ese punto en el tiempo para evitar la creación de realidades ramificadas.

2023 (otoño)
(Vengadores en NY de 2012)
Rogers convence a Jasper Sitwell y Brock Rumlow de que es un agente de Hydra para recuperar el cetro de Loki y la Gema de la Mente que contiene. Además, se enfrenta y derrota a su yo pasado.

2023 (otoño)
(Vengadores en NY de 2012)
Lang y Stark arruinan la recuperación del Teseracto (Gema del Espacio) y el Loki de 2012 lo usa para escapar.

2023 (otoño)
(Vengadores en NJ de 1970)
Rogers y Stark viajan a la base de SHIELD en Camp Lehigh (Nueva Jersey) el 4 de abril de 1970 y recuperan el Teseracto de esa época.

2023 (otoño)
(Vengadores en Asgard de 2013)
Thor y Rocket viajan al Asgard de 2013 para recuperar la Gema de la Realidad justo antes de la invasión de los Elfos Oscuros.

2023 (otoño)
(Vengadores en Asgard de 2013)
Thor se reúne con su madre, Frigga, antes de la muerte de esta. También consigue convocar a un todavía intacto Mjolnir, que se lleva con él al presente.

2023 (otoño)
(Vengadores en Morag de 2014)
Nébula y Rhodey emboscan a Peter Quill antes de que pueda hacerse con la Gema del Poder, lo dejan inconsciente y se llevan la gema.

2023 (otoño)
(Vengadores en Morag de 2014)
Los implantes cibernéticos de Nébula interactúan con los de su yo de 2014, haciendo que el Thanos pasado conozca su éxito en el futuro y el plan de los Vengadores para revertirlo. Antes de poder regresar al presente, Nébula es capturada por Thanos y Gamora, y torturada por Fauces Negras.

2023 (otoño)
(Vengadores en Morag de 2014)
Tras averiguar el plan de los Vengadores, el Thanos de 2014 envía a su Nébula encubierta al presente de los Vengadores para que reclame las Gemas del Infinito para él.

2023 (otoño)
(Vengadores en Morag de 2014)
Barton y Romanov viajan a Vormir y se encuentran con el Guardián de la Gema. Tras conocer lo que se debe hacer para obtener la gema, cada uno intenta salvar al otro sacrificándose. Natasha «gana» y un Clint desconsolado consigue la Gema del Alma.

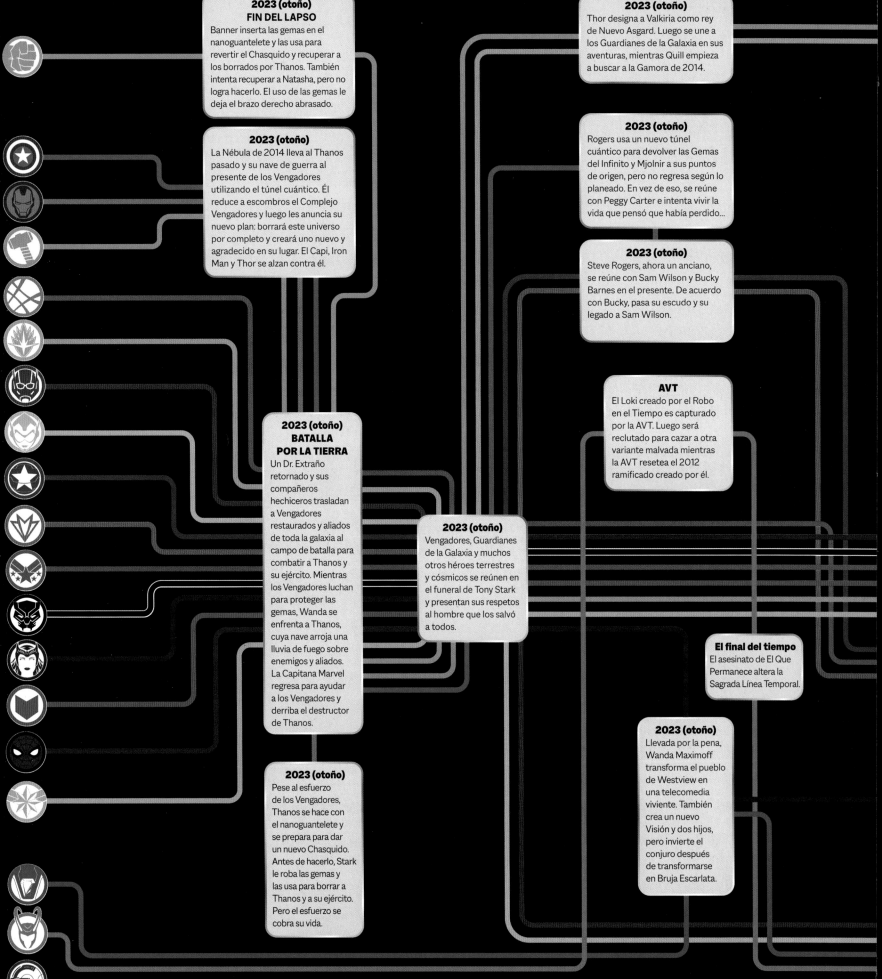

2023 (otoño)
FIN DEL LAPSO
Banner inserta las gemas en el nanoguantelete y las usa para revertir el Chasquido y recuperar a los borrados por Thanos. También intenta recuperar a Natasha, pero no logra hacerlo. El uso de las gemas le deja el brazo derecho abrasado.

2023 (otoño)
Thor designa a Valkiria como rey de Nuevo Asgard. Luego se une a los Guardianes de la Galaxia en sus aventuras, mientras Quill empieza a buscar a la Gamora de 2014.

2023 (otoño)
La Nébula de 2014 lleva al Thanos pasado y su nave de guerra al presente de los Vengadores utilizando el túnel cuántico. Él reduce a escombros el Complejo Vengadores y luego les anuncia su nuevo plan: borrará este universo por completo y creará uno nuevo y agradecido en su lugar. El Capi, Iron Man y Thor se alzan contra él.

2023 (otoño)
Rogers usa un nuevo túnel cuántico para devolver las Gemas del Infinito y Mjolnir a sus puntos de origen, pero no regresa según lo planeado. En vez de eso, se reúne con Peggy Carter e intenta vivir la vida que pensó que había perdido...

2023 (otoño)
Steve Rogers, ahora un anciano, se reúne con Sam Wilson y Bucky Barnes en el presente. De acuerdo con Bucky, pasa su escudo y su legado a Sam Wilson.

2023 (otoño)
BATALLA POR LA TIERRA
Un Dr. Extraño retornado y sus compañeros hechiceros trasladan a Vengadores restaurados y aliados de toda la galaxia al campo de batalla para combatir a Thanos y su ejército. Mientras los Vengadores luchan para proteger las gemas, Wanda se enfrenta a Thanos, cuya nave arroja una lluvia de fuego sobre enemigos y aliados. La Capitana Marvel regresa para ayudar a los Vengadores y derriba el destructor de Thanos.

AVT
El Loki creado por el Robo en el Tiempo es capturado por la AVT. Luego será reclutado para cazar a otra variante malvada mientras la AVT resetea el 2012 ramificado creado por él.

2023 (otoño)
Vengadores, Guardianes de la Galaxia y muchos otros héroes terrestres y cósmicos se reúnen en el funeral de Tony Stark y presentan sus respetos al hombre que los salvó a todos.

El final del tiempo
El asesinato de El Que Permanece altera la Sagrada Línea Temporal.

2023 (otoño)
Pese al esfuerzo de los Vengadores, Thanos se hace con el nanoguantelete y se prepara para dar un nuevo Chasquido. Antes de hacerlo, Stark le roba las gemas y las usa para borrar a Thanos y a su ejército. Pero el esfuerzo se cobra su vida.

2023 (otoño)
Llevada por la pena, Wanda Maximoff transforma el pueblo de Westview en una telecomedia viviente. También crea un nuevo Visión y dos hijos, pero invierte el conjuro después de transformarse en Bruja Escarlata.

2024 (primavera)
Shang-Chi viaja al reino secreto de Ta Lo, donde obtiene los misteriosos Diez Anillos y frustra un ataque del Morador en la Oscuridad.

2024 (otoño)
La abogada Jennifer Walters queda expuesta a la sangre de su primo, Bruce Banner, y se transforma en Hulka.

2025 (primavera-otoño)
Walters afronta con éxito su vida como abogada superpoderosa de clientes superpoderosos y desmonta una conspiración para robar su sangre y sus capacidades.

2024 (otoño)
Comienza el largamente esperado Surgimiento del Celestial, causando una ruptura entre los Eternos que desean permitirlo y los que quieren evitarlo, que vencen y detienen el Surgimiento.

2025 (primavera)
Marc Spector, avatar del dios lunar egipcio Khonshu, derrota al avatar del dios rival Ammit (con la ayuda del *alter ego* de Marc, Steven Grant).

2024 (verano)
Unos ocho meses después del final del Lapso, estudiantes del Instituto Midtown de Ciencia y Tecnología hacen un viaje de dos semanas por Europa. Entre ellos se hallan Peter Parker, Ned Leeds, MJ, «Flash» Thompson, Betty Brant y Brad Davis.

2024 (verano)
El villano Quentin Beck embauca a Peter Parker, cuya identidad es revelada al mundo.

2025 (primavera)
Se declara la guerra entre los reinos rivales poseedores de vibránium de Wakanda y Talokán. La reina Ramonda de Wakanda muere; el príncipe Namor, señor de Talokán, es derrotado por las fuerzas combinadas de la nueva Black Panther (Shuri) y la prodigio de la tecnología Riri Williams.

2024 (otoño)
En un erróneo intento de borrar su identidad de la memoria colectiva del mundo, Peter usa un conjuro que agrieta el Multiverso y permite la invasión de enemigos (y aliados) de realidades paralelas. La fisura entre realidades se vuelve a sellar con la ayuda de Extraño.

2025 (otoño)
Kamala Khan se convierte en Ms. Marvel y combate a los Clandestinos, exiliados extradimensionales.

2024 (primavera-verano)
Sam Wilson derrota a los Sin Banderas y se convierte en Capitán América.

2024 (otoño)
Esperando encontrar a sus hijos en alguna parte del Multiverso, Wanda persigue a América Chávez, capaz de saltar entre universos. Tras una batalla terrible, comprende que se ha convertido en la villana y ceja en su empeño, quitándose aparentemente la vida.

2025 (otoño)
Thor y la Poderosa Thor (Jane Foster) luchan para impedir que Gorr, también conocido como el Carnicero de Dioses, extermine a todos los dioses del universo. Jane muere, y Thor adopta a la joven hija de Gorr.

2024 (invierno)
Ojo de Halcón ayuda a la joven heroína Kate Bishop a vencer al villano Kingpin.

2025 (invierno)
Los Guardianes intentan animar a un abatido Peter Quill llevándole algo de fiesta (y a Kevin Bacon) a Sapiencial. Mantis le revela a Peter que es su hermana.

ÍNDICE

Edición David Fentiman
Diseño Nathan Martin
Producción editorial Jennifer Murray
Control de producción Mary Slater
Coordinación editorial Emma Grange
Coordinación de arte Vicky Short
Dirección de publicaciones Mark Searle

Diseño de Robert Perry para DK
Diseño adicional de páginas de Bullpen Productions y Amazing15
Cronología de Tom Morse

Créditos fotográficos:
Imagen de la Tierra en la página 63: 123RF.com: 1xpert

COORDINACIÓN DE LA EDICIÓN EN ESPAÑOL
Coordinación editorial Cristina Sánchez Bustamante
Asistencia editorial y producción Eduard Sepúlveda

Publicado originalmente en Gran Bretaña
en 2023 por Dorling Kindersley Limited DK,
One Embassy Gardens, 8 Viaduct Gardens,
London SW11 7BW

Parte de Penguin Random House

Título original: *The Marvel Cinematic Universe. An Official Timeline*
Primera edición 2024

Servicios editoriales: deleatur, s.l.
Traducción: Carmen Gómez Aragón y José Luis López Angón

© 2024 MARVEL

ISBN 978-0-7440-9387-2

Impreso en China

www.dkespañol.com

MIXTO
Papel | Apoyando la
selvicultura responsable
FSC™ C018179

Este libro se ha impreso con papel
certificado por el Forest Stewardship
Council™ como parte del compromiso
de DK por un futuro sostenible.
**Para más información, visita
www.dk.com/our-green-pledge.**

AGRADECIMIENTOS

DK: Deseamos expresar nuestra gratitud a Kevin Feige, Louis D'Esposito, Victoria Alonso, Brad Winderbaum, Kristy Amornkul, Sara Truly Beers, Michele Blood, Capri Ciulla, Erika Denton, Matt Delmanowski, Emily Fong, Jennifer Giandalone, Nigel Goodwin, Eliot Lehrman, Richie Palmer, Andrew Reiber, Jacqueline Ryan-Rudolph, Alex Scharf, Jeff Willis, Jennifer Wojnar, Kevin R. Wright y Vincent Charles Garcia, de Marvel Studios; Chelsea Alon, Molly Jones, John Morgan, Michael Siglain y Jenny Moussa Spring, de Disney Publishing Worldwide; y Sarah Singer y Jeff Youngquist, de Marvel Entertainment.

Anthony Breznican: Escribir puede ser un proceso solitario, pero este libro fue justo lo contrario. Crear la línea temporal significó volver a ver todas las películas y programas de televisión de Marvel Studios con mi mujer, Jill, y nuestros hijos, Audrey y Prosper. Aunque tomaba notas obsesivamente y hacía constantes pausas para buscar fechas oscuras en las pantallas de los ordenadores y los periódicos, aventurarme con ellos por este vasto universo fue un auténtico placer.

Amy Ratcliffe: Me gustaría dar las gracias a David Fentiman y a todo el equipo de DK Publishing por una razón completamente irrebatible: volver a ver todas las películas y series del UCM. Gracias a Kevin Feige por dirigir este vasto universo, a mis coautores por su perspicacia, y a Aaron por las inagotables horas de discusiones sobre Marvel.

ReBecca Theodore-Vachon: Amor y gratitud para mis padres, que fomentaron mi curiosidad y pasión por la lectura. Gracias a mis hermanos. A mi mejor amigo y mentor, Jerry L. Barrow, gracias por arriesgarse conmigo y alentar mi carrera como escritora. Gracias también a Anthony Breznican por invitarme a formar parte de este gran proyecto. Y, por último, gracias también a Marvel por regalarnos estos personajes e historias inolvidables que nos enseñan a llegar más alto, más lejos y más rápido.